Argumente für den Glauben

Handbuch
Argumente für den Glauben

COLIN CHAPMAN

Bundes-Verlag

CIP-Kurztitelaufnahme der Deutschen Bibliothek

Chapman, Colin:
Handbuch: Argumente für den Glauben/Colin Chapman. [Deutsch von Rita J. Sührig] – 1. Aufl. – Witten: Bundes-Verlag, 1984.
Einheitssacht.: The case for christianity ‹dt.›
ISBN 3-8137-0201-4

Titel der englischen Originalausgabe:
The Case for Christianity

Deutsch von Rita J. Sührig

Erste Auflage 1984

Satz: Vignold, Düsseldorf
Druck: New Interlitho SPA, Mailand

ISBN 3-8137-0201-4

EINFÜHRUNG

Es gibt viele Wege, um die Argumente für den christlichen Glauben darzustellen. Dies ist nur eine. Jede Darstellung trägt notwendig persönlichen Charakter. Das Material wurde ursprünglich für eine christliche Jugendgruppe zusammengestellt und anschließend in Buchform veröffentlicht: Der christliche Glaube auf dem Prüfstand. Seitdem bildete es die Grundlage für Diskussionen mit vielen Studenten in mehreren Ländern. Das Material ist jetzt noch einmal völlig neu überarbeitet worden, so daß jetzt weniger theoretische, sondern stärker menschliche Fragen im Vordergrund stehen.

Bei dem Versuch, das Christentum kritisch zu beleuchten oder dafür zu argumentieren, habe ich mich auf das beschränkt, was man christlichen Glauben nennt. Eine gründliche Untersuchung des Christentums als eines historischen Phänomens ist nur schwer möglich. Was sollte sie auch beweisen? Daß das Christentum mehr Nutzen als Schaden gestiftet hat? Oder umgekehrt? Wir können jedoch den christlichen Glauben prüfen, die christliche Sicht der Welt kennenlernen und wahrnehmen, was es bedeutet, die Welt so zu sehen, wie Christen sie sehen. Wir können fragen: Ist dieser Glaube wahr? Stimmt er überein mit den Tatsachen der Geschichte und der Erfahrung? Gibt er der Welt, wie wir sie kennen, einen Sinn?

Wir beginnen darum nicht mit dem, was der christliche Glaube über Gott oder Jesus Christus aussagt, sondern mit uns selbst – mit dem Menschen. Welches sind die grundlegenden Fragen, die sich die Menschen immer gestellt haben und die wir uns selbst irgendwann in unserem Leben stellen?	TEIL 1 UNSER AUSGANGSPUNKT: GRUNDFRAGEN DES MENSCHSEINS
Dann sehen wir uns an, was der christliche Glaube auf diese Fragen antwortet.	TEIL 2 CHRISTLICHE ANTWORTEN AUF LEBENSFRAGEN
Jetzt versuchen wir, die christliche Sicht der Welt zu verstehen, indem wir Grundaussagen des Glaubens über den Menschen, Gott und die Welt, Wahrheit und „Erlösung" untersuchen.	TEIL 3 DIE CHRISTLICHE SICHT DER WELT VERSTEHEN
Nun suchen wir nach Möglichkeiten, diese Aussagen des Glaubens zu prüfen. Wir wollen herausfinden, ob man sie in irgendeinem Sinn als „wahr" bezeichnen kann.	TEIL 4 DIE CHRISTLICHE SICHT DER WELT PRÜFEN
In diesem Stadium wollen wir über Alternativen nachdenken, die wahr zu sein behaupten. Wir wollen herausfinden, wie wir uns zwischen diesen konkurrierenden Ansprüchen entscheiden können.	TEIL 5 DIE ALTERNATIVEN VERSTEHEN UND PRÜFEN
Nun wollen wir Jesus näher betrachten und sehen, inwieweit die christliche Sicht der Welt völlig davon abhängt, wer er war und was er tat.	TEIL 6 IM BRENNPUNKT: JESUS VON NAZARET
Schließlich wollen wir nachdenken, welche Entscheidungen nach dieser Untersuchung möglich sind und was es heißt, zu „sehen" und zu „glauben".	TEIL 7 SEHEN UND GLAUBEN

TEIL 1

UNSER AUSGANGSPUNKT: GRUNDFRAGEN DES MENSCHSEINS

**Wie kann ein Mensch erkennen, was Leben heißt? Alles, was da ist, das ist fern und ist sehr tief; wer will's finden?
Ich richte meinen Sinn darauf, zu erfahren und zu erforschen und zu suchen Weisheit...**
PREDIGER SALOMO

Wenn mit dem Tod alles aus ist, wenn ich weder auf Gutes zu hoffen noch mich vor dem Bösen zu fürchten habe, muß ich mir die Frage stellen, wozu ich hier bin und wie ich mich unter diesen Umständen zu verhalten habe.
SOMERSET MAUGHAM

Doch warum? Wozu das alles? Wer sind wir, daß so viel auf unseren unbedeutenden Tod ankommen sollte?... So wenig gesagt zu bekommen – und dann solch ein Ende – und schließlich, zu guter Letzt, keinerlei Erklärung zu bekommen...
TOM STOPPARD

Was wissen wir schon mit Sicherheit? Nicht einmal, daß wir existieren... Und an wen können wir die Fragen richten, die uns quälen? „Was ist dies für ein Ort?" „Wo sind wir eigentlich?" – Ein feister alter Mann, der kluge Anspielungen macht, die unsere Verwirrung noch steigern; eine falsche Zigeunerin, die einem verstohlen in Karten und Teeblätter blickt. Was wird uns sonst angeboten? Der nie endende Fluß unbedeutender Ereignisse, die uns versichern, daß wir und die Fremden um uns herum immer noch weitergehen? Wohin? Warum? Und der Halm, an den wir uns klammern, schwankt hin und her...?

Man droht uns mit Vertreibung, denn dies sei nur ein Durchgangshafen, in dem man ankommt, von dem man abreist. Nichts für Dauergäste! Und wo kommen wir hin, wenn wir diesen Ort verlassen?... Wir sind einsam. Wir haben Angst.
TENNESSEE WILLIAMS

In diesem Teil betrachten wir einige grundlegende Fragen, die sich die meisten von uns irgendwann einmal in ihrem Leben stellen, selbst dann, wenn wir sie nicht in Worte fassen können. Hier soll es noch nicht darum gehen, Antworten zu finden, wir wollen uns vielmehr die Verlegenheit, vor die uns diese Fragen stellen, eindrücklich bewußtmachen.

Übersicht

DER EINZELNE MENSCH
Wer oder was bin ich?

DER SINN DES LEBENS
Welches Ziel hat alles?

WERTMASSSTÄBE
Wie treffen wir unsere ethischen Entscheidungen?

WAHRHEIT
Können wir die Wahrheit über uns selbst und über unsere Welt erkennen?

LIEBE
Was ist Liebe, und wo gibt es sie?

LEIDEN
Warum gibt es Leid, und wie können wir damit leben?

TOD
Wie begegne ich dem Tod? Gibt es Leben nach dem Tod?

ZUKUNFT DES MENSCHEN
Welche Hoffnung gibt es für die Menschen?

DAS ÜBERNATÜRLICHE
Gibt es noch etwas außer der sichtbaren Welt?

DAS BÖSE
Gibt es im Kampf gegen das Böse und die Ungerechtigkeit überhaupt Hoffnung?

GRUNDFRAGEN DES MENSCHSEINS

DER EINZELNE MENSCH

Wer oder was bin ich?

JACOB BRONOWSKI, der amerikanische Wissenschaftler und Humanist (1908–74), umschreibt sein Empfinden, daß jeder Mensch ein Individuum sei, mit den Worten:

> **Wenn ich sage, daß ich so sein will, wie ich bin, dann meine ich es wie der Existentialist, daß ich nämlich *frei* sein möchte, ich selbst zu sein. Das bedeutet, daß ich auch von Zwängen frei sein möchte (sowohl inneren als äußeren), damit ich mich spontan verhalten kann. Das soll jedoch nicht heißen, daß dies unvorhersehbar oder aufs Geratewohl geschehen soll. Nicht in diesem Sinne möchte ich frei sein; ich möchte vielmehr die Möglichkeit haben, mich von anderen zu unterscheiden. Ich möchte meinen eigenen Weg gehen – aber es soll ein Weg sein, den man als den meinen erkennt, nicht einer, der im Zickzack verläuft. Und andere sollen ihn auch als solchen erkennen und sagen: „Wie typisch für ihn!"**

Diese Einstellung stößt jedoch in der jüngsten wissenschaftlichen Forschung auf Kritik. Danach scheint der Mensch im Grunde eine Maschine oder ein Mechanismus zu sein. BRONOWSKI fährt fort:

> **Hier liegt der Angelpunkt für unsere Angst: Uns als Menschen und denkenden Lebewesen könnte klarwerden, daß wir nicht mehr sind als eine Zusammenballung von Atomen. Mit unseren Worten treten wir ein für Amöben und Käsemilben als Lebewesen; in Wahrheit verteidigen wir jedoch den Anspruch des Menschen, aus Willen, Gedanken und Gefühlen zu bestehen und einen Verstand zu haben...**
>
> **Der Mangel an Zuversicht... rührt her von dem Wunsch eines jeden Menschen, über Intelligenz und Herzensbildung zu verfügen, angesichts der bohrenden Angst, nur Mechanismus zu sein. Die zentrale Frage, die ich hier stellen möchte, lautet: Kann der Mensch beides sein: Maschine und Selbst?**

Der deutsche Schriftsteller THOMAS MANN (1875–1955), der den Ersten Weltkrieg und Hitlers Aufstieg in den dreißiger Jahren verfolgte, erkannte, daß uns die erschreckende politische Entwicklung des 20. Jahrhunderts zwingt, uns mit den Fragen des einzelnen innerhalb der Gesellschaft auseinanderzusetzen. Er vertrat die Auffassung, daß sich uns das Problem des Menschen in diesem Jahrhundert „in politischen Begriffen" darstellt

> **Was der Mensch ist und wie wir darüber denken, ist für uns heute eine Frage von Tod und Leben. Sie war noch zu keiner Zeit so brennend. Für jeden, in besonderer Weise aber für den Künstler, handelt es sich dabei um geistliches Leben oder geistlichen Tod. Wir benötigen dazu religiöse Begriffe, da es um Erlösung geht. Ich bin überzeugt, daß jeder auf verlorenem Posten steht, der die Dinge des Geistes verrät, indem er sich weigert, sich der Frage nach dem Menschen zu stellen und sie für sich zu entscheiden, und daraus eine politische Frage macht, wie es heute geschieht.**

Der englische Schriftsteller ALDOUS HUXLEY (1894–1963) schrieb im Jahre 1931 das Buch *Schöne neue Welt.* Darin beschrieb er einen zukünftigen totalitären Staat, wie er ihn sich vorstellte. Im Jahre 1958 schrieb er ein weiteres Buch mit dem Titel *Schöne neue Welt – dreißig Jahre danach.* In seinem zweiten Buch weist er darauf hin, daß einige der von ihm vorhergesagten Entwicklungen in bestimmten Ländern tatsächlich Wirklichkeit geworden seien. Er hatte erkannt, was geschehen könnte, wenn zu viel Macht sich in Händen einiger weniger befindet – in Regierung, Industrie oder Massenmedien. Wir als einzelne sind nicht so frei, wie wir zu sein meinen:

Unterdessen gibt es in dieser Welt noch etwas Freiheit. Zwar scheinen viele junge Menschen die Freiheit nicht allzu hoch zu bewerten. Doch einige von uns sind nach wie vor überzeugt, daß der Mensch ohne Freiheit nicht Mensch werden kann und daß die Freiheit darum besonders wichtig ist. Vielleicht sind jene Kräfte, die jetzt die Freiheit bedrohen, zu gewaltig, als daß man sich ihnen noch lange zu widersetzen vermag.

Und er stellte die Frage:

Wie können wir jene gewaltigen unpersönlichen Kräfte in den Griff bekommen, die heutzutage unsere so schwer erkämpfte Freiheit bedrohen?

Der englische Schriftsteller und Philosoph COLIN WILSON, der vom Übersinnlichen und Spiritismus fasziniert war, beschreibt das Problem des Menschen als Individuum, wie es von dem Außenseiter in seinem Buch *Eine Diagnose des Menschen unserer Zeit* empfunden wird. Das Buch erschien 1966 und ist in viele Sprachen übersetzt worden.

Ihr Problem liegt in der Unwirklichkeit ihres Lebens. Sie werden sich dessen schmerzhaft bewußt, wenn es anfängt, wehzutun. Doch sie sind sich nicht sicher, woher der Schmerz kommt.
Die alltäglichen Dinge verlieren ihre Bedeutung, wie es einem Menschen widerfährt, der lange krank ist.
Das Leben gleicht einem Alptraum oder einer Kinoleinwand, die langsam dunkel wird. Jene Menschen, deren Hoffnungen und Wünsche sich auf das richteten, was auf der Leinwand an ihnen vorüberglitt, erkennen plötzlich, daß sie sich in einem Kino befinden. Und sie fragen sich: Wer sind wir eigentlich? Was tun wir hier? Wenn die trügerische Identifikation mit der Leinwand zerstört ist, die Begründung dieses Geschehens zerbricht, sehen sie sich einem erschreckenden Traum gegenüber. Mit den Worten Sartres sind sie „verurteilt, frei zu sein". Ein völlig neuer Orientierungspunkt ist gefordert; eine neue Analyse der realen Kinowelt muß vorgenommen werden. In der Scheinwelt der Leinwand gab es auf jedes Problem eine Antwort; das muß in der Welt des Kinos nicht der Fall sein. Die Tatsache, daß sich die auf der Kinoleinwand dargestellte Welt als Täuschung erwiesen hat, erweckt beim Betrachter den beunruhigenden Gedanken an die Möglichkeit, daß auch die Kinowelt nicht der Realität entsprechen könnte.

Jacob Bronowski

„Wenn wir träumen, daß wir träumen, beginnen wir aufzuwachen", sagt Novalis. Chuang Tzu sagte einmal, ihm träumte, er sei ein Schmetterling. Und nun sei er sich nicht mehr sicher, ob er ein Mensch sei, dem träumte, er sei ein Schmetterling, oder ein Schmetterling, dem träumte, er sei ein Mensch.

GRUNDFRAGEN DES MENSCHSEINS

DER SINN DES LEBENS

Welches Ziel hat alles?

Die Frage nach der eigenen Identität ist Teil der Frage nach dem Sinn des Lebens.

Der Verfasser des PREDIGERS SALOMO im Alten Testament beschreibt seine Entschlossenheit, Antworten auf seine Fragen zu finden:

> **Das alles hab ich versucht mit der Weisheit. Ich dachte, ich will weise werden, Sie aber blieb ferne von mir. Alles, was da ist, das ist fern und ist sehr tief; wer will's finden? Ich richtete meinen Sinn darauf, zu erfahren und zu erforschen und zu suchen Weisheit und Einsicht...**

LEO TOLSTOJ, der bedeutende russische Schriftsteller (1828–1910), beschreibt, wie unmöglich es für ihn war, der Frage nach Sinn und Ziel des Lebens auszuweichen:

> **Wozu lebe ich? Um zu sterben? Mich sofort selbst umzubringen? Nein, ich habe Angst. Auf den Tod warten, bis er kommt? Davor habe ich noch größere Angst. Also muß ich leben. *Doch wofür?* Um zu sterben? Ich konnte dem Kreislauf nicht entrinnen. Ich nahm das Buch zur Hand, las und vergaß mich für eine Weile. Doch dann wieder die gleiche Frage, das gleiche Entsetzen. Ich legte mich hin und schloß die Augen. Das war noch schlimmer.**

Der englische Schriftsteller SOMERSET MAUGHAM (1874–1965) lehnte jede Form religiösen Glaubens ab. Doch mit der Frage nach dem Sinn des Lebens mußte er sich dennoch auseinandersetzen:

> **Wenn... man die Existenz Gottes und die Möglichkeit eines Weiterlebens als zu zweifelhaft beiseite schiebt, als das es irgendeine Auswirkung auf das Verhalten des Menschen haben könnte, dann muß man sich darüber klarwerden, worin Bedeutung und Sinn dieses Lebens liegen. Wenn mit dem Tod alles aus ist, wenn ich weder auf das Gute, das noch kommt, hoffen noch mich vor dem Bösen fürchten muß, dann muß ich mich fragen, wozu ich hier bin und wie ich mich unter diesen Umständen zu verhalten habe.**

Der polnische Marxist ADAM SCHAFF gibt zu, daß Fragen dieser Art den Menschen wohl immer beschäftigen werden, wie sehr sich der Marxist auch bemüht, ihnen aus dem Weg zu gehen, oder vorgibt, sie existierten nicht:

> **‚Worin besteht der Sinn dieses Lebens?' ‚Welchen Platz nimmt der Mensch in dieser Welt ein?' Wir scheinen Schwierigkeiten zu haben, uns bei derart verschwommenen Themen wissenschaftlich auszudrücken. Doch selbst, wenn man zehnmal erklärte, dies seien typische Scheinprobleme, bleiben sie dennoch bestehen.**

Der Theaterkritiker MARTIN ESSLIN sieht im „Theater des Absurden" einen Versuch, Antworten auf die Frage nach dem Menschen zu finden. Dies ist besonders dringlich, wenn man sich den Einfluß von Autoren wie Nietzsche und die Ereignisse des 20. Jahrhunderts bewußtmacht:

> ***Zarathustra* wurde erstmals im Jahre 1883 veröffentlicht. Die Zahl der Menschen, für die Gott tot ist, ist seit Nietzsche außerordentlich gestiegen. Die Menschheit hat die harte Lektion lernen müssen, daß etliches von dem, was Gott ersetzen sollte, sich als falsch**

und schlecht erwiesen hat. So gibt es nach zwei schrecklichen Kriegen noch immer jene, die versuchen, sich mit den Konsequenzen zu arrangieren…
und einen Weg zu suchen, auf dem sie mit Würde einer Welt begegnen können, der man das, was einst ihr Mittelpunkt und Lebenszweck war, geraubt hat. Einer Welt, der man das allgemein akzeptierte, alles zusammenhaltende Prinzip genommen hat, die zerrissen, ziellos und absurd geworden ist.

Das Theater des Absurden ist Ausdruck dieser Suche.

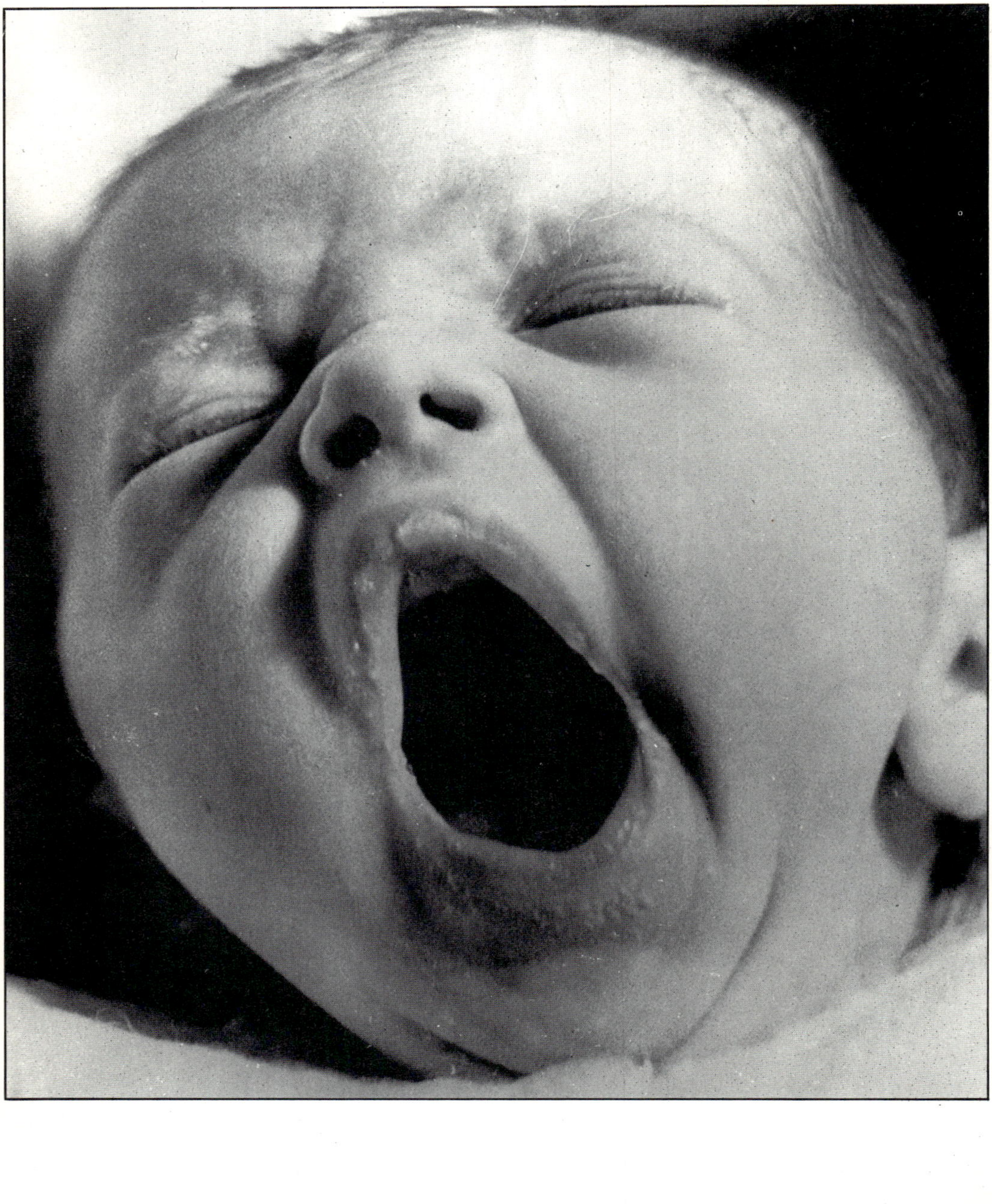

GRUNDFRAGEN DES MENSCHSEINS
WERTMASSSTÄBE

Wie treffen wir unsere ethischen Entscheidungen?

Eine mögliche Sinnquelle für den Menschen liegt im Bereich der sittlichen Entscheidungen, die er trifft, und der Wertmaßstäbe, die er übernimmt.

Der französische Schriftsteller MARCEL PROUST (1871–1922) beschreibt in seinem Roman *Remembrance of Things Past* eine Situation, in der Oriane über keine sittlichen Werte verfügt, die ihr helfen können, sich zwischen zwei Verhaltensweisen zu entscheiden:

> **Sie sah sich zum ersten Mal in ihrem Leben zwei Aufgaben gegenüber, die sich voneinander unterschieden wie die Frage, ob man mit dem Auto in die Stadt fährt, um dort zu essen, oder einem Sterbenden Trost spendet. Sie fand nichts in ihrem Kodex, das ihr hätte sagen können, wie sie sich entscheiden sollte. Und da sie nicht wußte, welche Entscheidung sie treffen sollte, kam sie zu dem Schluß, so zu tun, als ob man ihr die beiden Möglichkeiten gar nicht eingeräumt hätte. Demnach konnte sie nun den ersten Weg einschlagen, der ihr weniger Mühe abverlangte, nach dem Motto, daß der beste Weg zur Lösung des Konflikts darin bestehe, diesen zu ignorieren.**

ARTHUR KOESTLER, Romanschriftsteller und Autor politischer und wissenschaftlicher Werke, stellt die Frage nach den Werten auf lebendige Weise, indem er das moralische Dilemma beschreibt, in dem sich Scott befunden haben muß, als er im Jahre 1912 die Rückkehr vom Südpol antrat: Er muß entweder den kranken Oates mitnehmen und das Risiko der Verzögerung eingehen oder ihn zurücklassen in der Hoffnung, wenigstens sein eigenes Leben und das seiner drei Begleiter zu retten.

> **Dieses Dilemma... veranschaulicht das ewige Dilemma des Menschen, den tragischen, seinem Wesen eigenen Konflikt. Es ist der Konflikt zwischen Zweckmäßigkeit und Moralität... Dieser Konflikt ist die Wurzel unserer politischen und sozialen Krise... an dem sich in einem Augenblick die Schwierigkeiten unserer Zeit ablesen lassen...**
>
> **Daß beide Wege eine Sackgasse sind, ist ein Dilemma, welches untrennbar verknüpft ist mit dem Zustand des Menschen. Es ist keine Erfindung der Philosophen, sondern vielmehr ein Konflikt, dem wir überall in unserem täglichen Einerlei begegnen... Je größer die berufliche Verantwortung ist, desto bewußter wird man sich des Zwiespalts, in dem man sich befindet. Wenn eine Entscheidung eine große Zahl von Menschen betrifft, verschärft sich der Konflikt. Der technische Fortschritt unserer Zeit hat den Spielraum und die Konsequenzen menschlichen Tuns vervielfacht und dadurch das Dilemma für den Menschen außerordentlich vergrößert. Darum sind wir uns auch in so hohem Maße der Krise bewußt. Wir gleichen einem Kranken, der zum ersten Mal durch einen Lautsprecher das unregelmäßige Schlagen seines Herzens vernimmt.**

Dieses Problem taucht immer wieder auf. EDMUND LEACH formulierte die Frage im Jahre 1967 in einer Vorlesung so:

Die Frage, die ich stellen möchte, lautet: Können Wissenschaftler und Politiker, die gottähnliche Macht erlangt haben, auf unser Leben verändernd einzuwirken, zurückgehalten werden, indem sie sich an sittliche Grundsätze halten? Wenn ja, an welche?

Für den französischen Schriftsteller ALBERT CAMUS (1913-60), der einen Großteil seines Lebens in Algerien verbrachte, war es selbstverständlich, daß es Gott nicht gibt. Er sah jedoch, daß er eine Grundlage für moralisches Verhalten finden mußte, da er die Vorstellung von Gerechtigkeit nicht mit Gott in Verbindung bringen konnte:

Vom Augenblick an, da der Mensch Gott in einem moralischen Urteil unterwirft, tötet er ihn in sich selbst. Aber was ist dann die Grundlage der Moral? Man leugnet Gott im Namen der Gerechtigkeit, aber kann man die Idee der Gerechtigkeit verstehen ohne die Idee Gottes?

In seinem Buch *Der Mensch in der Revolte* stellt er die Frage so:

Aber durch ihren unausgesetzten Streit zwingt uns heute die Geschichte zu sagen, daß die Revolte eine der wesentlichen Dimensionen des Menschen ist. Sie ist unsere historische Wirklichkeit. Wenn wir vor der Wirklichkeit nicht fliehen wollen, müssen wir in ihr unsere Werte finden. Kann man fern des Heiligen und seiner absoluten Werte eine Verhaltensregel finden, ist die Frage, die die Revolte stellt...

JEAN-PAUL SARTRE, französischer Existentialist und Philosoph (1905-80), stellte fest, daß für ihn das Problem darum so aktuell sei, weil wir im Leben bestimmte Urteile fällen *müssen* und dies gleichzeitig als *unmöglich* ansehen:

Da ich Gottvater ausgeschaltet habe, muß es wohl jemanden geben, der die Werte erfindet.

In der Tat, alles ist erlaubt, wenn Gott nicht existiert, und demzufolge ist der Mensch verlassen, da er weder in sich noch außerhalb seiner eine Möglichkeit findet, sich anzuklammern.

Jede Moral, die sich nicht ausdrücklich als *heute unmöglich* darstellt, trägt bei zur Täuschung und Entfremdung des Menschen. Das moralische „Problem" rührt her von der Tatsache, daß Moral *für uns* sowohl unvermeidbar als auch unmöglich ist. In diesem Klima unüberwindlicher Unmöglichkeit müssen sich Handlungen selbst sittliche Normen setzen. In diesem Licht sollte man beispielsweise das Problem der Gewalttätigkeit sehen oder der Beziehung zwischen Mittel und Zweck.

Ich erwähne diese Widersprüche nicht, um die christliche Sittenlehre zu verurteilen. Ich bin aber davon überzeugt, daß *jede* Moralvorstellung sowohl unmöglich als auch notwendig ist.

ALVIN TOFFLER stellt in seinem Bestseller *Die Zukunftschance*, der 1970 veröffentlicht wurde, die Frage, wie wir über das vor uns liegende „neue Stadium menschlicher Entwicklung" nachdenken sollten. Statt nach Wertvorstellungen zu fragen, meint er, sollten wir „die Ziele des ‚Fortschritts' bestimmen":

Für jede hochtechnisierte Nation ist der Augenblick gekommen, eine Bewegung der totalen Selbstprüfung herbeizuführen, um in einer öffentlichen Selbstuntersuchung die Ziele des „Fortschritts" in sozialen und wirtschaftlichen Begriffen zu bestimmen. Kurz vor Beginn eines neuen Jahrtausends und am Vorabend einer neuen Stufe menschlicher Entwicklung rasen wir blind in die Zukunft hinein. Doch wohin *wollen* wir gehen?

Was würde geschehen, wenn wir tatsächlich versuchten, diese Frage zu beantworten?

Zunehmende technische Möglichkeiten bedeuten ein steigendes Maß an möglichen Katastrophen.

GRUNDFRAGEN DES MENSCHSEINS

WAHRHEIT

Können wir die Wahrheit über uns selbst und über unsere Welt erkennen?

Der englische Philosoph C.E.M. JOAD (1891-1953) faßte die Ziele der traditionellen Philosophie wie folgt zusammen:

Das Wesen der Philosophie, wie ich es verstehe, besteht nicht darin, den Menschen zu helfen, sondern die Wahrheit zu finden. Als Philosoph möchte ich erkennen, was die Welt ist.

Für mich besteht die Aufgabe der Philosophie darin, das Wesen des Universums als Ganzes zu verstehen und nicht nur ein Spezialgebiet wie bei den Naturwissenschaften. Einfach das Ganze. Dazu gehört die moralische Auffassung der Puritaner, der Herdeninstinkt des Mannes von der Straße, das religiöse Bewußtsein der Heiligen, der ästhetische Genuß des Künstlers, die Geschichte der Menschheit und ihre gegenwärtigen Ungereimtheiten, nicht zuletzt die jüngsten Forschungsergebnisse der Wissenschaften. Der Philosoph betrachtet die Fülle von Daten, um sie zu interpretieren. Er sucht nach einem Schlüssel, der ihm durch das Labyrinth hilft, nach einem System, in das er die Ergebnisse einordnen kann, oder einem Ziel, durch das er ihnen Bedeutung zu geben vermag.

Der englische Mathematiker und Philosoph BERTRAND RUSSELL (1872-1970) erklärte einmal, für ihn sei eine der grundlegenden Fragen der Philosophie die Erkenntnisfrage: Wie können wir etwas wissen?

Gibt es irgendein Wissen in dieser Welt, das so gewiß ist, daß kein vernünftiger Mensch daran zweifeln könnte? Diese Frage, die auf den ersten Blick vielleicht einfach erscheint, ist im Grunde eine der schwierigsten Fragen, die man stellen kann. Wenn wir uns der Hindernisse auf dem Weg zu einer aufrichtigen und überzeugten Antwort bewußt geworden sind, sind wir im Philosophiestudium auf dem besten Wege – denn Philosophie ist nur der Versuch, Antworten auf diese allerersten Fragen zu finden; nicht leichtfertig und dogmatisch, wie dies im normalen Leben oder sogar in den Wissenschaften geschieht, sondern kritisch, nachdem wir all das untersucht haben, was eine derartige Frage so verwirrend macht, und nachdem wir die Unbestimmtheit und Verwirrung erkannt haben, die unseren Vorstellungen gewöhnlich zugrunde liegen.

PAUL HAZARD, ein französischer Historiker (1878-1944), schildert, wie Fragen über die Wahrheit im Europa des 17. Jahrhunderts außerordentliche Bedeutung erlangten, nachdem man den christlichen Glauben jahrhundertelang nahezu als selbstverständlich angesehen hatte:

Die Menschen sehnten sich zutiefst danach, zu wissen, was sie eigentlich glauben sollten und was nicht. Forderte die Tradition noch immer Gehorsam, oder konnte man ihn über Bord werfen? Sollten sie sich auf der so vertrauten Straße weiter mühsam dahinschleppen, denselben alten Führern ihr Vertrauen schenken, oder sollten sie neuen

Führern glauben, die sie einluden, die alte, abgetragene Kleidung abzulegen und ihnen in das verheißene Land zu folgen? Die Verfechter der Vernunft und der Religion ... kämpften verzweifelt um den Besitz der Seelen und standen miteinander in einem Wettstreit, auf den das ganze nachdenkliche Europa schaute.

Bertrand Russell

Der Wissenschaftler und Philosoph MICHAEL POLANYI spricht über die Spannung, die durch den Umgang der modernen Wissenschaft mit Wahrheit und Wissen entstanden ist. Er schreibt in seinem Buch *Knowing and Being:*

Es ist nicht unsere Aufgabe, die Spezialisierung von Wissen zu verhindern, sondern Übereinstimmung und Wahrheit für alle Wissenschaften zu erzielen. Darin sehe ich das Problem. Zwischen der Wissenschaft und jeder anderen Kultur scheint ein tiefes Ungleichgewicht zu herrschen. Ich meine, daß dieses Ungleichgewicht ursprünglich mit der befreienden Wirkung der modernen Wissenschaft auf das mittelalterliche Denken einherging und erst später pathologisch wurde.

Die Wissenschaft lehnte sich gegen Autorität auf. Sie lehnte die Ableitung aus einer ersten Ursache ab zugunsten empirischer Verallgemeinerungen. Ihr höchstes Ideal bestand in einer mechanistischen Theorie des Universums, doch in bezug auf den Menschen strebte sie nur eine naturalistische Erklärung seiner moralischen und sozialen Verantwortlichkeit an.

Wir wollen die Fragen nicht nur theoretisch oder philosophisch behandeln. Sie haben einen großen Einfluß auf unser tägliches Leben. Der Theaterkritiker JOHN RUSSELL TAYLOR beschreibt die beklemmende Atmosphäre in den Stücken von Harold Pinter:

Die Technik, alles anzuzweifeln und jeder offenbar eindeutigen und ehrlichen Erklärung mit einer ebenso eindeutigen und ehrlichen gegensätzlichen Erklärung zu begegnen, kehrt in Pinters Stücken immer wieder und verbreitet eine Atmosphäre des Geheimnisses und der Ungewißheit ... In diesem Umfeld lauern mysteriöser Schrecken und Unsicherheit, welche die ganze äußere Welt der alltäglichen Realität in Frage stellen. Können wir jemals die Wahrheit über irgend jemanden oder über irgend etwas erkennen? Gibt es überhaupt so etwas wie eine absolute Wahrheit, die man wissen kann?

GRUNDFRAGEN DES MENSCHSEINS

LIEBE

Was ist Liebe, und wo gibt es sie?

Bertrand Russell stellte die Frage, ob es eine Möglichkeit gäbe, einige der Hindernisse zu überwinden, die der Entwicklung des Menschen im Wege stehen:

> **Was blockiert den Weg? Weder physikalische noch technische Hindernisse, vielmehr die üblen Leidenschaften, die dem Denken der Menschen entspringen: Mißtrauen, Angst, Machtgier, Intoleranz ...**
>
> **Die Wurzel des Übels ist einfach und uralt, daß ich fast Hemmungen habe, es auszusprechen, aus Furcht vor dem spöttischen Lächeln, mit dem weise Zyniker meine Worte aufnehmen werden. Was ich meine, ist – bitte verzeihen Sie, daß ich's erwähne – Liebe, christliche Liebe oder Mitleid ...**

Thomas Mann beschreibt in seinem Roman *Der Zauberberg* eine grausame Welt, in der sich niemand über irgend etwas sicher sein kann. Der letzte Satz seines Romans, der die Frage nach der Liebe stellt, entspringt nicht der Hoffnung, sondern der Verzweiflung:

Wird auch aus diesem Weltgeist des Todes, auch aus der schlimmen Fieberbrunst, die rings den regnerischen Abendhimmel entzündet, einmal die Liebe steigen?

Die katholische Nonne Mutter Teresa, die ihr Leben in den Dienst der Armen und Sterbenden in Kalkutta gestellt hat, ist der Überzeugung:

Die größte Seuche unserer Zeit ist nicht Lepra oder Tuberkulose. Es ist vielmehr das Gefühl, unerwünscht zu sein, nicht beachtet zu werden und von jedermann verlassen zu sein. Das größte Übel ist der Mangel an Liebe und Barmherzigkeit, die entsetzliche Gleichgültigkeit gegenüber dem Nächsten, der am Straßenrand dahinvegetiert, bedroht von Ausbeutung, Korruption, Armut und Krankheit.

William Goldman beschreibt in seinem Buch *Der Marathon-Mann* die Begeisterung eines jungen treuherzigen Mannes, dessen Liebe Erwiderung findet:

Sie liebt mich auch! Sie liebt mich wirklich! Ein wunderschönes, süßes, empfindsames Mädchen, das sich mit keinem anderen vergleichen läßt! Und sie denkt an *mich!* Nach all diesen miesen Jahren fließt mein Kelch von Freude über.

Der Roman nimmt jedoch eine ironische Wende, da das Mädchen den jungen Mann betrügt und von Anfang an ihre Liebe nur heuchelt.

In Bernardo Bertoluccis Film *Der letzte Tango von Paris* wird die dem Untergang geweihte Traurigkeit des Sex' ohne Namen dargestellt:

„Ich will keinen Namen. Ein Grunzen oder Stöhnen ist mir lieber. Willst du wissen, wie ich heiße?"

Er setzte sich in die Hocke, stützte sich auf Hände und Knie und stülpte seinen Mund zu einer Schnauze. Dann hob er seinen Kopf und knurrte laut. Er begann zu grunzen, tief hinten in seinem Rachen – ein Urgrunzen, das beide erregte ...

„Es klingt so männlich", sagte sie. „Jetzt höre mir zu."

Sie zog ihn zu sich hinunter auf die Matratze und preßte ihn an sich. Sie

miaute und fragte: „Gefällt es dir?"

Sie lachten. Er grunzte wieder, und sie antwortete. Und gemeinsam erfüllten sie den runden Raum mit dem gellenden Werben wilder Tiere.

EDWARD ALBEE, der amerikanische Bühnenschriftsteller, zeigt die zerstörerische Wirkung einer Ehe, die ihren Sinn verloren hat:

Ich bin schon so abgestumpft... nicht vom Alkohol, obwohl er vielleicht in diesem schleichenden Siechprozeß auch eine Rolle spielt... Jahr um Jahr langsam aber sicher die Gehirnzellen einschläfert... daß ich imstande bin, dich zu ertragen, wenn wir allein sind. Ich höre dir einfach nicht zu... und wenn ich dir zuhöre, bleibt alles im Sieb dieser Stumpfheit hängen... In Wirklichkeit dringt nichts mehr in mich hinein, was von dir kommt... Aber jetzt hat dich das Fahrwasser, in dem du seit einigen Jahrhunderten schwimmst – oder wer weiß, wie lange wir schon gemeinsam in diesem Haus leben –... schließlich an einen Punkt geschwemmt, wo's nicht mehr weitergeht.

Wirklich... ich hab' mein Möglichstes getan.

Du bist ein Ungeheuer...

„Das größte Leid heute ist... das Gefühl, unerwünscht und von allen im Stich gelassen zu sein." Mutter Teresa.

Ganz Kambodscha ist durch den Krieg verwüstet worden.

GRUNDFRAGEN DES MENSCHSEINS

LEIDEN

Warum gibt es Leid, und wie können wir damit leben?

DER PSALMIST im *Alten Testament* schüttet klagend sein Herz vor Gott aus, weil er sich von ihm in seinem Leid allein gelassen fühlt:

Mein Gott, mein Gott, warum hast du mich verlassen?
Ich schreie, aber meine Hilfe ist ferne.
Mein Gott, des Tages rufe ich, doch antwortest du nicht,
und des Nachts, doch finde ich keine Ruhe.

ALDOUS HUXLEY sah darin einen der grundlegenden Aspekte des „Geheimnisses der Welt":

Die Frage des Menschen nach dem Geheimnis der Welt erfordert eine theologische Antwort. Ob er leidet oder sich freut – der Mensch möchte den Sinn von Freude und Leid kennen. Er erlebt Gutes und Böses, Schönes und Häßliches, und er möchte dafür eine Erklärung haben, einen endgültigen, absoluten Grund, warum sich die Dinge so und nicht anders verhalten.

EUGENE IONESCO, der französische Bühnenschriftsteller und Dramatiker der Schule, die als das „Theater des Absurden" bekannt geworden ist, beschreibt den ungeheuren Einfluß, den Gewalt auf ihn ausübte, der er schon früh in seinem Leben begegnete.

Kurz nach der Ankunft in meiner zweiten Heimat sah ich, wie ein junger großer, kräftiger Mann auf einen alten Mann losging. Er bearbeitete ihn mit Fäusten und trat ihn mit Stiefeln... Wenn ich über die Welt nachdenke, sehe ich nur Vergänglichkeit und Brutalität, Hohlheit und Raserei, Nichtigkeit oder abscheulichen, nutzlosen Haß. Alles, was ich seitdem erlebt habe, hat das bestätigt, was ich in meiner Kindheit sah und begriff: vergeudete, destruktive Wut; Schreie, die plötzlich von der Stille erstickt werden; Schatten, die die Nacht für immer verschlingt.

ADAM SCHAFF lehnte als Marxist alle religiösen Antworten auf diese Problematik ab und meinte, der Marxismus müsse überzeugende Antworten finden:

Allein die Tatsache stimmt mich nachdenklich, daß sich einige Agnostiker auf ihrem Sterbebett bekehren. Die Philosophie muß hier den Platz der Religion einnehmen. Sie muß sich mit Fragen auseinandersetzen, die aus den Trümmern religiöser Weltanschauung übriggeblieben sind: der Sinnlosigkeit von Leid, zerstörtem Leben, Tod und vielen anderen Fragen, die sich mit dem Schicksal der Lebenden, Kämpfenden, Leidenden und Sterbenden befassen. Kann man dieses Problem wissenschaftlich lösen, das heißt auf eine Art und Weise, die mitteilbar und in irgendeiner Form nachprüfbar ist?

Ein gewaltiges Erdbeben machte 1980 in Algerien Tausende von Menschen obdachlos.

GRUNDFRAGEN DES MENSCHSEINS

TOD

Wie begegne ich dem Tod? Gibt es Leben nach dem Tod?

Der Verfasser des PREDIGERS SALOMO im Alten Testament, der über all die Ungerechtigkeiten in der Welt nachdenkt, kommt zu dem Schluß, daß sich der Mensch nicht sehr vom Tier unterscheidet:

Ich sprach in meinem Herzen: Es geschieht wegen der Menschenkinder, damit Gott sie prüfe und sie sehen, daß sie selber sind wie das Vieh. Denn es geht dem Menschen wie dem Vieh: Wie dies stirbt, so stirbt auch er, und sie haben alle einen Odem, und der Mensch hat nichts voraus vor dem Vieh... Es ist alles aus Staub geworden und wird wieder zu Staub. Wer weiß, ob der Odem der Menschen aufwärts fahre und der Odem des Viehes hinab unter die Erde fahre?... Denn wer will ihn dahin bringen, daß er sehe, was nach ihm geschen wird?

Der Theologe JAMES PACKER formuliert die Frage sehr persönlich:

Man hat den Tod „die neue Unanständigkeit" genannt, etwas Widerliches, über das heutzutage kein rücksichtsvoller Mensch öffentlich spricht. Doch selbst wenn man ihn nicht erwähnt, bleibt der Tod unausweichlich. Eins ist sicher in diesem Leben: Eines Tages wird es enden, mit oder ohne Vorwarnung, sanft oder voller Schmerzen. Wie werde ich dann dem Tod begegnen, wenn ich an der Reihe bin?

Der englische Dichter ALFRED TENNYSON (1809-92), schrieb 1850 nach dem Tod eines lieben Freundes die folgenden Worte; er drückt darin die vom Wunsch bestimmte Hoffnung aus, daß es ein Leben nach dem Tod geben möge und daß wir etwas Besseтem entgegensehen dürfen:

Siehe, wir wissen nichts; ich kann nur hoffen, daß das Gute zuletzt – in weiter Ferne – zuletzt zu allen kommen und sich jeder Winter in Frühling verwandeln wird. Das ist mein Traum. Doch, wer bin ich? Ein schreiendes Kind in der Nacht; ein Kind, das nach Licht schreit; mit keiner anderen Ausdrucksmöglichkeit als dem Schrei.

ADAM SCHAFF geht davon aus, daß mit dem Tod alles aus ist. Er begreift den Tod jedoch als etwas, das uns viele Fragen über das Leben aufgibt:

„Nichts, nichts, alles ist nichts!" Diese Worte, die in verschiedenen Formen in allen östlichen Philosophien wiederkehren, scheinen bei vielen Anklang zu finden, die im Alter anfangen, über Leben und Tod nachzudenken. Man kann das mit einem mitleidigen Lächeln als Unsinn abtun. Dennoch spiegeln diese Worte ein Problem wider, das man nicht einfach ignorieren kann. Man kann auch Fragen von Menschen nach dem „Warum?" und „Wozu?" nicht einfach überhören, von Menschen, die müde geworden sind vom Mißgeschick und der Selbsttäuschung des Lebens. Das gilt noch mehr für die drängenden Fragen, die auftauchen, wenn man über den Tod nachdenkt: Warum all dieses Mühen, am Leben zu bleiben, wenn wir sowieso sterben müssen? Es ist schwer, dem Gefühl zu entgehen, daß der Tod sinnlos, vermeidbar ist – besonders bei

einem Unfall. Natürlich können wir fragen: Von welchem Blickwinkel aus sinnlos? Vom Blickwinkel des Weiterbestehens der Natur aus ist der Tod durchaus einsichtig. Vom Blickwinkel eines bestimmten Menschen aus ist der Tod sinnlos und stellt all sein Tun in Frage... Es hilft nicht, wenn man versucht, es ins Lächerliche zu ziehen...

Der amerikanische Autor RAYMOND CHANDLER (1888-1959) beschreibt kalt die Endgültigkeit des Todes, wie ihn der Nichtchrist in seinem klassischen Kriminalroman *Der tiefe Schlaf* empfindet:

Was macht es schon, wo du liegst, wenn du tot bist. In einem schmutzigen Loch oder einem Marmorturm auf einem Hügel. Du bist tot und schläfst den tiefen Schlaf, und solche Dinge interessieren dich nicht mehr. Öl und Wasser sind das gleiche für dich wie Wind und Luft. Du schläfst nur den tiefen Schlaf und kümmerst dich nicht mehr um die widerliche Erfahrung, wie du gestorben oder wo du hingefallen bist.

WOODY ALLEN, ein amerikanischer Regisseur und Komiker, beleuchtete häufig die Zwangsvorstellungen und Todesängste der Menschen des 20. Jahrhunderts. In seinem Theaterstück *Death* zeigt er das Problem auf seine ihm eigene Weise:

Nicht, daß ich Angst vor dem Sterben hätte. Ich möchte einfach nur nicht dabei sein, wenn es soweit ist..

Woody Allen

GRUNDFRAGEN DES MENSCHSEINS

ZUKUNFT DES MENSCHEN

Welche Hoffnung gibt es für die Menschheit?

Der englische Theologe P.T. FORSYTH (1848-1921) beschäftigte sich mit Fragen über Bedeutung und Ziel der Geschichte:

> **Zum Glück gibt es noch Menschen, die sich fragen, worin der Sinn dieses langen, tragischen Zuges der Geschichte liegt, welche großartigen Dinge sie beabsichtigt, auf welches Geschick sie zusteuert, wo ihr Ziel sein wird... Laufen alle großartigen Gleise irgendwo zusammen... schlagen sie einen riesigen Bogen und finden doch zu einem richtigen Ende? Wirken sie alle zusammen zum Guten und zur Liebe? Welche Bedeutung kommt dabei dem Menschen zu? Oder sind wir mit unseren Kindern so glücklich, oder so in unsere Arbeit versunken, daß wir keine Zeit mehr finden, über Bedeutung und Schicksal der Menschheit nachzudenken?**

Die Mehrzahl der heutigen Autoren zeigt sich pessimistisch, wenn es um die Zukunft geht. Nach Auffassung des amerikanischen Philosophen und Pädagogen W.E. HOCKING (1873-1966) verurteilt der Tod nicht nur den einzelnen, sondern die gesamte Menschheit zu einem Gefühl der Frustration.

Wir begreifen, daß wir jeden Augenblick an die Grenzen unseres eigenen Ichs stoßen; an das Nichts, das im Tod Erfüllung findet – dem eigenen und dem der Menschheit. Muß in einer solchen Welt, die mit abscheulichen Tatsachen angefüllt ist, nicht jedes Wesen, das nach Höherem und Unendlichem strebt, frustriert sein? Und trotzdem sind wir dazu verurteilt, in dieser Welt zu handeln und uns als Menschen zu bewähren? Ist das überhaupt möglich?

ALDOUS HUXLEY war 1936 davon überzeugt, daß die Anarchie in dieser Welt immer mehr um sich greifen und das Ergebnis eine „nihilistische Revolution" sein wird:

**Nicht mehr lange und die gesamte Bevölkerung – nicht mehr nur einige besonders intelligente Menschen – wird sich klar über die elementare Unlebbarkeit des Lebens unter den gegebenen Umständen. Was dann?... Die Revolution, die dann ins Haus steht, wird nicht kommunistischer Prägung sein; eine solche Revolution wird nicht nötig werden... Außerdem glaubt sowieso niemand, daß sich die Menschen oder sonst irgend etwas bessern wird.
Es wird eine nihilistische Revolution. Zerstörung um der Zerstörung willen. Haß, alles umfassender Haß und ein zielloses und darum totales und gründliches Zerschlagen aller Dinge.**

BERTRAND RUSSELL war sehr beunruhigt über die Bedrohung durch einen nuklearen Krieg. In einem Interview gab er gegenüber einem Journalisten zu:

Ich muß wenigstens eine Detektivgeschichte pro Tag lesen, um mich vor der nuklearen Bedrohung zu betäuben.

ALVIN TOFFLER sagt in seinem Buch *Die Zukunftschance,* daß sich die Menschen so um die Zukunft sorgen, weil sie erkennen, daß sich alles in einer „tosenden Strömung des Wandels" befindet, einer Strömung, die heute so gewaltig ist, daß sie Institutionen mit sich reißt, unsere Wertvorstellungen verändert und unsere Wurzeln vertrocknen läßt:

> **1965 prägte ich in einem in der Zeitschrift *Horizon* veröffentlichten Artikel den Begriff „Zukunftsschock". Damit wollte ich den zerstörerischen Druck und die Orientierungslosigkeit beschreiben, die wir beim einzelnen bewirken, indem wir ihm zu viel Veränderung in einem zu kurzen Zeitraum zumuten.**
>
> **Kann man in einer Gesellschaft leben, in der jegliches Korrektiv fehlt? Das ist die Frage, die sich uns mit dem Begriff „Zukunftsschock" stellt; denn er beschreibt unsere Situation. Wenn es allein die Technologie wäre, die außer Kontrolle geraten ist, wären unsere Probleme groß genug. Unumstößliche Tatsache ist jedoch, daß auch viele soziale Prozesse angefangen haben, frei zu laufen, wild zu schwingen und sich unseren Bemühungen zu widersetzen, alles in den Griff zu bekommen.**
>
> **Verstädterung, Konflikte der Völker untereinander, Flüchtlinge, Bevölkerungswachstum, Verbrechen – eine Vielzahl von Beispielen fallen einem ein, bei denen unsere Bemühungen um Veränderung immer unzureichender und zweckloser erscheinen.**
>
> **Mit entmutigender Klarheit hat Sir Geoffrey Vickers, der bedeutende britische Sozialwissenschaftler, die Problematik herausgestellt: „Die Veränderungen beschleunigen sich in einem steigenden Tempo ohne eine entsprechende Zunahme der Antworten. Damit nähern wir uns der Schwelle, an der wir die Kontrolle verlieren."**

Alvin Toffler

MICHAEL HARRINGTON beschreibt in *The Accidental Century* die Zukunftsangst vieler Menschen. Diese Angst entsteht nicht nur auf Grund von Ereignissen, die um uns herum geschehen; sie entspringt der grundsätzlichen Unsicherheit, daß wir nicht wissen, worum es im Leben eigentlich geht und was das Ziel ist:

> **Einst war das Schicksal ein offenes Kartenspiel, das bei einer begrenzten Anzahl Karten bestimmten Spielregeln folgte. Jetzt erkennt der Spieler voll Erstaunen, daß die Hand seiner Zukunft Karten enthält, die er nie zuvor gesehen hat und daß jeder einzelne Spieler die Spielregeln selbst bestimmt.**
>
> **Die ganze Welt ist zu einem dialektischen Alptraum geworden; Sicherheit gibt es nicht mehr.**

FRANZ FANON schreibt auf Grund seiner Erfahrungen während der Algerischen Revolution in den 50iger und 60iger Jahren voller Zuversicht, die Dritte Welt könnte richtungweisend sein und eine „neue Menschheitsgeschichte" beginnen:

> **Auf denn, Kameraden!... Verlaßt dieses Europa, wo man nie aufgehört hat, über den Menschen zu sprechen, die Menschen jedoch überall umbringt, wo man sie findet... Laßt uns den Entschluß fassen, Europa nicht zu kopieren; laßt uns unsere Kräfte vereinen und unser Denken in eine neue Richtung lenken; laßt uns daran arbeiten, daß der ganze Mensch geboren wird. Europa ist unfähig, ihm zu einer siegreichen**

1976 wurde die italienische Stadt Seveso durch giftige Gase einer Chemiefabrik verseucht, ein bitterer Vorgeschmack einer chemischen Kriegsführung.

Geburt zu verhelfen ... Die Dritte Welt steht Europa heute wie eine gewaltige Masse gegenüber, deren Ziel darin bestehen sollte, jene Probleme zu lösen, auf die Europa keine Antworten finden konnte ...

Es liegt nun bei der Dritten Welt, eine neue Geschichte der Menschheit zu beginnen, eine Geschichte, die sich auf die manchmal guten, von Europa vorgebrachten Thesen bezieht, die aber auch Europas Verbrechen nicht vergessen wird, von denen die grausamsten in den Herzen der Menschen begangen wurden und die zu einem krankhaften Auseinanderreißen seiner Aufgaben und einem Zerfall seiner Einheit führten. Innerhalb der Völkergemeinschaft gab es Unterschiede, Schichtungen und blutrünstige Spannungen, die durch das Klassenbewußtsein geschürt wurden. Schließlich gab es im Rahmen der Menschheit selbst Rassenhaß, Sklaverei, Ausbeutung und vor allem unblutigen Völkermord, der darin bestand, Abermillionen von Menschen an den Rand zu drängen ...

Kameraden, um Europa willen, um unserer selbst und der Menschheit willen müssen wir eine neue Seite aufschlagen. Wir müssen neue Konzepte erarbeiten und versuchen, einen neuen Menschen auf die Beine zu bringen.

GRUNDFRAGEN DES MENSCHSEINS

DAS ÜBERNATÜRLICHE

Gibt es noch etwas außer der sichtbaren Welt?

Die philosophische Lehre des Materialismus hat im Zusammenhang mit der modernen Wissenschaftstheorie die Tendenz, viele Menschen davon zu überzeugen, daß real nur das ist, was wir mit den fünf Sinnen wahrnehmen. Demnach gibt es keinen „Himmel", keine unsichtbare Welt.

In den letzten Jahren hat jedoch das Interesse am Okkultismus zugenommen; ein Hinweis darauf, daß viele Menschen noch an Übernatürliches glauben und nach Wegen suchen, diese unsichtbaren Mächte in den Griff zu bekommen.

ALVIN TOFFLER führt dieses neu erwachte Interesse auf die Unsicherheit des Menschen zurück, weil er die Kontrolle über seine Umwelt verliert:

Eine Reaktion auf die verlorene Kontrolle ist beispielsweise die heftige Abneigung gegen den Verstand. Die Wissenschaft vermittelte dem Menschen zunächst ein Gefühl der Überlegenheit gegenüber seiner Umwelt und über seine Zukunft. Da die Zukunft nun machbar und nicht länger unveränderlich schien, zerschlug die Wissenschaft jene einschläfernden Religionen, die Passivität und Mystik predigten. Heute, da zunehmend deutlicher wird, daß die Gesellschaft aus dem Gleichgewicht geraten ist, ist Enttäuschung über die Wissenschaft zu verspüren. So erleben wir ein auffälliges Wiedererwachen der Mystik. Plötzlich ist Astrologie der letzte Schrei. Zen, Yoga, Spiritismus und Zauberei werden zur beliebten Freizeitbeschäftigung.

Der amerikanische Soziologe PETER L. BERGER tritt in seinem Buch *Auf den Spuren der Engel* überzeugend ein für eine erneute Bejahung der Transzendenz:

Man mag zugeben, daß es in der modernen Welt eine bestimmte Art von Bewußtsein gibt, das Schwierigkeiten mit der Transzendenz hat ... Wir können sagen, daß es sich bei dem heutigen Bewußtsein so und so verhält; es bleibt uns überlassen, ob wir diese Auffassung befürworten oder nicht. Angenommen, wir stimmten darin überein, daß der heutige Mensch nicht in der Lage ist, sich Engel oder Teufel vorzustellen, so bleibt doch die Frage offen, ob es sie möglicherweise trotzdem gibt, obwohl sich das manche unserer Zeitgenossen nicht vorstellen können ...

Daraus ergibt sich keine ... völlige Lähmung unseres Denkens, sondern eine neue Freiheit und geistige Beweglichkeit, nach der Wahrheit zu fragen.

Der amerikanische Evangelist und Buchautor HAL LINDSEY nennt viele Beispiele okkulter Verwicklungen in seinem Bestseller *Satan kämpft um diese Welt:*

Vielleicht hatte Cheryl auf eine Anzeige geschrieben, die Auskunft darüber versprach, wie man Hexe werden kann. Wer weiß? Sie sagte es mir nicht. Sie saß mir in einem Café gegenüber und schwärmte von ihren Erfahrungen. Sie war 16 Jahre alt – nun, eigentlich fast 16 ...

Sie wurde eine Hexe. Zuerst war es angeblich nur ein Spaß. Jemand brachte ihr eine Kristallkugel, und sie

verbrachte Stunden damit, in diese Kugel zu starren und die Visionen zu deuten, die sie sah. Eines Tages sagte sie einer ihrer Schulfreundinnen, der Vater ihres Freundes werde demnächst sterben. Als er wirklich zwei Tage

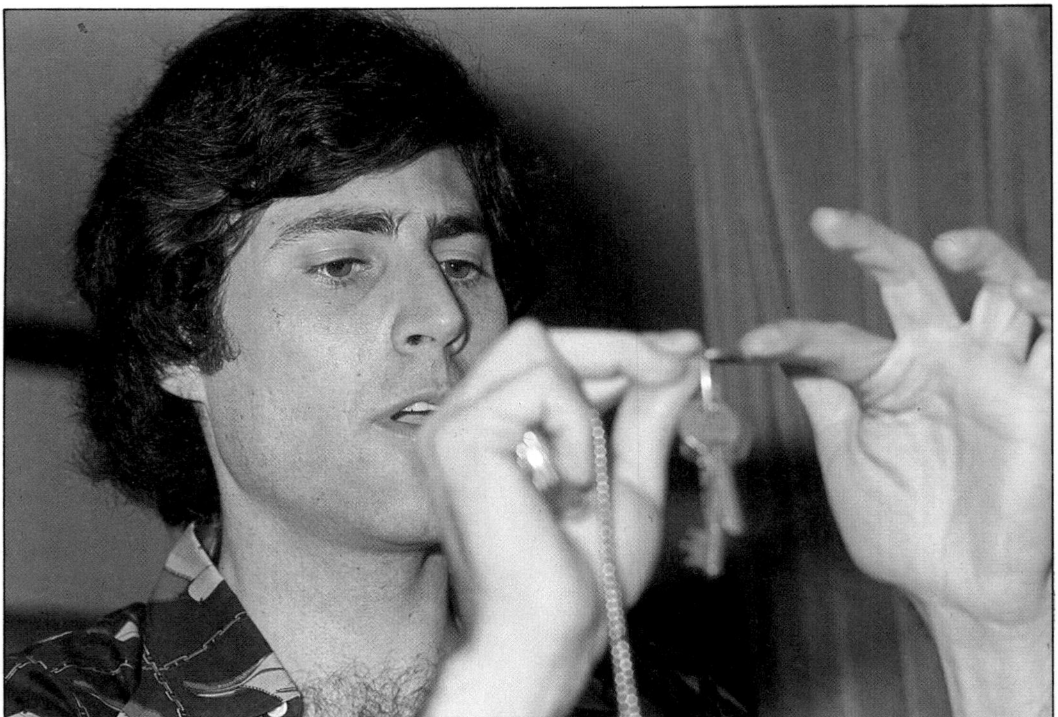

Woher stammen Uri Gellers übernatürliche Kräfte? Einer, der ihn beobachtet hat, meint, daß Geller Kräfte böser Geister einsetzt.

später bei einem Unfall den Tod fand, spürte Cheryl wenig von Traurigkeit; im Gegenteil, sie fühlte sich hochbeschwingt im Gefühl ihrer neuentdeckten Kraft.

„Zuerst war ich baff", sagte sie, „aber dann faszinierte mich die Sache. Ich hatte etwas, das sonst niemand hatte! ... Ich wußte, daß ich diese Macht über die Leute besaß. Ich konnte ein Loch durch jemand hindurchbrennen, wenn ich ihn nur anblickte."

GRUNDFRAGEN DES MENSCHSEINS

DAS BÖSE

Gibt es im Kampf gegen das Böse und die Ungerechtigkeit überhaupt Hoffnung?

Im *Alten Testament* beschreibt der Prophet HABAKUK eine Situation, in der es „nirgends Gerechtigkeit gibt":

> **Herr, wie lange soll ich schreien, und du willst nicht hören ... willst nicht helfen? Warum läßt du mich Bosheit sehen und siehst dem Jammer zu? Raub und Frevel sind vor mir; es geht Gewalt vor Recht. Darum ist das Gesetz ohnmächtig, und die rechte Sache kann nie gewinnen; denn der Gottlose übervorteilt den Gerechten; darum ergehen verkehrte Urteile.**

Dieses Problem beschäftigte ihn darum so sehr, weil er an einen vollkommenen, heiligen Gott glaubte: Wie konnte er es zulassen, daß das Böse triumphierte?

> **Aber du, Herr, mein Gott, mein Heiliger, der du von Ewigkeit her bist, laß uns nicht sterben; sondern laß die Babylonier uns, o Herr, nur eine Strafe sein, und laß sie, o unser Fels, uns nur züchtigen. Deine Augen sind zu rein, als daß du Böses ansehen könntest, und dem Jammer kannst du nicht zusehen! Warum siehst du dann aber den Räubern zu und schweigst, wenn der Gottlose den verschlingt, der gerechter ist als er?**

Der Verfasser des PREDIGERS SALOMO stellt fest, daß das Problem des Bösen und der Ungerechtigkeit zu seinem Gefühl beiträgt, keinen Sinn im Leben zu sehen:

> **Wiederum sah ich alles Unrecht an, das unter der Sonne geschieht, und siehe, da waren Tränen derer, die Unrecht litten und keinen Tröster hatten. Und die ihnen Gewalt antaten, waren zu mächtig, so daß sie keinen Tröster hatten. Da pries ich die Toten, die schon gestorben waren, mehr als die Lebendigen, die noch das Leben haben. Und besser daran als beide ist, wer noch nicht geboren ist und des Bösen nicht inne wird, das unter der Sonne geschieht.**

Der amerikanische Führer der Bürgerrechtsbewegung MARTIN LUTHER KING JR. (1929-68) sprach von der dringenden Notwendigkeit, nach Wegen zu suchen, um der Gewalt in aller Welt Einhalt zu gebieten:

> **Es sind schon längst nicht mehr nur Idealisten oder Schwarzseher, die nach einer kontrollierenden Kraft suchen, die in der Lage ist, sich den Werkzeugen der Zerstörung zu widersetzen. Viele sind auf der Suche. Früher oder später müssen alle Völker – unabhängig vom politischen System, unter dem sie leben – einen Weg finden, um in Frieden miteinander leben zu können.**
>
> **Der Mensch wurde in die Barbarei hineingeboren, und das Töten seiner Mitmenschen gehörte zum Existenzkampf. Ihm wurde ein Gewissen mitgegeben. Nun ist er an einem Punkt angekommen, an dem ihm Gewalt gegenüber anderen Menschen so zuwider werden muß, wie das Essen von Menschenfleisch.**

Kann man durch Zerstörung dem Bösen begegnen? Im August 1945 wurde der Pazifische Krieg durch die Atombomben auf Hiroshima und Nagasaki beendet.

ALBERT CAMUS erkannte, daß der Glaube an einen gerechten Gott dem Menschen die Gewißheit verleihen kann, daß das Böse letzten Endes besiegt werden wird. Da jedoch der Glaube an Gott für den Menschen keine wirkliche Alternative mehr darstellt, ist das Problem für ihn wesentlich dringlicher, denn es fehlt nun jede Gewißheit, daß die Gerechtigkeit jemals siegen wird:

Die Gewißheit eines Gottes, der dem Leben seinen Sinn gäbe, ist viel verlockender als die Macht, ungestraft Böses zu tun. Die Wahl wäre nicht schwer. Aber es gibt keine Wahl, und da beginnt die Bitternis.

Vor diesem Übel, vor dem Tod, schreit der Mensch von innen heraus nach Gerechtigkeit.

TEIL 2

CHRISTLICHE ANTWORTEN AUF LEBENSFRAGEN

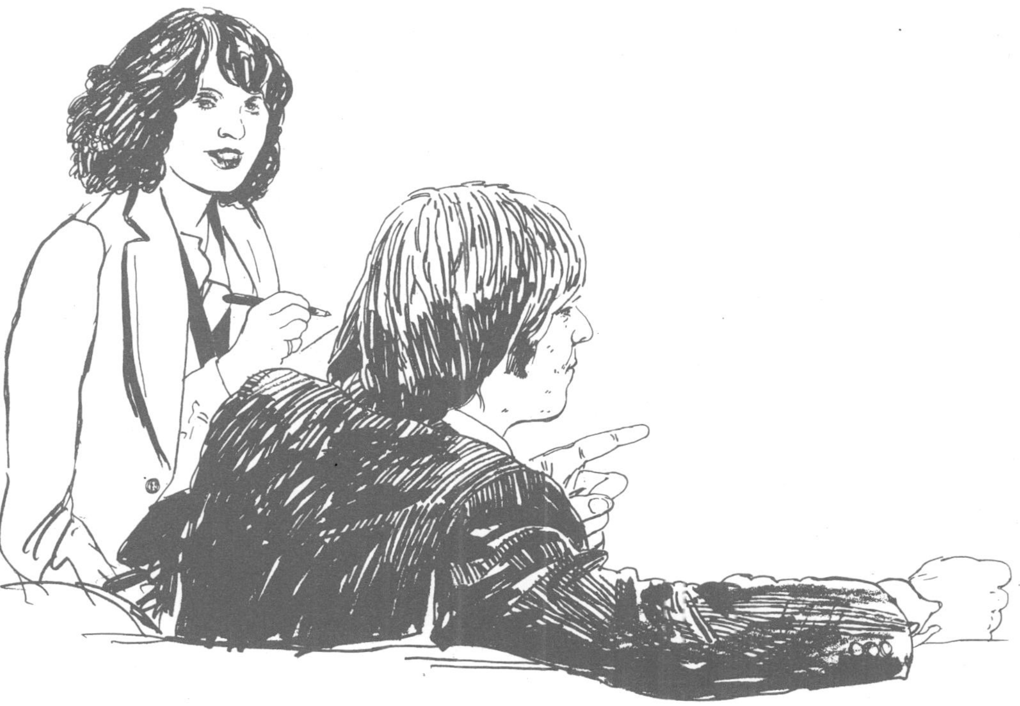

So spricht der Herr, der alles macht, schafft und ausrichtet – Herr ist sein Name –: Rufe mich an, so will ich dir antworten und will dir kundtun große und unfaßbare Dinge, von denen du nichts weißt.

Es ist das Herz ein trotzig und verzagt Ding; wer kann es ergründen? Ich, der Herr, kann das Herz ergründen und die Nieren prüfen und gebe einem jeden nach seinem Tun, nach den Früchten seiner Werke.
JEREMIA

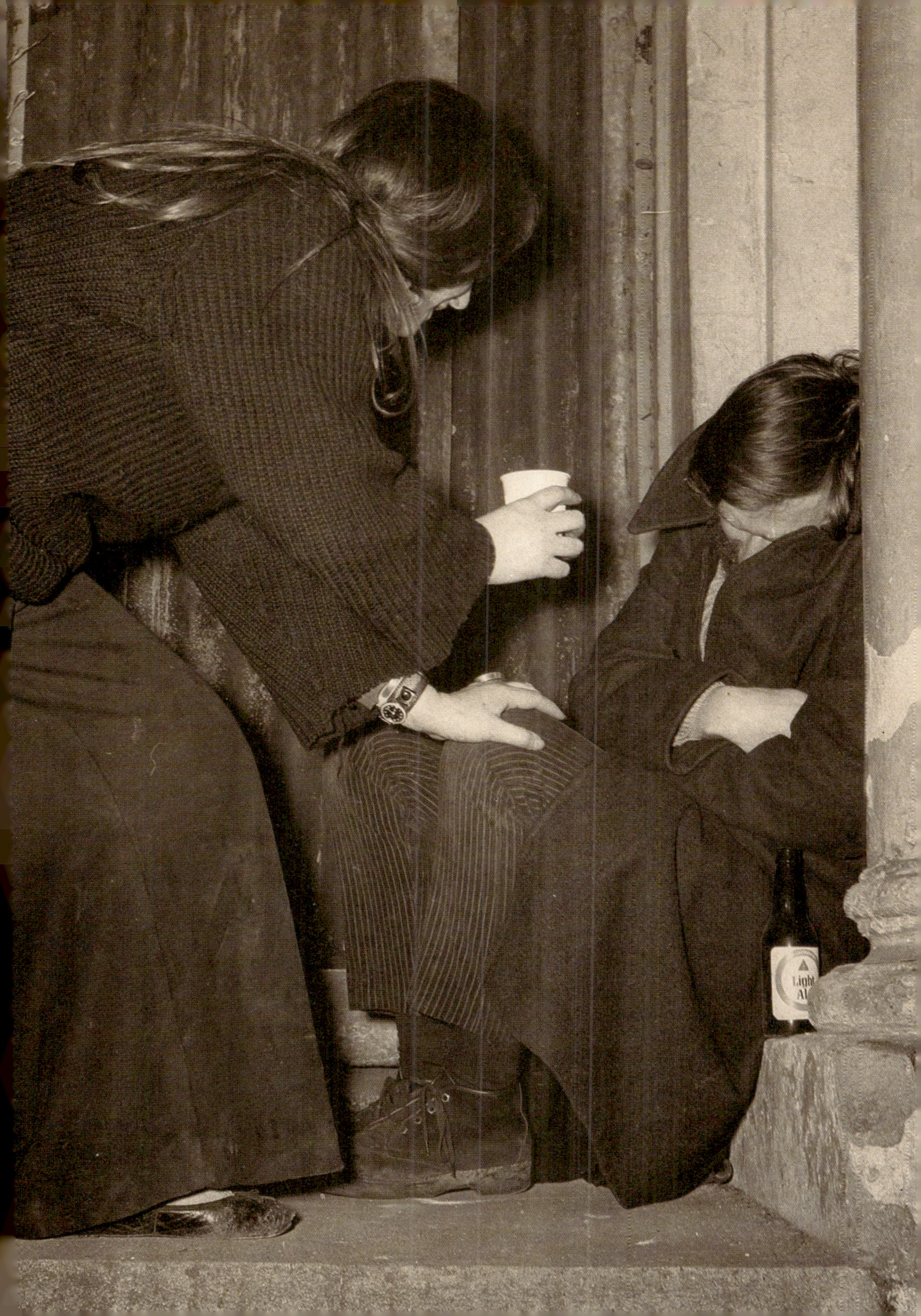
Light

Die in diesem Teil gegebenen Antworten sind nicht zu vergleichen mit Lösungen, wie man sie hinten in einem Lehrbuch für Mathematik oder Allgemeinbildung finden kann.

Es sind nur einige der Grundüberzeugungen, die es einem Christen ermöglichen, sich seine eigenen Antworten zu erarbeiten.

Bei jeder Frage geben Zitate aus der Bibel oder von anderen Autoren Hinweise darauf, *wie jemand empfindet,* der die Welt auf diese Weise betrachtet und wie sich dieser Glaube praktisch auswirkt.

Übersicht

CHRISTL. ANTWORTEN AUF LEBENSFRAGEN

DER EINZELNE MENSCH

Wer oder was bin ich?

Wenn jeder Mensch zum Ebenbild Gottes geschaffen ist, so bedeutet er für Gott, seinen Schöpfer, außerordentlich viel. Darum sagt JESUS auch auf die Frage, was der einzelne Gott wohl bedeute:

Verkauft man nicht fünf Sperlinge für zwei Groschen? Dennoch ist keiner von ihnen vor Gott vergessen. Aber auch die Haare auf eurem Haupt sind alle gezählt. Darum fürchtet euch nicht; ihr seid besser als viele Sperlinge.

DER PSALMIST im *Alten Testament* ist voller Zuversicht und Freude, denn er glaubt, daß Gott ihn geschaffen hat und ihn persönlich kennt:

Denn du hast meine Nieren bereitet und hast mich gebildet im Mutterleibe. Ich danke dir dafür, daß ich wunderbar gemacht bin;
wunderbar sind deine Werke; das erkennt meine Seele.
Es war dir mein Gebein nicht verborgen, als ich im Verborgenen gemacht wurde, als ich gebildet wurde unten in der Erde. Deine Augen sahen mich, als ich noch nicht bereitet war.

HIOB erschrickt, als er erfährt, daß Gott jeden einzelnen Menschen kennt. In seinem Leiden wünscht er sich sogar, Gott möge sich *weniger* mit ihm befassen:

Was ist der Mensch, daß du ihn groß achtest und dich um ihn kümmerst? Jeden Morgen suchst du ihn heim und prüfst ihn alle Stunden. Warum blickst du nicht einmal von mir weg und läßt mir keinen Atemzug Ruhe? Habe ich gesündigt, was tue ich dir damit an, du Menschenhüter? Warum machst du mich zum Ziel deiner Anläufe, daß ich mir selbst eine Last bin? Und warum vergibst du mir meine Sünde nicht oder läßt meine Schuld hingehen?

LESSLIE NEWBIGIN zeigt, wie die Überzeugung vom Wert jedes einzelnen zum Antriebsmotor wird, für die Rechte des Menschen zu kämpfen:

Während des Zweiten Weltkriegs schickte Hitler seine Männer in die bekannten Anstalten von Bethel, um deren Leiter, Pastor Bodelschwingh, mitzuteilen, daß es sich der Staat nicht länger leisten könne, Hunderte von Epileptikern zu pflegen, die für die Gesellschaft unbrauchbar seien und nur eine Belastung der ohnehin knappen Mittel darstellten. Es würde befohlen, die Behinderten zu töten. Bodelschwingh trat ihnen in seinem Zimmer am Krankenhauseingang mutig entgegen und focht einen geistlichen Kampf. Die Männer gingen schließlich, ohne ihren Auftrag ausgeführt zu haben. Bodelschwingh hatte keine andere Waffe als die Überzeugung, daß die Behinderten Menschen seien, die Gott zu seinem Ebenbild geschaffen hat. Wer sie vernichte, versündige sich gegen Gott, und das würde dieser mit Sicherheit nicht ungestraft lassen. Was hätte er sonst vorbringen können?

In der Unabhängigkeitserklärung der Vereinigten Staaten von Amerika heißt es, daß alle Menschen gleich sind. Sie haben bestimmte unveräußerliche Rechte . . . unter anderem das Recht auf Leben und Freiheit und das Streben nach Glück.

CHRISTL. ANTWORTEN AUF LEBENSFRAGEN

DER SINN DES LEBENS

Welches Ziel hat alles?

Die Überzeugung, daß wir in einer von Gott geschaffenen Welt leben, ist der Ausgangspunkt, um den Sinn des Lebens zu verstehen. Dem Verfasser des PREDIGERS SALOMO gelingt es, über die zynische und skeptische Einstellung hinwegzukommen, alles Irdische sei eitel. Er kann das Leben als Geschenk Gottes annehmen und sich so an dem freuen, was Gott ihm in diesem Leben gegeben hat:

Da merkte ich, daß es nichts Besseres dabei gibt als fröhlich sein und sich gütlich tun in seinem Leben. Denn ein Mensch, der da ißt und trinkt und hat guten Mut bei all seinem Mühen, das ist eine Gabe Gottes.

So habe ich nun das gesehen, daß es gut und fein sei, wenn man ißt und trinkt und guten Mutes ist bei allem Mühen, das einer sich macht unter der Sonne in der kurzen Zeit seines Lebens, die ihm Gott gibt; denn das ist sein Teil. Denn wenn Gott einem Menschen Reichtum und Güter gibt und läßt ihn davon essen und trinken und sein Teil nehmen und fröhlich sein bei seinem Mühen, so ist das eine Gottesgabe. Denn er denkt nicht viel an die Kürze seines Lebens, weil Gott sein Herz erfreut.

Er kommt zu dem Schluß, daß Gott uns erschaffen hat, damit wir ihn fürchten und ihm gehorchen. Wenn es ein Leben nach dem Tod gibt und wenn Gott ein gerechter Richter ist, dann können wir zuversichtlich sein, daß wir eines Tages auch die Dinge in unserem Leben begreifen werden, die uns heute sinnlos und ungerecht erscheinen:

Laßt uns die Hauptsumme aller Lehre hören: Fürchte Gott und halte seine Gebote; denn das gilt für alle Menschen. Denn Gott wird alle Werke vor Gericht bringen, alles, was verborgen ist, es sei gut oder böse.

An anderen Stellen in der Bibel entdecken wir, daß Gott selbst mit der Geschichte der Menschheit ein Ziel verfolgt und daß er vom Menschen erkannt sein will. Beides verleiht dem Leben des Menschen Sinn und Bedeutung:

Ich bin der Herr... Ich will euch annehmen zu meinem Volk und will euer Gott sein, daß ihr's erfahren sollt, daß ich der Herr bin, euer Gott.

PAULUS schreibt über Gottes Plan für die ganze Welt, in dem jeder einzelne, der glaubt, eine wichtige Rolle spielt:

Gelobt sei Gott, der Vater unsres Herrn Jesus Christus, der uns gesegnet hat mit allem geistlichen Segen in der himmlischen Welt durch Christus. Denn in ihm hat er uns erwählt vor der Schöpfung der Welt, damit wir heilig und untadelig vor ihm sein sollten; in seiner Liebe hat er uns im voraus dazu bestimmt, seine Kinder zu sein durch Jesus Christus nach dem Wohlgefallen seines Willens, zum Lob seiner herrlichen Gnade, mit der er uns in seinem geliebten Sohn begnadet hat.

In ihm haben wir die Erlösung durch sein Blut, die Vergebung der Sünden, nach dem Reichtum seiner Gnade, mit der er uns überreich beschenkt hat in aller Weisheit und Klugheit.

Denn Gott hat uns das Geheimnis

Die Bibel zeigt, daß Gott an jedem einzelnen Menschen ein besonderes Interesse hat.

Mit viel Liebe können wir Behinderten wie diesem blinden Jungen helfen, normal zu leben.

seines Willens wissen lassen nach seinem Ratschluß, den er zuvor in ihm gefaßt hatte, um ihn auszuführen, wenn die Zeit erfüllt wäre: nämlich alles in Christus zu vereinen, was im Himmel und auf Erden ist.

JAMES PACKER gibt eine Zusammenfassung des Lebenszwecks, gefunden im Westminster Shorter Catechism of Faith:

„Das letzte Ziel des Menschen ist", formuliert der Kurze Katechismus treffend, „Gott zu verherrlichen und ihn ewig zu erfreuen." Das Ziel, nicht Ziele; denn beides gehört zusammen. Gottes letztes Ziel in allem, was er tut, ist seine Herrlichkeit, und er hat uns so geschaffen, daß wir unsere eigene tiefste Erfüllung und größte Freude darin finden, ihn zu ehren und ihm zu dienen. Gott ist kein Menschenschinder, und das der Schöpfung zugrundeliegende Prinzip, ob Sie es glauben oder nicht (und viele tun es nicht), ist, daß unser Dienst mit unseren Interessen und Freuden völlig harmoniert.

Christen stimmen oftmals mit der heidnischen Idee überein, daß Gottes Wille stets unangenehm ist. So empfinden viele sich als Märtyrer, wenn sie ihn tun, statt erst einmal durch ihre Erfahrung die Wahrheit bestätigt zu sehen, daß für Christen Dienst und Freude eine Einheit bilden. So ist es aber – schauen Sie sich daraufhin Ihr gegenwärtiges Leben einmal an –, und es wird in der Zukunft noch deutlicher werden. Wer es sich selbst zur Lebensaufgabe setzt, Gottes Namen zu ehren, dessen Leben ist zwar keine Vergnügungsfahrt, aber zunehmend ein Weg der Freude. Glauben Sie das? Machen Sie die Probe auf's Exempel, und Sie werden es erfahren!

AUGUSTINUS, der Bischof von Hippo Regius in Nordafrika (354-430), schrieb jene bekannten Worte in seinen *Bekenntnissen:*

„Herr, du bist groß und hoch zu preisen; groß ist deine Kraft und unendlich deine Wahrheit." Auch der Mensch will dich loben als ein Teil deiner Schöpfung, auch der Mensch, der seine Sterblichkeit mitschleppt, der das Zeugnis seiner Sünde mitschleppt, das Zeugnis, daß du den Hochmütigen widerstehst. Und dennoch will auch der Mensch dich loben als ein Teil deiner Schöpfung; du erweckst Freude daran, dich zu loben, denn du hast uns auf dich hin geschaffen, und unruhig ist unser Herz, auf daß es in dir Ruhe finde.

CHRISTL. ANTWORTEN AUF LEBENSFRAGEN
WERTMASSSTÄBE

Wie treffen wir unsere ethischen Entscheidungen?

Den letzten und verbindlichen Maßstab findet der Christ in Gottes eigenem Wesen. Darum schreibt PETRUS seinen Mitchristen:

Wie der, der euch berufen hat, heilig ist, sollt auch ihr heilig sein in eurem ganzen Leben! Denn es steht geschrieben: „Ihr sollt heilig sein, denn ich bin heilig."

Die *Zehn Gebote,* die MOSE offenbart wurden, sind ein Maßstab, den Gott dem Menschen setzt. In den ersten vier Geboten geht es um die Achtung gegenüber Gott, in den sechs folgenden um die Achtung unseren Mitmenschen gegenüber:

Du sollst keine anderen Götter haben neben mir.
Du sollst dir kein Bildnis noch irgendein Gleichnis machen, weder von dem, was oben im Himmel, noch von dem, was unten auf Erden ... ist. Bete sie nicht an und diene ihnen nicht! ...
Du sollst den Namen des Herrn, deines Gottes, nicht mißbrauchen ...
Gedenke des Sabbattages, daß du ihn heiligst ...
Du sollst deinen Vater und deine Mutter ehren ...
Du sollst nicht töten.
Du sollst nicht ehebrechen.
Du sollst nicht stehlen.
Du sollst nicht falsch Zeugnis reden wider deinen Nächsten.
Du sollst nicht begehren deines Nächsten Haus ...

DIE PROPHETEN wiesen ständig auf Ungerechtigkeit und Bestechlichkeit im öffentlichen und privaten Bereich hin und wandten die Gebote in bestimmten Situationen an:

Gott spricht: „Ich liebe das Recht und hasse Raub und Unrecht."

Der allmächtige Gott spricht: „Ich will zu euch kommen zum Gericht und will ein schneller Zeuge sein gegen die Zauberer, Ehebrecher, Meineidigen und gegen die, die Gewalt und Unrecht tun den Tagelöhnern, Witwen und Waisen und die den Fremdling drücken und mich nicht fürchten."

JESUS verschärfte einige der *Zehn Gebote,* indem er Gedanken und Handlungen einander gleichstellte. Zum Beispiel:

Ihr habt gehört, daß gesagt worden ist: „Du sollst nicht ehebrechen." Ich aber sage euch: Wer eine Frau ansieht und sie begehrt, der hat in seinem Herzen schon mit ihr die Ehe gebrochen.

Und er lieferte eine eigene Zusammenfassung vom Gesetz des *Alten Testaments,* indem er zwei Verse aus verschiedenen Büchern der Bibel verband:

„Du sollst den Herrn, deinen Gott, lieben mit ganzem Herzen, mit ganzer Seele und mit all deinem Verstand." Dies ist das größte und wichtigste Gebot. Das andere aber ist dem gleich: „Du sollst deinen Nächsten lieben wie dich selbst." An diesen beiden Geboten hängt das ganze Gesetz und die Propheten.

Obwohl der Christ also keine fertigen Antworten für alle ethischen Fragen hat, besitzt er zumindest einen sicheren Ausgangspunkt. Wenn in bestimmten Situationen Zweifel auftauchen, kann er sich der Führung des Heiligen Geistes anvertrauen, der sein Bewußtsein und das der christlichen Gemeinde für den Willen Christi sensibel machen möchte. So schreibt PAULUS:

> **So achtet nun genau darauf, wie ihr euer Leben führt, nicht als Unweise, sondern als Weise... Darum seid nicht unverständig, sondern versteht, was der Wille des Herrn ist.**

JUSTIN DER MÄRTYRER war ein bekannter christlicher Apologet und lebte im 2. Jahrhundert in Palästina. Seine *Erste Apologie* richtete er an Kaiser Antonius Pius als Antwort auf die damals weit verbreiteten Anschuldigungen, Christen seien gottlos und verhielten sich unmoralisch. Er beschreibt die Veränderung, die der christliche Glaube in ihrem Leben bewirkt hat:

> **Wir, die früher unser Vergnügen bei der Unzucht fanden, küssen jetzt allein die Reinheit. Wir gebrauchten Zaubereikünste, weihen uns jetzt jedoch dem guten und ungezeugten Gott. Wir taten zuvor alles für unser eigenes Ansehen, jetzt geben wir, was wir haben, für wohltätige Zwecke und teilen den Armen mit. Wir haßten einander und waren Mörder; und Ausländern mit abweichenden Sitten und Gebräuchen gaben wir kein Heimatrecht bei uns. Aber seit der Offenbarung Christi teilen wir mit ihnen das gleiche Leben, beten wir für unsere Feinde und suchen wir die zu gewinnen, die uns ungerechterweise hassen.**

JAMES PACKER betont, daß christliche Wertvorstellungen auf die Gesellschaft zielen, nicht nur auf den einzelnen:

> **Was sollen wir zur modernen säkularen Gesellschaft sagen? Sollen wir ihr Erscheinen als Zeichen des Fortschritts werten? Ist es nicht vielmehr ein Zeichen des Verfalls, der Anfang des Abgleitens auf einem Hang, an dessen Ende der Absturz steht? Wenn Gottes Wertmaßstäbe unbeachtet bleiben und das einzige gemeinsame Ideal moralische Freizügigkeit ist, woher soll dann das sittliche Kapital kommen, ist das christliche Erbe erst verbraucht? Wie soll die Staatspolitik jemals über das materielle Eigeninteresse, das Pragmatische oder Grundsatzlose hinauskommen? Wie kann der innere Zusammenbruch vermieden werden, wenn regionale Interessen ohne jede nationale Verantwortung miteinander kämpfen? Wie kann ein allgemeines Abnehmen oder gar Verschwinden von Glück vermieden werden, wenn der geoffenbarte Weg zum Glück abgelehnt wird, der besagt: „Zuerst Gott, dann der Nächste und zuletzt das eigene Ich". Die Aussichten sind trübe. Möge Gott uns zu sich zurückführen und zur sozialen Weisheit seiner Gebote, ehe es zu spät ist.**

J. N. D. ANDERSON, ehemals Professor für Rechtswissenschaft, erklärt, wie ein Christ anfangen kann, sich mit den schwierigen ethischen Problemen der modernen Welt auseinanderzusetzen. In einer Vorlesungsreihe *Fragen von Tod und Leben* schloß er seinen ersten Vortrag über die „Unantastbarkeit menschlichen Lebens" so:

> **... unsere Grundauffassung, zu der wir stets zurückkehren sollten, ist die einzigartige Bedeutung und der Wert der menschlichen Persönlichkeit: der Mensch, der zum Ebenbild Gottes geschaffen wurde; der Mensch, wie er ist und wie Gott ihn gerne haben möchte.**
>
> **Unter diesem Blickpunkt müssen wir herangehen an die Probleme der künstlichen Befruchtung, genetischen Manipulation, Geburtenregelung, Sterilisation, Abtreibung... Verlängerung des Lebens, Organtransplantation, Euthanasie, des Selbstmords, der Todesstrafe und Beendigung des Lebens durch Gewalt, Revolution und Krieg. Der Humanist könnte einige dieser Themen mit Recht so betrachten, daß der Mensch bewußt und aktiv Anteil nimmt an seiner eigenen Geschichte... und man kann sie sicherlich als Christ – so meine ich – in dem Zusammenhang sehen, daß der Mensch versucht, dem göttlichen Gebot zu gehorchen, sich die Erde untertan zu machen und an Gottes fortdauerndem Schaffen mitzuwirken und in vernünftiger Weise**

Diese Familie gehorchte Gottes Gebot, für die Unterdrückten und Elternlosen zu sorgen, indem sie zwei vietnamesische Waisen adoptierte.

„die Erde zu füllen". Während es im Tierreich so scheinen mag, daß es einen großen Spielraum zum Experimentieren gibt – stets unter der Voraussetzung, daß unnötiges Leiden, unannehmbare Ausbeutung oder unrechtmäßige Mißachtung des Prinzips der Erhaltung vermieden wird – ist dies beim Menschen anders. Bei einem Tier gibt es scheinbar bei künstlicher Besamung keine moralischen Probleme, beim Menschen treten jedoch notwendig eine Reihe moralischer, ästhetischer, psychologischer, sozialer und sogar rechtlicher Bedenken auf. Das gleiche gilt für genetische Manipulation, Sterilisation, Euthanasie usw. Mit anderen Worten: Wir müssen uns mit dem Problem auseinandersetzen, inwieweit das Gebot, sich die Erde untertan zu machen, die eigene genetische und psychologische Ausstattung des Menschen einschließt. Hier – wie in anderen Fragen – unterscheidet sich die Auffassung des Humanisten erheblich von der des an der Bibel orientierten Christen.

Damit kehren wir zu unserem Ausgangspunkt zurück, der Frage nach dem eigentlichen Wesen des Menschen. Mit einer Seite seines Wesens gehört der Mensch zweifellos der Tierwelt an, aber er ist in einzigartiger Weise eine vernunftbegabte Kreatur, die Zusammenhänge begreifen kann. Dies begründet zum Teil, daß der Mensch über die von Gott geschenkte Fähigkeit verfügt, in die Natur einzugreifen – oder zumindest einen kontrollierenden Einfluß auszuüben – und an Gottes Schaffen mitzuwirken. Vom geistlichen Standpunkt aus ist wichtiger, daß er ein moralisches Geschöpf ist, das selbst in seinem sündigen Zustand zum Teil zwischen Recht und Unrecht unterscheiden kann. Und was noch wichtiger ist: Er ist ein Geschöpf, mit dem Gott selbst in Beziehung treten kann.

Wenn wir uns wieder den außerordentlich weitreichenden und schwierigen Fragen zuwenden ... so muß der Christ darauf bestehen, daß der Mensch zwar der Tierwelt angehört, sich gleichzeitig jedoch grundlegend von ihr unterscheidet. Vom „menschlichen Wesen" als eigener Kategorie zu sprechen, ist darum sinnvoll und richtig. Obwohl es notwendig ist, die Gesundheit, Intelligenz und Aufklärung der Menschheit zu steigern, müssen wir doch erkennen, daß wir das menschliche Wesen an sich nicht ändern können und daß jede Handlung und jeder Prozeß, der dazu beiträgt, den Menschen zu „entmenschlichen", allein deshalb schon zu verurteilen ist.

CHRISTL. ANTWORTEN AUF LEBENSFRAGEN

WAHRHEIT

Können wir die Wahrheit über uns selbst und über unsere Welt erkennen?

Die *Bibel* stellt die kühne Behauptung auf, daß sich der unsichtbare Gott den Menschen offenbart hat:

Niemand hat Gott je gesehen; der einzige Sohn, der Gott ist und der im Schoß des Vaters ist, der hat ihn uns verkündigt.

Wenn es heißt, daß Gott die Wahrheit offenbart hat, besagt dies nicht, daß er *alles* offenbart hat, was es an Wissen gibt. Seine Offenbarung ist nicht erschöpfend, aber hinreichend. Wir können sicher sein, daß das, was *nicht* offenbart wurde, dem, was offenbart *ist,* in keiner Weise widerspricht. Was es noch über Gott zu erfahren gilt, wird dem nicht widersprechen, was wir bereits über ihn wissen.

So unterscheidet MOSE beispielsweise zwischen dem, was offenbart, und dem, was nicht offenbart wurde. Das Offenbarte bietet eine ausreichende Lebensgrundlage für das Hier und Heute und für die Zukunft:

Was verborgen ist, ist des Herrn, unseres Gottes; was aber offenbart ist, das gilt uns und unsern Kindern ewiglich, daß wir tun sollen alle Worte dieses Gesetzes.

Ebenso vergleicht PAULUS sein gegenwärtiges Wissen über Gott mit der Erkenntnis, die ihm einst im Himmel zuteil werden wird:

Wir sehen jetzt nur undeutlich wie in einem trüben Spiegel; dann aber von Angesicht zu Angesicht. Jetzt erkenne ich stückweise; dann aber werde ich erkennen, wie ich erkannt bin.

Die Unvollkommenheit seines Wissens in diesem Leben machte ihn jedoch nicht zum Skeptiker oder Agnostiker. Für ihn war die offenbarte Wahrheit vollkommen verläßlich und vertrauenswürdig:

Wir aber haben nicht den Geist der Welt empfangen, sondern den Geist aus Gott, so daß wir wissen können, was uns von Gott geschenkt ist. Und davon reden wir nicht mit Worten, wie sie menschliche Weisheit lehren kann, sondern mit Worten, die der Geist lehrt, und deuten das Wirken des Geistes auf geistgewirkte Art.

Die *Bibel* sagt auch, daß Gott uns Menschen das offenbart hat, was er von uns erwartet:

Es ist dir gesagt, Mensch, was gut ist und was der Herr von dir fordert, nämlich Gottes Wort halten und Liebe üben und demütig sein vor deinem Gott.

LACTANTIUS war ein christlicher Apologet in Nordafrika, der am Anfang des 4. Jahrhunderts lebte. Im folgenden Text spricht er von drei verschiedenen Stufen, wie er einem Menschen mit heidnischem Hintergrund den christlichen Glauben verständlich machen würde. Die Erfahrungen vieler Menschen des 20. Jahrhunderts mit ihrem atheistischen oder agnostischen Hintergrund entsprechen diesem häufig.

Da es vieler Schritte bedarf, den Berg der Wahrheit zu erklimmen, ist es für niemanden leicht, den Gipfel zu erreichen. Wenn das Licht der Wahrheit mit seinem hellen Schein einen blendet und er dann keinen festen Halt unter den Füßen hat, rutscht er zurück zum

Im April 1981 wurde der erste amerikanische Space Shuttle gestartet. Die Bibel räumt uns das Recht ein, unsere Umwelt zu erforschen, setzt uns aber auch Grenzen für das, was wir wissen können.

Fuß des Berges. Der erste Schritt besteht nun darin, festzustellen, welche Religionen falsch sind, und die gottlose Anbetung der von Menschen gemachten Götter aufzugeben. Der zweite Schritt ist, einzusehen, daß Gott der Höchste ist, der mit seiner Macht und Vorsehung die Welt am Anfang schuf und ihrer Zukunft entgegenführt. In einem dritten Schritt gilt es, seinen Knecht und Gesandten kennenzulernen, den er auf diese Erde sandte.

In einem weiteren Buch fordert LACTANTIUS die Heiden auf, ihren Glauben auf vernünftige und überzeugende Weise darzustellen, und er betont die Bereitschaft der Christen, sich mit ihnen über die Frage der Wahrheit auseinanderzusetzen:

Sollen sie uns zu einer Zusammenkunft aufrufen und uns ermuntern, an ihren Götzenanbetungen teilzunehmen. Sollen sie uns überzeugen, daß es viele Götter gibt, durch deren geheimnisvolle Macht und Vorsehung alles regiert wird ... Und sollen sie all das nicht nur durch Worte bestätigen – denn die Autorität sterblicher Menschen zählt letztlich nicht –, sondern durch einige göttliche Zeugnisse, wie wir es tun.

Dies kann kein Grund für die Anwendung von Gewalt und Zwang sein, denn Glauben kann man nicht erzwingen. Der Kampf muß durch Worte geschehen, denn sie sind wirkungsvoller als Schläge in einer Sache, die den

Willen betrifft. Sollen sie den scharfen Degen des Verstands aus der Scheide ziehen. Wenn ihre Argumente echt sind sollen sie diese öffentlich bekanntmachen. Wir sind zum Hören bereit, wenn sie sich erklären wollen. Natürlich glauben wir jenen nicht, die stumm bleiben, ebensowenig wie wir auf Wutanfälle reagieren. Sollen sie uns nacheifern und wohldurchdachte Erklärungen vorbringen. Denn wir betreiben keine Abwerbung, wie sie klagen. Wir weisen neue Wege, wir liefern Beweise, wir veranschaulichen das, was wir sagen. Gegen seinen Willen halten wir niemanden, denn der nützt Gott nichts, welcher ihn nicht ehrt und liebt. Doch niemand verläßt unsere Seite, denn die Wahrheit selbst hält ihn fest. Sollen sie ihre Lehren vorbringen... Doch wenn sie es täten, würden unsere „alten Frauen", welche sie verhöhnen, und unsere jungen Leute über ihren Irrtum und ihre Torheit lachen.

Der englische Wissenschaftler SIR ARTHUR S. EDDINGTON (1882-1944) gehörte im Jahre 1919 zu den Beobachtern der Sonnenfinsternis. Er wurde von der Royal Society nach Afrika entsandt, um Einsteins diesbezügliche Vorhersagen und damit auch die Richtigkeit der Relativitätstheorie zu untersuchen. Er schreibt über den Platz, den der Verstand bei der Suche des Menschen nach der Wahrheit über Gott und die Welt einnimmt:

Ich bin überzeugt, wenn wir unsere physikalischen Versuche bis zum bitteren Ende weiterführen wollen, um zu einer rein objektiven Realität zu gelangen, werden wir lediglich den Schöpfungsakt rückgängig machen und die Welt so zeigen, wie wir sie uns vorstellen, bevor der Geist über den Wassern der Erde schwebte. Das geistliche Element in unserer Erfahrung ist das schöpferische Element. Wenn wir es entfernen, wie wir es in der Physik versucht haben mit der Begründung, daß es auch Illusionen schaffe, müssen wir schließlich beim Nichts ankommen, das am Anfang stand.

Bei der Suche nach der Wahrheit ist das Denken unser großer Verbündeter. Aber jede Begründung muß von Voraussetzungen ausgehen; und am Anfang einer These greifen wir stets auf unsere tief eingewurzelten Überzeugungen zurück... Wir sind hilflos, solange wir nicht zugeben (vielleicht als die grundlegende Gewißheit), daß wir auch die Fähigkeit haben, Selbstkritik zu üben, um die Gültigkeit unserer eigenen Auffassungen zu überprüfen... Ich meine, daß diese Fähigkeit nichts Geringeres ist als ein Strahl vom Licht der absoluten Wahrheit, ein Gedankengang der absoluten Seele. Unter dieser Führung können wir die Reise in das Abenteuer des geistlichen Lebens antreten, wenn wir auch keine Karte besitzen. Es reicht aus, daß wir einen Kompaß bei uns tragen.

DONALD MACKAY beschreibt, wie christliche Überzeugungen über die Welt zur festen Grundlage für wissenschaftliche Unternehmen werden:

Es ist eine derart klägliche Entstellung der Wahrheit, den Menschen einreden zu wollen, „Gott hätte solange alles in der Hand gehabt, bis die Wissenschaft einherkam und die mechanistische Erklärung fand." Es ist von einem biblischen Standpunkt aus gesehen unehrlich, solch eine Idee vorsätzlich zu verbreiten, wie es einige Atheisten tun, da wir die wissenschaftlichen Fortschritte und Erfolge bei unseren mechanistischen Forschungen gerade der Treue und Verläßlichkeit Gottes verdanken, mit der er die Welt geschaffen hat und sie erhält. Es ist *seine* Geschichte, die wir mit mechanistischen Begriffen nachzuerzählen versuchen. Diese Überzeugung war einer der Hauptbeweggründe bei der Entstehung der modernen Wissenschaft. Es ist nicht unwichtig, daß die große Mehrheit der bedeutenden Erfinder des mechanistischen Weltmodells – Newton, Boyle, Faraday, Maxwell, Compton, Eddington, um nur einige Beispiele zu nennen – an Gott glaubten. Ihr Glaube gab ihnen eine große Zuversicht, daß es sich lohne, die Natur zu erforschen. Gerade die biblische Lehre von Gott als dem Schöpfer der gesamten Geschichte,

> **sowohl der mechanistischen wie der persönlichen Ebene, läßt mich eine alles vereinigende Perspektive für die wissenschaftlich strukturierte Welt sehen, in der wir leben.**

R. Hookyaas, Professor für Wissenschaftsgeschichte, beschreibt, wie die christliche Einstellung zum Universum zur Entwicklung der modernen Wissenschaft beigetragen hat:

> **Die Wissenschaft ist eher Ergebnis als Ursache bestimmter religiöser Anschauungen.**
>
> **Die Konfrontation der griechisch-römischen Kultur mit dem biblischen Glauben brachte nach Jahrhunderten der Spannung eine neue Wissenschaft hervor. Diese Wissenschaft bewahrte jene unentbehrlichen Teile des alten Erbes (Mathematik, Logik und Methoden der Beobachtung und des Experiments). Sie wurde jedoch von unterschiedlichen sozialen und methodischen Vorstellungen gelenkt, die weitgehend von einem biblischen Weltbild ausgingen. Bildlich gesprochen heißt das: Während die körperlichen Bestandteile der Wissenschaft der griechischen Kultur entstammten, waren ihre Vitamine und Hormone biblischen Ursprungs.**

Professor C.S. Lewis (1893-1963) wurde zu einem der bedeutendsten Apologeten des 20. Jahrhunderts. In seiner Autobiographie *Überrascht von Freude* schildert er den entscheidenden Schritt seiner Bekehrung, als er an die Wahrheit der Existenz eines persönlichen Gottes zu glauben begann:

> **Das Seltsame war, ehe Gott in mich eindrang, wurde mir tatsächlich geboten, was jetzt wie ein Augenblick freier Wahl erscheint. In einer Hinsicht. Ich fuhr oben auf dem Omnibus den Headington Hill hinauf. Ohne Worte und (ich glaube) fast ohne Bilder wurde mir eine Tatsache meiner selbst präsentiert. Ich merkte, daß ich etwas in Schach hielt oder ausschloß. Oder man könnte sagen, ich trug einen Anzug so steif wie ein Korsett oder einen Panzer, als wäre ich ein Hummer. Und da spürte ich, man gab mir freie Wahl. Ich konnte die Tür öffnen oder sie geschlossen lassen. Ich konnte den Panzer ablegen oder ihn anbehalten. Weder die eine noch die andere Wahl wurde mir als Pflicht auferlegt. Keine Drohung, kein Versprechen war damit verbunden. Obwohl ich wußte, daß die Tür zu öffnen oder das Korsett abzunehmen, das Unberechenbare bedeutete. Die Wahl schien folgenschwer zu sein, aber sie war auch seltsam unemotionell. Keine Wünsche oder Ängste trieben mich. Ja, eigentlich trieb mich nichts. Ich wählte: öffnen, ablegen, den Zügel lockern. Ich sage, ich wählte, aber das Gegenteil zu tun, schien gar nicht möglich zu sein. Ich hätte vielleicht gar nicht nach meinem Willen handeln können, aber ich bin geneigt zu glauben, daß dies eher einer freiwilligen Tat entsprach als das meiste, das ich bis dahin getan hatte.**
>
> **Freundliche Agnostiker werden heiter von des Menschen Suche nach Gott sprechen. Zu mir, wie ich damals war, hätten sie ebensogut von der Suche der Maus nach der Katze sprechen können.**
>
> **1929 gab ich nach, gab zu, daß Gott Gott war, und kniete und betete; vielleicht in jener Nacht der verworrenste und widerwilligste Bekehrte in England. Ich sah damals noch nicht, was jetzt das Leuchtendste und Selbstverständlichste ist, die göttliche Demut, die einen Bekehrten selbst unter solchen Bedingungen annimmt.**

CHRISTL. ANTWORTEN AUF LEBENSFRAGEN

LIEBE

Was ist Liebe, und wo gibt es sie?

Der Christ geht hier von einem ihn auszeichnenden Standpunkt aus, denn er glaubt, daß Gott die Quelle aller Liebe ist. So sagt JOHANNES, daß Gott Liebe *ist* und daß er uns Liebe auf anschauliche Weise gezeigt hat. Daraus schließt er über die Beziehungen der Menschen untereinander:

Ihr Lieben, laßt uns einander lieb haben; denn die Liebe ist von Gott, und wer liebt, der ist aus Gott geboren und kennt Gott. Wer nicht liebt, der kennt Gott nicht; denn Gott ist Liebe. Daran ist die Liebe Gottes zu uns offenbar geworden, daß Gott seinen einzigen Sohn in die Welt gesandt hat, damit wir durch ihn leben sollen. Darin besteht die Liebe: nicht, daß wir Gott geliebt haben, sondern daß er uns geliebt hat und seinen Sohn gesandt hat zur Versöhnung für unsre Sünden.

Ihr Lieben, wenn uns Gott so geliebt hat, sollen wir auch einander lieben. Niemand hat Gott jemals gesehen. Wenn wir einander lieben, bleibt Gott in uns, und seine Liebe ist in uns vollendet.

Im *Hohenlied* stimmt die Bibel eine Hymne auf die körperliche Liebe an. Im Rahmen der Ehe, also in der Bereitschaft zur gegenseitigen Bindung aneinander, wird diese Ausdrucksweise der Liebe nicht eingeengt, sondern erhöht.

**Siehe, meine Freundin, du bist schön!
Siehe, schön bist du!
Deine Augen sind wie Taubenaugen hinter deinem Schleier.
Dein Haar ist wie eine Herde Ziegen, die herabsteigen vom Gebirge Gilead.
Deine Zähne sind wie eine Herde geschorener Schafe,
die aus der Schwemme kommen;
alle haben sie Zwillinge, und keines unter ihnen ist unfruchtbar.
Deine Lippen sind wie eine scharlachfarbene Schnur,
und dein Mund ist lieblich.
Deine Schläfen sind hinter deinem Schleier wie eine Scheibe vom Granatapfel.
Dein Hals ist wie der Turm Davids, mit Brustwehr gebaut,
an der tausend Schilde hangen, lauter Schilde der Starken.
Deine beiden Brüste sind wie junge Zwillinge von Gazellen, die unter den Lilien weiden.
Bis der Tag kühl wird und die Schatten schwinden,
will ich zum Myrrhenberge gehen und zum Weihrauchhügel.
Du bist wunderbar schön, meine Freundin, und kein Makel ist an dir.**

Nach dem christlichen Verständnis der Ehe ist sie von Gott als lebenslange Verbindung von Mann und Frau gedacht. Der Verfasser des 1. BUCHES MOSE fährt fort, nachdem er von der Erschaffung des Menschen gesprochen hat.

Darum wird ein Mann seinen Vater und seine Mutter verlassen und seiner Frau anhangen, und sie werden sein *ein* Fleisch.

Das Beispiel der Liebe Gottes in Christus eröffnet eine neue Dimension. PAULUS sieht darin, wie Christus sich für die Menschen hingab, ein Vorbild dafür, wie Mann und Frau einander in der Ehe schenken sollen:

> **Ordnet euch einander unter in der Furcht Christi.**
> **Die Frauen sollen sich ihren Männern unterordnen wie dem Herrn. Denn der Mann ist das Haupt der Frau, wie auch Christus das Haupt der Gemeinde ist...**
> **Ihr Männer, liebt eure Frauen, wie auch Christus die Gemeinde geliebt und sich selbst für sie dahingegeben hat, um sie zu heiligen. Er hat sie gereinigt durch das Wasserbad im Wort, um sie als seine Gemeinde vor sich zu stellen in herrlichem Schmuck, ohne Flecken oder Runzel oder etwas dergleichen, vielmehr heilig und untadelig.**
> **So sollen auch die Männer ihre Frauen lieben wie ihren eigenen Leib...**

WALTER TROBISCH erklärt den Begriff, der im 1. Buch Mose für die geschlechtliche Vereinigung verwandt ist:

> **Das Wort „kennen" ist ein großes Wort. In der Bibel meint das hebräische Wort: jemanden mit Namen zu kennen. Oder anders ausgedrückt: jemanden sehr gut kennen, für ihn oder sie sorgen, ihn oder sie lieben und als Person achten. Die Bibel gebraucht es das erste Mal in 1. Mose 4, 1: „Adam erkannte Eva, *seine* Frau." Man kann niemals „die" Frau oder „eine" Frau kennen, sondern nur *seine Frau,* d. h. man kann eine Frau nur in der Ehe kennenlernen, im Bereich der Treue, wo die Vereinigung Ausdruck der Liebe ist.**

Das christliche Verständnis von Liebe und Ehe schließt Leidenschaft und sexuelle Erfüllung nicht aus. Aber ihre Erfüllung kommt von außen und ergreift die einzelnen in einer Weise, die Nichtchristen schwer nachvollziehen können. Der englische Dichter JACK CLEMO, schreibt:

> **Der Mann ist auf eine Art und Weise verliebt, die der Materialist niemals begreifen wird. Er und seine Frau sind „eins in Christus". Und dies ist etwas, was der geistlich gesinnte Asket niemals verstehen kann. Sie sind vereint auf einer Ebene, die selbst im Traugottesdienst nicht erwähnt wird – wohl deshalb, weil die meisten Bürger eines „christlichen" Landes sich kirchlich trauen lassen und darum die Trauung nicht besonders auf solche Paare zugeschnitten ist, die von Grund auf erneuert sind.**
> **... Dies ist die Sexualität der neuen Schöpfung, eine unmittelbare Frucht der Nachfolge.**

JAMES PACKER faßt die Bedeutung von Liebe und Sexualität in der Ehe so zusammen:

> **Worin besteht nun Sinn und Ziel der geschlechtlichen Vereinigung? Wie die Geschichte der Erschaffung der Frau aus der Rippe des Mannes zeigt, ist es Gottes Absicht, daß die Erfahrung, „ein Fleisch" zu sein, der Höhepunkt im Erleben beider Partner ist. Sie sind einander gegeben, sie gehören nun zusammen, und jeder braucht den anderen, um vollkommen und ganz zu sein (siehe 1. Mose 2, 18-24). Dies ist die „Liebe", die ein Paar „macht", das entschieden hat, sich aneinander zu binden, wenn sie sich geschlechtlich vereinigen. Aus dieser Vereinigung werden Kinder geboren, doch das ist zweitrangig. Grundsätzlich stellt ihr stets neues „Erkennen" des anderen als Personen, die ausschließlich und vorbehaltlos zueinander gehören, eine Bereicherung ihrer Beziehung selbst dar. Die geschlechtliche Vereinigung ist so eingebettet in eine lebenslange, gegenseitige Treueerklärung, in die Ehe, in der das sexuelle Erleben reicher wird, wenn das Paar in zunehmendem Maß die liebevolle Treue in einer alles umfassenden Beziehung erfährt.**

CHRISTL. ANTWORTEN AUF LEBENSFRAGEN

LEIDEN

Warum gibt es Leid, und wie können wir damit leben?

Die *Bibel* liefert keine vollständige und systematische Erklärung für das Problem des Leids; sie gibt uns jedoch einige wichtige Hinweise:

LEIDEN IST EINE STÖRUNG DER SCHÖPFUNG GOTTES

Im 1. BUCH MOSE wird ausdrücklich betont, daß die Welt, wie Gott sie ursprünglich schuf, „gut" war.

> **Gott sah an alles, was er gemacht hatte, und siehe, es war sehr gut.**

Anschließend beschreibt die Bibel das Leid – wie wir es kennen – als unmittelbare Folge der Auflehnung des Menschen gegenüber Gott. Der Mensch war Gott ungehorsam, weil er der Verführung der Schlange erlag, die an anderen Stellen der Bibel als Sprachrohr Satans verstanden wird. Wegen ihres Ungehorsams sagt Gott der Frau:

> **Ich will dir viel Mühsal schaffen, wenn du schwanger wirst; unter Mühen sollst du Kinder gebären...**

und dem Mann:

> **Weil du gehorcht hast der Stimme deiner Frau ... verflucht sei der Acker um deinetwillen! Mit Mühsal sollst du dich von ihm nähren dein Leben lang. Dornen und Disteln soll er dir tragen, und du sollst das Kraut auf dem Felde essen. Im Schweiße deines Angesichts sollst du dein Brot essen, bis du wieder zu Erde werdest, davon du genommen bist. Denn du bist Erde und sollst zu Erde werden.**

Das ist wichtig zu sehen, weil es die Vorstellung ausräumt, daß das Leid von Anfang an zu der Schöpfung gehörte, die Gott schuf, oder daß er die Welt so haben wollte.

FÜR MANCHES LEID SIND MENSCHEN MITVERANTWORTLICH, FÜR ANDERES NICHT

Manchmal ist unser Leiden die Folge eigener Unkenntnis oder Torheit. Wenn wir unseren Körper beispielsweise übermäßig belasten, werden wir gewöhnlich früher oder später die Konsequenzen zu tragen haben.

Manchmal wird unser Leiden durch andere Menschen verursacht – manchmal sind wir dafür verantwortlich, daß andere leiden. Es gehört zu den beängstigenden Möglichkeiten menschlicher Freiheit, daß wir anderen *Gutes* tun, ihnen aber auch *Leid* zufügen können, sei es nun bewußt oder unabsichtlich. Dieses Bewußtsein, daß wir alle in eine Schicksalsgemeinschaft eingebunden sind, daß wir durch unser Verhalten zwangsläufig andere Menschen in Mitleidenschaft ziehen, braucht wohl anhand der Bibel nicht weiter erläutert zu werden. So ist das Leben, und wir müssen es nehmen, wie es ist. Die ganze Schöpfung ist vom Leid betroffen durch das, was der Mensch getan hat; sie „seufzt und liegt in Wehen" (Römer 8, 22).

Die *Bibel* wirft jedoch ein wenig Licht auf die Frage, warum Unschuldige leiden – Leiden, für die *nicht* Menschen verantwortlich sind, für die wir keinem die Schuld geben können.

Das Buch *Hiob* im *Alten Testament* befaßt sich mit dem Problem des unschuldigen Leidens. Hiob wird als frommer Mann dargestellt (wenn er auch nicht vollkommen oder sündlos ist), der den Verlust seiner Familienangehörigen betrauert, sein Hab und Gut verliert und schließlich von einer äußerst schmerzhaften und unangenehmen Krankheit heimgesucht wird. Die Einleitung des Buches macht deutlich, daß Hiobs Leiden keine Folge von Sünde oder Ungehorsam ist, sondern auf Satans boshaftes Verhalten zurückgeht. Hiobs Freunde wissen nicht, was „hinter den Kulissen" im Himmel geschah, und vertreten die Auffassung, daß Hiobs Leiden entweder die Folge seiner Sünde sei oder daß Gott es geschickt habe, um ihm eine Lektion zu erteilen. Über solche Halbwahrheiten ist Hiob verständlicherweise ungehalten, denn sie lindern weder seine Not noch erklären sie sein besonderes Leiden.

Am Ende des Buches unterbricht Gott die Diskussion und spricht zu Hiob als der unumschränkte Schöpfer und Erhalter der Welt. Er sagt Hiob: „Ich bin der Schöpfer der Welt, und du bist ein Geschöpf. Ich bin unendlich und kenne die Antworten auf die Fragen des Leids; du bist endlich und kannst darum nicht erwarten, auf alles eine Antwort zu wissen. Wenn du alles wüßtest, wärest du wie ich. Aber schau dich um! Betrachte die Welt, die ich geschaffen habe und die immer noch meiner Kontrolle untersteht. Siehst du darin nicht genug Zeichen, die dich überzeugen, daß ich alles lenke? Kannst du mir nicht weiter als Schöpfer *vertrauen,* selbst wenn du den Sinn des Leidens nicht begreifst?"

Hiob gelangt nun an einen Punkt, an dem er sich vertrauensvoll und bescheiden Gott überläßt:

Ich erkenne, daß du, Gott, alles vermagst,
und nichts, das du dir vorgenommen, ist dir zu schwer.
Wer ist der, der den Ratschluß verhüllt mit Worten ohne Verstand?
Darum hab ich unweise geredet, was mir zu hoch ist und ich nicht verstehe.
So höre nun, laß mich reden;
ich will dich fragen, lehre mich!
Ich hatte von dir nur vom Hörensagen vernommen;
aber nun hat mein Auge dich gesehen.
Darum spreche ich mich schuldig und tue Buße in Staub und Asche.

Aus dem Buch Hiob lernen wir, daß Leiden manchmal völlig unverdient ist. Wir können nicht immer sagen, daß wir leiden, weil wir oder andere etwas getan oder unterlassen haben. Eine Teillösung auf die Frage des unverdienten Leidens ist, zu verstehen, daß Gott als liebender und allmächtiger Schöpfer sehr wohl weiß, was er tut, wenn er uns Leiden zumutet, selbst wenn wir es nicht begreifen. (Damit hat Hiobs Leiden doch einen Sinn, den er allerdings nicht verstand und nicht verstehen konnte.)

JESUS GAB SICH SELBST HIN, UM LEID ZU MINDERN

Zu Beginn seines öffentlichen Wirkens bezog Jesus einige Worte des Propheten Jesaja im Alten Testament auf sich selbst. Es sind Worte, die man als „Manifest von Nazaret" bezeichnet hat, denn es zeigt die Linien seines Wirkens auf, zu dem er angetreten war:

Der Geist des Herrn ruht auf mir, weil er mich gesalbt hat, den Armen das Evangelium zu verkündigen; er hat mich gesandt, den Gefangenen zu verkünden, daß sie frei sein sollen, und den Blinden, daß sie sehen werden, und den Unterdrückten, daß sie frei und ledig sein sollen, und damit ein Gnadenjahr des Herrn zu verkündigen.

Er sagte von sich selbst, daß er stärker sei als Satan, und verwies auf seine Wunderheilungen als Zeichen dafür, daß er gekommen sei, die Ketten Satans zu sprengen:

Wenn ich aber mit Gottes Finger die bösen Geister austreibe, dann ist ja das Reich Gottes zu euch gekommen. Wenn ein Starker gewappnet seinen Hof bewacht, so bleibt sein Besitz in Frieden. Wenn aber ein Stärkerer über ihn kommt und ihn überwältigt, so nimmt er ihm seine Rüstung weg, auf die er sich verlassen hatte, und verteilt die Beute.

Als er die Frau heilte, die seit 18 Jahren als Krüppel leben mußte, erntete er Kritik von den religiösen Führern, weil er es an einem Sabbat getan hatte. Darauf antwortete er:

Ihr Heuchler! Bindet nicht jeder von euch am Sabbat sein Rind oder seinen Esel von der Krippe los und führt ihn zur Tränke? Sollte dann nicht erst recht diese Tochter Abrahams, die der Satan doch schon achtzehn Jahre gebunden hält, am Sabbat von dieser Fessel gelöst werden?

Jesus gab seinen Jüngern eine besondere Autorität und Vollmacht, seinen heilenden Dienst an den Kranken fortzuführen:

Jesus rief aber die zwölf Jünger zusammen und gab ihnen Gewalt und Macht über alle bösen Geister, auch daß sie Krankheiten heilen konnten, und sandte sie aus, das Reich Gottes zu predigen und die Kranken zu heilen.

JESUS LEHRTE, DASS ES SCHLIMMERES GIBT ALS KÖRPERLICHES LEIDEN

Er sagte seinen Jüngern, daß es etwas im Leben gibt, das weitaus schlimmer ist als körperliches Leiden:

Euch, meinen Freunden, aber sage ich: Fürchtet euch nicht vor denen, die den Leib töten und euch danach nichts mehr tun können. Ich will euch aber zeigen, vor wem ihr euch fürchten sollt: Fürchtet euch vor dem, der nicht nur Macht hat zu töten, sondern danach auch in die Hölle zu werfen. Ja, ich sage euch, vor dem fürchtet euch.

JESUS ERDULDETE VÖLLIG UNVERDIENTES LEIDEN

Viele Jahrhunderte vor der Zeit Jesu schrieb der Prophet JESAJA von einer geheimnisvollen Gestalt, die er als „Gottesknecht" bezeichnete. Viele Schreiber im Neuen Testament sehen darin ein Bild des unverdienten Leidens Jesu:

Fürwahr, er trug unsre Krankheit und lud auf sich unsre Schmerzen.
Wir aber hielten ihn für den, der geplagt und von Gott geschlagen und gemartert wäre.
Aber er ist um unsrer Missetat willen verwundet
und um unsrer Sünde willen zerschlagen.
Die Strafe liegt auf ihm, auf daß wir Frieden hätten,
und durch seine Wunden sind wir geheilt.
Wir gingen alle in die Irre wie Schafe, ein jeder sah auf seinen Weg.
Aber der Herr warf unser aller Sünde auf ihn.
Als er gemartert ward, litt er doch willig und tat seinen Mund nicht auf wie ein Lamm, das zur Schlachtbank geführt wird;
und wie ein Schaf, das verstummt vor seinem Scherer, tat er seinen Mund nicht auf.
Er ist aus Angst und Gericht hinweggenommen.
Wer aber kann sein Geschick ermessen?
Denn er ist aus dem Lande der Lebendigen weggerissen,
da er für die Missetat meines Volkes geplagt war.
Und man gab ihm sein Grab bei Gottlosen und bei Übeltätern, als er gestorben war,
wiewohl er niemand Unrecht getan hat und kein Betrug in seinem Munde gewesen ist.

ES WIRD EIN TAG KOMMEN, AN DEM DAS LEID AUFHÖRT

JOHANNES beschreibt eine Vision der neuen Welt, in der es kein Leid mehr geben wird:

Und ich sah einen neuen Himmel und eine neue Erde; denn der erste Himmel und die erste Erde sind vergangen, und das Meer ist nicht mehr. Und ich sah die heilige Stadt, das neue Jerusalem, von Gott aus dem Himmel herabkommen, bereitet wie eine geschmückte Braut für ihren Mann. Und ich hörte eine mächtige Stimme von dem Thron her, die sprach: „Siehe, die Stätte Gottes bei den Menschen! Und er wird bei ihnen wohnen, und sie werden sein Volk sein, und Gott selbst wird bei ihnen sein; und Gott wird abwischen alle Tränen von ihren Augen, und der Tod wird nicht mehr sein, noch Leid noch Geschrei noch Schmerz wird mehr sein; denn das Alte ist vergangen."

Dem leidenden Menschen hat diese christliche Überzeugung einiges zu sagen. MICHEL QUOIST faßt zusammen, was Gott dem Menschen sagen möchte, der nach dem Grund seines Leidens fragt:

Nicht ich, dein Gott, will, daß du leidest, sondern es sind die Menschen... Sünde schafft Verwirrung, und Verwirrung tut weh... Doch ich bin gekommen, und ich habe all dein Leiden auf mich genommen, seit damals immer wieder

Hoffnung kann inmitten von Katastrophen entstehen.

C. S. Lewis

neu. Ich habe es auf mich genommen und schon vor dir ausgehalten.

C. S. LEWIS schreibt, wie Gott durch Schmerz und Leiden zu Menschen sprechen kann:

> **Gott flüstert in unseren Freuden, er spricht in unserem Gewissen; in unseren Schmerzen aber ruft er laut. Sie sind seine Megaphone, eine taube Welt aufzuwecken.**

Diese Überzeugung ist auch ein wirksames Motiv, dem Leiden hier und heute den Kampf anzusagen. Jesus und seine Jünger waren angetreten, das Leid zu verringern. MUTTER TERESA sagt über ihre Arbeit unter den Armen und Sterbenden in Kalkutta:

> **Ich habe den Eindruck, daß die Menschen von heute meinen, die Armen seien nicht Menschen wie sie selbst. Sie blicken auf sie herab. Wenn sie jedoch Achtung vor der Menschenwürde der Armen hätten, bin ich sicher, es wäre ihnen ein Leichtes, ihnen näherzukommen und zu begreifen, daß auch sie Kinder Gottes sind und daß sie ebensoviel Anrecht auf dieses Leben haben, auf Liebe und auf Hilfe wie jeder andere. In dieser schnellebigen Zeit hat es jeder eilig. Und auf dem Weg stürzen Menschen zu Boden, die nicht mithalten können. Es sind jene, die wir lieben, denen wir dienen und um die wir uns kümmern wollen.**
>
> **Wir fühlen zwar, daß es nur ein Tropfen auf den heißen Stein ist. Doch gäbe es diesen Tropfen nicht, wäre der Stein noch heißer. Hätten wir nicht unsere Schulen in den Elendsvierteln – nichts besonderes, nur einfache kleine Grundschulen, in denen wir den Kindern beibringen, gerne zur Schule zu gehen, sauber zu sein usw. –, wenn wir diese kleinen Schulen also nicht hätten, müßten diese Kinder, diese Tausende von Kindern, in den Straßen herumlungern. Darum haben wir die Wahl, sie entweder aufzunehmen und ihnen das wenige zu geben oder sie auf der Straße zu lassen. Das gleiche gilt für unser „Haus der Sterbenden" und das „Heim für Kinder". Wenn wir jenes Haus nicht hätten, würden die Menschen, die wir in den Straßen aufgelesen haben, dort sterben müssen. Ich meine, daß es sich gelohnt hat, das Haus selbst für diese wenigen Menschen einzurichten, damit sie in Würde, mit Gott und in Frieden sterben können.**

Die Art, wie Jesus sein Leiden und seinen gewaltsamen Tod ertrug, hat Bedeutung für Menschen, denen andere ungerechtes Leid zufügen. Das folgende Gebet wurde von BISCHOF HASAN

DEHQANI-TAFTI nach dem Mord an seinem Sohn im Mai 1980 im Iran verfaßt:

> **O GOTT**
> **Wir gedenken nicht nur Bahrams, sondern auch seiner Mörder.**
> **Nicht nur, daß sie ihn in der Blüte seines Lebens getötet**
> **und unserem Herzen Schmerz und Tränen bereitet haben.**
> **Nicht nur, weil sie durch diese gewaltsame Tat die Schande unseres Landes unter den zivilisierten Völkern dieser Welt weiter vermehrt haben;**
> **sondern weil wir durch ihr Verbrechen nun dir nahe sind,**
> **auf dem Weg des Opfers deinen Spuren folgen.**
> **Das grausame Feuer dieser Untat verbrennt alle Selbstsucht und jegliches Anspruchsdenken in uns.**
> **Seine Flamme offenbart die Tiefe der Verderbtheit, der Niederträchtigkeit und des Argwohns,**
> **die Dimension von Haß und das Ausmaß der Sünde im Menschen.**
> **Es macht deutlich wie nie zuvor, daß wir auf Gottes Liebe trauen müssen,**
> **wie sie durch das Kreuz Jesu und seine Auferstehung sichtbar geworden ist;**
> **Liebe, die uns vom Haß gegenüber unseren Verfolgern befreit;**
> **Liebe, die Geduld, Nachsicht, Mut, Treue, Demut, Großmut und Herzensbildung hervorbringt;**
> **Liebe, die uns mehr als je zuvor auf Gottes letzten Sieg hoffen läßt und auf seinen ewigen Plan für seine Gemeinde und für die Welt;**
> **Liebe, die uns lehrt, wie wir uns auf unseren eigenen Tod vorbereiten sollen.**
> **O GOTT,**
> **Bahrams Blut hat die Frucht des Geistes in unseren Seelen vermehrt.**
> **Wenn seine Mörder am Jüngsten Tag vor dir stehen werden,**
> **gedenke der Frucht des Geistes, mit der sie unser Leben bereichert haben, und vergib ihnen.**

DIETRICH BONHOEFFER weist in *Widerstand und Ergebung,* seinen Briefen und Aufzeichnungen aus dem Nazi-Gefängnis, in dem er bis zu seinem Tod 1945 saß, hin auf die Verbindung zwischen Jesu Leiden und dem vieler seiner Jünger seither:

> **Es ist unendlich viel leichter, im Gehorsam gegen einen menschlichen Befehl zu leiden als in der Freiheit eigenster verantwortlicher Tat. Es ist unendlich viel leichter, öffentlich und unter Ehren zu leiden als abseits und in Schanden. Es ist unendlich viel leichter, durch den Einsatz des leiblichen Lebens zu leiden als durch den Geist. Christus litt in Freiheit, in Einsamkeit, abseits und in Schanden, an Leib und Geist, und seither viele Christen mit ihm.**

CHRISTL. ANTWORTEN AUF LEBENSFRAGEN

TOD

Wie begegne ich dem Tod? Gibt es ein Leben nach dem Tod?

Der Verfasser des PREDIGERS SALOMO bringt seine düsteren Gedanken über den Tod wie folgt zum Ausdruck:

> **Denn es geht dem Menschen wie dem Vieh: Wie dies stirbt, so stirbt auch er, und sie haben alle einen Odem, und der Mensch hat nichts voraus vor dem Vieh; denn es ist alles eitel. Es fährt alles an einen Ort. Es ist alles aus Staub geworden und wird wieder zu Staub. Wer weiß, ob der Odem der Menschen aufwärts fahre und der Odem des Viehes hinab unter die Erde fahre? So sah ich denn, daß nichts Besseres ist, als daß ein Mensch fröhlich sei in seiner Arbeit; denn das ist sein Teil. Denn wer will ihn dahin bringen, daß er sehe, was nach ihm geschehen wird?**

Diese realistische Einstellung ermöglicht es ihm, jungen Menschen folgenden Rat zu geben:

> **So freue dich, Jüngling, in deiner Jugend und laß dein Herz guter Dinge sein in deinen jungen Tagen. Tu, was dein Herz gelüstet und deinen Augen gefällt; aber wisse, daß dich Gott um das alles vor Gericht ziehen wird.**
>
> **Laß den Unmut fern sein von deinem Herzen und halte fern das Übel von deinem Leibe; denn Kindheit und Jugend sind vergänglich.**
>
> **Denk an deinen Schöpfer in deiner Jugend, ehe die bösen Tage kommen und die Jahre sich nahen, da du wirst sagen: Sie gefallen mir nicht; ehe die Sonne und das Licht, Mond und Sterne finster werden und Wolken wiederkommen nach dem Regen, – zur Zeit, wenn die Hüter des Hauses zittern und die Starken sich krümmen und müßig stehen die Müllerinnen, weil es so wenige geworden sind, und wenn finster werden, die durch die Fenster sehen, und wenn die Türen an der Gasse sich schließen, daß die Stimme der Mühle leiser wird, und wenn sie sich hebt, wie wenn ein Vogel singt, und alle Töchter des Gesanges sich neigen; wenn man vor Höhen sich fürchtet und sich ängstigt auf dem Wege...**
>
> **Denn der Mensch fährt dahin, wo er ewig bleibt, und die Klageleute gehen umher auf der Gasse; ehe der silberne Strick zerreißt und die goldene Schale zerbricht und der Eimer zerschellt an der Quelle und das Rad zerbrochen in den Brunnen fällt. Denn der Staub muß wieder zur Erde kommen, wie er gewesen ist, und der Geist wieder zu Gott, der ihn gegeben hat.**

Die Menschen zur Zeit des Alten Testaments konnten daran glauben, daß es ein Weiterleben nach dem Tod gibt, weil sie im Menschen eine zu Gottes Ebenbild geschaffene Kreatur sahen. Doch ihre Vorstellung von einem Leben nach dem Tod war noch undeutlich.

Die Auferstehung Jesu änderte dies grundlegend. Hier war jemand, der zwar gestorben, der aber durch die Kraft Gottes wieder von den Toten auferweckt worden war.

Verschiedene Schreiber des *Neuen Testaments* bringen ihre freudige Zuversicht darüber zum Ausdruck, daß Jesus den Tod besiegt und seiner

Ist der Tod wirklich das Ende?

Macht beraubt hat. Sie schreiben:

Christus Jesus hat dem Tode die Macht genommen und unvergängliches Leben ans Licht gebracht durch das Evangelium.

Gelobt sei Gott, der Vater unsres Herrn Jesus Christus, der uns in seiner großen Barmherzigkeit wiedergeboren und mit Hoffnung auf Leben erfüllt hat durch die Auferstehung Jesu Christi von den Toten. Damit hat er uns für ein unvergängliches, unbeflecktes und unverwelkliches Erbe

ausersehen, das im Himmel für euch aufbewahrt wird. Ihr werdet ja aus Gottes Macht durch den Glauben für das Heil bewahrt, das am Ende der Zeit offenbart werden soll.

Weil nun die Kinder von Fleisch und Blut sind, hat auch Jesus die gleiche Art angenommen, um durch seinen Tod den zu vernichten, der die Macht über den Tod hat, das ist der Teufel, und um die zu erlösen, die durch Todesfurcht ihr Leben lang Sklaven sein mußten.

Siehe, ich sage euch ein Geheimnis: Wir werden nicht alle entschlafen, wir werden aber alle verwandelt werden; und das plötzlich, in einem Augenblick, zur Zeit der letzten Posaune. Denn die Posaune wird erschallen, und die Toten werden auferstehen unverweslich, und wir werden verwandelt werden. Denn dies Verwesliche muß anziehen die Unverweslichkeit, und dies Sterbliche muß anziehen die Unsterblichkeit. Wenn aber dies Verwesliche die Unverweslichkeit anziehen wird und dies Sterbliche die Unsterblichkeit, dann wird das Wort erfüllt werden, das geschrieben steht: „Der Tod ist verschlungen vom Sieg. Tod, wo ist dein Sieg? Tod, wo ist dein Stachel?"

JAMES PACKER faßt die Aussagen des christlichen Glaubens über den Tod so zusammen:

Der Tod ist das fundamentale menschliche Problem, denn wenn mit dem Tod wirklich alles aus ist, lohnt sich nichts anderes, als der eigenen Bequemlichkeit zu frönen. „Wenn die Toten nicht auferstehen, dann laßt uns essen und trinken; denn morgen sind wir tot" (1. Korinther 15, 32). Keine Philosophie oder Religion, welche die Frage des Todes nicht befriedigend zu lösen vermag, nützt uns etwas.

Das Christentum bildet hier eine Ausnahme. Unter den verschiedenen Glaubensrichtungen und „Ismen" dieser Welt sieht es als einzige Religion den Tod als besiegt an. Denn der christliche Glaube ist eine Hoffnung, die sich auf Tatsachen gründet – nämlich, daß Jesus leibhaftig aus dem Grab auferstanden ist und nun für immer in Gottes Welt lebt. Unsere Hoffnung besteht darin, daß Gott an dem Tag, an dem Jesus wiederkehren wird, – an jenem Tag, an dem das Rad der Geschichte stillstehen und das Ende der Welt gekommen sein wird – „unsern nichtigen Leib verwandeln wird, daß er seinem verherrlichten Leibe gleich wird" (Philipper 3, 21; s. auch 1. Johannes 3, 2). Diese Hoffnung schließt jene ein, die in Christus gestorben sind, und die Christen, die bei seiner Wiederkunft noch leben werden: „Denn es kommt die Stunde, in der alle, die in den Gräbern sind, seine (Jesu) Stimme hören werden, und die Gutes getan haben, werden herauskommen zur Auferstehung des Lebens" (Johannes 5, 28f). Die Auferstehung des *Leibes* bedeutet die Wiederherstellung der *Person* – nicht nur eines Teils von mir, sondern meiner ganzen Person, um aktiv, kreativ und unsterblich für und mit Gott zu leben.

BISCHOF FESTO KIVENGERE beschreibt, wie er 1973 die Erlaubnis erhielt, bei der Hinrichtung von drei Männern aus seiner Diözese durch ein Exekutionskommando in Uganda anwesend zu sein:

Der 10. Februar brach für uns in Kabale als ein trauriger Tag an. Die Bevölkerung war angewiesen worden, zum Stadion zu kommen; alle sollten mitansehen, wie die drei jungen Leute aus unserem Bezirk durch ein Hinrichtungskommando erschossen wurden. Über dem ganzen Stadion lag ein Hauch des Todes. Eine schweigende Menge von etwa dreitausend Personen war anwesend, um dem Ereignis beizuwohnen.

Ich hatte die behördliche Erlaubnis bekommen, vor ihrem Tode noch mit den Männern zu sprechen, und zwei meiner Amtsbrüder kamen mit mir.

Man brachte die Verurteilten in einem Lastwagen und ließ sie absteigen. Sie trugen Handschellen, und ihre Füße lagen in Ketten. Das Erschießungskommando stand bereit. – Während wir in die Mitte des Stadions gingen, fragte ich mich, was ich diesen

Männern in den paar Minuten, die uns vor ihrem Tod noch blieben, sagen sollte. Wie soll man Menschen das Evangelium vermitteln, wenn sie abgeurteilt sind und wahrscheinlich vor Zorn kochen?

Wir näherten uns von hinten; als die drei sich aber umwandten, um nach uns zu sehen – welch ein Anblick bot sich uns da! Ihre Gesichter leuchteten. Ein Glanz lag auf ihnen, der uns alles sagte. Und bevor wir noch ein Wort sprechen konnten, brach es aus einem der Männer hervor:

„Bischof, danke, daß Sie gekommen sind! Ich wollte Ihnen gerne noch etwas sagen: Am Tag meiner Verhaftung habe ich in meiner Zelle den Herrn gebeten, in mein Herz zu kommen. Er hat es getan und mir alle Sünden vergeben! Jetzt ist der Himmel offen für mich, und nichts steht mehr zwischen meinem Gott und mir. Bitte sagen Sie meiner Frau und meinen Kindern, daß ich bei Jesus sein werde. Auch sie sollen ihn doch bitte in ihr Leben aufnehmen, wie ich es getan habe."

Der zweite erzählte uns etwas ähnliches. Er hob in freudiger Erregung die Arme, und seine Handschellen rasselten.

Dann sagte der jüngste: „Ich habe den Herrn schon früher kennengelernt, aber dann habe ich ihn verlassen und geriet in verworrene politische Aktivitäten hinein. Als ich verhaftet worden war, kam ich zu Jesus zurück. Er hat mir vergeben und mich mit Frieden erfüllt. Bitte erzählen Sie es meinen Eltern (sie sind Evangelisten in unserem Distrikt), und sagen Sie meinen jüngeren Brüdern, sie sollen ja niemals vom Herrn Jesus weggehen."

Ich wußte, daß ich zu den Soldaten sprechen mußte; die Verurteilten brauchten mich nicht! – So übersetzte ich, was die drei Männer gesagt hatten, in eine Sprache, die die Soldaten verstanden. Die Scharfschützen standen da mit entsicherten Gewehren, und auf ihren Gesichtern drückte sich Bestürzung aus. Die Zuschauer konnten mich nur teilweise verstehen, aber alle konnten die strahlenden Gesichter der Verurteilten sehen. Es stand ihnen im Gesicht geschrieben, daß sie Vergebung empfangen hatten!

Die Soldaten waren so verblüfft über das Aussehen und die Worte der Männer, die sie erschießen sollten, daß sie sogar vergaßen, ihre Kapuzen über das Gesicht zu ziehen!

Die drei standen dicht nebeneinander vor dem Hinrichtungskommando. Sie schauten zu der Volksmenge und begannen zu winken, so gut es mit den Handschellen ging. Die Leute winkten zurück. Dann wurden die Schüsse abgefeuert, und die drei waren bei Jesus. Wir standen vor ihnen; unsere Herzen schlugen vor Freude, obwohl wir gleichzeitig weinen mußten. Es war ein unvergeßlicher Tag. Diese toten Zeugen Jesu sprachen so laut zu allen Bewohnern des Kigezi-Distrikts und darüber hinaus, daß viele Menschen dieses Leben in Christus ergriffen, das den Tod herausfordert und besiegt.

Am nächsten Sonntag sprach ich zu einer riesigen Menschenmenge in der Heimatstadt eines der drei Hingerichteten. Wieder lag ein Todesschauer über der ganzen Versammlung. Aber als ich den Anwesenden erzählte, was ihr Mitbürger von sich gesagt hatte und wie er gestorben war, brach ein mächtiger Gesang des Lobpreises Jesu aus. Viele wandten sich dort und auch an anderen Orten dem Herrn zu.

Wir haben erfahren, daß die Soldaten des Hinrichtungskommandos und die Wachtposten, die dabeigestanden hatten, dieses Erlebnis nicht mehr von sich abschütteln konnten. Sie hatten eine unbestreitbare Wirklichkeit gesehen: die Herrlichkeit Gottes auf den Gesichtern Sterbender.

CHRISTL. ANTWORTEN AUF LEBENSFRAGEN

ZUKUNFT DES MENSCHEN

Welche Hoffnung gibt es für die Menschheit?

Jesus sagte keine allmähliche Verbesserung des menschlichen Wesens voraus, bis wir ein großes Utopia auf Erden haben würden. Er sprach vielmehr von Menschen, die sich von falschen Propheten täuschen lassen, von Kriegen und Naturkatastrophen, von Verfolgung und weltweiter Unruhe, von Panik und Angst vor der Zukunft. Der Höhepunkt der Geschichte werde seine Wiederkunft auf diese Welt sein „mit großer Macht und Herrlichkeit":

Seht zu, laßt euch nicht in die Irre führen. Denn viele werden unter meinem Namen kommen und sagen: „Ich bin's" und: „Die Zeit ist herbeigekommen." – Folgt ihnen nicht! Wenn ihr aber von Kriegen und Aufständen hören werdet, so entsetzt euch nicht. Denn das muß vorher geschehen; aber das Ende ist noch nicht so bald da...

Ein Volk wird sich gegen das andere erheben und ein Reich gegen das andere, und es werden große Erdbeben kommen und Hungersnöte und Seuchen hier und dort; auch werden schreckliche Dinge und vom Himmel her große Zeichen geschehen. Aber vor diesem allen werden sie Hand an euch legen und euch verfolgen, sie werden euch dem Gericht der Synagogen übergeben und ins Gefängnis werfen und euch vor Könige und Statthalter führen um meines Namens willen.

Es werden Zeichen an Sonne, Mond und Sternen geschehen, und auf Erden werden die Völker voll Angst und Schrecken sein, denn das Meer wird donnern und toben, und die Menschen werden vergehen vor Furcht in der Erwartung der Dinge, die über die ganze Erde kommen sollen; denn die Kräfte der Himmel werden ins Wanken kommen. Und dann werden sie den Menschensohn in einer Wolke kommen sehen mit großer Kraft und Herrlichkeit. Wenn aber das alles zu geschehen anfängt, dann seht auf und erhebt eure Häupter, weil sich eure Erlösung naht.

Der Historiker DAVID BEBBINGTON sagt über das Geschichtsverständnis der Christen:

Ein christliches Verständnis liefert etwas, was dem Historizismus fehlt: Hoffnung für die Zukunft. Diese Hoffnung gründet sich auf die Zuversicht, daß Gott die Geschichte lenkt und sie zur rechten Zeit zum Ziel führt... Die Gewißheit der göttlichen Fügung der Geschichte und die Erwartung des Endes der Zeit bieten eine solide Grundlage für die christliche Hoffnung. Wenn das Ziel der Geschichte erreicht sein wird, wird Jesus Christus endgültig siegen. Der entscheidende Kampf ist bereits ausgetragen. Jesus hat den Kampf gegen das Böse am Kreuz gewonnen. An diesem Punkt hat Gott die „Mächte und Gewaltigen entwaffnet und sie öffentlich zur Schau gestellt und hat über sie triumphiert in Christus" (Kolosser 2, 15). Der Ausgang der Weltgeschichte ist darum bereits gewiß. Gott wird den Lauf der Dinge bis zu ihrem Ende lenken. Dann wird das Ziel für jedermann sichtbar werden.

Die Bibel lehrt, daß Gott regiert; er wird über das Böse in der Welt siegen.

Herman Dooyerweerd, ein holländischer Philosophieprofessor, äußerte sich in ähnlicher Weise:

> **Letztlich dreht es sich beim Problem nach dem Sinn der Geschichte um die Frage: „Wer ist der Mensch? Woher kommt er? Wo geht er hin?" Außer der zentralen biblischen Offenbarung von Schöpfung, Sündenfall und Erlösung durch Jesus Christus gibt es auf diese Fragen keine wirklich befriedigenden Antworten...**
>
> **Es gäbe keine Hoffnung für die Menschheit und für den Verlauf der kulturellen Entwicklung des Menschen, wenn Jesus Christus nicht zum geistlichen Mittelpunkt geworden wäre und sein Reich zum Ziel der Weltgeschichte.**
>
> **Dieses Zentrum und das Ziel der Weltgeschichte beschränken sich weder auf die westliche noch auf eine andere Zivilisation. Christus wird die neue Menschheit vielmehr insgesamt zu ihrem eigentlichen Ziel führen, da er die Welt durch göttliche Liebe besiegt hat, die in seiner Selbsthingabe offenbar geworden ist.**

CHRISTL. ANTWORTEN AUF LEBENSFRAGEN
DAS ÜBERNATÜRLICHE

Gibt es noch etwas außer der sichtbaren Welt?

Die Bibel bestätigt die Realität von Geistern und übermenschlichen Kräften. So berichtet sie, wie König Saul in seiner Verzweiflung ein Medium bat, den Geist des Propheten Samuel zu befragen, der ihm zuvor Freund und Berater gewesen war:

Saul machte sich unkenntlich und zog andere Kleider an und ging hin und zwei Männer mit ihm, und sie kamen bei Nacht zu der Frau. Und Saul sprach: „Wahrsage mir, weil du Geister beschwören kannst, und hole mir herauf, wen ich dir nenne..."
Da sprach die Frau: „Wen soll ich dir denn heraufholen?"
Er sprach: „Hol mir Samuel herauf!"
Als nun die Frau merkte, daß es um Samuel ging, schrie sie laut und sprach zu Saul: „Warum hast du mich betrogen? Du bist Saul!"
Und der König sprach zu ihr: „Fürchte dich nicht! Was siehst du?"
Die Frau sprach zu Saul: „Ich sehe einen Geist heraufsteigen aus der Erde."
Er sprach: „Wie ist er gestaltet?"
Sie sprach: „Es kommt ein alter Mann herauf und ist bekleidet mit einem Priesterrock."
Da erkannte Saul, daß es Samuel war, und neigte sich mit seinem Antlitz zur Erde und fiel nieder.
Samuel aber sprach zu Saul: „Warum hast du meine Ruhe gestört, daß du mich heraufsteigen lässest?"...

Das alttestamentliche Gesetz warnt jedoch eindringlich davor, mit irgendeiner Form von Magie zu spielen oder mit Geistern Kontakt aufzunehmen:

Laß deinen Sohn oder deine Tochter nicht durchs Feuer gehen oder Wahrsagerei, Hellseherei, geheime Künste oder Zauberei treiben oder Bannungen oder Geisterbeschwörungen oder Zeichendeuterei vornehmen oder die Toten befragen. Denn wer das tut, der ist dem Herrn ein Greuel...

Mehrere Heilungswunder Jesu bestanden im Austreiben böser Geister. Doch am eindeutigsten ist der Sieg Christi über alle übernatürlichen Mächte an seinem Tod und seiner Auferweckung abzulesen. PAULUS schreibt:

Nachdem Christus am Kreuz die Gewalten und die Mächte gänzlich entwaffnet hatte, führte er sie öffentlich zur Schau auf und führte sie in seinem Triumphzug als Gefangene mit.

Darum betet er für die Glaubenden:

Gott erleuchte die Augen eures Herzens, damit ihr seht, zu welcher Hoffnung ihr von ihm berufen seid, welcher Reichtum an Herrlichkeit den Heiligen zuteil wird und wie überschwenglich groß sich seine Kraft an uns erweist, die wir glauben. Mit dieser Macht seiner Stärke hat er in Christus gewirkt, als er ihn von den Toten auferweckt und zu seiner Rechten im Himmel eingesetzt hat über alle Reiche, Gewalt, Macht, Herrschaft und was sonst noch Rang und Namen hat, nicht nur in dieser Welt, sondern auch in der zukünftigen.

Um die Existenz der geistlichen Mächte und Jesu Sieg über sie zu verdeutlichen, schildert Os GUINNESS folgende Begebenheit:

> **Als ich einmal an der Universität von Essex sprach, saß in der ersten Reihe ein sonderbar aussehendes Mädchen mit einem eigenartigen Gesichtsausdruck. Ich mußte an einen Zwischenfall vom Abend zuvor denken, als ein Extremist versucht hatte, den Vortrag zu stören. Während ich weitersprach, bat ich Gott im stillen, sie möge keine Schwierigkeiten machen. Den ganzen Abend hindurch verhielt sie sich ruhig. Als ich jedoch meinen Vortrag beendet hatte, kam sie sofort auf mich zu. Sie wirkte verwirrt und fragte mich, welche Zauberformel ich benutzt hätte, um sie ruhig zu halten. Sie erzählte, daß sie zu einem spiritistischen Kreis in Südengland gehöre und daß ihr die Geister den Auftrag erteilt hätten, nach Essex zu fahren – wo sie nie zuvor gewesen sei –, um eine Reihe von Vorträgen zu stören. Die Sache hatte ein eigenartiges Nachspiel. Als ich wieder in der Schweiz war, fragte mich eine Frau, die alles andere als eine fantastische Visionärin ist, was sich während meiner Vortragsreihe in Essex zugetragen habe. Während sie morgens für mich betete, hätte sie in einer Vision den Saal und jenes sonderbar aussehende Mädchen vor sich gesehen. Sie betete für dieses Mädchen und war zuversichtlich, daß nichts geschehen würde. Insgeheim fragte sie sich jedoch, ob sie es sich vielleicht nur eingebildet hätte. Die Gegenwart eines in der Kraft des Heiligen Geistes betenden Christen ist immer ausreichend, um den okkulten Mächten das Handwerk zu legen.**

HAL LINDSEY erinnert sich an ähnliche Begebenheiten:

> **Das Gespräch am Frühstückstisch wandte sich auch der Prophetie zu. Da ließ die Dame mit dem Schottenrock plötzlich eine Bemerkung fallen, die wie eine Bombe einschlug: „Ich habe von jeher in die Zukunft schauen können und sehe voraus, was geschieht."**
>
> **Ich verschluckte mich an meinem Kaffee und horchte auf. Dann fing ich an, sie auszufragen...**
>
> **„Das ist nichts Neues... Ich habe schon immer über außergewöhnliche seelische Kräfte verfügt. Wahrscheinlich habe ich diese Gabe von meiner Mutter und meiner Großmutter geerbt."**
>
> **Bis zu diesem Tag fällt es mir schwer, den Umschwung in der Atmosphäre zu beschreiben... Es war ein strahlender Morgen, und doch fühlte ich eine unheimliche Beklemmung... In den folgenden Stunden machte ich eine erstaunliche Erfahrung... Hier genügt die Feststellung, daß ich Zeuge eines Wunders wurde. Diese Frau wurde von diesem bösen Geist befreit – nicht in Afrika, nicht in den entlegenen Gebieten des Amazonas, sondern am hellichten Tage im Bereich einer Universität.**

CHRISTL. ANTWORTEN AUF LEBENSFRAGEN

DAS BÖSE

Gibt es im Kampf gegen das Böse und die Ungerechtigkeit überhaupt Hoffnung?

Die christliche Sicht der Welt ermöglicht es uns, an die schwierigen Fragen über das Böse von bestimmten Grundüberzeugungen aus heranzugehen.

Das Böse ist (wie das Leiden) eine Störung der von Gott geschaffenen Welt. Die Welt, wie Gott sie schuf, war „sehr gut" (1. Mose 1, 31).

Hinter allen Mächten des Bösen verbirgt sich ein personhaftes Wesen. Die Bibel nennt es „den Teufel" oder „Satan" und bezeichnet es als ein von Gott geschaffenes himmlisches Wesen, das in seiner Auflehnung gegen Gott alles tut, um zu zerstören, was Gott erschaffen hat.

Die ursprüngliche Auflehnung des Menschen gegen Gott erwuchs aus dem Einfluß Satans. Das Wesen des Menschen ist darum verderbt und sündig. Es ist diese Verderbtheit seines Wesens, und nicht die Umstände oder seine Umwelt, die den Menschen zum Bösen treibt. So sah JESUS die Wurzel des Bösen im menschlichen Wesen:

Was aus dem Menschen herauskommt, das macht den Menschen unrein; denn von innen, aus dem Herzen der Menschen, kommen die bösen Gedanken: Unzucht, Diebstahl, Mord, Ehebruch, Habgier, Schlechtigkeit, Arglist, Ausschweifung, Mißgunst, Gotteslästerung, Hochmut, Unvernunft. All diese bösen Dinge kommen von innen heraus und machen den Menschen unrein.

Jesus besiegte die Mächte der Finsternis, indem er zuließ, daß sie ihm auf übelste Weise mitspielten.

Der Christ hofft auf den Jüngsten Tag des Gerichts, an dem aller Welt Gerechtigkeit widerfahren wird, weil Gott ein gerechter Richter ist. Wir können darum mit dem PSALMISTEN zuversichtlich auf diesen Tag hoffen:

Der Himmel freue sich, und die Erde sei fröhlich!
Das Meer brause und was darinnen ist;
das Feld sei fröhlich und alles, was darauf ist.
Es sollen jauchzen alle Bäume im Walde vor dem Herrn;
denn er kommt, zu richten das Erdreich.
Er wird den Erdkreis richten mit Gerechtigkeit
und die Völker mit seiner Wahrheit.

Diese Hoffnung ist jedoch kein Alibi dafür, heute nichts zu tun. Der Prophet JESAJA sprach vom „leidenden Gottesknecht", der Gerechtigkeit bringen wird. Weil sich diese Hoffnung vor der Wiederkunft Jesu nicht völlig erfüllen wird, sind alle seine Nachfolger aufgerufen, sich hier und heute, in ihrem Bereich, in ihrer Situation für Gerechtigkeit einzusetzen:

Gott spricht:
Siehe, das ist mein Knecht – ich halte ihn – und mein Auserwählter,
an dem meine Seele Wohlgefallen hat.
Ich habe ihm meinen Geist gegeben;
er wird das Recht unter die Heiden bringen ... In Treue trägt er das Recht hinaus. Er selbst wird nicht verlöschen und nicht zerbrechen, bis er auf Erden das Recht aufrichte ...

So spricht Gott, der Herr, zu seinem Knecht:
Ich, der Herr, habe dich gerufen

J. I. Packer

in Gerechtigkeit und halte dich bei der Hand und behüte dich und mache dich zum Bund für das Volk...

JAMES PACKER erklärt, worin für den Christen der Kern des Problems und der Ausgangspunkt für eine Antwort liegt:

Deutet die Existenz des Bösen – sittliches Fehlverhalten, sinnloses Leid, Verschwendung der Güter – darauf hin, daß Gott der Vater doch nicht allmächtig ist? Denn würde er nicht alles Negative aus dem Weg räumen, wenn er es könnte? Ja, das würde er, und er ist schon dabei! Durch Jesus Christus werden schlechte Menschen – wie Sie und ich – schon jetzt zu guten Menschen. Eine neue Weltordnung entsteht und eine neue Schöpfung, frei von Schmerz und Krankheit. Paulus verheißt uns, „daß die Leiden dieser Zeit nichts bedeuten gegenüber der Herrlichkeit, die an uns offenbart werden soll" (Römer 8, 18). Wenn Gott langsamer, als wir es uns wünschen, daran arbeitet, das Böse von dieser Welt zu beseitigen und die neue Ordnung einzuführen, dann geschieht es nur, um seine Gnade zu erweisen und mehr Menschen einzubeziehen, die ein Opfer des Bösen in dieser Welt sind, als es ihm sonst möglich wäre.

Der Philosoph C. E. M. JOAD bekehrte sich zum christlichen Glauben, nachdem er viele Jahre als Agnostiker gelebt hatte. Er kam zu der Erkenntnis, daß das Christentum eine wesentlich befriedigendere Erklärung des menschlichen Wesens bietet als seine vorherige Überzeugung. In seinem Buch *Recovery of Belief* (Wiederentdeckung des Glaubens) schrieb er im Jahre 1952:

Was ich schriftlich festhalten muß, ist die Tatsache, daß sich meine Ansicht über das Wesen des Menschen geändert hat, und das hat zu einem veränderten Urteil über diese Welt geführt...

Diese Auffassung vom Bösen im Menschen (daß das Böse lediglich das Ergebnis von Vererbung und Umwelt sei und durch den Fortschritt ausrottbar sei), die ich als junger Mensch gedankenlos übernommen hatte, bezweifle ich heute weitgehend. Sie war vielleicht in den ersten 14 Jahren dieses Jahrhunderts plausibel, als sich die Dinge zu bessern schienen – wenn auch ein kurzer Blick auf die Menschheitsgeschichte hätte ausreichen müssen, diese Auffassung zu widerlegen –, doch hat sie sich durch die Ereignisse der letzten 40 Jahre als völlig unlogisch erwiesen. Zumindest für mich ist die Auffassung, wie sie der Marxismus vertritt, Shaw darstellt und viele moderne Psychologen vertreten – das Böse sei nur ein Produkt der Umstände, das folglich durch Veränderung der Umstände aufgehoben werden könne –, unhaltbar oberflächlich. Die entgegengesetzte Auffassung, das Böse sei dem Menschen angeboren, besonders in ihrer christlichen Ausformung, der Lehre von der Erbsünde, erlaubt uns eine tiefe Einsicht in das Wesen des Menschen.

STEPHEN NEILL schrieb als Bischof in Indien:

Der beste Weg, die Lehre vom Zorn Gottes zu verstehen, ist, sich die verschiedenen anderen Möglichkeiten anzuschauen. Die Alternative ist nicht

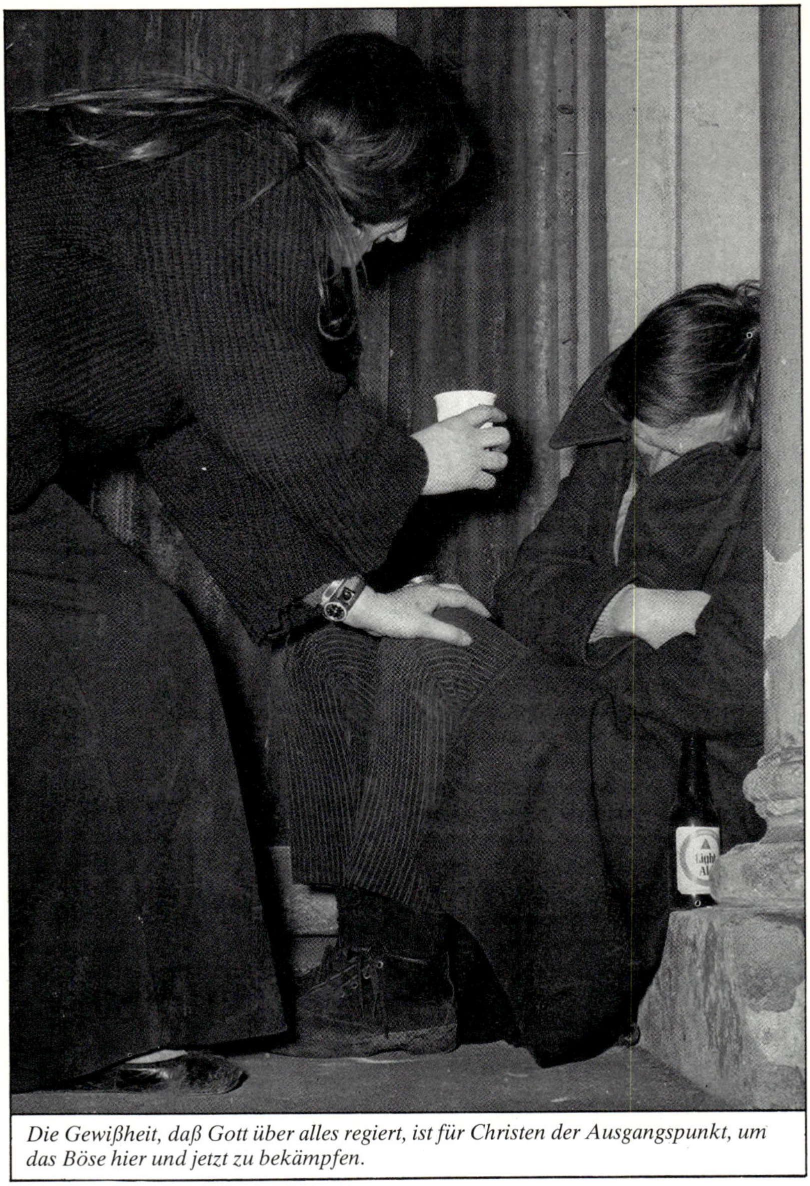

Die Gewißheit, daß Gott über alles regiert, ist für Christen der Ausgangspunkt, um das Böse hier und jetzt zu bekämpfen.

Liebe; da Liebe und Zorn eigentlich nur die beiden Seiten einer Sache sind... Die Alternative zum Zorn ist Neutralität – Neutralität in den Konflikten der Welt... In einer solchen Welt zu leben, wäre ein Alptraum. Nur die Lehre vom Zorn Gottes, von seiner unversöhnlichen Feindschaft gegenüber allem Bösen, macht Leben in einer Welt wie der unsrigen erträglich.

TEIL 3

DIE CHRISTLICHE SICHT DER WELT VERSTEHEN

Wenn ich sehe die Himmel, deiner Finger
Werk,
den Mond und die Sterne, die du
bereitet hast:
was ist der Mensch, daß du seiner
gedenkst,
und des Menschen Kind, daß du dich
seiner annimmst?

Du hast ihn wenig niedriger gemacht als
Gott,
mit Ehre und Herrlichkeit hast du ihn
gekrönt.
Du hast ihn zum Herrn gemacht über
deiner Hände Werk,
alles hast du unter seine Füße getan:
Schafe und Rinder allzumal, dazu auch
die wilden Tiere,
die Vögel unter dem Himmel und die
Fische im Meer
und alles, was die Meere durchzieht.

Herr, unser Herrscher,
wie herrlich ist dein Name in allen
Landen!
PSALM 8

Der christliche Glaube ist ein System mit verschiedenen Grundgedanken, über die man diskutieren kann. Mit dem Begriff „System" meinen wir keine abstrakte Theorie; trotzdem scheuen wir uns nicht, diesen Begriff zu gebrauchen. Die Bibel besteht nicht aus zusammenhanglosen Gedanken.
FRANCIS SCHAEFFER

In diesem Teil wollen wir uns zunächst nur bemühen, die christliche Sicht der Welt zu *verstehen*. Es soll nicht darum gehen, Argumente pro und contra vorzubringen.

Welches sind die grundlegenden Überzeugungen des christlichen Glaubens über den Menschen und die Welt? Von welchen Voraussetzungen geht der Christ bei seiner Sicht der Welt aus? Welche Empfindungen hat er, wenn er in einer Welt wie der unsrigen lebt?

Übersicht

CHRISTLICHE GRUNDAUSSAGEN ÜBER GOTT

Die folgenden Aussagen erschöpfen nicht die Bedeutung Gottes für den Christen. Sie gelten nur als fundamentale Wegweiser.

- Gott ist Person und unendlich.
- Gott ist der Schöpfer und der Erhalter der Welt.
- Gott ist Liebe, und er ist heilig.
- Es gibt nur einen Gott, und zwar in drei „Personen".

Die beiden Aussagen jedes Satzes müssen eng zusammengesehen werden, da sie sich gegenseitig ergänzen. So genügt es nicht festzustellen, daß Gott der Schöpfer des Universums ist, denn dies sagt nichts über seine heutige Beziehung zur Welt. Darum muß die Aussage, daß er der Schöpfer ist, mit der Aussage zusammengesehen werden, daß er die Welt auch erhält. Wenn wir sagen, Gott ist Person, müssen wir sogleich hinzufügen, daß er unendlich ist. Obwohl Gott etwas gemeinsam hat mit dem Menschen, der sich bewußt ist, eine Person zu sein, unterliegt er nicht der Beschränkung menschlichen Personseins.

Alle acht Aussagen müssen zusammengesehen werden. Selbst wenn wir nur eine ablehnen oder verändern, wird davon unsere gesamte Einstellung zu Gott ernsthaft betroffen.

GOTT IST PERSON

Er ist kein unpersönliches „Es", keine Kraft wie Energie oder Elektrizität. So wie Menschen Eigennamen haben, gibt sich auch Gott im Alten Testament einen Eigennamen: Jahwe (was vielleicht soviel bedeutet wie „Ich bin, der ich bin" oder „Ich werde mich als der erweisen, der ich bin").

Gott sprach zu Mose: „Ich werde sein, der ich sein werde... Der Herr (Jahwe)... Das ist mein Name auf ewig, mit dem man mich anrufen soll von Geschlecht zu Geschlecht..."

Gott hat einen *Verstand* und er kann denken. Er befindet sich nicht in einem Bereich jenseits vom Denken und von Vernunft:

Denn meine Gedanken sind nicht eure Gedanken,
und eure Wege sind nicht meine Wege,
spricht der Herr,
sondern so viel der Himmel höher ist
als die Erde,

**so sind auch meine Wege höher als eure Wege
und meine Gedanken als eure Gedanken.**

Er hat einen *Willen* und kann sich frei entscheiden. Er wird nicht bestimmt von irgendwelchen höheren Mächten wie einem „Schicksal":

**Ja, ich weiß, daß der Herr groß ist
und unser Herr über allen Göttern ist.
Alles, was er will, das tut er
im Himmel und auf Erden,
im Meer und in allen Tiefen.**

Er hat *Empfindungen* und kann fühlen. Der Prophet HOSEA beschreibt Gott, wie er von sich selbst in dieser Weise spricht:

Wie kann ich dich preisgeben, Efraim ... Mein Herz ist andern Sinnes, alle meine Barmherzigkeit ist entbrannt.

Weil er „Person" ist, kann er Wahrheit vermitteln und sich den Menschen offenbaren. Er kann mit uns in eine persönliche Beziehung treten, und wir können ihn auf eine persönliche Weise kennenlernen.

**Denn so spricht der Hohe und Erhabene, der ewig wohnt, dessen Name heilig ist:
„Ich wohne in der Höhe und im Heiligtum und bei denen, die zerschlagenen und demütigen Geistes sind, auf daß ich erquicke den Geist der Gedemütigten und das Herz der Zerschlagenen."**

**Der Herr ist denen Freund, die ihn fürchten;
und seinen Bund läßt er sie wissen.**

GOTT IST UNENDLICH

Obwohl Gott Person ist, unterliegt er nicht den Begrenzungen menschlichen Personseins. Er selbst wurde nicht von irgend jemandem geschaffen, der größer wäre als er.

**„Ihr seid meine Zeugen", spricht der Herr,
„und mein Knecht, den ich erwählt habe,
damit ihr wißt und mir glaubt
und erkennt, daß ich's bin.
Vor mir ist kein Gott gemacht,
so wird auch nach mir keiner sein."**

Er hat schon immer existiert und wird immer existieren. Er unterliegt nicht zeitlichen Begrenzungen, weil er Raum und Zeit geschaffen hat.

**Ehe denn die Berge wurden
und die Erde und die Welt geschaffen wurden,
bist du, Gott, von Ewigkeit zu Ewigkeit.**

Er wird nicht durch das Universum begrenzt, denn er ist überall am Werk; er ist allgegenwärtig. In seinem Universum geschieht nichts unabhängig von ihm.

Bin ich nur ein Gott, der nahe ist, spricht der Herr, und nicht auch ein Gott, der ferne ist? Meinst du, daß sich jemand so heimlich verbergen könne, daß ich ihn nicht sehe? spricht der Herr. Bin ich es nicht, der Himmel und Erde erfüllt? spricht der Herr.

Er weiß alles; er ist allwissend. Er weiß alles über jeden einzelnen Menschen und alles über die Zukunft.

**Herr, du erforschest mich und kennest mich.
Ich sitze oder stehe auf, so weißt du es;
du verstehst meine Gedanken von ferne.**

Ich bin Gott, und sonst keiner mehr, ein Gott, dem nichts gleicht. Ich habe von Anfang an verkündigt, was hernach kommen soll.

Er kann alles tun, was er will (obwohl er stets seinem Wesen entsprechend handelt); er ist allmächtig. Hinter Gott steht kein Zufall, kein Schicksal, kein Glück, das unabhängig von ihm wirksam wäre.

**Doch er ist der eine – wer will ihm wehren?
Und er macht's, wie er will.
Ja, er wird vollenden, was mir bestimmt ist,
und hat noch mehr derart im Sinn.**

Im folgenden Gebet spricht HABAKUK von Gott als Person, die unendlich ist:

Aber du, Herr, mein Gott, mein Heiliger, der du von Ewigkeit her bist...

GOTT IST DER SCHÖPFER DER WELT

Das Universum von Raum und Zeit ist durch ihn, durch seine freie Entscheidung entstanden. Er *mußte* diese Welt nicht erschaffen; auch ohne das Universum war Gott vollkommen.

Am Anfang schuf Gott Himmel und Erde...

Lobet ihn, Sonne und Mond,
lobet ihn, alle leuchtenden Sterne!
Lobet ihn, ihr Himmel aller Himmel
und ihr Wasser über dem Himmel!
Die sollen loben den Namen des Herrn;
denn er gebot, da wurden sie geschaffen.

Das Universum ist von Gott klar unterschieden; er ist transzendent. Das Universum ist weder ein Teil Gottes noch ein Ausfluß göttlichen Wesens, und Gott ist kein Teil des Universums.

Der Himmel ist durch das Wort des Herrn gemacht
und all sein Heer durch den Hauch seines Mundes.
Er hält die Wasser des Meeres zusammen wie in einem Schlauch
und sammelt in Kammern die Fluten.
Alle Welt fürchte den Herrn,

Cholesterinkristalle, 250fach vergrößert. Die Bibel sagt, daß Gott die Gebilde seiner Schöpfung erhält.

und vor ihm scheue sich alles, was auf dem Erdboden wohnet.
Denn wenn er spricht, so geschieht's; wenn er gebietet, so steht's da.

Gott schuf das Universum „aus dem Nichts". Es gab kein „Rohmaterial", das Gott nur hätte ordnen müssen.

Durch den Glauben erkennen wir, daß die Welten durch Gottes Wort erschaffen wurden, so daß alles, was man sieht, aus nichts entstanden ist.

Gott gebraucht dieselbe große Macht, mit der er die Welt erschaffen hat, um dem Menschen in seiner Schwachheit beizustehen:

Weißt du nicht?
Hast du nicht gehört?
Der Herr, der ewige Gott,
der die Enden der Erde geschaffen hat,
wird nicht müde noch matt,
sein Verstand ist unausforschlich.
Er gibt den Müden Kraft,
und Stärke genug dem Unvermögenden.
Männer werden müde und matt,
und Jünglinge straucheln und fallen;
aber die auf den Herrn harren,
kriegen neue Kraft,
daß sie auffahren mit Flügeln wie Adler,
daß sie laufen und nicht matt werden,
daß sie wandeln und nicht müde werden.

GOTT IST DER ERHALTER DER WELT

Die Welt wurde nicht nur von Gott erschaffen, sie wird auch von ihm „erhalten". Er wirkt in dieser Welt, und doch ist er kein Teil der Welt. Gott ist nicht nur ihre „erste Ursache". Man kann ihn nicht vergleichen mit einem Uhrmacher, der das Gehen der Uhr sich selbst überläßt. Ohne Gott könnte die Welt nicht bestehen.

Herr, mein Gott, du bist sehr herrlich;
du bist schön und prächtig geschmückt.
Licht ist dein Kleid, das du anhast.
Du breitest den Himmel aus wie einen Teppich...
Du lässest Gras wachsen für das Vieh
und Saat zu Nutz den Menschen...
Du machst Finsternis, daß es Nacht wird...

Er bedeckt den Himmel mit Wolken,
und Regen gibt er auf Erden;
der Gras auf den Bergen wachsen läßt,
der dem Vieh sein Futter gibt,
den jungen Raben, die zu ihm rufen.

Der Prophet NEHEMIA zeigt, wie Gottes Werk des Erschaffens und Erhaltens der Welt zusammengehören:

Herr, du bist's allein, du hast gemacht den Himmel und aller Himmel Himmel mit ihrem ganzen Heer, die Erde und alles, was darauf ist, die Meere und alles, was darinnen ist; du machst alles lebendig.

Der herrliche Spiralnebel im Großen Bär.

GOTT IST EIN LIEBENDER GOTT

Das Alte Testament spricht auf vielerlei Weise von der Liebe Gottes zum Menschen, den er zu seinem Bild geschaffen hat:

Ich habe dich je und je geliebt, darum habe ich dich zu mir gezogen aus lauter Güte.

So wahr ich lebe, spricht Gott der Herr, ich habe kein Gefallen am Tod des Gottlosen, sondern daß der Gottlose umkehre von seinem Wege und lebe...

**Suchet den Herrn, solange er zu finden ist;
rufe ihn an, solange er nahe ist.
Der Gottlose lasse von seinem Weg
und der Übeltäter von seinen Gedanken
und bekehre sich zum Herrn,
so wird er sich seiner erbarmen,
und zu unserm Gott,
denn bei ihm ist viel Vergebung.**

**Die Güte des Herrn ist's, daß wir nicht gar aus sind,
seine Barmherzigkeit hat noch kein Ende,
sondern sie ist alle Morgen neu,
und deine Treue ist groß.**

Der Prophet HOSEA sagt in Gottes Namen:

**Als Israel jung war, hatte ich ihn lieb...
Aber wenn man sie jetzt ruft,
so wenden sie sich davon
und opfern den Baalen
und räuchern den Bildern.
Ich lehrte Efraim gehen
und nahm ihn auf meine Arme;
aber sie merkten's nicht, wie ich ihnen half.
Ich ließ sie ein menschliches Joch ziehen
und in Seilen der Liebe gehen
und half ihnen das Joch auf ihrem Nacken tragen
und gab ihnen Nahrung.**

Im Neuen Testament wird die größte Offenbarung der Liebe Gottes im Kommen seines einzigen Sohnes gesehen:

**Denn so sehr hat Gott die Welt geliebt, daß er seinen einzigen Sohn dahingab, damit alle, die an ihn glauben, nicht verlorengehen, sondern das ewige Leben haben.
Gott aber erweist seine Liebe zu uns darin, daß Christus für uns gestorben ist, als wir noch Sünder waren.**

Einige Bibelstellen sprechen sogar von einer ewigen Liebesbeziehung zwischen Vater, Sohn und Heiligem Geist. Die Liebe ist darum ein Teil des göttlichen Wesens: Gott wurde nicht erst zum liebenden Vater, nachdem er den Menschen geschaffen hatte.

JESUS sagt über seinen Vater:

Denn der Vater hat den Sohn lieb und zeigt ihm alles, was er selbst tut...

Er betet:

Vater, ich will, daß wo ich bin, auch die bei mir sind, die du mir gegeben hast, damit sie meine Herrlichkeit sehen, die du mir gegeben hast; denn du hast mich geliebt, ehe der Grund der Welt gelegt war.

GOTT IST HEILIG

Gott wird in der Bibel als sittlich vollkommen beschrieben; er ist absolut gut. Sittlich ist er nicht neutral, noch steht er jenseits von Gut und Böse oder über jeder Moral.

Deine Augen sind zu rein, als daß du Böses ansehen könntest, und dem Jammer kannst du nicht zusehen.

**Denn du bist nicht ein Gott, dem gottloses Wesen gefällt;
wer böse ist, bleibt nicht vor dir.**

So spricht der Herr: „Ein Weiser rühme sich nicht seiner Weisheit, ein Starker rühme sich nicht seiner Stärke, ein Reicher rühme sich nicht seines Reichtums. Sondern wer sich rühmen will, der rühme sich dessen, daß er klug sei und mich kenne, daß ich der Herr bin, der Barmherzigkeit, Recht und Gerechtigkeit übt auf Erden; denn solches gefällt mir."

Die Gebote, die Gott den Menschen offenbarte, sind Ausdruck seines Wesens. Es gibt also in Gottes eigenem Wesen einen absoluten Maßstab für das, was richtig und falsch ist. Diesem Maßstab entsprechen Gottes Gebote.

Der Herr erschien Abraham und sprach zu ihm: „Ich bin der allmächtige Gott; wandle vor mir und sei fromm."

Ihr sollt heilig sein, denn ich bin heilig, der Herr, euer Gott.

Denn der Herr ist gerecht und hat Gerechtigkeit lieb.
Die Frommen werden schauen sein Angesicht.

Dem Herrn, eurem Gott, sollt ihr folgen und ihn fürchten und seine Gebote halten und seiner Stimme gehorchen und ihm dienen und ihm anhangen ... auf daß du das Böse aus deiner Mitte wegtust.

Die Auflehnung des Menschen gegen Gott beleidigt ihn persönlich und ist eine Verletzung seiner Gesetze. Gott kann nicht einfach den Ungehorsam des Menschen übersehen oder so tun, als ginge es ihn nichts an oder als wäre es nicht wirklich geschehen.

... du, gerechter Gott, prüfest Herzen und Nieren ...
ein gerechter Richter
und ein Gott, der täglich strafen kann.

Wie soll ich dir denn gnädig sein?
Deine Söhne haben mich verlassen
und schwören bei dem, der nicht Gott ist.
Als ich sie satt gemacht hatte,
trieben sie Ehebruch
und liefen ins Hurenhaus.
Ein jeder wiehert nach seines Nächsten Weib
wie die vollen, müßigen Hengste.
Und ich sollte das an ihnen nicht heimsuchen, spricht der Herr,
und ich sollte mich nicht rächen an einem Volk wie diesem?

Man findet unter meinem Volk Gottlose,
die den Leuten nachstellen
und Fallen zurichten,
um sie zu fangen,
wie's die Vogelfänger tun.
Ihre Häuser sind voller Tücke,
wie ein Vogelbauer voller Lockvögel ist.
Daher sind sie groß und reich geworden, fett und feist.
Sie gehen mit bösen Dingen um;
sie halten kein Recht,
der Waisen Sache fördern sie nicht, daß ihnen ihr Recht werde,
und helfen den Armen nicht zum Recht.
Sollte ich das an ihnen nicht heimsuchen, spricht der Herr,
und sollte ich mich nicht rächen an einem Volk wie diesem?

An der Offenbarung des göttlichen Wesens gegenüber Mose können wir ablesen, wie Liebe und Heiligkeit Gottes eng verbunden sind:

Und der Herr ging vor seinem Angesicht vorüber, und er rief aus: „Herr, Herr, Gott, barmherzig und gnädig und geduldig und von großer Gnade und Treue, der da Tausenden Gnade bewahrt und vergibt Missetat, Übertretung und Sünde, aber ungestraft läßt er niemand."

In ähnlicher Form bringt JESAJA Gottes Liebe und Heiligkeit zusammen:

Ich habe dich einen kleinen Augenblick verlassen,
aber mit großer Barmherzigkeit will ich dich sammeln.
Ich habe mein Angesicht im Augenblick des Zorns ein wenig vor dir verborgen,
aber mit ewiger Gnade will ich mich deiner erbarmen,
spricht der Herr, dein Erlöser.

Für PAULUS war es nicht schwer, den Zorn und die Liebe Gottes zusammenzusehen und von beidem in einem Atemzug zu sprechen:

Gott aber erweist seine Liebe zu uns darin, daß Christus für uns gestorben ist, als wir noch Sünder waren. Um wieviel mehr werden wir durch ihn vor dem Zorngericht bewahrt werden, nachdem wir jetzt durch sein Blut gerecht geworden sind!

So bringt auch JOHANNES Gottes Liebe und Gottes Zorn zusammen; der Begriff „Versöhnung" enthält den Gedanken der Abwendung vom Zorn:

Darin besteht die Liebe: nicht, daß wir Gott geliebt haben, sondern daß er uns geliebt hat und seinen Sohn gesandt hat zur Versöhnung für unsre Sünden.

ES GIBT NUR EINEN GOTT

Es gibt andere unsichtbare Wesen und Mächte – Satan und Engel; doch sind sie alle von Gott erschaffen und ihm unterstellt. Es gibt nicht mehrere Götter, die jeweils bestimmte Bereiche des Universums beherrschten.

Der Herr ist unser Gott, der Herr allein. Und du sollst den Herrn, deinen Gott, liebhaben von ganzem Herzen, von ganzer Seele und mit aller deiner Kraft.

Weil es nur einen Gott gibt, sind alle Menschen verpflichtet, ihn anzuerkennen:

Ich bin der Herr, und sonst keiner mehr,
kein Gott ist außer mir.
Ich habe dich gerüstet, obgleich du mich nicht kanntest,
damit man erfahre in Ost und West,
daß außer mir nichts ist.
Ich bin der Herr, und sonst keiner mehr.

Wendet euch zu mir, so werdet ihr gerettet,
aller Welt Enden;
denn ich bin Gott, und sonst keiner mehr.
Ich habe bei mir selbst geschworen,
und Gerechtigkeit ist ausgegangen aus meinem Munde,
ein Wort, bei dem es bleiben soll:
„Mir sollen sich alle Knie beugen und alle Zungen schwören."

DREIEINIGKEIT: EIN GOTT IN DREI „PERSONEN"

Die ersten Christen waren fromme Juden, die im Glauben an den einen Gott erzogen waren. Sie gaben diesen Glauben nie auf; doch sie begriffen allmählich die Einzigkeit Gottes in einer neuen Weise und unterschieden zwischen Vater, Sohn und Heiligem Geist. Diese radikale Neuinterpretation der Einzigkeit Gottes hatte drei Gründe:

● JESUS sprach von sich selbst als „dem Sohn", der sich einer engen Beziehung zum „Vater" erfreute. Diese Beziehung hatte schon vor der Erschaffung der Welt bestanden:

Alles ist mir von meinem Vater übergeben; und niemand erkennt den Sohn als nur der Vater; und niemand erkennt

den Vater als nur der Sohn und wem es der Sohn offenbaren will.

Und nun, Vater, verherrliche du mich bei dir mit der Herrlichkeit, die ich bei dir hatte, ehe die Welt war.

● JESUS sprach vom Heiligen Geist, der von ihm und dem Vater unterschieden ist:

Wenn aber der Beistand kommen wird, den ich euch vom Vater senden werde, der Geist der Wahrheit, der vom Vater ausgeht, der wird Zeugnis für mich ablegen.

Ihr werdet die Kraft des Heiligen Geistes empfangen, der auf euch kommen wird, und ihr werdet meine Zeugen sein ...

● Die frühen Christen erlebten Gottes Wirken in ihrem Leben völlig neu und verstanden es als Wirken des Heiligen Geistes.

Als der Pfingsttag gekommen war, waren sie alle an einem Ort versammelt. Da kam plötzlich ein Brausen vom Himmel wie von einem gewaltigen Sturm und erfüllte das ganze Haus, in dem sie saßen. Und es erschienen ihnen Zungen wie von Feuer, die sich verteilten und sich auf jeden von ihnen setzten, und sie wurden alle mit dem Heiligen Geist erfüllt und fingen an, in andern Sprachen zu predigen, wie der Geist es ihnen eingab.

Die Frucht des Geistes aber ist Liebe, Freude, Friede, Geduld, Freundlichkeit, Güte, Treue, Sanftmut, Selbstbeherrschung ...

So schreibt PAULUS über den dreieinigen Gott:

Deshalb beuge ich meine Knie vor dem Vater, der der rechte Vater ist über alles, was Kinder heißt im Himmel und auf Erden, und bitte ihn, daß er euch Kraft gebe nach dem Reichtum seiner Herrlichkeit, stark zu werden durch seinen Geist am inneren Menschen, so daß Christus durch den Glauben in euren Herzen wohnt.

ANTWORT DES GLAUBENS

Diese Überzeugungen über Gott sind keine blutleeren Behauptungen. Beim Glaubenden sollten sie folgende Reaktionen hervorrufen:

● Anbetung

Kommt, laßt uns anbeten und knien
und niederfallen vor dem Herrn, der uns gemacht hat.

● Ehrfurcht und Anerkennung

Ich aber darf in dein Haus gehen durch deine große Güte
und anbeten vor deinem heiligen Tempel in deiner Furcht.

● Dankbarkeit und Staunen

Ich danke dem Herrn von ganzem Herzen
und erzähle alle deine Wunder.
Ich freue mich und bin fröhlich in dir
und lobe deinen Namen,
du Allerhöchster.

● Freude

Wie lieb sind mir deine Wohnungen, Herr Zebaot!
Meine Seele verlangt und sehnt sich nach den Vorhöfen des Herrn;
mein Leib und Seele freuen sich in dem lebendigen Gott.

● Liebe

Herzlich lieb habe ich dich, Herr, meine Stärke!

● Vertrauen

Der Herr ist meine Stärke und mein Schild;
auf ihn hofft mein Herz,
und mir ist geholfen.
Nun ist mein Herz fröhlich,
und ich will ihm danken mit meinem Lied.

CHRISTLICHE GRUNDAUSSAGEN ÜBER DEN MENSCHEN

DER MENSCH IST EIN GESCHÖPF – ERSCHAFFEN ZUM BILD GOTTES

Die Bibel erkennt an, daß der Mensch in seinen körperlichen Anlagen viel mit der Tierwelt gemein hat. Der Verfasser des 1. Buches Mose sagt vom Menschen, daß er wie die Tiere aus „Staub der Erde" erschaffen wurde. Doch der grundlegende Unterschied zwischen Mensch und Tier ist, daß der Mensch in bestimmter Hinsicht Gott entspricht:

> **Und Gott sprach: „Lasset uns Menschen machen, ein Bild, das uns gleich sei... Und Gott schuf den Menschen zu seinem Bilde, zum Bilde Gottes schuf er ihn; und schuf sie als Mann und Frau.**

Im folgenden Abschnitt aus dem 1. Buch Mose wird deutlich, daß „Ebenbild" und „Ähnlichkeit" sich gegenseitig erläutern:

> **Als Gott den Menschen schuf, machte er ihn nach dem Bilde Gottes und schuf sie als Mann und Frau und segnete sie und gab ihnen den Namen „Mensch". Und Adam war 130 Jahre alt und zeugte einen Sohn, ihm gleich und nach seinem Bilde...**

Wenn wir sagen, daß ein Mensch Gott entspricht, meinen wir:

- Wie Gott Person ist, ist es auch der Mensch.
- Wie Gott Verstand hat und denken und sich mitteilen kann, so kann es auch der Mensch; er ist mit Vernunft begabt.
- Wie Gott einen Willen hat und Entscheidungen treffen kann, so kann es auch der Mensch; er ist verantwortlich für sein Tun. Er ist nicht „programmiert", sondern hat ein echtes Maß an Freiheit.
- Wie Gott Emotionen und Empfindungen hat, so hat sie auch der Mensch.
- Wie Gott ein sittliches Wesen ist, so ist auch der Mensch sittlich und vermag Recht und Unrecht zu unterscheiden.
- Der Mensch ist darauf angelegt, mit Gott zu sprechen, ihm zu antworten. So entspricht er seinem Schöpfer.

Dennoch ist der Mensch in bestimmter Hinsicht deutlich von Gott unterschieden:

- Gott ist unendlich und unbegrenzt durch Raum und Zeit; der Mensch nicht.
- Gott ist Geist und hat keinen Leib; der Mensch hat einen physischen Leib mit all seinen Grenzen.
- Gott is allwissend und allmächtig; der Mensch nicht.

So wie Gott den Menschen ursprünglich schuf, war dieser vollkommen:

> **Gott sah an alles, was er gemacht hatte, und siehe, es war sehr gut.**

Auch wenn der Mensch nicht mehr vollkommen ist, ist er doch Geschöpf Gottes, das zu seinem Ebenbild erschaffen ist. Doch diese Ebenbildlichkeit ist verdorben. Trotzdem bleibt die Bestimmung zum Bilde Gottes für den Menschen bestehen. Auch wenn die Schreiber der Bibel betonen, daß der Mensch seine Bestimmung verfehlt hat, vergessen sie nicht, daß der Mensch die Krone der göttlichen Schöpfung in der Welt ist. Die Aussage, daß der Mensch geschaffen ist, setzt ihn also nicht herab, sondern hebt seine Größe und Würde hervor.

DER MENSCH IST NUN EIN REBELL GEGEN SEINEN SCHÖPFER

Die Menschheit lehnt sich heute auf gegen Gott. Die Menschen mögen anerkennen, daß es einen Gott gibt. Sie versuchen möglicherweise sogar, ihn irgendwie anzubeten. Doch sie können ihn nicht so lieben, wie es angemessen ist. Sie können seinen Maßstäben nicht gerecht werden.

Der Mensch wurde nicht als Rebell *erschaffen;* er ist zum Rebellen *geworden.* Nach der Erschaffung konnte sich der Mensch entscheiden, entweder Gott zu gehorchen und sich auf ihn zu verlassen oder unabhängig von ihm zu leben.

Gott warnte eindeutig vor den Folgen des Ungehorsams:

> **Du darfst essen von allen Bäumen im Garten, aber von dem Baum der Erkenntnis des Guten und Bösen sollst du nicht essen; denn an dem Tage, da du von ihm issest, mußt du des Todes sterben.**

Die Folgen der Rebellion des ersten Menschen müssen alle Menschen tragen:

> **Deshalb gilt nun: Durch einen Menschen ist die Sünde in die Welt gekommen und der Tod durch die Sünde, und so ist der Tod zu allen Menschen durchgedrungen, weil sie alle gesündigt haben.**

Die Auflehnung des Menschen gegen Gott in unserer Zeit besteht in der Weigerung, nach den von Gott gegebenen Weisungen zu leben. JOHANNES nennt Sünde Gesetzlosigkeit.

> **Wer Sünde tut, lehnt sich auch gegen Gott auf, und die Sünde ist die Auflehnung gegen Gott.**

PAULUS definiert Sünde als Weigerung des Menschen, die ihm bekannte Wahrheit über Gott anzuerkennen:

> **Denn Gottes Zorn offenbart sich vom Himmel her über alle Gottlosigkeit und Ungerechtigkeit der Menschen, die die Wahrheit durch Ungerechtigkeit niederhalten. Denn was man von Gott erkennen kann, ist unter ihnen offenbar; Gott hat es ihnen offenbart. Denn Gottes unsichtbares Wesen, nämlich seine ewige Kraft und Gottheit, wird seit der Schöpfung der Welt an seinen Werken mit der Vernunft wahrgenommen, so daß sie keine Entschuldigung haben. Obwohl sie Gott kannten, haben sie ihn nicht als Gott gepriesen oder ihm gedankt, sondern haben ihre Gedanken dem Nichtigen zugewandt, und ihr unverständiges Herz ist verfinstert worden.**

Auch die Menschen, die Gottes Offenbarung nicht durch die Bibel oder Jesus Christus kennen, leben in der Auflehnung gegen Gott. Obwohl sie die volle Offenbarung nicht empfangen haben, haben sie doch für sich selbst und andere bestimmte Maßstäbe gesetzt. Aber, so schreibt PAULUS, sie haben nicht danach gelebt:

> **Darum bist du ohne Entschuldigung, o Mensch, der du richtest, wer du auch bist. Denn worin du den andern richtest, darin verdammst du dich selbst, weil du dasselbe tust, was du verurteilt. Wir wissen aber, daß Gottes Urteil über die, die solche Dinge tun, richtig ist. Denkst du aber, o Mensch, der du die richtest, die solche Dinge tun, und der du doch dasselbe tust, daß du dem Urteil Gottes entrinnen wirst?**

Das bedeutet, daß Menschen, die von Gottes in der Bibel aufgezeichneter Offenbarung nie gehört haben, danach beurteilt werden, ob sie nach den Maßstäben, die sie für sich und andere setzten, gelebt haben oder nicht, denn Gottes „Grundgesetz" ist in die Herzen aller Menschen geschrieben. Darum gibt es niemanden, der vor Gott unschuldig wäre.

> **... daß alle Menschen, Juden wie Griechen, unter der Sünde sind.**

> **Alle haben gesündigt und die Herrlichkeit Gottes verloren ...**

Gottes Antwort darauf kann nicht neutral sein. Er kann nicht so tun, als gäbe es keinen Ungehorsam, als könne es so hingehen oder spielend vergeben werden. Die Propheten nennen viele Beispiele für Situationen, in denen Gott richten mußte:

Ich ließ mich suchen von denen, die nicht nach mir fragten,
ich ließ mich finden von denen, die mich nicht suchten.
Zu einem Volk, das meinen Namen nicht anrief, sagte ich: „Hier bin ich, hier bin ich!"
Ich streckte meine Hände aus den ganzen Tag nach einem ungehorsamen Volk,
das nach seinen eigenen Gedanken wandelt auf einem Weg, der nicht gut ist;
nach einem Volk, das mich beständig ins Angesicht kränkt...
Siehe, es steht von mir geschrieben: „Ich will nicht schweigen, sondern heimzahlen;
ja, ich will es ihnen heimzahlen, ihre Missetaten und ihrer Väter Missetaten miteinander, spricht der Herr."

Die Bibel gebraucht das Wort „Grimm" oder „Zorn", um die Reaktion Gottes auf die Auflehnung des Menschen zu beschreiben:

Zu ihnen haben auch wir alle einst gehört, als wir noch von den Begierden unserer selbstsüchtigen Art beherrscht wurden. Wir folgten unsern bösen Trieben und Gedanken und waren von Natur dem Zorn Gottes verfallen...

PAULUS spricht in gleicher Weise über die letzten Konsequenzen menschlicher Rebellion, wenn es nicht zur Umkehr zu Gott kommt:

Die werden Strafe erleiden, das ewige Verderben, fern vom Angesicht des Herrn und von seiner herrlichen Macht.

Doch diese Verurteilung ist nicht das letzte Wort. Gott bietet Vergebung an, wenn der Mensch sie nur sucht:

So kommt denn und laßt uns miteinander rechten, spricht der Herr.
Wenn eure Sünde auch blutrot ist, soll sie doch schneeweiß werden,
und wenn sie rot ist wie Scharlach, soll sie doch wie Wolle werden.

DER MENSCH KANN EIN KIND GOTTES WERDEN

Obwohl der Mensch seinem Wesen nach ein Rebell ist und unter Gottes Urteil fällt, hat Gott die Initiative ergriffen und etwas getan, um diese gestörte Beziehung wiederherzustellen:

Denn Christus ist bereits zu der Zeit, als wir noch schwach waren, für uns Gottlose gestorben. Nun wird kaum jemand für einen Gerechten sterben; für einen guten Menschen wagt vielleicht einer sein Leben. Gott aber erweist seine Liebe zu uns darin, daß Christus für uns gestorben ist, als wir noch Sünder waren... Wir sind mit Gott versöhnt worden durch den Tod seines Sohnes, als wir noch Feinde waren... Wir rühmen uns auch Gottes durch unsern Herrn Jesus Christus, durch den wir jetzt die Versöhnung empfangen haben.

Jesus ist der „Sohn Gottes" in einem besonderen, einzigartigen Sinn. Aber jene, die ihr Vertrauen auf ihn setzen und die Versöhnung annehmen, die er anbietet, werden in die Familie Gottes hineingeboren, um seine Kinder zu werden:

Allen aber, die ihn aufnahmen und an seinen Namen glaubten, denen gab er Macht, Gottes Kinder zu werden, die nicht aus dem Blut und nicht durch den Trieb des Fleisches oder den Willen eines menschlichen Vaters geboren sind; Gott selbst wurde ihr Vater.

Als Kinder Gottes haben wir die Aufgabe, uns zu bemühen, ihm immer ähnlicher zu werden:

So seid nun Gottes Nachfolger als seine geliebten Kinder und lebt in der Liebe, wie auch Christus uns geliebt und sich selbst für uns gegeben hat als Gabe und Opfer, das Gott erfreut.

Jesus verkündigte seine Botschaft wirklichen Menschen mit wirklichen Freuden und wirklichen Nöten.

CHRISTLICHE GRUNDAUSSAGEN ÜBER DIE WELT

DIE WELT WURDE VON GOTT ERSCHAFFEN

Das Universum ist durch Gott entstanden. Es ist nicht ewig.

Gott schuf es nach seiner eigenen, freien Entscheidung. Er wurde dazu durch nichts und niemand gezwungen. Auch ohne die Welt war er vollkommen.

Das Universum ist von Gott klar unterschieden; er ist transzendent. Das Universum ist weder ein Teil Gottes noch ein Ausfluß göttlichen Wesens, und Gott ist in keiner Weise ein Teil des Universums.

Gott schuf das Universum „aus dem Nichts". Es gab kein Rohmaterial, das er nur hätte ordnen müssen.

Die materielle Welt ist in keiner Weise „böse", denn alles, was Gott schuf, war „gut".

Alle diese Aussagen lassen sich aus dem ersten Kapitel der Bibel ableiten:

Am Anfang schuf Gott Himmel und Erde.
Und die Erde war wüst und leer,
und es war finster auf der Tiefe;
und der Geist Gottes schwebte auf dem Wasser.
Und Gott sprach: „Es werde Licht!"
Und es ward Licht. Und Gott sah,
daß das Licht gut war. Da schied Gott
das Licht von der Finsternis...

„Gott schuf" schließt ein, daß er „aus dem Nichts" schuf.

„Gott sprach ..." schließt ein, daß die Schöpfung des Universums ein Akt freien Entscheidens Gottes war.

„Gott sah ..." schließt ein, daß die Welt von Gott unterschieden ist.

DIE WELT WIRD VON GOTT ERHALTEN

Die Welt wurde nicht nur von Gott erschaffen, sie wird auch von ihm zu jeder Zeit erhalten. Ohne Gott könnte sie nicht bestehen.

Gott erhält die Welt nach bestimmten „Gesetzen", aber diese Gesetze sind nicht unabhängig

Der Planet Saturn, fotografiert vom Weltraumsatelliten Voyager 1.

von ihm wirksam. Sowohl die normale als auch die ungewöhnlichen Ordnungen der Naturerscheinungen sind Gottes Werk. Gott kann zu jeder Zeit in seinem Universum für einen bestimmten Zweck Wunder wirken.

Gott ist verantwortlich für das, was wir über die Welt *wissen*, und auch dafür, was wir *nicht wissen*. Er ist kein „Lückenbüßer", der immer dann und nur dann ins Spiel gebracht, wo unsere Erklärungen versagen.

DER PSALMIST spricht vom Wirken Gottes in den geordneten und natürlichen Vorgängen in der Natur:

> **Du lässest Wasser in den Tälern quellen,**
> **daß sie zwischen den Bergen dahinfließen,**
> **daß alle Tiere des Feldes trinken**
> **und das Wild seinen Durst lösche.**
> **Darüber sitzen die Vögel des Himmels**
> **und singen unter den Zweigen.**
> **Du feuchtest die Berge von oben her,**
> **du machst das Land voll Früchte, die du schaffest.**
> **Du lässest Gras wachsen für das Vieh**
> **und Saat zu Nutz den Menschen,**
> **daß du Brot aus der Erde hervorbringst,**
> **daß der Wein erfreue des Menschen Herz**
> **und sein Antlitz schön werde vom Öl**
> **und das Brot des Menschen Herz stärke.**

Die Welt ist nicht ein Zufallsprodukt, sondern entspringt der Absicht und dem Plan Gottes. Gott ist für die „Naturgesetze" der Welt verantwortlich. Nach der Sintflut sprach Gott zu Noah:

> **Solange die Erde steht, soll nicht aufhören Saat und Ernte, Frost und Hitze, Sommer und Winter, Tag und Nacht.**

DER PSALMIST spricht von der Beständigkeit und Zuverlässigkeit der Welt als Gottes Werk:

> **Du hast das Erdreich gegründet auf festen Boden,**
> **daß es bleibt immer und ewiglich.**
> **Mit Fluten decktest du es wie mit einem Kleide,**
> **und die Wasser standen über den Bergen.**
> **Aber vor deinem Schelten flohen sie,**
> **vor deinem Donner fuhren sie dahin.**
> **Die Berge stiegen hoch empor,**
> **und die Täler senkten sich herunter zum Ort,**
> **den du ihnen gegründet hast.**
> **Du hast eine Grenze gesetzt, darüber kommen sie nicht**
> **und dürfen nicht wieder das Erdreich bedecken.**

Viele Schreiber trennen nicht scharf zwischen Gottes Werk der Schöpfung und der Erhaltung; es sind für sie verschiedene Seiten desselben Wirkens.

> **Er hat die Erde durch seine Kraft gemacht**
> **und den Erdkreis durch seine Weisheit bereitet**
> **und den Himmel ausgebreitet durch seinen Verstand.**
> **Wenn er donnert, so ist Wasser die Menge am Himmel.**
> **Er läßt die Wolken heraufziehen vom Ende der Erde.**

GOTT HAT EINEN PLAN FÜR DIE WELT

Das 1. Buch Mose spricht davon, daß die Welt durch die Rebellion des Menschen gegen Gott in Mitleidenschaft gezogen wurde. Nachdem der Mensch ungehorsam war, sagt Gott zu ihm:

> **Weil du gehorcht hast der Stimme deiner Frau und gegessen von dem Baum, von dem ich dir gebot und sprach: Du sollst nicht davon essen –, verflucht sei der Acker um deinetwillen! Mit Mühsal sollst du dich von ihm nähren dein Leben lang. Dornen und Disteln soll er dir tragen, und du sollst das Kraut auf dem Felde essen. Im Schweiße deines Angesichts sollst du dein Brot essen, bis du wieder zu Erde werdest, davon du genommen bist. Denn du bist Erde und sollst zu Erde werden.**

PAULUS spricht davon, daß die ganze Schöpfung der Vergänglichkeit unterliegt und mit uns „unter Schmerzen seufzt", aber er hofft auf eine Zeit, in der sie von der Sklaverei der Vergänglichkeit befreit sein wird:

Denn die ganze Schöpfung wartet sehnsüchtig darauf, daß die Kinder Gottes offenbar werden. Die Schöpfung ist ja der Vergänglichkeit unterworfen – nicht nach ihrem Willen, sondern durch den, der sie unterworfen hat –, jedoch auf Hoffnung; denn auch die Schöpfung wird frei werden von der Knechtschaft der Vergänglichkeit zu der herrlichen Freiheit der Kinder Gottes. Denn wir wissen, daß die ganze Schöpfung bis zu diesem Augenblick gemeinsam seufzt und in Wehen liegt. Aber nicht nur sie, sondern auch wir selbst, die wir den Geist als Erstlingsgabe haben, seufzen in uns selbst und warten auf die Annahme an Sohnes Statt, die Erlösung unseres Leibes.

PETRUS schreibt vom Ende der Welt und von der Erschaffung eines „neuen Himmels und einer neuen Erde". Diese Hoffnung soll sich auf unser Leben auswirken:

Der Tag des Herrn aber wird kommen wie ein Dieb; dann werden die Himmel mit großem Krachen vergehen; die Elemente aber werden vor Hitze schmelzen, und die Erde und alles, was darauf ist, werden ihr Urteil finden. Wenn nun das alles so vergehen wird, wie wichtig ist es dann, daß ihr ein geheiligtes und frommes Leben führt und so den Tag Gottes erwartet und seine Ankunft beschleunigt. Dann werden die Himmel in Feuer aufgehen und die Elemente vor Hitze zerschmelzen.

Dieses Wissen führt den Glauben dazu, Gott als den Schöpfer staunend und froh anzubeten:

Lobe den Herrn, meine Seele!
Herr, mein Gott, du bist sehr herrlich;
du bist schön und prächtig geschmückt.
Licht ist dein Kleid, das du anhast.
Du breitest den Himmel aus wie einen Teppich;
du baust deine Gemächer über den Wassern...

Es weckt das Vertrauen zu Gott, daß er uns all das schenken wird, was wir zum Leben brauchen. JESUS lehrt uns in der Bergpredigt:

Darum sage ich euch: Sorgt nicht um euer Leben, was ihr essen und trinken werdet; auch nicht um euren Leib, was ihr anziehen werdet. Ist nicht das Leben mehr als die Nahrung und der Leib mehr als die Kleidung? Seht die Vögel unter dem Himmel an: sie säen nicht, sie ernten nicht, sie sammeln nicht in die Scheunen; und euer himmlischer Vater ernährt sie doch. Seid ihr denn nicht viel mehr als sie? Wer ist unter euch, der seiner Lebensdauer eine Spanne zusetzen könnte, wie sehr er sich auch darum sorgt?

Und warum sorgt ihr euch um die Kleidung? Schaut die Lilien auf dem Feld an, wie sie wachsen: sie arbeiten nicht, auch spinnen sie nicht. Ich sage euch, daß selbst Salomo in seiner ganzen Herrlichkeit nicht so gekleidet gewesen ist wie auch nur eine von ihnen. Wenn nun Gott das Gras auf dem Feld so kleidet, das doch heute steht und morgen in den Ofen geworfen wird: sollte er das nicht viel mehr für euch tun, ihr Kleingläubigen?

Gleichzeitig erkennen wir aber auch, daß der Mensch vor Gott dafür verantwortlich ist, wie er mit seiner Umwelt umgeht. Die Schöpfungsgeschichte im 1. Buch Mose betont die Verantwortung des Menschen die Erde zu bewahren und zu beherrschen. Das ist Gottes Auftrag, den er dem Menschen gegeben hat.

Und Gott schuf den Menschen zu seinem Bilde, zum Bilde Gottes schuf er ihn; und schuf sie als Mann und Frau. Und Gott segnete sie und sprach zu ihnen: „Seid fruchtbar und mehret euch und füllet die Erde und machet sie euch untertan und herrschet über die Fische im Meer und über die Vögel unter dem Himmel und über das Vieh und über alles Getier, das auf Erden kriecht. Sehet da, ich habe euch gegeben alle Pflanzen und Früchte zu eurer Speise..."

CHRISTLICHE GRUNDAUSSAGEN ÜBER DIE WAHRHEIT

GOTT HAT DIE WAHRHEIT OFFENBART

Die Bibel nennt vier verschiedene Wege, auf denen Gott den Menschen die Wahrheit offenbart hat: durch die Natur; durch das Wesen des Menschen; durch Jesus Christus und durch das geschriebene Wort, die Bibel.

OFFENBARUNG DURCH DIE NATUR

Die Natur sagt etwas über ihren Schöpfer aus. Ihre Beschaffenheit – ihre Größe, Komplexität, Ordnung und Schönheit – erzählt uns etwas über ihren Schöpfer. Es ist keine Offenbarung durch Worte, aber das Universum – so der Psalmist – „spricht" über Gott.

Die Himmel erzählen die Ehre Gottes,
und die Feste verkündigt seiner Hände Werk.
Ein Tag sagt's dem andern,
und eine Nacht tut's kund der andern,
ohne Sprache und ohne Worte;
unhörbar ist ihre Stimme.
Ihr Schall geht aus in alle Lande
und ihr Reden bis an die Enden der Welt.

Diese Offenbarung ist jedoch eingeschränkt. Sie macht nur bestimmte Aussagen über Gott. Hiob beispielsweise ist sich der Begrenztheit dieser Art von Offenbarung bewußt:

Er faßt das Wasser zusammen in seine Wolken,
und die Wolken zerreißen darunter nicht.
Er verhüllt seinen Thron
und breitet seine Wolken davor.
Siehe, das sind nur die Enden seiner Wege,
und nur ein leises Wörtlein davon haben wir vernommen.

Doch trotz dieser unvollkommenen Offenbarung hat der Mensch keine Entschuldigung, wenn er die Wahrheit zurückweist oder unterdrückt, die offenbart worden ist.

PAULUS schreibt:

Denn Gottes Zorn offenbart sich vom Himmel her über alle Gottlosigkeit und Ungerechtigkeit der Menschen,
die die Wahrheit durch Ungerechtigkeit

niederhalten. Denn was man von Gott erkennen kann, ist unter ihnen offenbar; Gott hat es ihnen offenbart. Denn Gottes unsichtbares Wesen, nämlich seine ewige Kraft und Gottheit, wird seit der Schöpfung der Welt an seinen Werken mit der Vernunft wahrgenommen, so daß sie keine Entschuldigung haben.

OFFENBARUNG DURCH DAS WESEN DES MENSCHEN

Jeder Mensch hat in bestimmten Situationen Gefühle, die man mit „ich sollte" umschreiben kann:

„Du solltest dies tun" oder „das solltest du besser nicht tun".

„Ich sollte das tun" oder „dieses sollte ich besser nicht tun".

Keiner von uns lebt so völlig ohne moralische Grundsätze, daß er meinte, ihm sei alles gestattet und nichts sollte mißbilligt werden.

Andere Länder haben andere soziale Sitten und Gesetze; dennoch besteht zwischen ihnen ein großes Maß an Übereinstimmung. Die sittlichen Maßstäbe der großen Religionen stimmen in vielem überein.

In christlicher Sicht ist der Mensch ein gefallenes Geschöpf; folglich spiegelt sein Gewissen nicht unbedingt den Willen Gottes wider. Doch in vielen Bereichen empfindet es genau das, was Gott in klarerer Weise durch sein Wort in der Bibel und durch Jesus Christus offenbart hat.

Der christliche Glaube sagt nun, daß dieses Empfinden des Gewissens, so schwach es auch ausgeprägt sein mag, etwas vom Wesen Gottes offenbart, weil Gott den Menschen zu seinem Bild geschaffen hat. Es ist nicht nur das Produkt von Gesellschaft und Kultur. Wenn wir von anderen erwarten, unsere Ansichten zu akzeptieren, oder wenn wir sie an unseren Maßstäben messen, gehen wir davon aus, daß diese richtig sind und im Einklang mit dem stehen, was allgemein gültig ist. Dies verweist auf die Existenz eines personalen Gottes, der die Dinge so geordnet hat. Im Brief an die Römer schreibt PAULUS:

Darum bist du ohne Entschuldigung, o Mensch, der du richtest, wer du auch bist. Denn worin du den andern richtest, darin verdammst du dich selbst, weil du dasselbe tust, was du verurteilst . . .

Wenn Heiden, die das Gesetz nicht haben, doch von Natur tun, was das Gesetz fordert, so sind sie, obwohl sie das Gesetz nicht haben, sich selbst Gesetz. Sie zeigen damit, daß in ihr Herz geschrieben ist, was das Gesetz fordert, da ja ihr Gewissen es bezeugt, dazu auch die Gedanken, die einander anklagen oder auch entschuldigen . . .

Diese beiden Formen der Offenbarung haben jedoch ihre Grenzen. Die Natur sagt uns nichts über das göttliche Wesen: Ist er ein liebender oder grausamer Gott? Und der Mensch ist in seiner Sündhaftigkeit häufig noch blind gegenüber dem begrenzten Maß an Wahrheit, das er aus seinem eigenen Wesen ableiten kann.

Wie reagieren wir auf offenbare Ungerechtigkeit?

OFFENBARUNG DURCH JESUS CHRISTUS

JESUS sprach von sich selbst als dem, der den Vater offenbart:

Alles ist mir von meinem Vater übergeben; und niemand erkennt den Sohn als nur der Vater; und niemand erkennt den Vater als nur der Sohn und wem es der Sohn offenbaren will.

Jesus sprach zu Thomas: „Ich bin der Weg und die Wahrheit und das Leben; niemand kommt zum Vater außer durch mich. Wenn ihr mich kennt, werdet ihr auch meinen Vater kennen. Und von nun an kennt ihr ihn und habt ihn gesehen."

Da sagte Philippus zu ihm: „Herr, zeige uns den Vater, das genügt uns." Jesus antwortete ihm: „So lange bin ich bei euch, und du kennst mich nicht, Philippus? Wer mich sieht, der sieht den Vater! Wie kannst du dann sagen: ‚Zeige uns den Vater?' Glaubst du nicht, daß ich im Vater bin und der Vater in mir? . . ."

Dies ist der Kommentar eines Jüngers, der Jesus kannte:

Die Gnade und Wahrheit ist durch Jesus Christus gekommen. Niemand hat Gott je gesehen; der einzige Sohn, der Gott ist und der im Schoß des Vaters ist, der hat ihn uns verkündigt.

Der Schreiber des Hebräerbriefes verbindet Gottes Offenbarung durch die Propheten im Alten Testament mit seiner Offenbarung durch Jesus Christus:

Nachdem Gott in früheren Zeiten vielfach und auf verschiedene Weise zu den Vätern geredet hat durch die Propheten, hat er jetzt am Ende dieser Tage zu uns geredet durch den Sohn.

OFFENBARUNG DURCH DAS GESCHRIEBENE WORT GOTTES IN DER BIBEL

Die Autorität der Bibel gründet sich für den Christen auf die Autorität Jesu selbst. Wenn wir Jesus als Offenbarung Gottes ansehen, sollten wir auch die Bibel als seine Offenbarung betrachten, denn Jesus verlieh ihr das Siegel seiner Autorität.

Jesus gab den Aposteln besondere Vollmacht, das Evangelium schriftlich festzuhalten und auszulegen. Er gab ihnen die Verheißung, daß sie durch den Heiligen Geist einen zuverlässigen Bericht seiner Lehren wiedergeben konnten und daß dieser ihnen die Wahrheit des später noch zu Offenbarenden zeigen würde.

Aber der Beistand, den mein Vater in meinem Namen senden wird, der Heilige Geist, der wird euch alles lehren und an alles erinnern, was ich euch gesagt habe.

Ich habe euch noch viel zu sagen; aber ihr könnt es jetzt nicht ertragen. Wenn aber jener, der Geist der Wahrheit, kommen wird, wird er euch in alle Wahrheit führen. Denn er wird nicht aus sich selbst reden; sondern was er hören wird, wird er reden, und was zukünftig ist, wird er euch verkündigen.

PAULUS nahm für sich in Anspruch, als Apostel berufen zu sein, und zwar durch außergewöhnliche Ereignisse bei seiner Bekehrung. Er glaubte, daß der Heilige Geist ihm die Wahrheit offenbart hatte:

Wir aber haben nicht den Geist der Welt empfangen, sondern den Geist aus Gott, so daß wir wissen können, was uns von Gott geschenkt ist. Und davon reden wir nicht mit Worten, wie sie menschliche Weisheit lehren kann, sondern mit Worten, die der Geist lehrt, und deuten das Wirken des Geistes auf geistgewirkte Art.

Für Jesus war das Alte Testament das geschriebene Wort Gottes. Obwohl Jesus beanspruchte, Gottes vollkommene Offenbarung zu sein, stellte er die Wahrheit oder Autorität dessen nicht in Frage, was durch das Alte Testament offenbart worden war. Für ihn war das Alte Testament die höchste Autorität, und er belegte durch dieses seine eigene Autorität.

Ihr sollt nicht meinen, daß ich gekommen bin, um das Gesetz oder die Propheten aufzulösen; ich bin nicht gekommen, um aufzulösen, sondern um zu erfüllen. Denn wahrlich, ich sage euch: Bis Himmel und Erde vergehen, wird weder der kleinste Buchstabe noch ein Tüpfelchen vom Gesetz ver-

gehen, bis es alles geschieht. Wer nun eins von diesen kleinsten Geboten auflöst und die Leute so lehrt, der wird im Himmelreich der Kleinste heißen; wer es aber tut und lehrt, der wird im Himmelreich groß heißen.

Jesus antwortete ihnen: „Steht nicht in eurem Gesetz geschrieben: ‚Ich habe gesagt: Ihr seid Götter'? Wenn er die, zu denen das Wort Gottes geschah, Götter nennt – und die Schrift kann doch nicht aufgelöst werden –, wie sagt ihr dann zu dem, den der Vater geheiligt und in die Welt gesandt hat: ‚Du lästerst Gott', weil ich gesagt habe: ‚Ich bin Gottes Sohn'?"

Ihr forscht in der Schrift; denn ihr meint, ihr habt das ewige Leben darin; und sie ist's, die von mir Zeugnis gibt.

Über die Autorität bestimmter alttestamentlicher Abschnitte sagt JESUS:

Als Jesus im Tempel lehrte, nahm er das Wort und fragte: „Wieso sagen die Schriftgelehrten, der Christus sei Davids Sohn? David selbst aber hat durch den Heiligen Geist gesagt: ‚Der Herr sprach zu meinem Herrn: Setze dich zu meiner Rechten, bis ich deine Feinde dir unter die Füße lege.'"

Da traten Pharisäer zu Jesus, stellten ihn auf die Probe und fragten: „Darf ein Mann aus jedem Grund seine Frau aus der Ehe entlassen?" Er aber antwortete: „Habt ihr nicht gelesen, daß der, der im Anfang den Menschen geschaffen hat, sie als Mann und Frau geschaffen und gesagt hat: ‚Darum wird ein Mann Vater und Mutter verlassen und sich an seine Frau binden, und die beiden werden ein Leib sein'?"

Dann sprach Jesus zu den Jüngern: „Das sind meine Worte, die ich zu euch gesagt habe, als ich noch bei euch war: Es muß alles erfüllt werden, was von mir im Gesetz des Mose, in den Propheten und in den Psalmen geschrieben steht."

Indem er das Alte Testament auf diese Weise benutzte, unterstrich er den Anspruch, den bestimmte Schreiber erhoben. Viele Schreiber des Alten Testaments sagen von Gott, daß er sich sowohl durch seine Taten als auch durch seine Worte offenbart hat, d. h. durch das, was er in der Geschichte tut und was er den Propheten durch Worte mitteilt.

Der Herr aber redete mit Mose von Angesicht zu Angesicht, wie ein Mann mit seinem Freunde redet.

Gott, der Herr, tut nichts, er offenbare denn seinen Ratschluß den Propheten, seinen Knechten.

Manchmal heißt es in der Bibel, daß jene, die diese Offenbarung erhielten, niederschrieben, was ihnen offenbart wurde:

Mose kam und sagte dem Volk alle Worte des Herrn und alle Rechtsordnungen. Da antwortete alles Volk wie aus einem Munde: „Alle Worte, die der Herr gesagt hat, wollen wir tun."
Da schrieb Mose alle Worte des Herrn nieder.

Und der Herr streckte seine Hand aus und rührte meinen Mund an und sprach zu mir: „Siehe, ich lege meine Worte in deinen Mund. Siehe, ich setze dich heute über Völker und Königreiche..."
Und es geschah des Herrn Wort zu mir: „Jeremia..."

Da rief Jeremia Baruch, den Sohn Nerias. Und Baruch schrieb auf eine Schriftrolle alle Worte des Herrn, die er zu Jeremia geredet hatte.

DIE VON GOTT OFFENBARTE WAHRHEIT WAR NACHPRÜFBAR

Das bedeutet nicht, daß jeder einzelne Teil der Offenbarung nachzuprüfen war. Es heißt ganz einfach, daß es im Verlauf der Offenbarung bestimmte wichtige Punkte gab, an denen Menschen das, was ihnen als göttliche Offenbarung begegnete, nachprüfen konnten. Heute gebrauchen wir den Begriff „Verifikation" dafür, doch was damit gemeint ist, ist keineswegs neu. In der Bibel begegnen wir immer wieder Menschen, die sich mit der Grundsatzfrage beschäftigten: Wie kann ich *wissen,* daß dies wahr ist? Sie waren nicht bereit, jedes Wunder oder jede Offenbarung zu glauben, die beanspruchten, von Gott zu sein.

● **Abraham** erhielt von Gott die Verheißung, der Stammvater eines großen Volkes zu werden. Seinen Nachkommen sollte das Land Kanaan gehören. Anfangs glaubte er einfach der Verheißung; er vertraute darauf. Aber dann bat er Gott um eine deutliche Bestätigung, daß sich die Verheißung erfüllen würde:

> **Und Gott hieß Abram hinausgehen und sprach: „Sieh gen Himmel und zähle die Sterne; kannst du sie zählen?" Und er sprach zu ihm: „So zahlreich sollen deine Nachkommen sein!" Abram *glaubte* dem Herrn, und das rechneter er ihm zur Gerechtigkeit. Und er sprach zu ihm: „Ich bin der Herr, der dich aus Ur in Chaldäa geführt hat, auf daß ich dir dies Land zu besitzen gebe." Abram aber sprach: „Herr, mein Gott, *woran soll ich merken,* daß ich's besitzen werde?"**

Es wird dann beschrieben, was Gott vor Abrahams Augen tat.

> **Da sprach der Herr zu Abram: *„Das sollst du wissen,* daß deine Nachkommen Fremdlinge sein werden in einem Lande, das nicht das ihre ist... Sie aber sollen erst nach vier Menschenaltern wieder hierher kommen..."**

● Als **Mose** Gott in der Steppe begegnete, erhielt er den Auftrag, sein Volk aus der Sklaverei in Ägypten zu führen. MOSES Antwort klingt für heutige Ohren sehr verständlich:

> **Mose antwortete und sprach: „Siehe, sie *werden mir nicht glauben* und nicht auf mich hören, sondern werden sagen: ‚Der Herr ist dir nicht erschienen.'" Der Herr sprach zu ihm: „Was hast du da in deiner Hand?" Er sprach: „Einen Stab."**

Dann wirkte Gott mit dem Stab ein Wunder, den Mose in der Hand trug. Der Sinn des Wunders war:

> **Darum werden sie *glauben,* daß dir erschienen ist der Herr, der Gott ihrer Väter, der Gott Abrahams, der Gott Isaaks, der Gott Jakobs.... Wenn sie dir nicht glauben und nicht auf dich hören werden bei dem einen Zeichen, so werden sie dir doch glauben bei dem andern Zeichen. Wenn sie aber diesen zwei Zeichen nicht glauben und nicht auf dich hören werden, so nimm Wasser aus dem Nil und gieß es auf das trokkene Land; dann wird das Wasser, das du aus dem Strom genommen hast, Blut werden auf dem trockenen Land.**

● Als **Pharao** sich weigerte, das Volk ziehen zu lassen, prophezeite Mose viele Plagen. Sie sollten den Anspruch, daß Gott sich ihm offenbart hatte, bestätigen:

> **Darum spricht der Herr: Daran *sollst du erfahren,* daß ich der Herr bin...**

Jede der nachfolgenden Plagen wurde mit dem Ziel angekündigt:

> **auf daß du *erfahrest,* daß niemand ist wie der Herr, unser Gott...**
> **damit du *innewerdest,* daß ich der Herr bin, inmitten dieses Landes.**

● Der Bericht über die Ereignisse am Berg Sinai enthält mehrere Wunder. Das ganze Volk war Zeuge. MOSE erinnert das Volk später an die Ereignisse am Sinai:

> **Hüte dich... daß du nicht vergißt, was deine Augen *gesehen* haben... den Tag, da du vor dem Herrn, deinem Gott, standest an dem Berge Horeb, als der Herr zu mir sagte: „Versammle mir das Volk, daß sie meine Worte *hören* und so mich fürchten lernen alle Tage ihres Lebens auf Erden und ihre Kinder lehren."**
> **Da tratet ihr herzu und standet unten an dem Berge... und da war Finsternis, Wolken und Dunkel. Und der Herr redete mit euch mitten aus dem Feuer. Seine Worte *hörtet* ihr, aber ihr saht keine Gestalt, nur eine Stimme war da. Und er verkündigte euch seinen Bund, den er euch gebot zu halten, nämlich die**

Zehn Worte, und schrieb sie auf zwei steinerne Tafeln.

● **Elia und die Priester Baals** verfolgten eines der eindrucksvollsten Beispiele eines Wahrheitserweises im Alten Testament. Es kam zu einer Zeit der Krise in der Geschichte Israels, als falsche Vorstellungen von Gott, die mit dem Götzen Baal zusammenhingen, sich großer Beliebtheit erfreuten.

ELIA, der Prophet Gottes, forderte die Propheten Baals heraus:

Da trat Elia zu allem Volk und sprach: „Wie lange hinkt ihr auf beiden Seiten? Ist der Herr Gott, so wandelt ihm nach, ist's aber Baal, so wandelt ihm nach ... So gebt uns nun zwei junge Stiere und laßt sie wählen einen Stier und ihn zerstücken und aufs Holz legen, aber kein Feuer daran legen; dann will ich den andern Stier nehmen und aufs Holz legen und auch kein Feuer daran legen. Und ruft ihr den Namen eures Gottes an, aber ich will den Namen des Herrn anrufen. Welcher Gott nun mit Feuer antworten wird, der ist wahrhaftig Gott." Und das ganze Volk antwortete und sprach: „Das ist recht."

Die Propheten Baals führten ihr Ritual auf und riefen mehrere Stunden lang Baal an. Doch nichts geschah trotz all ihrer Bemühungen. Kein Gott antwortete mit Feuer. Dann:

...trat der Prophet Elia herzu und sprach: „Herr, Gott Abrahams, Isaaks und Israels, laß heute *kundwerden, daß du Gott in Israel bist* und ich dein Knecht ... Erhöre mich, Herr, erhöre mich, damit *dies Volk erkennt, daß du, Herr, Gott bist* ..." Da fiel das Feuer des Herrn herab und fraß das Brandopfer ... Als das alles Volk sah, fielen sie auf ihr Angesicht und sprachen: „Der Herr ist Gott, der Herr ist Gott!"

Verunreinigungen des Goldes werden im Schmelzvorgang beseitigt. Die Bibel sagt, daß Gott das Leben seiner Leute umwandeln möchte, damit es rein und ohne Fehler ist.

● **Die Propheten** konnten niemals davon ausgehen, daß jeder ohne weiteres ihr Wort als göttliche Offenbarung annehmen würde. MOSE gab ihnen einen Maßstab, an dem sie alle Botschaften prüfen sollten, die angeblich von Gott kommen:

> **Wenn du aber in deinem Herzen sagen würdest: „*Wie kann ich merken,* welches Wort der Herr nicht geredet hat?" – wenn der Prophet redet in dem Namen des Herrn und es wird nichts daraus und es tritt nicht ein, dann ist das ein Wort, das der Herr nicht geredet hat. Der Prophet hat's aus Vermessenheit geredet; darum scheue dich nicht vor ihm.**

Der Prophet JESAJA kündigte an, was Gott in der Geschichte tun würde. Er sagte, Gott werde ihnen im voraus sagen, was geschehen wird, so daß sie sicher sein konnten, daß er es getan und daß er dem Propheten die Botschaft aufgetragen hat:

> **...damit man zugleich *sehe* und *erkenne* und merke und verstehe: Des Herrn Hand hat dies getan, und der Heilige Israels hat es geschaffen.**

> **Ich habe vorzeiten verkündigt, was schon gekommen ist; aus meinem Munde ist es gekommen, und ich habe es sagen lassen. Ich tat es plötzlich, und es kam. Denn ich weiß, daß du hart bist und dein Nacken eine eiserne Sehne ist und deine Stirn ehern. Darum habe ich dir's vorzeiten verkündigt und es dir sagen lassen, ehe es gekommen ist, damit du nicht sagen könntest: „Mein Götze tat es..."**

In ähnlicher Weise sagte der Prophet EZECHIEL vorher, was zu verschiedenen Zeiten in Zukunft geschehen würde; in jedem Fall sollten die Menschen durch die Prophetie und die folgenden Ereignisse *erkennen:*

> **...und ihr sollt *erfahren,* daß ich der Herr bin.**

● **Die ersten Jünger** begannen allmählich, an Jesus zu glauben, nachdem sie mit ihm etwa drei Jahre zusammen waren. Es gab keine plötzliche Hinwendung, kein blindes Vertrauen; sie glaubten nicht auf Grund einer plötzlichen Erleuchtung eines einzelnen. Sie wurden überzeugt durch die Persönlichkeit Jesu, seine Lehre und seine Wunder.

Sie hatten genügend Gelegenheit, sein *Wesen* kennenzulernen, und sie konnten beobachten, ob sein Leben in Einklang stand mit dem, was er lehrte.

Sie konnten seine *Lehre* mit dem vergleichen, was sie bereits über Gott aus dem Alten Testament wußten. Und sie erkannten, daß Jesu Anspruch mit dem übereinstimmte, was Gott bereits offenbart hatte.

> **Herr, zu wem sollten wir gehen? Du hast Worte des ewigen Lebens; und wir haben *geglaubt* und *erkannt,* daß du der Heilige Gottes bist.**

Seine *Wunder* waren ein weiterer Erweis seiner einzigartigen Beziehung zu Gott. Sie bestätigten seinen Anspruch.

> **Das ist das erste Zeichen, das Jesus tat; es geschah in Kana in Galiläa, und damit offenbarte er seine Herrlichkeit. Und seine Jünger *glaubten* an ihn.**

Der Wahrheitserweis gipfelte in Jesu Auferwekkung. Als Thomas sich weigerte, den anderen Jüngern zu glauben, daß sie den auferstandenen Jesus gesehen hatten, und darauf bestand, die Sache erst zu prüfen, bevor er glaubte, erschien ihm der auferstandene Christus und bot ihm an, ihn zu berühren und sich selbst zu vergewissern, daß er wirklich von den Toten auferstanden war:

> **Und nach acht Tagen waren seine Jünger wieder drinnen versammelt, und Thomas war bei ihnen. Da kam Jesus und trat mitten unter sie, obwohl die Türen verschlossen waren, und sprach: „Friede sei mit euch!" Danach sagte er zu Thomas: „Lege deine Finger hierher und sieh meine Hände an und gib deine Hand her und lege sie in meine Seite und sei nicht ungläubig, sondern gläubig!" Thomas sprach zu ihm: „Mein Herr und mein Gott!"**

● **Die frühe Verkündigung über Jesus.** Sieben Wochen nach Jesu Auferstehung predigte PETRUS zum ersten Mal in Jerusalem über Jesus. Er konnte davon ausgehen, daß seine Zuhörer um die Ereignisse wußten und alles nachprüfen konnten, indem sie die Betroffenen selbst befragten. Darum brauchte er nur an das Geschehene zu erinnern und es zu deuten:

> **Ihr Männer von Israel, hört diese Worte: Jesus von Nazaret ist der Mann, der von Gott durch Taten, Wunder und Zeichen unter euch ausgewiesen ist, wie sie Gott durch ihn in eurer Mitte getan hat, wie ihr selbst wißt – diesen Mann, der durch Gottes Ratschluß und Vorsehung dahingegeben ist, habt ihr durch die Hand der Heiden ans Kreuz geschlagen und umgebracht. Diesen Jesus hat Gott auferweckt; dafür sind wir alle Zeugen. So soll nun das ganze Haus Israel gewiß sein, daß Gott diesen Jesus, den ihr gekreuzigt habt, zum Herrn und Christus gemacht hat.**

In einer der frühesten Schriften des Neuen Testaments erinnert PAULUS die Korinther in kurzen Zügen an die Ereignisse um die Auferstehung:

> **Denn als erstes habe ich euch weitergegeben, was ich selbst empfangen habe: Daß Christus gestorben ist für unsre Sünden nach der Schrift; und daß er begraben worden ist; und daß er auferstanden ist am dritten Tag nach der Schrift; und daß er erschienen ist dem Kephas, danach den Zwölfen. Danach ist er erschienen mehr als fünfhundert Brüdern auf einmal, von denen die meisten noch heute leben, einige aber sind entschlafen. Danach ist er dem Jakobus erschienen, danach allen Aposteln. Zuletzt von allen ist er auch mir erschienen...**

Paulus sagt: „Wenn ihr die Fakten überprüfen wollt, dann fragt doch selbst die Augenzeugen. Viele von ihnen leben noch. Geht hin und prüft die Geschichte selbst nach."

LUKAS erklärt den Zweck seines Evangeliums so:

> **Schon viele haben es unternommen, von den Ereignissen Bericht zu geben, die unter uns geschehen sind, wie es uns die überliefert haben, die es von Anfang an selbst gesehen haben und Diener des Worts gewesen sind. Daher habe auch ich's für gut gehalten, nachdem ich allem von Anfang an sorgfältig nachgeforscht habe, es für dich, hochgeehrter Theophilus, in guter Ordnung aufzuschreiben. So kannst du den sicheren Grund der Lehre, in der du unterrichtet worden bist, erkennen.**

An dieser sorgfältig formulierten Einleitung werden wichtige Aspekte deutlich:

1. Viele Leute hatten bereits vor Lukas versucht, einen Bericht über das Leben Jesu anzufertigen. Sie hatten keine erschöpfenden Berichte verfaßt, doch sie wollten das Geschehen festhalten.

2. Lukas behauptet nicht, selbst Augenzeuge gewesen zu sein, doch er weist darauf hin, daß er mit Augenzeugen in enger Verbindung stand.

3. Lukas möchte seinem Adressaten Theophilus die Wahrheit schreiben über das, was dieser schon gehört hat. In seinem Ergänzungsband, *der Apostelgeschichte,* beschreibt Lukas Theophilus die Anfänge der christlichen Gemeinde nach Jesu Auferstehung. Im letzten Teil dieses Buches wird bis ins Detail die Festnahme des Paulus beschrieben und die verschiedenen Gerichtsverhandlungen. Es endet damit, daß Paulus in Rom erneut vor Gericht gestellt wird.

Wenn Theophilus mit der Gerichtsverhandlung nichts zu tun gehabt hat, so war er wohl aus anderen Gründen daran interessiert. Es scheint, als habe Lukas lediglich versucht, die Fakten über den Ursprung des Christentums zu erklären und wie es dazu kam, daß Paulus festgenommen, nach Rom gebracht und vor Gericht gestellt wurde. Er schreibt für einen Zeitgenossen, und vieles von dem, was er sagt, war nachprüfbar. Theophilus hätte die Einzelheiten nachprüfen können, z. B. die von Lukas erwähnten verschiedenen römischen Behörden.

An all diesen wichtigen Punkten war es möglich, die Behauptungen zu *widerlegen,* die den Anspruch erhoben, von Gott offenbart zu sein. Im Alten Testament gab es Gelegenheiten, die Botschaften der Propheten auf ihre Echtheit zu prüfen. Das Evangelium von Jesus gründet sich auf das Zeugnis verschiedener Menschen über wahre historische Ereignisse. Diese Zeugnisse konnten so lange bestätigt oder widerlegt werden, wie es Augenzeugen gab.

CHRISTLICHE GRUNDAUSSAGEN ÜBER DIE ERLÖSUNG

Christen glauben, daß Jesus kam, um uns zu retten.

Das Problem des Menschen besteht nicht allein darin, daß er die Wahrheit nicht kennt, sondern vielmehr darin, daß er einiges von der Wahrheit *weiß* und sich dennoch weigert, sie zu akzeptieren und Gott als seinen Schöpfer anzuerkennen.

Wir haben bereits festgestellt, daß die Bibel den Menschen als Rebellen gegen seinen Schöpfer beschreibt. Wenn das Wort „Erlösung" Befreiung von etwas einschließt, in welchem Zustand befindet sich dann der Mensch, aus dem er erlöst werden muß? Was macht Erlösung nötig?

GOTT MUSS SÜNDE RICHTEN – DOCH ER WILL VERGEBEN

Gott ist zugleich ein liebender und ein heiliger Gott. Er liebt den Sünder und möchte das Beste für ihn. Doch kann er die Auflehnung des Menschen nicht leichthin übergehen. Er ist nicht sittlich neutral und kann nicht einfach denen vergeben, die in ihrer Auflehnung gegen ihn verharren und sich weigern, ihm ihre Schuld einzugestehen. Er drückt nicht einfach ein Auge zu oder tut so, als wäre nichts geschehen. Die Sünde des Menschen ist eine persönliche Beleidigung Gottes und zugleich ein Bruch des göttlichen Gesetzes. Wer Gesetze übertritt, muß die Folgen tragen. Gottes Reaktion auf die Sünde des Menschen kann in zwei Worten zusammengefaßt werden: Liebe und Zorn.

Diese Spannung wird in einigen Schriften der Propheten im Alten Testament deutlich, die an Gottes Statt sprechen. So fragte beispielsweise JEREMIA: Wie sollte Gott Menschen wegen ihres bösen Tuns *nicht* verurteilen? Kann er einfach auf Strafe verzichten?

Gott spricht: „Wie soll ich meinem Volk denn gnädig sein?
Sie haben mich verlassen
und schwören bei dem, der nicht Gott ist.
Als ich sie satt gemacht hatte,
trieben sie Ehebruch
und liefen ins Hurenhaus.
Ein jeder wiehert nach seines Nächsten Weibe
wie die vollen, müßigen Hengste.

Und ich sollte das an ihnen nicht heimsuchen..."

Andererseits läßt Gott durch seinen Propheten HOSEA verkünden:

Wie kann ich dich preisgeben, Efraim,
und dich ausliefern, Israel?
Wie kann ich dich preisgeben gleich Adma
und dich zurichten wie Zeboim?
Mein Herz ist andern Sinnes,
alle meine Barmherzigkeit ist entbrannt.
Ich will nicht tun nach meinem grimmigen Zorn
noch Israel wieder verderben.
Denn ich bin Gott und nicht ein Mensch
und bin der Heilige unter dir
und will nicht kommen, zu verheeren.

Wie kann diese Spannung aufgehoben werden? Wenn Gott mit Gericht und Verurteilung antwortet, gibt es für den Menschen keine Hoffnung. Wenn Gott aber all jenen die Strafe erläßt, die ihn darum bitten, wie kann er dann erwarten, daß die Menschen seine Gesetze ernst nehmen?

● Aus Gottes Sicht (wenn man das so ausdrücken darf) besteht das Problem darin, wie er seine Gesetze aufrechterhalten kann – was er tun muß, wenn er sein Wesen nicht verleugnen will – und wie er den Sünder gleichzeitig freisprechen kann. Wie kann Gott vergeben *und* doch gerecht sein? Wie kann er vergeben – was er will – und gleichzeitig hinnehmen, daß der Mensch haßt und die Welt durch sein Handeln zerstört?

● Aus der Sicht des Menschen stellt sich das Problem so: Wie kann ich mit Gott ins reine kommen, wenn ich ihn beleidigt und seine Gesetze übertreten habe? Wie kann ich Frieden machen mit Gott? Wie kann die Beziehung wiederhergestellt werden?

Die Botschaft der Bibel lautet, daß Gott etwas tun muß, um zur gleichen Zeit seine Liebe *und* seinen Zorn zu zeigen. Es muß „Sühne" geschehen, die Schuld beseitigt und die zerbrochene Beziehung zwischen Gott und Mensch wiederherstellt. Der amerikanische Theologe B. B. WARFIELD (1851-1921) faßt das Problem und die Notwendigkeit der Sühne so zusammen:

Es ist das Kennzeichen des Christentums... daß es nicht einen Gott der Liebe, sondern einen Gott des Gewissens predigt. Ein gütiger Gott, ja; die Menschen haben sich selbst einen gütigen Gott erdacht. Doch wohl niemals einen Gott, der durch und durch wahr ist. Das mußte Gott selbst offenbaren, und darin besteht wirklich das charakteristische Merkmal des Gottes der Offenbarung: Er ist ein durch und durch wahrer, ein durch und durch gewissenhafter Gott – ein Gott, der sich selbst und uns treu ist, der gewissenhaft mit sich selbst und mit uns umgeht. Und ein durch und durch wahrer Gott, dessen können wir sicher sein, behandelt Sünder nicht so, als seien sie keine Sünder. Auf dieser Tatsache beruht letztlich die Notwendigkeit der Sühne.

TOD IST MEHR ALS DER PHYSISCHE TOD DES KÖRPERS

Das 1. Buch Mose sagt, daß der Tod eng zusammenhängt mit der Auflehnung des Menschen gegen Gott. Es beschreibt, wie Gott den Gehorsam des Menschen auf die Probe stellte:

Und Gott der Herr gebot dem Menschen und sprach: „Du darfst essen von allen Bäumen im Garten, aber von dem Baum der Erkenntnis des Guten und Bösen sollst du nicht essen; denn an dem Tage, da du von ihm issest, mußt du des Todes sterben."

Der Mensch wählte den Ungehorsam, weil er wie Gott sein wollte und nicht mehr abhängig von seinem Schöpfer. Die Folgen des Ungehorsams waren unter anderem:

● vermehrte körperliche Schmerzen;

● physischer Tod (allerdings wird uns nicht gesagt, wie das menschliche Leben ohne den Ungehorsam verlaufen wäre);

● die verwirkte Möglichkeit, in ständiger Gemeinschaft und Verbundenheit mit Gott zu leben.

PAULUS und JAKOBUS beschreiben diese alttestamentliche Lehre über den Zusammenhang von Sünde und Tod so:

Durch einen Menschen ist die Sünde in

die Welt gekommen und der Tod durch die Sünde, und so ist der Tod zu allen Menschen durchgedrungen, weil sie alle gesündigt haben.

Denn der Lohn der Sünde ist der Tod ...

Wenn die Begierde empfangen hat, gebiert sie die Sünde; wenn aber die Sünde vollendet ist, gebiert sie den Tod.

VERGEBUNG KOSTET STETS VIEL

Wenn der Herrscher eines Landes jemanden begnadigt, der eines Verbrechens überführt wurde, so *kostet* ihn das nichts. Er ist davon nicht persönlich betroffen, sondern handelt so als Staatsoberhaupt. Wenn Gott begnadigt, dann *ist* er persönlich betroffen. Es sind *seine* Gesetze, die gebrochen wurden, und er ist beleidigt worden.

Wenn wir über Vergebung zwischen Menschen im alltäglichen Leben nachdenken, beginnen wir einzusehen, daß Vergebung meist mit einer Form des Leidens verbunden ist. Wenn uns jemand nur wenig verletzt und um Verzeihung bittet, ist es einfach, die Entschuldigung zu akzeptieren. Je größer aber das zugefügte Unrecht oder die Kränkung ist, desto schwerer fällt das Vergeben. Wenn ein Ehemann untreu ist, jedoch zu seiner Frau zurückkehrt und sie um Verzeihung bittet, mag die Frau vergeben wollen; aber es wird ihr nicht leichtfallen. Es kostet viel und tut weh. Denn das Wesen der Vergebung besteht darin, daß wir das Unrecht oder den uns zugefügten Schaden annehmen; wir *tragen die Folgen,* ohne Vergeltung zu suchen und ohne bitter oder nachtragend zu sein.

Dieses Element des Leidens bei der Vergebung illustriert JESUS mit dem Gleichnis vom verlorenen Sohn. Der Sohn hat sich von seinem Vater losgesagt und sein Erbteil schon vor dessen Tod gefordert. Als er alles durch eine verantwortungslose Lebensweise vertan hat, entschließt er sich, zu seinem Vater zurückzukehren. Obwohl der Vater überglücklich ist, seinen Sohn wiederzusehen, muß er die Schande tragen, die ihm sein Sohn zugefügt hat. Es fällt ihm nicht leicht, ihn wieder zu Hause willkommen zu heißen; es kostet ihn etwas. Und er *leidet persönlich unter den Folgen* der Tat seines Sohnes:

Als er aber noch weit weg war, sah ihn sein Vater und hatte Erbarmen mit ihm; er lief ihm entgegen und fiel ihm um den Hals und küßte ihn. Der Sohn aber sagte zu ihm: „Vater, ich habe gesündigt gegen den Himmel und vor dir; ich bin hinfort nicht mehr wert, daß ich dein Sohn heiße." Aber der Vater sagte zu seinen Knechten: „Bringt schnell das beste Gewand her und zieht es ihm an und steckt ihm einen Ring an den Finger und zieht ihm Schuhe an und bringt das Kalb her, das wir gemästet haben, und schlachtet's; laßt uns essen und fröhlich sein! Denn dieser mein Sohn war tot und ist wieder lebendig geworden; er war verloren und ist wiedergefunden worden."

Das alttestamentliche Gesetz und sein Opfersystem waren ein Weg, durch den Gott die Kostspieligkeit der Vergebung deutlich machte.

Die Gesetze gebrauchen oft den Ausdruck „Schuld tragen", was soviel bedeutet wie „für Sünde verantwortlich sein" und „die Folgen der Sünde tragen". Wenn jemand ein Gesetz übertritt, welches das Leben der Gesellschaft betrifft, so heißt es von ihm: „Er soll seine Ungerechtigkeit tragen" oder „er soll seine Sünde tragen". In modernen Übersetzungen lesen wir manchmal „Er muß die Folgen tragen" oder „er muß dafür die Verantwortung tragen". „Sünde tragen" heißt darum, verantwortlich zu sein und die Folgen zu tragen. Einmal lesen wir, daß eine Person die Sünden eines anderen tragen kann: „Er soll ihre Schuld tragen".

Bei den Opfern wird von einigen Tieren gesagt, daß sie „Sünde tragen" oder „Sünde hinwegnehmen".

Das Sündopfer ... ist ein Hochheiliges, und der Herr hat es euch gegeben, daß ihr die Schuld der Gemeinde wegnehmen und sie vor ihm entsühnen sollt.

Der Versöhnungstag war ein besonderer Tag im Jahr, an dem Aaron als Hoherpriester die Sünden seines Volks bekennen mußte, wobei er die Hände auf den Kopf eines Sündenbocks stützte. Danach wurde das Tier in die Wüste geschickt:

Man soll den Bock durch einen Mann, der bereit steht, in die Wüste bringen lassen, daß also der Bock alle ihre Missetat auf sich nehme und in die Wildnis trage; und man lasse ihn in der Wüste.

Die Opfer veranschaulichten auf lebendige und eindrucksvolle Weise bestimmte Grundwahrheiten:

- daß Sünde und Schuld bestraft werden müssen;
- daß der Mensch die Folgen seiner Sünde und Schuld trägt, und das bedeutet Tod;
- daß Vergebung möglich ist, nicht weil Gott so tut, als gäbe es keine Sünde, sondern weil ein anderer die Verantwortung und die Folgen trägt;
- daß Opfer nicht nur Ausdruck der Verehrung des Menschen gegenüber seinem Schöpfer sind, sondern auch des Menschen als Sünders gegenüber Gott, gegen den er sich aufgelehnt hat;
- daß es einen Weg gibt, auf dem der Schuldige freigesprochen und ihm vergeben werden kann, ohne das Gesetz Gottes außer Kraft zu setzen oder zu annullieren.

Das Alte Testament spricht nicht nur von einzelnen Menschen, die in bestimmten Situationen die Sünden anderer auf sich nehmen oder von Tieren, die bestimmte Sünden tragen. Der Prophet JESAJA zeigt uns einen „leidenden Gottesknecht". Die Identität dieser geheimnisvollen Person bleibt offen. Das Wichtigste an ihr ist, daß sie durch ihr Leiden und ihren gewaltsamen Tod „die Sünde von uns allen" trägt:

Er trug unsre Krankheit und lud auf sich unsre Schmerzen.
Wir aber hielten ihn für den, der geplagt und von Gott geschlagen und gemartert wäre.
Aber er ist um unsrer Missetat willen verwundet und um unsrer Sünde willen zerschlagen.
Die Strafe liegt auf ihm, auf daß wir Frieden hätten,
und durch seine Wunden sind wir geheilt.
Wir gingen alle in die Irre wie Schafe, ein jeder sah auf seinen Weg.
Aber der Herr warf unser aller Sünde auf ihn.

Jesus identifizierte sich selbst mit diesem „leidenden Gottesknecht" in einigen seiner Äußerungen. Die Apostel betonten es noch deutlicher, als sie über die Bedeutung des Todes Jesu sprachen.

DER MENSCH KANN SICH NICHT SELBST ERLÖSEN

Der Mensch kann nichts tun, um das zerstörte Verhältnis zu Gott wiederherzustellen. Er kann das Todesurteil, das über ihn verhängt ist, nicht aufheben. Er entdeckt auch, daß er im ständigen inneren Konflikt zwischen Gut und Böse unterliegt. Paulus beschreibt diese sein ganzes Leben andauernde Spannung; nur Christus ließ ihn hoffen, den Sieg zu erringen:

Denn ich weiß, daß in mir, so wie ich von Natur bin, nichts Gutes wohnt. Das Wollen habe ich wohl, aber das Gute vollbringen kann ich nicht. Denn das Gute, das ich will, das tu ich nicht; sondern das Böse, das ich nicht will, das tu ich. Wenn ich aber tue, was ich nicht will, so tue nicht ich es, sondern die Sünde, die in mir wohnt.

So finde ich nun folgendes Gesetz: Ich will zwar das Gute tun, bringe aber nur das Böse zustande. Denn in meinem Innern habe ich Gefallen an Gottes Gesetz; aber in meinen Gliedern sehe ich ein anderes Gesetz, das mit dem Gesetz meiner Vernunft im Streit liegt und mich im Gesetz der Sünde gefangen hält, das in meinen Gliedern herrscht. Ich elender Mensch! Wer wird mich erretten von diesem todverfallenen Leibe? Dank sei Gott durch Jesus Christus, unsern Herrn!

Diese vier Grundaussagen zusammen erklären, was der Christ mit dem Begriff „Erlösung" meint. Es muß etwas geschehen, wenn der Mensch dem Gericht Gottes entgehen will. Der Tod ist an sich schon schrecklich. Doch wenn er zur endgültigen Beziehungslosigkeit zwischen Mensch und Schöpfer wird, ist er ein Fluch. Wenn Vergebung schon unter Menschen etwas kostet, kostet sie auch Gott etwas. Es ist nicht mit Worten getan. Außerdem braucht der Mensch jemanden, der ihn von außen her aus seinem Zustand erlöst, denn er kann sich nicht selbst erlösen.

TEIL 4

DIE CHRISTLICHE SICHT DER WELT PRÜFEN

Funktioniert dieses Konzept wirklich . . .? Entsprechen seine Konsequenzen unseren Erfahrungen . . .? Mit diesen einfachen, aber weitreichenden Testfragen können wir die großen Worte von Politikern und Philosophen beurteilen.
Jacob Bronowski

Da kam Jesus und trat mitten unter sie, obwohl die Türen verschlossen waren, und sprach: „Friede sei mit euch." Danach sagte er zu Thomas: „Lege deinen Finger hierher und sieh meine Hände an und gib deine Hand her und lege sie in meine Seite und sei nicht ungläubig, sondern gläubig!"
Evangelium des Johannes

Ein Mensch kann nicht immer die Wahrheit verteidigen; es muß auch eine Zeit geben, Wahrheit aufzunehmen.
C. S. Lewis

Die Evangelien beschreiben, wie Jesus von Pontius Pilatus, dem Statthalter von Judäa, verhört wurde. 1961 entdeckten Archäologen bei Cäsarea diese Steintafel, die seinen Namen trägt.

IBERIEVM
VSPILATVS

Die christliche Sicht der Welt zu prüfen bedeutet, daß wir uns an die schwierige Frage heranwagen: *Ist der christliche Glaube wahr?* Wir fragen nicht nur: *Enthält der christliche Glaube Wahrheiten?*

Enthält er Wahrheiten, die mit den Wahrheiten anderer Religionen und Philosphien vereinbar sind?

Wir fragen: Ist der christliche Glaube *die Wahrheit?* Zeigt die christliche Sicht der Welt uns den rechten Weg, die Welt zu verstehen? Lehrt uns der christliche Glaube „die Wahrheit" über uns selbst und über die Welt, in der wir leben?

Viele Menschen unserer Zeit sind überzeugt, daß eine derartige Frage anmaßend, überheblich oder gar nicht zu beantworten sei. Sie begnügen sich mit wesentlich bescheideneren Fragen wie: Worin besteht der Wert des christlichen Glaubens? Nützt er etwas? Ist der christliche Glaube für mich wahr? Entspricht er meiner Erfahrung? Ist er existentiell wahr?

Wir sollten uns jedoch nicht mit diesen Fragen begnügen, es sei denn, wir haben gute Gründe dafür gefunden, unsere erste Frage zu verwerfen.

Wenn wir darum an unserer ersten Frage festhalten wollen, müssen wir zwei grundlegende Untersuchungen vornehmen:

- Stimmen die Aussagen des christlichen Glaubens in allen Punkten überein? Widersprechen sie sich in einigen Punkten?

- Stimmen die Aussagen des christlichen Glaubens mit allem überein, was wir sonst über uns und über die Welt wissen? Jacob Bronowski bezeichnet diese Fragen als einfache, aber weitreichende Testfragen. Funktioniert dieses Konzept wirklich? ... Entsprechen seine Konsequenzen unseren Erfahrungen?

Wir haben bereits festgestellt, daß die Menschen an bestimmten wichtigen Punkten der biblischen Geschichte die Möglichkeit hatten, bestimmte Tests durchzuführen, um zu prüfen, ob das, was sie sagten oder hörten, der Wahrheit entsprach. Doch gibt es heute Möglichkeiten, mit denen wir den christlichen Glauben prüfen können? Ist er auf irgendeine Weise verifizierbar? Kann man ihn prüfen wie andere Glaubensrichtungen?

Wenn wir herausfinden, wie ein Wahrheitserweis (Verifikation) in der Geschichte, Philosophie und Naturwissenschaft geführt wird, werden wir entdecken, wie diese Prüfung der Wahrheit in jedem dieser Bereiche auf den christlichen Glauben angewendet werden kann.

Übersicht

WAHRHEITSERWEIS IN DER GESCHICHTE

Wenn wir bei historischen Fragen über einen Wahrheitserweis nachdenken, entdecken wir schnell, daß es viele Stufen von Sicherheit gibt. Wir können bei der Geschichte nicht ein gleiches Maß von Sicherheit gewinnen wie in der Mathematik. Wir können einige dieser verschiedenen Grade von Gewißheit wie folgt illustrieren:

SICHER IST,
daß Winston Churchill tot ist.
daß es einen Zweiten Weltkrieg gab.

WAHRSCHEINLICH IST,
daß Hitler 1945 Selbstmord beging.
daß die Bevölkerung Schottlands im Jahre 1700 nur knapp über eine Million betrug.

MÖGLICH IST,
daß James IV. nicht in der Schlacht von Flodden getötet wurde.
daß Königin Elisabeth I. in Wirklichkeit ein Mann war (neueste Theorie).
daß Richard III. die Prinzen nicht im Tower ermordete.
daß Conan Doyle Jack the Ripper war (eine neuere Vermutung).

UNWAHRSCHEINLICH IST,
daß Jesus den Süden Englands besuchte (eine alte Tradition).
daß Bacon Shakespeares Stücke schrieb.

Der moderne Historiker ist nicht mehr so überzeugt wie früher, daß er zu rekonstruieren vermag, was wirklich geschah. Selbst wenn er davon ausginge, daß seine Fakten stimmten, so ist er sich der Schwierigkeit bewußt, sie objektiv zu deuten.

PIETER GEYL, ein holländischer Historiker, schreibt:

Wer von der Geschichte jene endgültigen Ergebnisse erwartet, die vielleicht in anderen Bereichen möglich sind, hat nach meiner Auffassung ihr Wesen mißverstanden... Die wissenschaftliche Methode dient vor allem der Ermittlung von Fakten; es gibt vieles, über das wir uns durch ihre Anwendung einigen können. Doch sobald es um die Frage der Erklärung geht, der Interpretation, der richtigen Bewertung, kann das persönliche Element nicht ausgeschlossen werden, wenn auch die spezielle Methode des Historikers wichtig bleibt. Die persönliche Sicht des Historikers ist bestimmt durch seine Situation und seine Vorentschei-

Der Teppich von Bayeux vermittelt ein zeitgenössisches Bild der Eroberung Englands durch die Normannen.

dungen. Niemand kann hoffen, die überwältigende Vielfalt von Daten und Fakten, von Einflüssen und Bewegungen zusammenzubringen und daraus das wahre, man könnte beinahe sagen, göttliche Gleichgewicht herzustellen. Dies ist buchstäblich eine übermenschliche Aufgabe. Das Urteil eines Menschen – und wie feierlich manche auch über die Lehren der Geschichte reden mögen, der Historiker ist doch ein Mensch, der am Schreibtisch sitzt –, das Urteil eines Historikers mag ihm darum wie das einzig wahre Ergebnis auf Grund der Tatsachen vorkommen und er mag sich getragen und getröstet fühlen durch seine Verbundenheit mit der Vergangenheit, und doch hat dieses Urteil keinen endgültigen Charakter. Seine Wahrheit wird relativ sein und einseitig. Die Wahrheit, die für Gott eine sein mag, nimmt für den Menschen viele Formen an. So ist die Analyse einer so großen Zahl widersprüchlicher Auffassungen hinsichtlich eines historischen Phänomens nicht nur ein Mittel, sich die Zeit zu vertreiben, es muß auch zu entmutigenden Schlußfolgerungen führen, was die Unzuverlässigkeit historischer Studien betrifft.
Das Studium selbst unterschiedlichster Auffassungen kann fruchtbringend sein... Die Geschichte ist in der Tat eine Erörterung ohne Ende.

Einige christliche Glaubenssätze besagen, daß bestimmte Ereignisse an bestimmten Orten zu bestimmten Zeiten geschehen sind. Diese Glaubensaussagen müssen darum für die normalen Methoden historischer Forschung offenstehen. Das bedeutet:

● So stellt der Historiker Fragen über bestimmte Ereignisse. Fand z. B. die Schlacht von Austerlitz tatsächlich statt oder nicht? Und wenn sie stattfand, war es tatsächlich so, wie in verschiedenen Berichten festgehalten wurde? *In gleicher Weise* können und müssen wir nach den Ereignissen fragen, die in der Bibel aufgezeichnet sind. Stand Jesus z.B. von den Toten auf oder nicht? Und wenn er auferstanden ist, war es tatsächlich so, wie es aus den Dokumenten hervorgeht?

● Dem Historiker geht es um die Interpretation von Ereignissen und um solche Fragen wie: Was waren die Ursachen des Zweiten Weltkriegs? ... *In gleicher Weise* können wir fragen: Wie sollen wir Ursprung und Wachstum des Christentums erklären?

● Bei der Betonung dieser Frage kann der Historiker nie völlig objektiv sein, denn er ist zwangsläufig von seinen Vorentscheidungen beeinflußt, etwa der marxistischen Theorie ... *In gleicher Weise* sind wir bei der Betrachtung der biblischen Dokumente notwendig von unserem eigenen Standpunkt beeinflußt; z. B., ob Wunder möglich sind oder nicht.

● Dem Historiker ist klar, daß er die Vergangenheit nicht mit hundertprozentiger Sicherheit beurteilen kann; er gibt sich mit einem geringeren Maß an Gewißheit zufrieden ... *In gleicher Weise* brauchen wir nicht den Ereignissen in der Bibel skeptisch gegenüberzustehen und die Möglichkeit auszuschließen, überhaupt etwas von dem zu erfahren, was geschah, nur weil wir keine hundertprozentige Sicherheit bekommen. Es geht uns lediglich um die *gleichen* Maßstäbe für das Christentum – keine weniger strengen, aber auch keine schärferen, als dies sonst üblich ist.

● Historische Ereignisse und Theorien können falsifiziert werden, d. h., sie können als höchst unglaubwürdig oder unwahrscheinlich erwiesen werden . . . In gleicher Weise könnten die in der Bibel aufgezeichneten Ereignisse falsifiziert werden; sie sind nicht geschützt gegen historische Untersuchung.

Der Christ behauptet nicht, er könne mit hundertprozentiger Sicherheit beweisen, daß Jesus von den Toten auferstanden ist. Er kann jedoch sehr gute historische Gründe dafür anführen, daß er es tat. Er kann darauf verweisen, daß die Dokumente für die Auferstehung zumindest ebenso gut sind wie die für andere Ereignisse dieser Zeit, die niemand bezweifelt, und bedeutend besser als für manche anderen.

Die Überzeugung, daß Jesus tatsächlich auferstanden ist, kann uns zum lebendigen Christus führen. Die Realität dieser Erfahrung schenkt dem Christen die volle Überzeugung der Auferstehung.

Die folgenden Zitate von drei christlichen Autoren veranschaulichen, welche Rolle der historische Wahrheitserweis für ihren Glauben spielte und noch immer spielt.

C. S. Lewis beschreibt ein Stadium seiner Bekehrung:

Anfang 1926 saß der hartgesottenste Atheist, den ich je gekannt hatte, mir in meinem Zimmer am Kamin gegenüber und bemerkte, daß der Beweis für die Historizität der Evangelien wirklich überraschend triftig sei. „Sonderbar", fuhr er fort. „All das Zeug von Frazer über den sterbenden Gott. Sonderbar. Es sieht fast so aus, als sei es wirklich einmal geschehen."

Der Rechtsanwalt Frank Morison wollte beweisen, daß die Auferstehung kein historisches Ereignis war; doch auf Grund sorgfältiger Prüfung der Dokumente änderte er seine Auffassung.

Ich wünschte, diese letzte Phase des Lebens Jesu – mit all ihren dramatischen Zügen, ihren scharf umrissenen historischen Einzelheiten und ihren erschreckenden psychologischen und menschlichen Aspekten – von dem Mantel primitiven Glaubens und den dogmatischen Fesseln zu befreien, um diese großartige Persönlichkeit so zu sehen, wie sie wirklich war.

. . . Zehn Jahre später kam endlich die Gelegenheit, das Leben Jesu zu studieren, so wie ich es mir schon lange gewünscht hatte. Die literarischen Quellen zu untersuchen, einige der Zeugnisse aus erster Hand zu prüfen und mir ein eigenes Urteil über das Problem zu bilden. Dies bewirkte eine Revolution in meinem Denken. Dinge traten aus dieser alten Geschichte zutage, die ich nie für möglich gehalten hätte. Langsam aber deutlich wuchs in mir die Überzeugung, daß das Drama dieser unvergeßlichen Wochen in der Menschheitsgeschichte fremder war und tiefer reichte, als es zunächst schien. Es war die Fremdheit vieler bemerkenswerter Einzelheiten, die mein Interesse zuerst fesselte. Die unwiderstehliche Logik des Geschehens erfaßte ich in seiner Bedeutung erst später.

A. R. Vidler gibt die extreme Äußerung von N. P. Williams über die Anfälligkeit seines Glaubens wieder:

Wenn man in Nazaret einen Ostrakon ausgraben würde, welches bewiese, daß Joseph der Vater Jesu war, würde er seinen Glauben an den Nagel hängen und sich nach einer anderen Erklärung für das Universum umsehen.

Diese Einstellung wird jedoch von Autoren in Frage gestellt, die durch verschiedene Formen des Existentialismus in Philosophie und Theologie beeinflußt sind. So behauptete der deutsche Theologe Rudolph Bultmann (1884-1976) in den vierziger Jahren, die Auferstehung sei nicht als historisches Ereignis anzusehen und der christliche Glaube könne ohne dieses „mythologische" Fundament überleben. Seitdem haben sich viele Bultmanns Auffassung angeschlossen.

Ronald Gregor Smith behauptete 1966, daß der historische Beweis für die Auferstehung insgesamt nicht überzeugend sei; doch beeinträchtige dies den christlichen Glauben nicht:

Was die Historizität betrifft . . . so ist zu erklären: Wir können ganz unbefangen sagen, daß die Knochen Jesu irgendwo in Palästina liegen.

Dieses Eingeständnis beeinträchtigt den christlichen Glauben nicht. Im Gegenteil, erst wenn dies gesagt ist, können wir nach der Bedeutung der Auferstehung fragen, die ein wesentlicher Teil der Botschaft von Jesus ist.

PAUL VAN BUREN behauptete im Jahre 1963, daß wir die Auferstehung nicht als historisches Ereignis betrachten sollten, da die Wissenschaft es unmöglich mache zu glauben, daß ein Toter wieder ins Leben zurückkehren könne:

> **Wenn wir von Ostern als einer Tatsache sprechen, müssen wir das näher beschreiben können. Wenn man jedoch die spätere Tradition als eine Beschreibung von Tatsachen wertet, wirft dies wesentlich mehr Probleme auf, als es löst. Durch den Einfluß der Naturwissenschaften, insbesondere der Biologie, auf unser heutiges Denken, können wir beim Lesen der Ostergeschichte ebensowenig solche Fragen unberücksichtigt lassen, die sich mit Zellveränderungen beschäftigen, wie wir auch nicht leugnen können, daß wir im 20. Jahrhundert leben.**

In gleicher Weise meinte EDUARD SCHWEIZER, daß sich unser Glaube an die Auferstehung nicht auf das wahrscheinliche *Ereignis* der Auferstehung Jesu gründen sollte, sondern auf den *Glauben* der ersten Jünger:

> **Dennoch, ein Beweis für Jesu Auferstehung läßt sich nicht erbringen. Auch hier, nicht viel anders als bei der Kreuzigung Jesu, ... liefert Gott sich der Skepsis, den Zweifeln, dem Unglauben aus und verzichtet darauf, Glauben zu erzwingen.**
>
> **Das ist zunächst außerordentlich befreiend. Alle Einzelheiten des Ostergeschehens, das Wo und Wie, sind also offenkundig der frühesten Christenheit erstaunlich gleichgültig gewesen. Das heißt aber, daß der Osterglaube nicht daran hängt, daß wir es fertig bringen, allerlei merkwürdige Ereignisse, wie etwa das Essenkönnen des Auferstandenen, für möglich und historisch wahr zu halten. Es heißt weiter, daß die Gewißheit der Auferstehung Jesu nicht wächst oder schwindet, je nachdem, wie genau man diese Berichte liest und je nachdem, was sich etwa noch an neuen Quellen finden ließe. Wenn es aber keine solchen Garantien gibt für den Osterglauben, worin wurzelt dann seine Gewißheit? ...**
>
> **Wo ... Gewißheit aus dem Leben mit dem Wort des Auferstandenen und im Gehorsam gegen ihn wächst, da werden die historischen Einzelheiten dessen, was an Ostern geschah, nebensächlich. Denn der Glaube braucht keine garantierenden Beweise mehr. Für ihn wird das leere Grab ein Zeichen sein für das, was sich hier ereignet hat; er wird aber nicht darum wie um einen Glaubenssatz kämpfen können, weil die Wahrheit von Ostern wahrhaftig nicht daran hängt. Wohl aber ist wesentlich, ob er, der Glaubende, so an den Auferstandenen glaubt, daß er unter seiner Herrschaft lebt und sie festhält, selbst wo ihn dies in den Tod hineinführt. Erst dort nämlich lernt er erkennen, ob er wirklich mit dem rechnet, „der die Toten erweckt" (2. Korinther 1, 8f). So mußten auch die Jünger das, was an Ostern wirklich geschehen war, durch Jahre des Dienstes unter dem lebendigen Christus verstehen lernen, eben indem sie unter seiner Herrschaft lebten und sich von ihm zeigen ließen, was seine Auferstehung wirklich bedeutete.**

Diese Auffassungen rühren im Grunde her von dem Glaubensverständnis des Existentialismus, das sich mit dem Namen Sören Kierkegaard verbindet. Kritiker haben jedoch das Recht, darauf hinzuweisen, wie unmöglich es sei, weiterhin an die Auferstehung zu glauben, wenn wir nicht überzeugt sind, daß die Auferstehung wirklich ein historisches Ereignis war.

T. W. FOWLE war kein überzeugter Christ. Im Jahre 1881, in einer Zeit, in der er beobachten konnte, wie Theologen begannen, der Herausforderung der Fragenden auszuweichen, die ernsthaft wissen wollten, ob Jesus nun von den Toten auferstanden sei oder nicht, schrieb er die folgenden Worte:

> **Ich meine, es ist an der Zeit, daß der Mensch von heute von der Theologie verlangen kann – und das sehr nachdrücklich –, daß sie ein für allemal**

erklärt, auf welcher Grundlage sie zu stehen gedenkt. Zum gegenwärtigen Zeitpunkt denken viele Wissenschaftler gegenüber Theologen etwa so: „Wir können uns auf keine ernsthafte Diskussion einlassen, weil wir nie sicher sind, wo Sie stehen. Es kommt uns so vor, als nähmen Sie einen übernatürlichen Standpunkt ein. Wenn Sie dann mit den damit offensichtlich verbundenen Schwierigkeiten konfrontiert werden, suchen Sie irgendwo anders Zuflucht. Wählen Sie darum die Alternative, daß die Theologie nur ein Rahmen ist für moralische Vorstellungen und geistliche Wahrheit, so daß auch wir unsere Einschätzung ändern können. Sich verunsichert zwischen beiden Standpunkten hin- und herzubewegen und zu behaupten, daß ein solch gewaltiges Ereignis wie das der Auferstehung eines Toten geschehen sein kann oder nicht, das dies eigentlich jedoch gleichgültig sei, heißt, bei einer ehrlichen Diskussion mit jenen eine verhängnisvolle Barriere aufzubauen, die ausgebildet sind, Fakten und ihre Konsequenzen zu beurteilen. Wenn die Geschichte wahr ist, muß jede Vorstellung, die der Mensch von sich selbst und von seiner Umwelt hat, sorgfältig modifiziert werden; wenn sie falsch ist, sollte sie sich nicht länger einer Religion aufdrängen, die, wie uns mehr als die Hälfte ihrer Anhänger zu versichern scheinen, sich nicht auf die Auferstehung gründe, sie nicht brauche und besser ohne sie auskäme."

Der englische Theologe J. S. Bezzant hat seine Ungeduld mit Bultmann und anderen zum Ausdruck gebracht, welche die Ansicht vertreten, daß wir getrost weiterhin glauben können, *weil* der christliche Glaube gegen Beweise immun sei:

Es wird sogar (von Bultmann) gesagt, daß der gekreuzigte und auferstandene Christus uns im Wort der Predigt begegnet und sonst nirgendwo. Der Glaube an die Predigt reiche aus und sei absolut... Glauben Sie an die Bot-

Niemand zweifelt, daß die „Pilgerväter" 1620 nach Amerika segelten. Viele historische Ereignisse sind gut bezeugt.

schaft, und dies rettet Sie. Doch worin gründet der Glaube? Als Antwort wird die Auferstehungserfahrung der Jünger Jesu genannt. Dies sei jedoch keine, so behauptet Bultmann, historische Bestätigung der Kreuzigung als des entscheidenden, errettenden Ereignisses, da die Auferstehung ebenfalls nur Sache des Glaubens sei, d. h. ein Glaubensakt hat keine andere Grundlage als einen anderen Glaubensakt. Und was ist die Auferstehung? Ein anderer Theologe, der den historischen Skeptizismus Bultmanns übernommen hat, sagt: „Die Auferstehung ist weder als äußeres noch als inneres, weder als mystisches noch als übernatürliches Phänomen anzusehen; und als historisches auch nicht." Wenn dies irgend etwas sagt, dann wohl soviel, daß die Auferstehung in keiner Hinsicht zu begreifen ist. Kein vernünftiger Mensch wünscht sich, nachweisbare Annahmen durch Glauben zu ersetzen. Wenn mir jedoch gesagt wird, daß gerade ihre Immunität gegen Beweise die christliche Verkündigung vor dem Vorwurf, „Mythos" zu sein, sichert, erwidere ich, daß Immunität gegen Beweise nichts „sichert" außer der Immunität gegenüber Beweisen. Und das ist für mich Unsinn. Auch meine ich nicht, daß Vorbehalte gegen irgend etwas wie das historische Christentum abgebaut werden können, wenn die Gültigkeit der Aussagen abhängig sein soll von der therapeutischen Aufgabe, die sie bei der Heilung seelischer Verletzungen der Gläubigen spielt. Ich verstehe nicht, wie es jemals diese heilende Funktion haben kann, es sei denn, man glaubt an seinen Wahrheitsgehalt.

Versuche, den christlichen Glauben von der Geschichte zu trennen, haben weitreichende Konsequenzen. Wenn wir jedoch erkennen, daß der christliche Glaube verwoben ist mit dem, was als historisch erwiesen angesehen werden kann, zeigt uns der Gedanke des Wahrheitserweises in der Geschichte einen Weg, auf dem wir die Wahrheit des christlichen Glaubens überprüfen können.

In die Katakomben Roms eingeritzte christliche Symbole beweisen die Existenz einer christlichen Gemeinde in der Stadt im dritten Jahrhundert nach Christi.

WAHRHEITSERWEIS IN DER PHILOSOPHIE

In der traditionellen Philosophie gibt es zwei Hauptrichtungen der Verifikation:

1. PRÜFUNG DER KOHÄRENZ UND DER WIDERSPRUCHSLOSIGKEIT
d. h. wenn wir die Wahrheit einer Aussage überprüfen wollen, formulieren wir zuerst Fragen wie: Widerspricht sie sich irgendwo selbst? Wird die Grundregel der Logik verletzt, daß *A* nicht zugleich *Nicht-A* sein kann?

2. PRÜFUNG DER ÜBEREINSTIMMUNG
d. h. besteht Übereinstimmung mit dem, was wir über die Wirklichkeit wissen?

ALASDAIR MACINTYRE erklärt, daß die Idee der Verifikation, des Wahrheitserweises, in der Philosophie auch den Gedanken der Falsifikation (Widerlegung durch ein Gegenbeispiel) einschließt:

> **Die Grundform des Verifikationsprinzips, vorgelegt vom Wiener Kreis (Neupositivismus) besagt, daß eine Behauptung *nur* Bedeutung hat, wenn sie nachprüfbar ist. Ist dies nicht der Fall, hat sie keinen Sinn, und wir können nicht einmal die Frage formulieren, ob sie stimmt oder nicht. Dieses Prinzip kann jedoch kaum durchgängig angewandt werden, weil es selbst nicht verifizierbar ist. Darum kann es nach seiner eigenen Aussage keinen Sinn ergeben, geschweige denn wahr sein.**

Zu diesen beiden Prüfungen kommt eine dritte:

3. DIE PRAGMATISCHE PRÜFUNG
d. h. fügt sich die Aussage den Tatsachen unserer Erfahrung besser ein als jede andere? Funktioniert sie wirklich in der Praxis? BERTRAND RUSSELL faßt diese verschiedenen Prüfungen und den Sinn der Verifikation in der Philosophie wie folgt zusammen:

> **Philosophisches Wissen ... unterscheidet sich nicht grundlegend von naturwissenschaftlicher Erkenntnis; es gibt keine besondere Quelle der Weisheit, die zwar der Philosophie, nicht aber der Naturwissenschaft zur Verfügung stünde ... In der Philosophie geht es – wie bei allen anderen Studien – in erster Linie um Erkenntnis.**
>
> **Man sagt gewöhnlich, eine allgemeine Behauptung sei „verifiziert",**

wenn sich alle Konsequenzen als wahr erwiesen haben, die man prüfen konnte.

Wenn man also sagt, der christliche Glaube sei nachprüfbar, so bedeutet dies, daß der christliche Glaube nach den gleichen Maßstäben diskutiert werden kann wie philosophische Überzeugungen.

● *Wie* der Philosoph fragt: „Ist diese Theorie logisch? Besteht innere Übereinstimmung? Ist sie in sich widerspruchsfrei?" . . . *Ebenso* können und müssen wir fragen: „Ist der christliche Glaube logisch? Besteht innere Übereinstimmung? Ist er in sich widerspruchsfrei?"

● *Wie* sich der Philosoph fragt: „Stimmt diese Theorie überein mit dem, was ich bereits weiß?" . . . *Ebenso fragen wir uns: „Stimmt der christliche Glaube überein mit dem, was ich bereits weiß?"*

● *Wie* der Philosoph als Grundlage seine eigene Erfahrung und sein Wissen sowie Erfahrung und Wissen anderer einbringen muß . . . *Ebenso* können wir bei der Prüfung des christlichen Glaubens als Beleg unsere eigene Erfahrung und unser Wissen und das anderer berücksichtigen.

● *Wie* eine philosophische Auffassung verifiziert und auch falsifiziert werden kann . . . *Ebenso* besteht für den christlichen Glauben die Möglichkeit der Falsifikation.

Das soll jedoch nicht heißen, daß sich der christliche Glaube *dauernd* auf die Stufe eines abstrakten hypothetischen Gedankensystems einschränken läßt. Es heißt jedoch, daß wir damit *anfangen* können. Wir müssen fragen, ob dieses Gedankensystem den Fakten besser entspricht als andere Anschauungen. Wenn wir dies ernsthaft tun, werden wir rasch erkennen, daß wir nicht in der Haltung eines Lehrstuhlphilosophen oder neutralen Zuschauers verharren können. Wenn der christliche Glaube der Wahrheit entspricht, müssen wir uns mit unserem Schöpfer auseinandersetzen, und das wird unser Denken und Verhalten tiefgreifend verändern.

Auf diesem Weg legte C. E. M. Joad allmählich seinen Agnostizismus ab und wurde Christ. In seinem Buch *The Recovery of Belief* schreibt er:

Das folgende Buch führt einige der Gründe auf, die mich zur religiösen Sicht des Universums in ihrer christlichen Ausprägung geführt haben. Es sind in erster Linie Argumente, die sich an den Verstand richten . . .

Obwohl ich zugebe, daß der Verstand nicht alle Fragen lösen kann, gibt es für mich persönlich keinen Glauben, den der Verstand nicht verteidigen oder rechtfertigen kann. Ich fühle mich sozusagen psychologisch genötigt, die rationalste Annahme zu wählen, wobei das rationalste Sein das ist, welches die meisten Fakten abzudecken scheint und die plausibelste Erklärung unserer gesamten Erfahrung anbietet . . .

Weil . . . die religiöse Sicht der Welt für mich mehr Fakten meiner Erfahrung abzudecken scheint als irgendeine andere Weltanschauung, bin ich dazu gekommen, den christlichen Glauben anzunehmen . . .

Ist der christliche Glaube sinnvoll? Widerspricht er sich? Entspricht er dem, was wir über die Welt wissen?

WAHRHEITSERWEIS IN DER NATURWISSENSCHAFT

JACOB BRONOWSKI beschreibt das Prinzip des Wahrheitserweises in der Naturwissenschaft wie folgt:

> **Wir können uns nicht vor der historischen Frage drücken: Was ist Wahrheit? Im Gegenteil: Die Zivilisation, auf die wir so stolz sind, erlangte neue Kraft an dem Tag, an dem diese Frage formuliert wurde. Sie erlangte ihren Höhepunkt, als in der Renaissance Männer wie Leonardo da Vinci ihre Leidenschaft für die Suche nach Wahrheit entdeckten. Die Bestätigung von Erfahrungen als Wahrheit ist ... die treibende Kraft, die die Zivilisation seit der Renaissance vorangetrieben hat.**
>
> **Der erste Schritt ist die Sammlung von Grundlagen ... Es folgt der kreative Teil ... die Werte zu ordnen und nach Ähnlichkeiten zu suchen ... und Schritt drei ist die Entwicklung eines (zentralen) Konzepts ... Diese Reihenfolge ist für die Naturwissenschaft charakteristisch. Sie beginnt mit einer Folge von Erscheinungen. Diese werden als Gesetze formuliert, die in einem Zentrum zusammenlaufen, wo sich verschiedene Gesetze begegnen: einem Symbol, das den Gesetzen eine Einheit verleiht. Masse, Zeit, magnetische Momente, das Unbewußte ... Wir prüfen die Konzepte daraufhin, welche Konsequenzen sie einschließen. Wenn ein Konzept aus verschiedenen Erfahrungen erwachsen ist, untersuchen wir, welche Reaktionen logischerweise bei anderen Experimenten erfolgen müßten. Treten diese Reaktionen ein, behalten wir das Konzept bei. Geschieht dies nicht, obwohl das Konzept es logischerweise einschließt, muß es korrigiert werden. So gehören Logik und Experiment in der naturwissenschaftlichen Methode zusammen und bedingen sich gegenseitig.**
>
> **Die Naturwissenschaft entwickelt Konzepte und erforscht sie an den Fakten. Sie verfügt über keine anderen Möglichkeiten, Konzepte zu überprüfen, als die empirische Wahrheit. Die Wahrheit ist der Motor der Naturwissenschaft: Sie muß der Wahrheit entsprechen, nicht als Dogma, aber als Prozeß.**

„Wissenschaft ist die Entwicklung von Ideen und ihre Untersuchung anhand der Fakten." Jacob Bronowski

Die Probe auf die Wahrheit ist der anerkannte faktische Beweis...

Wir müssen jedoch vorsichtig sein, um keine übertriebenen Behauptungen über die Verifikation in der Naturwissenschaft anzustellen. Die Wissenschaftler sind heute weitaus bescheidener geworden hinsichtlich der experimentellen Methode. Karl Popper hat zum Beispiel darauf hingewiesen, daß wir die experimentelle Methode eher als eine Methode der *Widerlegung* statt des Beweises ansehen sollten.

Das historische Christentum hat stets geglaubt, daß die Welt von Gott erschaffen wurde und erhalten wird und daß sich der Mensch vom Tier unterscheidet, weil er „Ebenbild Gottes" ist. Diese Auffassungen berühren zweifelsohne die Theorien verschiedener Naturwissenschaften, insbesondere, wenn es um den Ursprung des Universums und des Menschen geht.

Wir müssen darum bereit sein, die Herausforderung der Wissenschaftler anzunehmen, und zugeben, daß die wissenschaftliche Methode für die Betrachtung des christlichen Glaubens relevant ist. Wir müssen bereit sein, den christlichen Glauben als eine mögliche Sicht unter anderen anzusehen, wenn es um den Ursprung und das Wesen des Menschen und der Welt geht. Wir müssen bereit sein, sie neben anderen Anschauungen zu prüfen, um herauszufinden, welche Theorie am besten übereinstimmt mit *allem,* was wir über den Menschen wissen.

Es kann kaum deutlich genug hervorgehoben werden, daß es hier nicht nur um die Frage geht: Stammt der Mensch vom Affen ab? Diese Frage ist wichtig (*siehe unter:* Ein exemplarischer Fall: Schöpfung und/oder Evolution), aber sie ist nicht die einzige. Sie muß im Zusammenhang mit der umfassenden Frage behandelt werden: Welches dieser beiden Denkmodelle über die Welt entspricht der Wirklichkeit besser:

- daß das Universum ein geschlossenes System von Ursache und Wirkung ist; daß es keinen unsichtbaren Gott gibt; daß es außer dem, was man sehen kann, nichts gibt; daß das Universum ein Produkt des Zufalls ist, aus dem sich irgendwie ein Sinn ergeben hat;

- oder daß das Universum von Gott geschaffen ist und sein Weiterbestehen von Gott abhängt; daß der Mensch so ist, wie er ist, weil er Gott entsprechend geschaffen wurde.

Diese beiden Denkmodelle sind miteinander unvereinbar, und wir müssen uns für eins entscheiden. Diese Entscheidung ist viel grundsätzlicher als die spezielle Frage der menschlichen Entwicklung.

Bei der Entscheidungsfindung zwischen beiden Hypothesen kann man Schritt für Schritt nach der wissenschaftlichen Methode vorgehen. Wie die wissenschaftliche Methode mit Voraussetzungen, Beobachtung, Theorie und Experiment arbeitet, spielen diese Faktoren auch bei der Prüfung des christlichen Glaubens eine wichtige Rolle.

VORAUSSETZUNGEN

Der Wissenschaftler geht von Voraussetzungen aus, die er akzeptiert, ohne sie mit völliger Sicherheit beweisen zu können... *In gleicher Weise* müssen wir uns dem christlichen Glauben mit unseren Voraussetzungen nähern, z. B. bei der Frage: Sind Wunder möglich oder nicht?

BEOBACHTUNG

Der Wissenschaftler muß alle möglichen Beweise bedenken (oder so viele wie möglich)... *Ebenso* müssen wir alle relevanten Zeugnisse für den christlichen Glauben heranziehen (oder so viele wie möglich) – und das schließt Hinweise auf den Ursprung des Universums und des Menschen ein sowie unsere eigene Erfahrung und die anderer.

THEORIE

Der Wissenschaftler muß alle möglichen Theorien berücksichtigen und versuchen, die Theorie oder Hypothese zu finden, die am besten dem entspricht, was er beobachtet. Z. B. welche Theorie entspricht den Fakten am besten, die wir beobachten – daß die Sonne die Erde umkreist? – oder daß die Erde die Sonne umkreist?... *Ebenso* müssen wir versuchen, eine Theorie zu finden, die den Fakten am besten entspricht; d. h. welche Theorie entspricht dem von uns zu beobachtenden Universum und dem Menschen am besten: – daß das Universum ein in sich geschlossenes System von Ursache und Wirkung ist, das Produkt unpersönlicher Energie, die sich durch Zufall entwikkelte? – oder daß das Universum von einem unendlichen, persönlichen Gott geschaffen wurde?

EXPERIMENT

Wie der Wissenschaftler die nötigen Experimente vornehmen muß, um alle möglichen Theorien zu prüfen und falsche auszuschließen... *so* können wir miteinander konkurrierende Anschauungen an den Tatsachen überprüfen; indem wir beispielsweise beobachten, was geschieht, wenn jemand beständig auf der Grundlage der einen oder anderen Überzeugung lebt.

RICHARD WURMBRAND beschreibt in einem Buch über Christen hinter dem Eisernen Vorhang, wie eine russische Bildhauerin, die als überzeugte Atheistin erzogen war, sich zu fragen begann, ob ihr atheistisches Weltbild ihrer persönlichen Erfahrung entsprach:

Damals arbeiteten wir gerade an einem Stalinstandbild. Während der Arbeit fragte mich plötzlich meine Frau: „Mann, was für eine sonderbare Sache ist es doch mit dem Daumen! Wenn wir den Daumen den andern Fingern nicht entgegensetzen könnten – wenn die Finger der Hand genauso wären wie die Zehen – wir könnten ja keinen Hammer festhalten und keinen Meißel, weder irgendein Werkzeug noch ein Buch oder auch nur ein Stück Brot. Menschliches Leben wäre ohne diesen kleinen Daumen unmöglich. Wer hat bloß den Daumen gemacht? Wir haben doch beide in der Schule den Marxismus gelernt und wissen, daß Himmel und Erde aus sich selber entstanden sind. Sie sind nicht von Gott geschaffen. Das hab' ich gelernt, und das glaub' ich. Aber wenn Gott auch nicht Himmel und Erde geschaffen hat, wenn er nur den Daumen erschaffen hat, wäre er allein wegen diesem kleinen Ding schon zu loben.

Wir rühmen Edison und Bell und Stephenson, die die Glühlampe, das Telefon und die Eisenbahn erfunden haben und noch viele andere Dinge. Aber warum sollten wir nicht auch den rühmen, der den Daumen gemacht hat? Wenn Edison keinen Daumen gehabt hätte, hätte er gar nichts erfinden können. Es ist recht und billig, Gott dafür zu verehren, daß er den Daumen gemacht hat."

Ihr Mann wurde sehr ärgerlich ... „Sprich keine Dummheiten! Du hast doch gehört, daß es keinen Gott gibt. Genauso wenig, wie wir wissen können, ob ein Haus nicht verwanzt ist und ob uns nicht ein Unglück zustoßen wird! Laß dir ein für allemal gesagt sein, es gibt keinen Gott. Im Himmel ist niemand!"

Sie erwiderte: „Das ist ein noch größeres Wunder. Wenn im Himmel der allmächtige Gott wäre, an den in ihrer Dummheit unsere Vorväter geglaubt haben, dann wäre es ganz natürlich, daß wir Daumen hätten. Ein allmächtiger Gott kann alles schaffen, also kann er auch Daumen machen. Aber wenn im Himmel niemand ist, dann bin ich, was mich betrifft, entschlossen, von ganzem Herzen diesen ‚Niemand' zu verehren, der den Daumen gemacht hat."

JACOB BRONOWSKI übernahm diese Methode bei der Diskussion über den Glauben. Der Christ wird dem von ihm erreichten *Ergebnis* nicht zustimmen; aber seine *Methode* faßt deutlich zusammen, was es heißt, den christlichen Glauben zu prüfen:

... Funktioniert dieses Konzept wirklich ... ohne Zwang, ohne Verfälschung und ohne einen willkürlichen Überbau von Gesetzmäßigkeiten, die nicht dem zentralen Gedanken entspringen? Entsprechen seine Konsequenzen unseren Erfahrungen; leben Menschen in der Gesellschaft danach oder nicht? Mit diesen einfachen, aber weitreichenden

Jacob Bronowski

Testfragen können wir die großen Worte von Politikern und Philosophen beurteilen.

Es hat schon immer zwei Sichtweisen der Wahrheit gegeben. Die eine besteht darin, Konzepte zu finden, die über jeden Zweifel erhaben sind, weil sie durch Glauben, Autorität oder die Überzeugung, daß sie selbstverständlich sind, angenommen werden. Das ist die mystische Unterwerfung unter die Wahrheit, der sich der Osten verschrieben hat und die das unanzweifelbare Denken von Wissenschaftlern des Mittelalters prägte. So vertritt Thomas von Aquin die Ansicht, daß dem Glauben ein höherer Stellenwert an Wahrheit zukomme als dem Wissen; der Meister der mittelalterlichen Wissenschaft gibt der Wissenschaft nur den zweiten Rang.

Doch lange vor Thomas hatte Peter Abelard die gesamte Vorstellung in Frage gestellt, daß es Konzepte gäbe, die nur durch Glauben oder Autorität nachvollziehbar wären. Alle Wahrheit, selbst die höchste, muß der Prüfung zugänglich sein, sagte Abelard: „Zweifel führt uns zur Nachforschung. Und durch die Nachforschung erkennen wir Wahrheit"...

Die Art und Weise, Konzepte auf Grund ihrer Konsequenzen in der Erfahrung zu prüfen und zu korrigieren, ist seitdem zur Triebfeder in unserer Zivilisation geworden. In Wissenschaft, Kunst und Selbsterkenntnis sammeln wir ständig neue Erfahrungen und verändern uns, indem wir fragen: „Ist das wirklich so?" So sieht Wahrheit aus...

Die Wissenschaft ist in der Tat eine wahrheitsgemäße Betätigung. Ganz gleich, ob wir Fakten, Dinge oder Konzepte betrachten, wir können die Wahrheit nicht vom Sinn trennen, d.h. von einer inneren Ordnung. Wahrheit unterscheidet sich deshalb in den Natur- und in den Geisteswissenschaften nicht. Die Tatsachen des Geistes, die Grundlagen der Persönlichkeit, sind lediglich schwieriger mitteilbar. Wahrhaftigkeit gegenüber den Fakten gilt für beide und hat die gleiche Bedeutung, denn die

Thomas von Aquin

Fakten sind das einzige Rohmaterial, von dem wir eine veränderte Auffassung ableiten können. In der Naturwissenschaft ist die Berufung auf Fakten die Untersuchung eines Konzepts auf seine logischen Konsequenzen. In den Geisteswissenschaften setzen die menschlichen Empfindungen die Grenze für Erfahrungen, die in Sprache mitgeteilt werden können.

EIN EXEMPLARISCHER FALL: SCHÖPFUNG UND/ODER EVOLUTION

Es gibt drei Gründe, warum es häufig äußerst schwierig ist, über die Evolution zu sprechen:

1. Manchmal scheitert die Verständigung, weil Worte wie „Schöpfung" und „Evolution" für verschiedene Leute Unterschiedliches bedeuten.

2. Die wenigsten verstehen genügend über Wissenschaften wie Biologie und Paläontologie, um Fachliteratur aus diesen Bereichen zu lesen. Die meisten von uns müssen sich auf vereinfachte Ausführungen der Evolutionstheorie verlassen, die wir in der Schule oder durch populäre Literatur vermittelt bekommen. Während wir keine ausgebildeten Historiker zu sein brauchen, um die Dokumente zu untersuchen, die sich mit dem Leben Jesu befassen, sind die meisten von uns unsicher, wenn es um Amöben oder Fossilien geht.

3. Es scheint nicht möglich, die Frage allein durch das Studium wissenschaftlicher Beweismittel zu beantworten. Es gibt bedeutende Wissenschaftler, Experten in ihren Bereichen, die Atheisten sind; und es gibt viele überzeugte Christen. Wenn die wissenschaftlichen Ergebnisse nicht auf die eine oder andere Weise schlüssig sind, so scheint es, daß philosophische und religiöse Voraussetzungen unser Denken über Schöpfung und Evolution wesentlich stärker beeinflussen, als wir meinen. Das trifft sowohl für den Nichtchristen als auch den Christen zu, da diese Voraussetzungen nichts mit Wissenschaft zu tun haben.

In welcher Beziehung stehen Naturwissenschaft und Offenbarung?

Für den Christen sollte es nicht schwer sein, Wissenschaft und Offenbarung miteinander zu verbinden, denn er sieht *beide* als Wege, durch die Gott sich offenbart. Wenn Gott sich durch seine „besondere Offenbarung" (d.h. durch Jesus Christus und durch die Bibel) als Schöpfer des Universums vorstellt, so gibt er uns auch die Möglichkeit, durch wissenschaftliche Untersuchungen das Universum zu erforschen, soweit es möglich ist. Es ist unvorstellbar, daß Gott sich selbst widersprechen könnte und daß das, was er durch die Bibel offenbart, dem widerspricht, was er durch die Wissenschaft zeigt.

Um die christliche Einstellung zur Wissenschaft zu verstehen, ist es hilfreich, sich daran zu erinnern, daß die moderne Naturwissenschaft im christlichen Kontext entstanden ist. Die alten

Griechen entwickelten die Geometrie, doch ihre erste Annäherung an die Naturwissenschaft beruhte auf der Ableitung aus allgemeinen Prinzipien und nicht auf Beobachtung und Experiment. Die Araber entwickelten die Algebra, einen wichtigen und nötigen Beitrag. Das christliche Abendland erzielte im Mittelalter keinen Fortschritt, weil es noch unter dem Einfluß griechischer Denkweise stand.

Damit sich die moderne Naturwissenschaft entfalten konnte, bedurfte es einer Weltanschauung, die Gewicht legte auf die Regeln in der Natur, die Rationalität Gottes, des Schöpfers, und die Gewißheit, daß das Universum existiert. Es bedurfte eines bestimmten Weges, Ratio – die sich lediglich auf Spekulation und Denken verläßt – und Experiment – das auf Beobachtung und Untersuchung beruht – zusammenzubringen.

Darum ist es kein Zufall, daß sich die moderne Naturwissenschaft vom 16. Jahrhundert an im christlichen Raum entwickelte, denn es war die biblische Sicht der Welt, die wichtige, zuvor fehlende Elemente lieferte.

Der deutsche Physiker C. F. von Weizsäcker faßte diese wichtigen Konzepte zusammen und beschrieb die moderne Naturwissenschaft als ein „Geschenk" bzw. „ein Kind des Christentums":

> **Der Begriff strenger und allgemeingültiger Naturgesetze hätte kaum ohne den christlichen Schöpfungsbericht aufkommen können. Materie im platonischen Sinn, die von der Vernunft „überredet" werden muß, wird mathematischen Gesetzen nicht exakt gehorchen; Materie, die Gott aus nichts geschaffen hat, mag wohl in Strenge den Regeln folgen, die ihr Schöpfer ihr gesetzt hat. In diesem Sinne nannte ich die neuzeitliche Wissenschaft ein Geschenk, ich hätte auch sagen dürfen ein Kind des Christentums.**

Donald MacKay, ein Kybernetiker von internationalem Rang, beschreibt, wie die biblische Sichtweise der Welt zu einer soliden Basis für die Arbeit des Naturwissenschaftlers wird:

> **Die biblische Lehre... liefert eine solidere Grundlage, nicht etwa das Gegenteil, für unsere wissenschaftlichen Forschungen. Grundlage ist die Zuverlässigkeit eines göttlichen Willens, der stets wahrhaftig bleibt.**
>
> **Hinter uns liegt eine Zeit verworrener Konflikte, in der die biblische Lehre vom göttlichen Wirken weitgehend vergessen oder entstellt wurde. Gerade in dieser Lehre, nicht zurechtgestutzt durch Konzessionen an den Zeitgeist, sehe ich die Grundlage einer tiefen Harmonie zwischen christlichem Glauben und wissenschaftlicher Einstellung. Es könnte keine besseren Garantien für unsere wissenschaft-**

Die Versteinerung dieser Flugechse soll 200 Millionen Jahre alt sein.

lichen Forschungen geben als die Rationalität und Zuverlässigkeit des einen, der in seinem Wesen die ganze Welt trägt.

Wenn wir uns fragen, wie wir grundsätzlich Wissenschaft und Bibel zusammenbringen sollen, so lautet die natürliche Antwort für den Christen, daß wir nach Wegen suchen sollten, um das, was wir von der Wissenschaft lernen, mit dem, was wir von der Bibel her wissen, in Einklang zu bringen. Obwohl wir an die gleichen Themen von verschiedenen Blickwinkeln aus herangehen, weigern wir uns, sie völlig voneinander zu trennen.

Wie stellt sich das nun praktisch dar?

● Wir müssen uns darüber im klaren sein, daß die meisten wissenschaftlichen Theorien vorläufig sind. Der Wissenschaftler ist leicht versucht, seine Annahmen als letztgültig anzusehen, um dann nach einigen Jahren zu entdecken, daß sie auf Grund neuer Erkenntnisse völlig überarbeitet werden müssen. Wenn wir uns daran erinnern, wie überzeugt bestimmte wissenschaftliche Theorien, sagen wir einmal vor 50 Jahren, vorgebracht und wie sehr sie seitdem verändert wurden, werden wir weniger geneigt sein, die heute als sicher geltenden Theorien als endgültig anzusehen.

● Wir müssen bereit sein, unser Verständnis der Bibel zu überdenken, und zugeben, daß wir nicht immer verstanden haben, was der Autor eigentlich vermitteln wollte. Wenn wir unsere *Auslegung* der Bibel überdenken, machen wir deshalb noch keine Abstriche an ihrer Autorität.

● Wir müssen bereit sein, unser Urteil vorläufig aufzuschieben, wenn wir erkennen, daß die verschiedenen Beweise noch keinen Sinn ergeben. Möglicherweise müssen wir also eingestehen: „Hier gibt es ein Problem, das wir *zum gegenwärtigen Zeitpunkt* nicht lösen können. Wir verschließen uns nicht Beweisen, und es *ist* vorstellbar, daß zwingende Beweise gegen christliche Aussagen stehen, so daß wir diese nicht mehr anerkennen. Aber noch sind die Beweise nicht so schlüssig, daß uns dies veranlassen könnte, unser Verständnis der biblischen Lehre aufzugeben. Wir fällen deshalb zur Zeit kein Urteil und hoffen, irgendwann einmal eine Lösung dieses Problems zu finden." Das ist keine Flucht oder Entschuldigung für träge Geister; diese Einstellung kann vielmehr echter Ausdruck christlicher und wissenschaftlicher Bescheidenheit sein.

In einem Kommentar zum 1. Buch Mose beschreibt Derek Kidner die Art und Weise, in der er Naturwissenschaft mit der Geschichte von Adam und Eva in Zusammenhang bringt:

Die Forschungsidee ist nur vorläufig. Und das muß so sein. Hier geht es um eine persönliche Auffassung, die zu Korrektur und zu einer besseren Synthese einlädt; solange kann sie daran erinnern, daß das Offenbarte und das Beobachtete schwer miteinander in Einklang zu bringen sind, weil wir zu wenig wissen und nicht etwa zu viel...

Was verstehen wir unter „Schöpfung"?

Der Christ glaubt, daß die Erschaffung der Welt und des Menschen kein Zufall war, sondern das Ergebnis von Gottes zielvollem, freiem Handeln.

Während einige Christen auf einer buchstäblichen Auslegung der ersten Kapitel des 1. Buches Moses bestehen, meinen andere, daß wir unser Verständnis im Licht neuer Erkenntnis neu zu überdenken haben. Das bedeutet, daß wir diese Kapitel nicht so interpretieren müssen, als handele es sich um einen Augenzeugenbericht, der den exakten Ablauf der Schöpfung schildert.

Eine der Eröffnungsszenen in de Laurentiis Film *Die Bibel* zeigt, wie Adam buchstäblich aus Staub geformt wurde; aus einem Haufen Staub entsteht vor unseren Augen in wenigen Sekunden ein menschliches Lebewesen. Der Bibeltext verlangt jedoch eine solche Interpretation *nicht.* Er sagt auch nicht, daß der Mensch in einem Augenblick „aus dem Nichts" geschaffen wurde.

Der Schreiber des 1. Buches Mose behält sich den Begriff „erschaffen" für drei wichtige Stadien bei der Schöpfung der Welt vor:

Am Anfang schuf Gott Himmel und Erde...
(der Schöpfungsbeginn, Erschaffung des „Rohmaterials" der Welt)
Und Gott schuf große Fische und alles Getier, das da lebt und webt, davon das Wasser wimmelt... und alle gefiederten Vögel...
(die Erschaffung der Tiere)

Gott schuf den Menschen zu seinem Bilde...
(die Erschaffung des Menschen)

Im ersten Stadium muß das Wort „erschaffen" besagen „aus dem Nichts erschaffen". Bei den beiden folgenden Stufen handelt es sich nicht um Erschaffen aus dem Nichts, sondern um Schöpfung mittels Materie, die bereits vorhanden war:

Und Gott sprach: „Es wimmle das Wasser von lebendigem Getier..."

Da machte Gott der Herr den Menschen aus Erde vom Acker und blies ihm den Odem des Lebens in seine Nase. Und so ward der Mensch ein lebendiges Wesen...

Wenn der Schreiber davon spricht, daß Gott den Menschen erschuf, spricht er von einem entscheidenden neuen Stadium bei der Entfaltung des Schöpfungsprozesses. Doch er definiert nicht genau, *wie* Gott den Menschen schuf; wir sollten uns hüten, in die Texte andere Vorstellungen hineinzulesen. Wenn wir sorgfältig unterscheiden, was die Bibel *tatsächlich sagt* und was sie *nicht sagt*, können wir dem Prozeß der Erschaffung des Menschen durch Gott offener gegenübertreten.

JAMES PACKER gibt im folgenden einen Überblick, wie er als Theologe die ersten beiden Kapitel im 1. Buch Mose versteht, die von der Erschaffung der Welt und des Menschen handeln:

1. Mose 1 und 2 berichtet von einem *Wer*, ohne viel über das *Wie* zu sagen. Einige sehen dies als Mangel an; doch im Hinblick auf die Geschichte in ihrer Gesamtheit nimmt sich unser gegenwärtiges „wissenschaftliches" Beschäftigtsein mit dem *Wie* und weniger mit dem *Wer* recht seltsam aus. Statt diese Kapitel zu kritisieren, weil sie unserem Interesse keine Nahrung bieten, sollten wir aus ihnen den nötigen Tadel für unsere verdrehte Leidenschaft akzeptieren, die Natur kennenzulernen, ohne den Schöpfer zu kennen.

Die Botschaft dieser ersten beiden Kapitel lautet: „Du hast das Meer gesehen? Den Himmel? Sonne, Mond und Sterne? Du hast die Vögel und die Fische beobachtet? Du hast die Landschaft, die Pflanzen- und Tierwelt, die Insekten, alle großen und kleinen Dinge insgesamt betrachtet? Du hast gestaunt über die wunderbare Vielfalt menschlichen Lebens mit all ihren Fähigkeiten und den tiefen Empfindungen von Faszination, Anziehungskraft und Zuneigung, die Männer und Frauen zueinander hervorrufen? Großartig, nicht wahr? Nun begegne dem, der hinter allem steht!" Als wollten sie sagen: Jetzt, wo du dich an dem Kunstwerk erfreut hast, mußt du dem Künstler die Hand schütteln; da dich die Musik verzaubert hat, wollen wir dir den Komponisten vorstellen. Sie wollen uns den Schöpfer näherbringen, nicht nur die Schöpfung; sie wollen uns Gott erkennen lassen, nicht nur die Natur. Darum wurden die ersten beiden Kapitel der Bibel und die Hymnen auf die Schöpfung wie Psalm 104 oder Hiob 38–41 geschrieben.

Es gibt jedoch eindeutige Grenzen für die Auslegung des 1. Buches Mose. So meinen viele Christen, daß der Glaube an einen historischen Adam ein wesentlicher Bestandteil christlichen Glaubens sei, und zwar aus folgenden Gründen:

- Es ist ein Grundprinzip der Bibelauslegung, daß wir stets fragen müssen: „Was war die Absicht des Schreibers?" Wenn wir uns diese Frage bei den ersten Kapiteln im 1. Buch Mose stellen, entdecken wir einen wichtigen Hinweis in dem Satz: „Dies ist das Buch von des Menschen Geschlecht . . .". Dieser Satz wird in verschiedener Form elfmal wiederholt. Er bedeutet: „Dies ist die Genealogie, die Abstammungsgeschichte von...".

Dies ist die Entstehung des Himmels und der Erde, als sie geschaffen wurden

Dies ist das Buch von Adams Geschlecht

Dies ist die Geschichte von Noahs Geschlecht

Dies ist das Geschlecht der Söhne Noahs: Sem, Ham und Jafet

Es scheint, daß der ursprüngliche Verfasser oder der Herausgeber des Buches in gleicher Weise Adam wie alle anderen Menschen später als historische Personen ansah.

- Die Juden verstanden die Schöpfungsgeschichte stets so, als beziehe sie sich auf ein Menschenpaar, und Jesus schloß sich dieser Auffassung an.

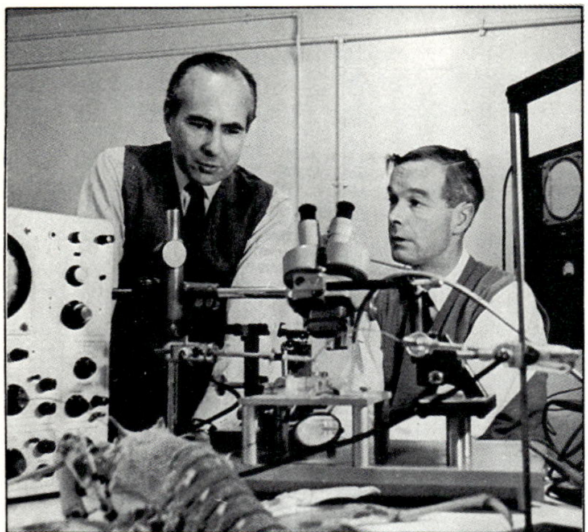

Professor Julian Huxley (links) nahm an, daß jeder Aspekt des Universums eine dauernde Evolution erfahre.

Da fragten die Pharisäer Jesus: „Darf ein Mann aus jedem Grund seine Frau aus der Ehe entlassen?" Er aber antwortete: „Habt ihr nicht gelesen, daß der, der im Anfang den Menschen geschaffen hat, sie als Mann und Frau geschaffen und gesagt hat: ‚Darum wird ein Mann Vater und Mutter verlassen und sich an seine Frau binden, und die beiden werden ein Leib sein'?"

LUKAS verfolgt die Genealogie Jesu bis auf Adam zurück, den ersten Menschen:

Jesus war, als er zu wirken anfing, ungefähr dreißig Jahre alt; man hielt ihn für einen Sohn Josefs, der war ein Sohn Elis ... der war ein Sohn des Enosch, der war ein Sohn Sets, der war ein Sohn Adams, der war Gottes.

PAULUS geht davon aus, daß Adam der erste Mensch war, durch den die Sünde in die Welt gekommen ist. Seine ganze Erörterung über die Auswirkungen von Tod und Auferstehung Jesu hängen von der Annahme ab, daß der Sündenfall Adams ebenso ein historisches Ereignis war wie Tod und Auferstehung Jesu:

... durch einen Menschen ist die Sünde in die Welt gekommen und der Tod durch die Sünde, und so ist der Tod zu allen Menschen durchgedrungen, weil sie alle gesündigt haben ... wenn durch die Sünde des einen die vielen gestorben sind, um wieviel mehr ist dann Gottes Gnade und die Gnadengabe des einen Menschen Jesus Christus den vielen überreich zuteil geworden. Und mit der Gabe verhält es sich nicht so wie mit dem, was durch die Sünde des einen geschehen ist. Denn von dem einen ausgehend hat das Urteil zur Verdammung geführt, die Gnadengabe aber zur Rechtfertigung von vielen Sünden. Denn wenn wegen der Sünde des einen der Tod geherrscht hat durch den einen, wieviel mehr werden alle, die die Fülle der Gnade und der Gabe zur Rechtfertigung empfangen, im Leben herrschen durch den einen, Jesus Christus.

Wie nun durch die Sünde des einen die Verdammung über alle Menschen gekommen ist, so ist auch durch die Gerechtigkeit des einen für alle Menschen die Rechtfertigung gekommen, die zum Leben führt. Denn wie durch den Ungehorsam des einen Menschen die vielen zu Sündern geworden sind, so werden auch durch den Gehorsam des einen die vielen zu Gerechten.

● Wer den Glauben an einen historischen Adam ablehnt, schafft sich dadurch mehr Probleme, als er löst. Wenn die ersten Kapitel des 1. Buches Mose nichts zu tun haben mit dem *Ursprung* – der Welt, des Menschen, der Sünde, des Leidens –, bleiben viele wichtige Fragen unbeantwortet: z.B. was bedeutet es, wenn wir sagen, daß der Mensch „zum Ebenbild Gottes" geschaffen wurde? Entwickelte sich der Mensch allmählich zum „Ebenbild Gottes", und entstand die Gottähnlichkeit des Menschen langsam? War der Mensch schon immer ein Sünder und von Natur aus ein Rebell?

Was verstehen wir unter „Evolution"?

Es ist schwieriger, den Begriff „Evolution" zu definieren, weil er mindestens in drei unterschiedlichen Weisen verwendet wird:

1. Wenn wir von Evolution innerhalb eines begrenzten Bereichs sprechen – z. B. der Evolution des Pferdes –, sprechen wir darüber, wie sich das Pferd entwickelt hat, und unsere Theorie gründet sich auf eine beachtliche Anzahl wissenschaftlicher Erkenntnisse.

2. Wenn wir von der Evolutionstheorie in einem etwas allgemeineren Sinn sprechen, denken wir an eine biologische Theorie über die Entwicklung *aller* Lebewesen, von der Amöbe bis zum Menschen. Professor W. R. THOMPSON faßt 1956 in der Einleitung seines Buches *The Origin of Species* die Darwinsche Evolutionstheorie und die Auffassung der meisten modernen Darwinisten wie folgt zusammen:

> **Natürliche Selektion, die zum Überleben des Tüchtigsten führt, hat in der Gesamtheit von Einzelwesen mit unterschiedlichen Merkmalen, die untereinander wetteifern, im Laufe der geologischen Zeit langsam fortschreitende Veränderungen hervorgebracht, vom ersten Organismus an bis zur höchsten Lebensform, ohne das Eingreifen irgendeiner lenkenden Kraft oder Wirkung... Planlose und ungelenkte Evolution, so behauptet J. Huxley, brachte endlich mit dem Menschen ein Wesen hervor, das ein Ziel verfolgen und den Evolutionswandel lenken kann.**

3. Oftmals wird der Begriff „Evolution" auch als philosophische Theorie verstanden, die in anderen Bereichen Anwendung finden kann. JULIAN HUXLEY beschreibt die Evolution als allumfassende Philosophie:

> **Alle Realität ist Evolution... sie ist ein Prozeß in der Zeit, einheitlich, fortlaufend, nicht umkehrbar, sich selbst wandelnd, und sie bringt eine Vielzahl von Neuerungen während dieses Umwandlungsprozesses hervor. In diesem Evolutionsmuster besteht kein Bedarf oder Raum mehr für das Übernatürliche. Die Erde wurde nicht erschaffen; sie entwickelte sich, so wie alle Tiere und Pflanzen, und auch wir Menschen, Verstand und Seele ebenso wie Gehirn und Körper. Und auch die Religion. Alle Aspekte der Realität unterliegen der Evolution. Von Atomen und Sternen zu Fischen und Blumen, von Fischen und Blumen zur menschlichen Gesellschaft und zu Wertmaßstäben – ja, alle Realität ist ein einziger Prozeß der Evolution.**

Lassen sich Schöpfung und Evolution vereinbaren?

Dies hängt zuerst davon ab, was wir unter dem Begriff „Evolution" verstehen. Wenn wir ihn in seiner ersten Bedeutung verstehen, nämlich als Theorie, welche die Entwicklung von Lebewesen beschreibt, wofür es überzeugende Beweise gibt, besteht kein Grund, warum die Evolution nicht mit der Schöpfung in Einklang zu bringen sein soll. Es gibt viele qualifizierte Wissenschaftler, die der Auffassung sind, daß die Evolutionstheorie keine überzeugende Erklärung der Entwicklung zum Menschen bietet. Es gibt noch zu viele Lükken. Dazu Professor W. R. THOMPSON:

Charles Darwin

> **Darwin selbst sah den Evolutionsgedanken als unbefriedigend an, es sei denn, sein Mechanismus könne erklärt werden. Dem stimme ich zu. Doch da bislang niemand zu meiner Zufriedenheit erklärt hat, wie Evolution möglich war, sehe ich keinen Anlaß zu behaupten, daß sie tatsächlich geschehen ist. Vielmehr meine ich, daß unsere Informationen in diesem Bereich unzureichend sind.**
>
> **Unter den Biologen gibt es eine Vielzahl von Meinungen, nicht nur was die Ursachen der Evolution angeht, sondern auch den eigentlichen Prozeß. Diese Meinungsvielfalt besteht, weil**

> **die Ergebnisse bisher unbefriedigend sind und keine sicheren Schlußfolgerungen zulassen. Darum ist es richtig, die nicht wissenschaftlich ausgebildete Öffentlichkeit auf diesen Streit über die Evolution hinzuweisen. Doch jüngste Äußerungen von Anhängern der biologischen Entwicklungslehre zeigen, daß sie dies für unvernünftig halten. Diese Situation, in der sich Wissenschaftler zusammentun, um eine Theorie zu verteidigen, die sie wissenschaftlich nicht belegen können, geschweige denn mit naturwissenschaftlicher Exaktheit, und die versuchen, ihr öffentliches Ansehen zu erhalten, indem sie Kritik unterdrükken und Schwierigkeiten leugnen, ist ungewöhnlich und für die Wissenschaft unerwünscht.**

Der Biologe Professor D. S. M. WATSON hat darauf hingewiesen, daß viele Wissenschaftler andere Gründe dafür haben, warum sie an der Evolutionstheorie festhalten, Gründe, die mit Wissenschaft nichts zu tun haben:

> **Die Evolution wird von Wissenschaftlern akzeptiert, nicht weil sie als tatsächliches Ereignis beobachtet wurde oder sich durch logische Beweise als wahr erwiesen hat, sondern weil die einzige Alternative, nämlich die Schöpfung, für sie unannehmbar ist.**

Hier ein Beispiel, wie der Theologe JOHN STOTT Evolution in diesem Sinn mit der Schöpfungsgeschichte im 1. Buch Mose in Beziehung setzt:

> **Es erscheint durchaus möglich, die Historizität Adams mit zumindest einigen (theistischen) Aspekten der Evolutionstheorie zu vereinbaren. Viele Christen tun dies in der Tat und halten sie nicht für unvereinbar mit ihrem Glauben. Für die Historizität eines Urpaares einzutreten, das durch Ungehorsam zu Sündern wurde, ist eine Sache; eine andere ist es, die Evolution völlig zu leugnen und auf einer voneinander unabhängigen, jeweils neuen Schöpfung allen Lebens zu bestehen, sowohl der Tiere als auch Adams. Es scheint mir möglich und der Bibel nicht zu widersprechen (aber es ist nur eine Annahme), daß Gott den Menschen zu seinem Bild schuf, indem er sein Bild auf einen der „Hominiden" übertrug, die vermutlich zu jener Zeit lebten.**
>
> **Ich bin kein Wissenschaftler und zögere deshalb, zu sagen, daß die außergewöhnliche Einheitlichkeit der Menschheit (physiologisch und psychologisch) mir als der beste verfügbare wissenschaftliche Beweis dafür erscheint, daß wir eine gemeinsame Abstammung haben.**
>
> **Das Hauptproblem, Bibel und Wissenschaft im Hinblick auf den Ursprung der Menschheit in Einklang zu bringen, betrifft das Alter Adams. Wenn Adam und Eva ein historisches Paar waren, muß man sich fragen, wann sie lebten. Es gibt vor allem zwei Möglichkeiten.**
>
> **Die erste besagt, daß sie in früher**

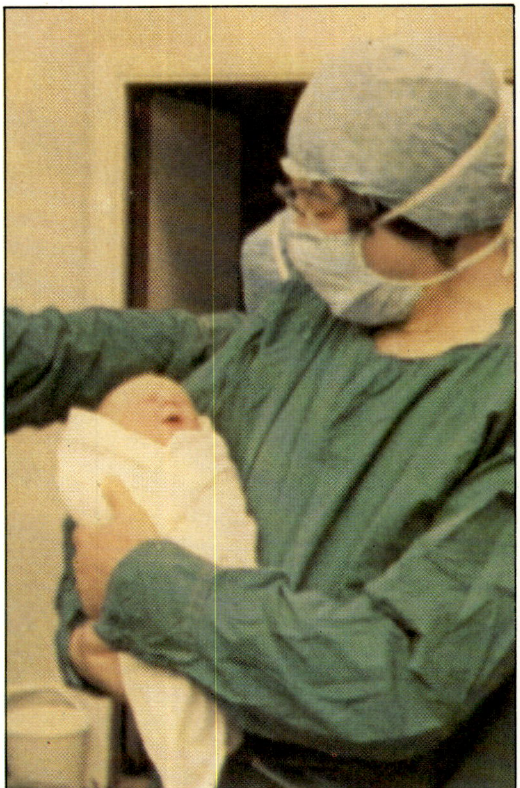

Mit der Geburt des ersten Reagenzglas-Babys 1980 ist die genetische Manipulation zur Lebensfrage geworden.

Vorzeit lebten, viele Tausend Jahre vor Christus, so daß alle höhlenzeichnenden, werkzeugherstellenden Hominiden von ihnen abstammten.
Die Schwierigkeit beruht darin, daß wir dann riesige Zwischenräume in der Schöpfungsgeschichte und den Geschlechtsregistern voraussetzen müßten.

Die zweite Möglichkeit besagt, daß sie verhältnismäßig jungen Datums sind, ja erst 5000 oder 10000 v. Chr. Diese Darstellung beginnt mit dem biblischen Zeugnis, daß der Anbruch der Zivilisation, wie er in 1. Mose 4, 17-22 ansatzweise beschrieben wird, unmittelbar auf den Sündenfall folgte. Wenn dies zutrifft, sind selbst die verhältnismäßig fortschrittlichen (wenn auch prähistorischen) höhlenzeichnenden Hominiden vor Adam anzusetzen. Schwierigkeiten bereitet dann der angeblich wissenschaftliche Beweis, daß wirkliche Menschen in einigen Teilen der Welt lange vor dieser Zeit lebten. Doch waren sie adamisch? Anatomisch gesehen waren sie möglicherweise nicht zu unterscheiden vom heutigen Menschen; doch nach welchen Kriterien sollen wir beurteilen, ob sie das Ebenbild Gottes im biblischen Sinn trugen?

Möglicherweise werden wir dieses Problem erst lösen, wenn wir genauer wissen, was „Ebenbild Gottes" bedeutet und wieviel kulturelle (und selbst primitiv religiöse!) Entwicklung bei voradamischen Hominiden möglich war, die allerdings nicht das göttliche Ebenbild trugen.

Wenn wir den Begriff Evolution im zweiten Sinn gebrauchen als eine biologische Theorie der Evolution für alles, von der Amöbe bis zum Menschen, haben wir zwei Möglichkeiten:

- Zum einen können wir die Evolution als einen rein zufälligen Prozeß ansehen, der das Wirken Gottes als Schöpfer ausschließt. Darum weist Professor W. R. Thompson auf den „antireligiösen Beigeschmack" in vielen Erklärungen von Vertretern der Evolutionstheorie hin:

Die Lehre von der Evolution durch natürliche Selektion, wie sie von Darwin formuliert wurde und noch heute von seinen Anhängern vertreten wird, hat einen starken antireligiösen Beigeschmack. Das ist zurückzuführen auf die Tatsache, daß die komplizierten Anpassungen und Zusammenhänge, die wir bei Lebewesen feststellen – was eigentlich auf Zielgerichtetheit und Absicht verweist und damit auf intelligente, göttliche Lenkung – damit erklärt werden, daß es sich um ein zufälliges Ergebnis handele ... Eindeutig wird in Darwins *Die Entstehung der Arten* die Evolution als ein im wesentlichen ungesteuerter Prozeß dargestellt. Bei der Mehrzahl seiner Leser hat Darwin damit wirkungsvoll die Überzeugung einer durch Vorsehung ausgeübten Kontrolle beseitigt.

- Bei der zweiten Möglichkeit nehmen wir an, daß der Evolutionsprozeß Gottes Wirken nicht ausschließt. So ist es denkbar, daß Gott einen „zufälligen" Prozeß als *seinen Weg* zur Erschaffung der Welt gewählt haben könnte. Jene, die Schöpfung mit Evolution in diesem Sinn für vereinbar halten, sehen sich genötigt, das 1. Buch Mose neu zu interpretieren. Wenn sich die Menschheit allmählich von affenähnlichen Vorfahren ohne irgendeinen „Bruch" entwickelt hat, kann es keinen einzelnen „Adam" gegeben haben. Nach Auffassung von John Habgood wirkt sich eine solche neue Interpretation der Bibel auf den gesamten christlichen Glauben aus:

Selbst wenn wir mit vielen Theologen annehmen, daß die Geschichten von Adam und Eva als grundlegende Mythen anzusehen sind und mit Geschichte nichts zu tun haben, bleiben Schwierigkeiten. Die Lehren vom Sündenfall und von der Einzigartigkeit des Menschen werden dem Christen nicht einfach aufgezwungen, weil sie zufällig in 1. Mose 1-3 stehen. Es sind vielmehr wesentliche Aussagen des Glaubens, die verbunden sind mit der übrigen Theologie und nicht entfernt werden können, ohne die gesamte Grundlage des Glaubens zu gefährden.

Wenn wir die Evolution im dritten Sinn als eine biologische Theorie und als Evolutionsphilosophie verstehen, ist es schwer oder gar unmöglich, sie mit der Schöpfungsvorstellung zu vereinbaren. Julian Huxley betont, daß „es im Modell der Evolution weder Bedarf noch Raum für das Übernatürliche gibt", und daß das christliche Verständnis der Schöpfung als „unnötig und unlogisch" ausgeschlossen wird:

> **Eine übernatürliche Schöpfung widerspricht unserer gesamten wissenschaftlichen Erkenntnis ... Wer ein göttliches Eingreifen in den Austausch von Materie und Energie an einem bestimmten Zeitpunkt in der Geschichte der Welt als gegeben voraussetzt, verhält sich unlogisch.**

Es gibt jedoch einige Autoren, die die Philosophie der Evolution angenommen und versucht haben, ihr christliches Weltverständnis neu zu überdenken. Der Pater und Wissenschaftler Teilhard de Chardin (1881-1955) akzeptierte die Evolution nicht nur als biologische Theorie, sondern als eine umfassende Philosophie, die alles verwandelt, auch den christlichen Glauben:

> **Man kann ungeduldig werden oder den Mut verlieren, wenn man so viele Denker sieht (und nicht nur mittelmäßige), die sich noch immer der Evolution gegenüber verschließen, als zeigte uns die Geschichte nicht eindeutig, daß eine einmal erkannte Wahrheit – wenn sie auch nur von einem Menschen erkannt wurde – stets damit endet, sich dem gesamten Bewußtsein der Menschheit aufzudrängen. Für viele bedeutet Evolution noch immer nur Verwandlung. Dies ist nur eine alte Darwinsche Hypothese, örtlich und zeitlich so begrenzt und antiquiert wie Laplace' Theorie vom Sonnensystem oder Wegeners Theorie der kontinentalen Verschiebung. Wahrhaft blind sind jene, die den gewaltigen Fortschritt einer Bewegung nicht erkennen, dessen Wirkung über die Naturwissenschaften hinausgeht, in andere Bereiche eindringt und von ihnen Besitz ergreift wie Chemie, Physik, Soziologie, sogar Mathematik und Religionsgeschichte. So wurden alle Bereiche menschlichen Wissens erschüttert und von der gleichen Strömung erfaßt in Richtung des Studiums irgendeiner *Entwicklung*.**
>
> **Ist die Evolution eine Theorie, ein Lehrgebäude oder eine Hypothese? Sie ist weitaus mehr: Sie ist eine allgemeine Voraussetzung, der sich alle Theorien, Hypothesen und Lehrgebäude beugen müssen und deren Anspruch sie fortan befriedigen müssen, wenn sie denkbar und wahr bleiben wollen. Die Evolution ist ein Licht, das alle Fakten beleuchtet, eine Kurve, der alle Striche folgen müssen.**
>
> **Wenn ich auf Grund eines inneren Umbruchs meinen Glauben an Christus verlieren sollte, an einen persönlichen Gott, an den Heiligen Geist, so würde ich noch immer an die Welt glauben. Die Welt mit ihrem Wert, ihrer Unfehlbarkeit und Schönheit; das ist im Grunde das A und O meines Glaubens.**

Thomas Altizer gehört zu den Theologen der „Gott ist tot"-Schule, die in den sechziger Jahren entstand. Er wies auf Veränderungen hin, die durch de Chardins Neuinterpretation der christlichen Sprache entstanden sind.

> **Es trifft zu, daß Teilhard gelegentlich und inkonsequent die traditionelle christliche Sprache in sein Buch *The Phenomenon of Man* einfließen läßt; doch dies hebt nicht auf, daß buchstäblich der gesamte christliche Glaube in Teilhards Evolutionsvision vom Kosmos entweder verschwindet oder abgewandelt wird.**

Eine unserer Schlußfolgerungen am Ende dieses Abschnitts sollte sein, daß wir bei Gesprächen über das Thema Evolution nicht nur darüber reden, ob der Mensch vom Affen abstammt oder nicht. Letztlich müssen wir uns zwischen zwei Weltanschauungen entscheiden, die unvereinbar miteinander sind:

1. das Universum ist Produkt eines zufälligen Prozesses,

2. oder es gibt einen persönlichen Schöpfer, der während des gesamten Schöpfungsprozesses am Werk war.

Welche dieser Auffassungen entspricht den Fakten unserer Erfahrungen am besten? Wir können diese Frage nicht einfach lösen, indem wir Fossilien betrachten ...

TEIL 5

DIE ALTERNATIVEN VERSTEHEN UND PRÜFEN

Es war die offenkundig giftige Beschaffenheit der Früchte, durch welche ich mich genötigt sah, den philosophischen Baum näher zu betrachten, an dem sie gewachsen waren.

Eine offensichtlich nicht der Wahrheit entsprechende Philosophie führt in der Praxis zu verheerenden Ergebnissen.

. . . wir erkennen die Notwendigkeit, eine alternative Philosophie zu suchen, die wahr sein soll und darum fruchtbar für das Gute.
Aldous Huxley

Ich muß ausdrücklich bekennen, daß sich meine Auffassung über das Wesen des Menschen geändert hat. Das hat im Laufe der Zeit auch zu einem veränderten Weltbild geführt.
C. E. M. Joad

Der Atheismus ist ein grausames, langfristiges Geschäft: Ich glaube, daß ich ihn bis zum Ende durchlebt habe.
Jean-Paul Sartre

Sartre fühlte sich nie zum christlichen Glauben hingezogen und verbrachte sein Leben damit, die Folgen seines Atheismus' herauszuarbeiten. Seine Worte „ihn bis zum Ende durchlebt" geben einen Hinweis darauf, was es heißt, die Alternativen zum christlichen Glauben zu verstehen und zu prüfen.

Wenn man einen Glauben bis zum Ende verfolgt, bedeutet dies, daß man beharrlich bleibt und seine logische Konsequenz zu Ende denkt. Oftmals wird die Frage: „Was würde geschehen, wenn...?" zu: „Was ist geschehen, als...?", weil es stets Menschen gegeben hat, die ausdauernd nach der Wahrheit suchten und alle möglichen Antworten und ihre Konsequenzen erforschten. Möglicherweise mißfallen uns die von ihnen gefundenen Schlußfolgerungen, oder wir sind anderer Meinung; doch wenn es mögliche Konsequenzen sind, die sich logisch aus den ursprünglichen Annahmen ergeben, was hindert uns daran, den gleichen Weg einzuschlagen? Können wir aufzeigen, an welcher Stelle sie einen Fehler machten? Oder zögern wir nur, weil uns Gewohnheit oder Tradition, der gesunde Menschenverstand oder unser Gefühl zurückhalten?

Francis Schaeffer gibt zwei Beispiele von Menschen, die ihren Glauben bis hin zur logischen Konsequenz auslebten und dann entdeckten, daß sie sich in einem Dilemma wiederfanden; in einer Spannung zwischen der logischen Schlußfolgerung ihres Glaubens und der realen Welt, in der sie leben.

In seinem ersten Beispiel beschreibt er ein Gespräch mit einem Atheisten, der meinte, es gäbe für ihn keinen Grund zu glauben, daß außer ihm noch etwas existiere.

> **Er war Atheist, und als er feststellte, daß ich Pastor war, erwartete er einen unterhaltsamen Abend und wollte mich in die Zange nehmen. Aber die Unterhaltung entsprach nicht seinen Erwartungen. Ich merkte, daß er die logischen Konsequenzen seiner Position durchaus verstand und seiner Überzeugung entsprechend zu leben versuchte. Als er nach etwa einer Stunde die Unterhaltung beenden wollte, führte ich ein letztes Argument an, das er hoffentlich nie vergessen wird – nicht aus Bosheit, sondern weil ich ihm, einem Menschen, helfen wollte. Er war in Begleitung seiner hübschen jüdischen Frau – sie war wirklich eine Schönheit und voller Leben, und die Aufmerksamkeit, mit der er sie umgab, zeigte, daß er sie wirklich liebte.**
>
> **Als sie sich gerade in ihre Kabine zurückziehen wollten ... sagte ich ihm zum Abschied: „Wenn Sie gleich Ihre Frau in die Arme schließen, können Sie dann genau wissen, daß sie wirklich da ist?"**
>
> **Ich haßte es, ihm diesen Schlag zu versetzen, und tat es dennoch, weil ich wußte, daß er die Bedeutung dieser Frage wirklich verstehen und nicht vergessen würde. Er zuckte wie unter einem Schlag zusammen, schrie mich an: „Nein! Ich weiß nicht immer genau, ob sie da ist", und ging in seine Kabine.**

In seinem zweiten Beispiel spricht Schaeffer von Verliebten am linken Seineufer in Paris, die einander lieben und zugleich weinen, weil sie nicht an die Existenz von Liebe glauben:

> **Sollte ich einem solchen Paar begegnen, würde ich ihnen meine Hände auf die Schultern legen und sagen: „... in diesem Augenblick erkennt ihr etwas von der Wirklichkeit des Universums. Nach eurer Philosophie mag es so etwas wie Liebe nicht geben, aber eure eigene Erfahrung beweist, daß sie doch existiert." Sie haben zwar nicht den persönlichen, wirklich existierenden Gott erlebt, aber in ihrer Liebe haben sie für einen flüchtigen Augenblick die Existenz wahrer Persönlichkeit erfahren. Und dies ist in der Tat eine objektive Wirklichkeit...**

Wenn wir feststellen, daß ein bestimmter Glaube verheerende Folgen nach sich zieht, müssen wir

entweder in Übereinstimmung mit unserem Glauben leben und die vollen Konsequenzen tragen;

oder wir bleiben, wo wir sind, und bekennen uns zur Unvereinbarkeit zwischen dem, was wir glauben und wie wir leben;

oder wir halten Ausschau nach einem anderen Glauben, welcher der Welt, wie sie ist, besser entspricht.

ALDOUS HUXLEY schreibt 1937 über seinen früheren Glauben und nennt ein Beispiel dafür, was der Wechsel der Überzeugung bedeuten kann:

Es war die offenkundig giftige Beschaffenheit der Früchte, durch welche ich mich genötigt sah, den philosophischen Baum näher zu betrachten, an dem sie gewachsen waren.

Eine offensichtlich nicht der Wahrheit entsprechende Philosophie führt in der Praxis zu verheerenden Ergebnissen.

Er spricht über

... den Punkt, an dem wir die Notwendigkeit erkennen, eine alternative Philosophie zu suchen, die wahr sein soll und darum fruchtbar für das Gute.

Dem Christen drängt sich die Einsicht auf, daß Huxleys frühere Unzufriedenheit mit seiner Einstellung ihn nie dazu veranlaßte, den christlichen Glauben als eine solche „alternative Philosophie" in Erwägung zu ziehen, die wahr sein und darum „gute Früchte" hervorbringen könnte. Er wird auf die „giftige Beschaffenheit der Früchte" von Huxleys späterer Einstellung hinweisen wollen. C. E. M. JOAD ist hingegen ein Beispiel für einen Philosophen, der bereit war, seine Auffassung zu ändern und der allmählich von der christlichen Sicht der Welt überzeugt wurde:

Ich muß ausdrücklich bekennen, daß sich meine Auffassung über das Wesen des Menschen geändert hat.

Das hat im Laufe der Zeit auch zu einem veränderten Weltbild geführt...

TEMPLE GAIRDNER, der als Missionar viele Jahre in Ägypten arbeitete und viele Kontakte zu Moslems hatte, schrieb folgende Worte:

Wenn sich Menschen in einer Sackgasse wiederfinden und ihre Auffassung für hoffnungslos halten, bedeutet dies, daß sie eine falsche Richtung gewählt haben und daß sie wieder an die Weggabelung zurückkehren müssen, um einen anderen Weg einzuschlagen.

Zwangsläufig können wir nur einige Alternativen zum christlichen Glauben auswählen. Es ist unmöglich, jede einzelne Religion, Philosophie und jeden modernen Kult zu berücksichtigen.

Wir wollen uns darum auf fünf Religionen beschränken: Naturreligion, Hinduismus und Buddhismus, Judentum und Islam.

Dann wollen wir uns zehn bedeutende Denker anschauen, die großen Einfluß auf unser Denken ausgeübt haben und die dazu beigetragen haben, das sogenannte „moderne Denken" zu begründen.

Schließlich wollen wir zehn verschiedene „Ismen" prüfen – verschiedene Philosophien, Ideologien und religiöse Anschauungen.

In jedem Fall wollen wir uns bemühen *nachzuempfinden, wie es sein müßte,* mit einer dieser Weltanschauungen zu leben. Es genügt nicht, die verschiedenen Religionen und Philosophien zu umreißen und sie als Theorien für abstrakte Diskussionen zu betrachten. Wir müssen versuchen, uns in den anderen hineinzuversetzen und die Welt so zu sehen, wie er sie sieht. Zitate sollen dabei nicht nur helfen, die verschiedenen Weltanschauungen theoretisch zu verstehen, sie sollen uns auch den Erfahrungen jener näherbringen, die dieser Religion folgen.

Wir wollen auch versuchen, die verschiedenen Religionen und Ismen an den Punkten zu untersuchen, an denen sich besondere Schwierigkeiten ergeben, insbesondere bei Antworten, die sie auf Grundfragen des Menschseins geben.

Übersicht

DIE GROSSEN RELIGIONEN

Naturreligion
Östliche Religionen – Hinduismus und Buddhismus
Judentum
Islam

ZEHN BEDEUTENDE DENKER

Thomas von Aquin
René Descartes
John Locke
David Hume
Jean Jacques Rousseau
Immanuel Kant
Georg Wilhelm Friedrich Hegel
Sören Kierkegaard
Karl Marx
Sigmund Freud
Das Erbe dieser Denker – „das moderne Denken"

ZEHN „ISMEN"

Katholische Scholastik
Deismus
Rationalismus
Atheismus
Agnostizismus
Mystik
Pantheismus
Marxismus
Existentialismus
Humanismus

DIE GROSSEN RELIGIONEN

NATURRELIGION

Die Religionen vieler Stammesgemeinschaften in aller Welt werden Naturreligion, Animismus oder primitive Religionen genannt. Während es in den verschiedenen Kontinenten wichtige Unterschiede gibt, haben sie viele Eigenschaften gemeinsam – beispielsweise den Glauben an gute und böse Geister, welche die Welt kontrollieren und versöhnlich gestimmt werden müssen.

Einst herrschte die Auffassung, daß Naturreligionen der ursprünglichen Religion des Menschen am nächsten kämen. Doch ist wahrscheinlicher, daß diese Form von Religion sich entwickelte (oder entartete) aus der ursprünglichen Anbetung des einen Schöpfergottes.

Unter der Leitung von F. Wilhelm Schmidt, Wien, haben Anthropologen aufgezeigt, daß die Religionen von Hunderten isolierter Stämme in der Welt nicht primitiv in dem Sinn sind, daß sie ursprünglich seien. Die Stämme erinnern sich an einen „großen Gott", einen gütigen Schöpfer-Vater-Gott, der nicht mehr angebetet wird, weil man ihn nicht länger fürchtet. Statt ihm Opfer zu bringen, sind sie mit dem dringenden Problem beschäftigt, wie die bösen Geister des Dschungels zufriedengestellt werden können. Die Drohungen des Medizinmannes sind wirkungsvoller als die leise Stimme des Vater-Gottes.

Daraus ersehen wir, daß die Entwicklung der Religionen aus einer primitiv gedachten Belebung der Natur nicht länger als selbstverständlich angesehen werden kann. Einige Anthropologen vertreten heute die Ansicht, daß der Monotheismus eher als Weltanschauung ursprünglich ist als der Animismus. Ihre Forschungsergebnisse lassen darauf schließen, daß Stämme nicht animistisch sind, weil sie sich vom Beginn ihrer Geschichte nicht verändert haben. Unsere Erkenntnisse deuten vielmehr darauf hin, daß eine Entartung der wahren Kenntnis Gottes stattgefunden hat. Die Abkapselung von Propheten und religiösen Büchern hat sie zu einer Art von Bestechung verführt, um die Geister mit Opfern versöhnlich zu stimmen, statt mit freudigen Opfermahlen die Gegenwart des Schöpfers zu feiern.

ROBERT BROW

Die folgenden Beispiele entstammen alle afrikanischen Religionen, und die Zitate wurden dem Buch *Afrikanische Religion und Weltanschauung* von JOHN MBITI entnommen.

● Das Bewußtsein von der Existenz eines persönlichen Schöpfergottes ist stark ausgeprägt:

Das afrikanische Wissen um Gott findet seinen Niederschlag in Sprichworten, kurzen Erklärungen, Liedern, Gebeten, Namen, Mythen, Geschichten und religiösen Zeremonien. An all dies kann man sich leicht erinnern und es leicht an andere weitergeben, da es keine heiligen Schriften in den traditionellen Stammesgemeinschaften gibt. Darum darf man keine langen Abhandlungen über Gott erwarten. Aber Gott ist für die Afrikaner kein Fremder, und im traditionellen Leben gibt es keine Atheisten. Ein Sprichwort der Asante faßt das so zusammen: „Niemand zeigt einem Kind das höchste Wesen." Das bedeutet, daß jeder beinahe instinktiv um Gottes Existenz weiß und selbst Kinder ihn kennen.

Dieser Gott hat sich jedoch zurückgezogen. Er existiert, aber er ist zu weit vom Menschen entfernt, um mit ihm Gemeinschaft zu pflegen:

Insbesondere als Geist ist Gott unbegreiflich. Darum bezeichnen ihn die Asante zu Recht als den „unergründlichen Geist", da kein Mensch ihn ermessen und kein Verstand ihn begreifen oder erfassen kann... Viele Menschen geben bereitwillig zu, daß sie nicht wissen, wer Gott ist, und daß sie über Gottes Worte nicht verfügen, da Worte Ausdrucksmittel der Gedanken eines anderen sind und in gewisser Weise ein Bild des Sprechers vermitteln. Einige meinen sogar, daß Gottes richtiger Name unbekannt sei; oder sie geben ihm einen Namen wie etwa Lunda, was soviel bedeutet wie „der Gott des Unbekannten", oder Ngombe, „der Unerklärliche". Oder sie nennen ihn Maasai, was bedeutet „der Unbekannte". In der afrikanischen Kultur hat der Name eines Menschen gewöhnlich eine Bedeutung, die Persönlichkeit und Wesen beschreibt. Was Gott betrifft, so wissen Menschen vielleicht um sein Wirken und Offenbaren, doch sein eigentliches Wesen ist ihnen unbekannt. Es scheint paradox, daß sie ihn „kennen" und doch nicht „kennen". Er ist für sie kein Fremder, und doch sind sie für ihn Fremde. Er kennt sie, aber sie kennen ihn nicht. Und so begegnet Gott den Menschen als der Geheimnisvolle und Unbegreifliche, als der Unbeschreibliche und der, für den das menschliche Vokabular nicht ausreicht. Dies ist Teil des eigentlichen Wesens Gottes.

Die Liebe Gottes wird als selbstverständlich angenommen, doch das wird nur selten gesagt:

Was die Liebe Gottes betrifft, so gibt es praktisch keine direkten Aussagen darüber, daß Gott liebt. Dies ist etwas, was sich im Alltag der Afrikaner widerspiegelt, wo Menschen selten über Liebe reden. Ein Mensch zeigt seine Liebe zu einem anderen mehr durch Handlungen als durch Worte. In gleicher Weise erfahren die Menschen Gottes Liebe in konkreten Taten und Segnungen. Sie gehen davon aus, daß er sie liebhat, sonst hätte er sie ja nicht geschaffen.

Die Entfernung und Unkenntnis Gottes erfordern unterschiedliche Mittler, um den Menschen mit der Kraft in Verbindung zu bringen, die das Universum kontrolliert. Daher spielen Medizinmänner und Geister von Vorfahren eine wichtige Rolle bei der Suche des Menschen nach Gesundheit, Glück und Sicherheit.

● Die Realität einer unsichtbaren Welt wird nicht bezweifelt:

Daraus ergibt sich für die afrikanischen Völker eindeutig, daß dies eine religiöse Welt ist. Natur im weitesten Sinn des Wortes ist kein leeres, unpersönliches Objekt oder Phänomen: Sie ist voll religiöser Bedeutung. Der Mensch sieht Leben selbst in Gegenständen, die an sich kein biologisches Leben besitzen. Gott wird hinter diesen Dingen und Phänomenen gesehen: Sie sind seine Schöpfung, offenbaren ihn, verkörpern sein Wesen und seine Gegenwart. Die unsichtbare Welt wird symbolisiert oder dargestellt durch sichtbare und konkrete Phänomene und Naturobjekte. Die unsichtbare Welt macht der sichtbaren Welt schwer zu schaffen: Wenn Afrikaner die sichtbare oder greifbare Welt betrachten, hören oder fühlen, dann „sehen" sie jene Welt dahinter.

WELCHE AUSWIRKUNG HAT DIESES WELTBILD AUF MORALISCHE WERTMASSSTÄBE?

Gott scheint mit den Wertvorstellungen einer Gesellschaft wenig zu tun zu haben.

Selbst wenn... man in Gott den obersten Erhalter der moralischen Ordnung sieht, so achtet er für den Menschen nicht unmittelbar darauf, daß sie eingehalten wird. Statt dessen sind es Patriarchen, Totengeister, Älteste, Priester oder sogar göttliche Wesen und Geister, die als tägliche Hüter oder Polizisten über das sittliche Verhalten der Menschen wachen. Soziale Bestimmungen mit moralischem Inhalt richten sich auf den unmittelbaren Kontakt unter einzelnen sowie zwischen den Menschen, Totengeistern und Geistern überhaupt. Darum gründen diese Bestimmungen sich auf die Beziehungen von Mensch zu Mensch, nicht von Gott zu Mensch.

WAS DENKT DER EINZELNE ÜBER DEN TOD?

Afrikanische Religionen haben ihre eigene Mythologie, wenn es um den Ursprung der Menschheit geht; aber sie können dem einzelnen nur wenig Hoffnung geben, wenn er dem Tod begegnet:

Doch hinter diesen flüchtigen Einblicken in den ursprünglichen Zustand und die Seligkeit des Menschen – ob sie vielversprechend oder düster sind – liegen die schmerzliche, unerfüllbare Gabe

der Auferstehung, der Verlust menschlicher Unsterblichkeit und das Gespenst des Todes. Hier müssen afrikanische Religionen und Philosophien ihr Versagen bekennen: Sie haben keine Lösung anzubieten. Dies bleibt eine Sackgasse in der sonst reichen Gedankenwelt und im empfindsamen Einfühlungsvermögen unserer Völker.

Nach afrikanischer Religion und Philosophie besiegelt das Grab alles, selbst wenn ein Mensch überlebt und in der nächsten Welt weiterexistiert. Es gibt einen Wechsel vom Tod durch das Stadium persönlicher Unsterblichkeit (als lebendig Toter) zum Zustand kollektiver Unsterblichkeit (als gewöhnliche Geister). Dieses letzte Stadium mag ein Ende haben oder auch nicht. Es gibt nichts, auf das es sich zu hoffen lohnt, weil dieses Schicksal jeden ereilt; wenngleich ältere Menschen sich nicht zu fürchten scheinen und sich sogar nach der „Abreise" aus dieser in die nächste Welt sehnen mögen. Es gibt weder für den einzelnen noch für die Menschheit insgesamt eine Auferstehung... Die Entschlafenen kommen Gott nicht näher oder werden wie er. Zwar mögen einige als Mittler zwischen Mensch und Gott fungieren und über mehr Macht und Wissen verfügen als andere Menschen. Das menschliche Geschick wird vom Menschen her gedacht. Soweit es traditionelle afrikanische Vorstellungen betrifft, bedeutet Tod den Tod wie auch den Anfang einer ständig wiederkehrenden Reise des einzelnen aus der Welt der Lebenden in die Geisterwelt. Darüber hinaus schweigen sich afrikanische Religionen und Philosophien aus, oder sie äußern sich ausgesprochen vage. Nichts kann diesen Prozeß umkehren oder zum Stillstand bringen, und der Tod bedeutet das Ende des Menschen.

Alle Naturreligionen haben großes Interesse am Tod. Die Torajos in Indonesien begraben ihre Toten mit lebensgroßen Holznachbildungen.

WIE SOLLEN WIR DAS BÖSE UND DAS LEIDEN ERKLÄREN UND BEKÄMPFEN?

Innerhalb dieser eng untereinander verbundenen Gesellschaft, wo persönliche Beziehungen so intensiv und weitreichend sind, entdeckt man die vielleicht widersinnigsten Bereiche afrikanischen Lebens. Das Gemeinschaftsleben stellt jedes Mitglied der Gemeinschaft aufs gefährlichste vor den Augen der anderen bloß. Es bildet paradoxerweise den Mittelpunkt von Liebe und Haß, von Freundschaft und Feindschaft, von Vertrauen und Mißtrauen, von Freude und Trauer, von überschwenglicher Zärtlichkeit und bitterer Eifersucht, von Sicherheit und Unsicherheit, von Aufbau und der Zerstörung des einzelnen und der Gemeinschaft. Jeder kennt jeden: Ein Mensch kann sich nicht individuell verhalten, sondern immer nur als Glied der Gemeinschaft. Jede Form von Schmerz, Unglück, Traurigkeit oder Leid, jede Krankheit, jeder Tod, ob der eines alten Menschen oder eines Kindes, jede schlechte Ernte, jedes Jagen in der Wildnis oder das Fischen in den Gewässern, jedes schlechte Omen oder jeder Traum: diese und alle anderen Erscheinungsformen des Bösen, die dem Menschen widerfahren, werden einem in der Gemeinschaft zugeschrieben, der die Schuld dafür trägt.

Mit diesem „natürlichen Bösen" meine ich jene Erfahrungen des Leids im menschlichen Leben wie Unglück, Krankheit, Katastrophen, Unfall und die verschiedenen Formen von Schmerz. Jeder afrikanischen Gesellschaft sind sie gut bekannt. Die meisten werden durch „natürliche" Ursachen erklärt. Aber... für die Afrikaner geschieht nichts Trauriges durch Zufall: Alles muß durch irgendwelche Urheber (entweder Menschen oder Geister) „verursacht" sein... In einigen Gesellschaften herrscht die Auffassung, ein Mensch leide, weil er gegen eine Bestimmung verstoßen hat und Gott oder die Geister den Übeltäter darum bestrafen. In diesem Fall ist die betreffende

Weit verbreitet sind Zeremonien, um böse Mächte und Leid abzuwehren.

Person die Ursache für das eigene Leiden... Doch in den meisten Fällen kursiert der Glaube, daß verschiedene Formen des Leidens durch menschliche Mittler verursacht werden, meistens Hexen, Zauberer und Magier... Sie haben... das „herbeigeführt", was man als das „natürliche Böse" bezeichnen würde, indem sie Beschwörungen, geheimnisvolle Riten, Medizin oder andere Kräfte wie Fliegen und Tiere oder ihr „böses Auge" benutzen, indem sie einem Mitmenschen Böses wünschen durch Haß oder Eifersucht oder andere „geheime" Methoden... Für den Afrikaner sind bestimmte Menschen im bösen Sinn besonders aktiv in einem ansonsten stetig dahinfließenden Universum.

In afrikanischen Dörfern sind Seuchen und Unglück religiöse Erfahrungen, und es bedarf einer religiösen Handlung, um mit ihnen fertig zu werden. Die Medizinmänner sind sich dessen bewußt und versuchen, diesem Bedürfnis auf religiöse (oder quasi-religiöse) Art zu begegnen. Es ist schwer zu sagen, ob das echt oder unecht ist oder auch eine Mischung von beidem...

Leid, Unglück, Krankheit oder Unfall haben nach afrikanischem Verständnis alle eine geheimnisvolle „Ursache". Bei der Bekämpfung von Unglück oder Leid ist es wichtig, die Ursache herauszufinden, der man dann entweder entgegenwirkt, sie ausrottet oder bestraft. Und hier gewinnt die Rolle des traditionellen Medizinmanns an Bedeutung. Solange die Menschen Krankheit und Unglück als „religiöse" Erfahrung ansehen, solange wird der traditionelle Medizinmann weiterhin sein Wirkungsfeld haben.

ÖSTLICHE RELIGIONEN
HINDUISMUS UND BUDDHISMUS

Der Hinduismus entstand als Reaktion auf die verderbte polytheistische Religion, die vor dem 8. Jh. v. Chr. in Indien bestand. Der Buddhismus war ein Ableger, der unter dem Einfluß von Siddhartha Gautama, dem Buddha (563–483 v. Chr.), aus dem Hinduismus entstand.

Robert Brow beschreibt die Religion, welche die indogermanischen Eindringlinge im zweiten Jahrtausend v. Chr. nach Indien brachten und aus der sich später der Hinduismus entwickelte:

Wenn wir auf die antike Welt, ungefähr 1500 v. Chr., heruntersehen könnten, würden wir gewöhnliche Männer und Frauen beobachten, die das Opfern von Tieren als normal ansahen, um sich Gott oder den Göttern zu nähern. Die frühesten Schriften Indiens, die *Veden* in Sanskrit, zeichnen ein Bild der indogermanischen Nomaden, die sich ihren Weg nach Osten über die Ebenen des Indus und Ganges erkämpften. Das Familienoberhaupt opferte ebenso Tiere wie Abraham. Als sich die Indogermanen in Indien niederließen, entstand eine Priesterschaft, und die Veda sind jene Hymnen, die die Priester sangen, während der Opferrauch zu Gott emporstieg. In den Hymnen wird Gott mit verschiedenen Namen angeredet wie zum Beispiel „die Sonne", „der Himmlische" und „der Sturm". Doch ganz gleich, welchen Namen sie Gott gaben, sie beteten ihn als den obersten Herrscher an. Dies nennt man *Henotheismus.* Gott hat verschiedene Namen, wie auch Christen heute Gott verschiedene Namen geben. Aber mit den Namen verbinden sich nicht verschiedene Götter. Es sind nur verschiedene Gesichter eines Gottes. Aus Henotheismus wird Polytheismus, wenn die Namen Gottes so personifiziert werden, daß daraus verschiedene Götter erwachsen mit unterschiedlichen Auffassungen, die untereinander Krieg führen. Die spätere vedische Literatur ist etwa 1000 v. Chr. polytheistisch geworden, doch die ersten Indogermanen müssen Monotheisten gewesen sein.

Ein wichtiger Schritt in der Entwicklung des Hinduismus war, daß jemand begann, „Gott" stärker mit dem Universum zu identifizieren und dann sagte: *„Gott ist nicht verschieden oder abgesondert vom Universum.* Gott *ist* alles, was existiert, und alles Existierende *ist* Gott."

Dieser wichtige Schritt hat dazu geführt, daß sich die östlichen Religionen grundsätzlich von westlichen Religionen (Judentum, Christentum und Islam) unterscheiden. R. C. Zaehner, der einen hinduistischen Hintergrund hat und viele Jahre Professor für östliche Religionen an der Universität Oxford war, unterstreicht die starke Verschiedenheit von östlichen und westlichen Religionen:

Wer behauptet, daß alle Religionen zu einem Ziel führen, wie das heute häufig geschieht, der sagt die Unwahrheit.

Es gibt keine Übereinstimmung, weder in der Dogmatik noch auf der mystischen Ebene.

Darum ist es nur allzu wahr, daß Grundprinzipien östlicher und westlicher Auffassungen – was praktisch indisch und semitisch heißt – ich will nicht sagen, völlig miteinander unvereinbar sind, aber sie gehen einfach von verschiedenen Voraussetzungen aus. Die einzige gemeinsame Grundlage besteht darin, daß Religion die Funktion hat, Befreiung zu schaffen; jedoch gibt es keine Übereinstimmung darüber, wovon der Mensch befreit werden muß. Die großen Religionen reden aneinander vorbei.

„GOTT" UND DIE EINZELNE „SEELE"

Der Schlüssel für das östliche Denken über den Menschen liegt in einem der wichtigsten Sprichworte im Hinduismus: „Das bist du", d.h. die Seele des einzelnen *(Atman)* wird identifiziert mit dem alles durchdringenden „Gott" *(Brahman).*

Im folgenden werden verschiedene Versuche unternommen (von einem Hindu, einem Buddhisten und einem Christen), die Bedeutung dieser wichtigen Aussage zusammenzufassen:

Die *Upanischaden* weisen darauf hin, daß *Brahman* und *Atman* dasselbe sind. Der Allerhöchste hat sich selbst in jeder Seele offenbart, und der Student der Religionswissenschaften lernt auf eindrucksvolle Art und Weise in den *Upanischaden:* „Das bist du" *(tat tvam asi).* Diese Vorstellung bildet den Kern der meisten religiösen Vorstellungen im Hinduismus und wird später von Samkara in seiner Lehre vom *advaita* (wörtlich: Nichtzweiheit) weiterentwickelt. Es handelt sich dabei um eine Lehre von der All-Einheit, welche die Existenz der Welt als von Gott getrennt ablehnt.
K. M. Sen

Die Quintessenz indischen Denkens kann so zusammengefaßt werden, daß der Atman des Menschen und der Atman des Universums eins sind.

Im Mittelpunkt des Universums gibt es eine Realität, von der das Universum, wie wir es kennen, nur eine regelmäßig wiederkehrende Erscheinung ist. Dies ist die einzige höchste Gottheit, die dem indischen Denken bekannt ist, denn die Upanischadenlehre lehnt sich wie der Buddhismus

„auf gegen die deistische Vorstellung von Gott" (Radhakrishnan)...
CHRISTMAS HUMPHREYS

Der Satz... besteht in Sanskrit aus drei Worten und wird in Indien als der wichtigste Satz angesehen, den das Land je hervorgebracht hat; die knappe Formulierung einer tiefen und endgültigen Wahrheit über den Menschen und das Universum. Der Satz lautet: *tat tvam asi. Tat* heißt „das", *tvam* heißt „du"; und *asi* ist die zweite Person Singular des Verbs „sein". „Das bist du" – *tat tvam asi.* Es bedeutet, du bist jene Realität, du bist Gott. Die gleiche Wahrheit wird auf andere Weise zum Ausdruck gebracht, zum Beispiel in der berühmten Gleichstellung *„Atman ist gleich Brahman"* – oder die Seele des Menschen ist Gott oder die höchste Realität, das wahrhaft Seiende. Das individuelle Selbst ist die Seele der Welt. Die Seele des Menschen entspricht dem Höchsten des Universums. „Du" – jeder von euch, der dieses Buch liest – ist im letzten kosmischen Sinn die totale und transzendente Wahrheit, die allem Sein zugrunde liegt, *Brahman,* der vorausgeht und selbst Gott übertrifft, die unendliche und absolute Realität über alle Erscheinungen hinaus, über alles Verstehen und über alle Formen.
WILFRED CANTWELL-SMITH

GOTT UND DIE WELT

SARVEPALLI RADHAKRISHNAN, indischer Philosoph, ehemaliger Vizepräsident von Indien und Professor für östliche Religionen an der Universität Oxford (1888–1975), der für die Zeitschrift *The Hindu View of Life* schrieb, gibt sich damit zufrieden, über den Ursprung des Universums und dessen Beziehung zu Gott unwissend zu bleiben:

Die Annahme einer Schöpfung ist schwach, sie geht davon aus, daß Gott eine bestimmte Zeit allein lebte und ihm dann plötzlich einfiel, wie schön es wäre, Gesellschaft zu haben. Und so schuf er den Menschen. Die Theorie der Manifestation ist nicht viel befriedigender, denn man kann schwerlich nachvollziehen, wie das Endliche das Unendliche manifestieren kann. Wenn wir sagen, daß Gott in der Welt sichtbar wird, so taucht die Frage auf, ob es sich dabei um den ganzen Gott oder nur einen Teil von ihm handelt. Wenn es den ganzen Gott betrifft, dann gibt es außerhalb des Universums keinen Gott mehr, und wir geraten in eine Form des Pantheismus. Wenn es sich nur um einen Teil Gottes handelt, so bedeutet dies, daß Gott teilbar ist. Wir können nicht einen Teil von Gott oben behalten und einen anderen Teil unten. Das wäre etwa so, als nähme man die eine Hälfte eines Huhns zum Kochen und die andere Hälfte zum Eierlegen. Samkara glaubt, daß es unmöglich ist, die Beziehung zwischen Gott und der Welt logisch festzulegen. Er fordert uns auf, an beidem festzuhalten. Es sei unwesentlich, wenn wir nicht herausfinden können, wo sie sich begegnen.

Die Geschichte der Philosophie in Indien und auch in Europa ist ein deutliches Beispiel für die Unfähigkeit des menschlichen Verstands, das Geheimnis zu lösen, in welcher Beziehung Gott zur Welt steht. Die größten Denker sind jene, die dieses Geheimnis beim Namen nennen und sich mit dem Gedanken trösten, daß des Menschen Verstand nicht allwissend ist. Samkara im Osten und Bradley im Westen bekennen sich zu dieser weisen Haltung des Agnostizismus. Wir haben das Universum mit seinen Unterschieden. Es ist nicht unabhängig. Es stützt sich auf etwas anderes, und das ist das Absolute. Das Verhältnis, in dem sie zueinander stehen, ist ein Geheimnis.

Er weist die extreme Form des Pantheismus zurück; doch es gibt keine Möglichkeit der Existenz eines persönlichen Gottes.

Die hinduistische Sicht lehnt sich auf gegen die kalte, formale Vorstellung von Gott, der außerhalb der Welt existiert, von ihr getrennt und transzendent. Die Naturgesetze dieser Welt bezeugen aber Gottes allmächtigen Plan. Die Übereinstimmung der Natur, die Ordnung des Kosmos und das stetige Vorwärtsstreben der Evolution verkünden nicht das unbewußte Hämmern eines seelenlosen Motors, sondern das dirigierende Hirn eines allwissendes Geistes. Das Innewohnen Gottes im Universum bedeutet nicht Gottes Identität mit demselben. Nach dieser letzten Auffassung wäre Gott in allem so gegenwärtig, daß wir nur unsere Augen öffnen müßten, um ihn zu erkennen. Doch es gibt auch nichts, von dem Gott nicht betroffen ist. Gott liegt vor uns ausgebreitet. Die Welt ist nicht nur eine Offenbarung, sondern eine umfassende Offenbarung Gottes. Der Hindu ist darauf bedacht, den transzendenten Charakter des Allerhöchsten hervorzuheben. „Er trägt die Welt, doch geht in keiner Weise in ihr auf." Die Welt ist in Gott und nicht Gott in der Welt. In der Welt haben wir die getrennte Existenz von einzelnen Menschen. Ob der göttliche Funke in den einzelnen nur glimmt oder hell leuchtet, die Funken sind von dem zentralen Feuer, von dem sie ausgehen, getrennt.

HAT DER EINZELNE MENSCH IRGENDEINE BEDEUTUNG?

RABINDRANATH TAGORE bringt die Hoffnung zum Ausdruck, daß er eines Tages mit dem Universum verschmolzen sein wird:

**Dunkel ist die Zukunft für sie, und der Geruch schreit verzweifelt: „Oh, ich Armer, wer trägt die Schuld, daß mein Leben so sinnlos ist?
Wer kann mir sagen, warum ich überhaupt bin?"
Verlier nicht den Mut, ängstliches Wesen! Die vollkommene Morgendämmerung ist nahe. Dann wird sich dein Leben mit allem Leben vereinen und du wirst zu guter Letzt den Sinn erkennen.**

Der Buddhismus bietet die Hoffnung des Nirwana, eines Zustands, in dem der einzelne nicht länger als selbständiges Individuum existiert:

Nirwana ist die Auslöschung des Nicht-Selbst in der Ergänzung des Selbst. Es handelt sich dabei, soweit wir das verstehen können, um ein psychologisches Konzept, um einen Bewußtseinszustand. Und als solches ist es, wie Professor Radhakrishnan ausführt, „das Ziel der Vollkommenheit und nicht der Abgrund der Vernichtung. Durch die Zerstörung all dessen, was für uns charakteristisch ist, begeben wir uns in die Gemeinschaft mit dem ganzen Universum und werden zu einem wesentlichen Teil des großen Ziels. Vollkommenheit ist darum das Gefühl der Einheit mit allem, was ist, was war und was je sein wird. Der Horizont des Seins wird erweitert auf die Grenzen der Realität." Darum ist es nicht zutreffend, wenn behauptet wird, daß der Tautropfen in den strahlenden See fließt; eher ist es so, daß der strahlende See in den Tautropfen hineinbricht. Hier ergibt sich kein Verlustgefühl sondern unendliche Ausdehnung, wenn „ich, vorangehend, das Universum wachsen lasse".
CHRISTMAS HUMPHREYS

Der Wissenschaftler JACOB BRONOWSKI weist auf die praktischen Auswirkungen dieses Glaubens für den einzelnen hin:

Die östlichen Kulturen unterscheiden sich noch immer von den unsrigen, so wie es schon damals war. Sie setzen den Menschen als Individuum noch immer herab. Dahinter verbirgt sich eine Gleichgültigkeit gegenüber der Sinneswelt, von der die Gleichgültigkeit gegenüber den erfahrenen Fakten eine Seite ist. Jeder, der einmal im Osten gearbeitet hat, weiß, wie schwer es dort ist, auf eine Frage nach Fakten eine Antwort zu erhalten. Als ich die Verluste, die durch die Atombomben in Japan Ende des Zweiten Weltkrieges verursacht worden waren, untersuchen mußte, war ich bestürzt, wie schwer das war. Der Mann, den ich fragte – und er steht repräsentativ für andere – versteht nicht, was man wissen will: oder wahrscheinlich versteht er nicht, *daß* man es wissen will. Er möchte tun, was ihm angemessen erscheint. Es geht ihm nicht darum, etwas zu verheimlichen, aber im Grunde kennt er die Tatsachen nicht, weil sie nicht zu seiner Sprache gehören. Diese östlichen Kulturen haben sich nicht verändert, weil ihnen dazu die Sprache fehlt und der Umgang mit Tatsachen.

Christmas Humphreys

C.E.M. JOAD weist auf die logische Schlußfolgerung dieser Denkweise hin:

Der Zustand, bei dem ich aufhöre zu denken, mich als Individuum zu fühlen oder wahrhaft Individuum zu *sein,* ist ein Zustand, in dem *ich* aufhöre, überhaupt zu sein. Was sollte mir darum daran liegen, einen solchen Zustand herbeizuführen, es sei denn, ich halte meine eigene Persönlichkeit für unbedeutend?

WONACH ENTSCHEIDEN DER HINDU UND DER BUDDHIST, WAS RECHT UND UNRECHT IST?

RADHAKRISHNAN erklärt, daß die moralischen Grundsätze im Hinduismus von einem in der Praxis entwickelten Verhaltenskodex bestimmt werden, der in der hinduistischen Gesellschaft im Laufe von Jahrhunderten entstand. Wertmaßstäbe gründen sich auf das Konzept des *Dharma,* ein Wort, das eng zusammenhängt mit dem Wort „Natur":

Der Hinduismus ist eher eine Lebensart als ein gedankliches Modell. Obwohl er dem Denken absolute Freiheit einräumt, schreibt er in der Praxis strenge Verhaltensnormen vor. Theisten und Atheisten, Skeptiker und Agnostiker können allesamt Hindus sein, wenn sie Kultur und Lebensart des Hinduismus annehmen ... was zählt, ist das Verhalten, nicht der Glaube.

Dharma ist rechtes Handeln. In der *Rigveda* ist *rta* die rechte Ordnung des Universums. Es steht für beides: für *satya* oder die Wahrheit der Dinge ebenso wie für Dharma, d.h. das Gesetz der Entwicklung. Dharma, das aus der Wurzel *dhr* entstanden ist, wird das genannt, was eine Sache oder einen Menschen aufrecht-hält. Jede Form des Lebens, jede Gruppe von Menschen hat ihr Dharma, denn es ist das Gesetz des Seins. Dharma oder Tugend ist Übereinstimmung mit der Wahrheit der Dinge; Adharma oder Verderbtheit ist das Gegenteil. Moralisches Übel bedeutet Uneinigkeit mit der Wahrheit, die die Welt umgibt und kontrolliert.

Der „achtgliedrige Pfad" ist eine Zusammenfassung des ethischen Kodex im Buddhismus: rechte Ansicht, rechtes Denken, Reden, Handeln, Leben, rechtes Streben, rechte Wachsamkeit und rechte Sammlung. Dieser Weg „führt zur Aufhebung des Leidens durch Beseitigung persönlicher oder trennender Gier". Der Kern des Buddhismus wird in folgenden Worten zusammengefaßt:

> „Von aller Sünde ablassen,
> Tugend erlangen,
> das Herz reinigen."

Wertmaßstäbe gründen sich auf das Konzept des Mitleids bzw. der Liebe *(karuna):*

***Karuna* heißt soviel wie Liebe. Sie ist wie die Sandkörner des Ganges: Sie werden zertreten von allerlei Lebewesen: Elefanten, Löwen, Eseln und Menschen, doch sie beklagen sich nicht. Und dann werden sie von allerlei Unrat verunreinigt, den die Tiere zurücklassen, doch sie nehmen es einfach hin ohne ein einziges böses Wort. Für Eckhart ist der Sand am Ganges gerecht, „denn die Gerechten haben keinen eigenen Willen. Ganz gleich was Gott von ihnen verlangt, es ist ihnen recht, ganz gleich, wie groß das Unbehagen für sie sein mag."**
D. T. SUZUKI

Das Grundproblem bei dieser Einstellung gegenüber Wertmaßstäben besteht darin, daß es letzten Endes keinen Unterschied zwischen Gut und Böse gibt, da es sich dabei lediglich um verschiedene Aspekte einer großen Realität handelt:

Die Antithesen von Ursache und Wirkung, Materie und Eigenschaft, von Gut und Böse, Wahrheit und Irrtum sind auf die Neigung des Menschen zurückzuführen, Begriffe voneinander zu trennen, die zusammengehören. Fichtes Rätsel über das Selbst und das Nicht-Selbst, Kants Antinomien und Humes Gegenüberstellung von Tatsachen und Gesetzmäßigkeiten können allesamt überwunden werden, wenn wir erkennen, daß die entgegengesetzten Faktoren sich wechselseitig ergänzen und sich auf eine Identität gründen.
RADHAKRISHNAN

Wenn das Gute und das Böse Aspekte einer großen Realität sind, dann gibt es letztlich keine Sicherheit, wenn wir uns entscheiden, was gut und was böse ist. FRANCIS SCHAEFFER erzählt folgende Begebenheit, um das Dilemma zu veranschaulichen:

Ich erinnere mich an ein Gespräch mit einigen jungen Leuten in der Studentenbude eines jungen Südafrikaners in Cambridge. Unter den Anwesenden befand sich ein junger Inder, der aus dem Sikhismus stammte, allerdings Anhänger des Hinduismus war. Er griff das Christentum heftig an, obwohl er nicht einmal die Probleme seiner eigenen Religion durchdacht hatte. So sagte ich: „Stimmt meine Behauptung, daß sich nach Ihrem Lehrsystem Grausamkeit und Nichtgrausamkeit letztlich gleichen, daß zwischen ihnen kein wesensmäßiger Unterschied besteht?" Er stimmte zu. Die jungen Leute, die ihn als angenehmen Menschen, als „Gentleman" vom Scheitel bis zur Sohle kannten, blickten ihn erstaunt an. Der Student aber, in dessen Zimmer wir beisammen waren, hatte die Tragweite dieser Lehre des Sikhismus verstanden. Er nahm den Kessel, in dem das Wasser für den Tee kochte, und hielt ihn mit seinem dampfenden Inhalt über den Kopf des Inders. Der blickte auf und fragte, was das denn bedeuten solle, und erhielt die freundliche, aber bestimmte Antwort: „Zwischen Grausamkeit und Nichtgrausamkeit besteht doch kein Unterschied!"

Daraufhin marschierte der Hindu aus dem Zimmer.

IST ES ÜBERHAUPT MÖGLICH, DIE WAHRHEIT ZU KENNEN?

Der Hinduismus geht aus von einem tiefsitzenden Agnostizismus über das göttliche Wesen:

Der Hindu zweifelte nie an der Realität des einen, alles umfassenden Geistes, ganz gleich, wieweit dessen Beschreibung möglicherweise sein Wesen nicht traf. Was auch immer Dogmen sagen mögen, die Heiligen Gottes sind darauf bedacht, zu bestätigen, daß viel vor ihren Augen verborgen ist. Gott verbirgt sich selbst. Es ist ein gesunder religiöser Agnostizismus, der uns gebietet, uns im Hinblick auf das Wesen des höchsten Geistes ruhig zu verhalten. Schweigen ist wichtiger als Sprache, wenn es um die Tiefen des Göttlichen geht.

Die den unbekannten Göttern in der griechisch-römischen Welt errichteten Altäre waren nur ein Ausdruck der Unwissenheit des Menschen vom Wesen Gottes. Sie veranschaulichen ein bestimmtes Versagen bei der Suche des Menschen nach dem Unsichtbaren. Als man ihn aufforderte, das Wesen Gottes näher zu beschreiben, saß der Seher der Upanischaden schweigend da. Und als man ihn in die Enge trieb, rief er aus, daß das Absolute Schweigen sei. Das Geheimnis göttlicher Realität läßt sich nicht von Sprache und Symbolik erfassen. Die „göttliche Dunkelheit", „das, von dem nichts gesagt werden kann", und ähnliche Äußerungen werden von den Frommen benutzt, wenn sie versuchen, ihre Kenntnis von einer direkten Verbindung zu Gott zu beschreiben.
RADHAKRISHNAN

Das bedeutet, daß es nach hinduistischem Denken unmöglich ist zu behaupten, daß irgendein Glaube entweder „richtig" oder „falsch" sei; jede Glaubensrichtung wird mit fast unendlicher Toleranz geduldet:

Der Hinduismus entwickelte eine Haltung umfassender Nächstenliebe, statt einem fanatischen Glauben an ein starres Glaubensbekenntnis zu folgen. Er akzeptierte die Vielzahl einheimischer Götter und anderer, die entstanden, wobei sich die meisten außerhalb der indogermanischen Tradition entwickelten, und hieß sie allesamt gut. Er brachte alle Gläubigen zu einem großen Ganzen zusammen. Viele Sekten, die vielen unterschiedlichen Glaubensrichtungen angehören, leben innerhalb der hinduistischen Gemeinde.
RADHAKRISHNAN

Der religiöse Glaube der verschiedenen Schulen im Hinduismus unterscheidet sich, so auch das religiöse Verhalten; da gibt es Monismus, Dualismus, Monotheismus, Polytheismus, Pantheismus, und auch im Hinduismus gibt es allerlei Formen religiöser Experimente.
K. M. SEN

Viele Buddhisten leben einige Jahre als Mönche in großer Einfachheit.

Die Hindus sind so unbefangen in ihrer Mannigfaltigkeit und bestehen darauf, daß es viele religiöse Wege gibt, daß nur eine gewaltige und übermäßig entstellende Vereinfachung sagen könnte, ihre Mannigfaltigkeit oder ihre Wege seien wahr oder falsch; kein Hindu hat jemals etwas gesagt, dem ein anderer nicht widersprochen hätte.
WILFRED CANTWELL-SMITH

Entsprechend glaubt man im Buddhismus, daß der Mensch nicht fähig ist, die Realität zu erfassen, weil diese unfaßbar ist:

Der Buddhismus ist eine atheistische Religion, doch es wäre richtiger zu sagen, daß er alle gegensätzlichen Vorstellungen, die in dem Begriff „Gott" enthalten sind, mit der gleichen leidenschaftslosen Sorgfalt analysiert wie die sogenannte Seele. Die Buddhisten sagen, eine solche Analyse beweise, daß die westlichen Vorstellungen ungenau und unzureichend sind. Die buddhistische Gotteslehre im Sinne einer höchsten Realität ist weder agnostisch, wie es manchmal heißt, noch vage; sie ist vielmehr klar und logisch. Was immer diese Realität auch sein mag, sie liegt jenseits der Vorstellung des endlichen Intellekts. Daraus ergibt sich, daß Versuche, sie zu beschreiben, in die Irre führen, nutzlos und reine Zeitverschwendung sind. Aus diesen einleuchtenden Gründen pflegte der Buddha „ein nobles Schweigen" über die Realität.

Wenn es eine erste Ursache aller Ursachen gibt, die selbst nicht verursacht ist, eine letzte Realität, ein unbegrenztes Licht, eine ewige Idee hinter allen Erscheinungen, so muß sie eindeutig unendlich, unbegrenzt, unabhängig und ohne Eigenschaften sein. Wir jedoch sind eindeutig endlich, begrenzt und bestimmt durch zahlreiche Attribute, die uns in gewisser Weise prägen. Daraus ist zu schließen, daß wir weder das Wesen der Realität, die jenseits des Verständnisses unseres endlichen Bewußtseins liegt, definieren, beschreiben oder nutzbringend darüber diskutieren können. Es mag durch Verneinungen angedeutet und indirekt durch Analogie und Symbolik beschrieben werden; andererseits muß es immer im eigentlichen Sinn unbekannt und unausgesprochen bleiben als etwas, das in unserem gegenwärtigen Zustand für uns nicht erfahrbar ist.
CHRISTMAS HUMPHREYS

Die buddhistische Lehre gleicht einem Floß, das uns über den Ozean einer Welt des Leidens tragen kann zur jenseitigen Lösung.

Der bedeutende Historiker ARNOLD TOYNBEE (1889–1975) beschreibt, warum sich das Wahrheitsverständnis der östlichen Religionen im Westen zunehmender Beliebtheit erfreut:

Da ich selbst an keinen persönlichen Gott glaube, habe ich kein unbedingtes Interesse an irgendeiner bestimmten Religion... Obwohl ich mich nicht von meinem jüdisch-christlichen Hintergrund zu lösen vermag, bin ich veranlagungsmäßig ein Hindu. Und als Hindu habe ich keine Schwierigkeiten, an viele Götter gleichzeitig zu glauben oder die Auffassung zu vertreten, daß ein synkretistischer Glaube die Antwort auf die Fragen unserer Zeit sein könnte. Für Hindus ist es unwichtig, auf welcher Straße – ob Siva oder Vishnu – man reist, da alle Straßen zum Himmel führen.

WILFRED CANTWELL-SMITH vertritt eine ähnliche Auffassung, wenn er darauf hinweist, daß wir aufhören müssen, die Frage zu stellen: „Ist der christliche Glaube wahr oder nicht?" Denn eine solche Frage läßt sich nicht beantworten. Statt dessen sollten wir fragen: „Ist *mein* christlicher Glaube wahr? Kann dieser Glaube für mich zur *Wahrheit werden?*" Wonach wir suchen müssen, ist:

...eine neue Art von Antwort: weder ein einfaches „Ja" noch ein einfaches „Nein"; vielmehr eine dritte Art, die ausgefeilter, umfassender und vorläufiger ist und noch ausgearbeitet werden muß.

Es gibt so große Unterschiede, so viel Widerstreit und soviel Chaos in der christlichen Kirche heute, daß das alte Ideal einer einheitlichen oder systematischen Wahrheit erledigt ist. Um diese Einheit zu schaffen, kommt die ökumenische Bewegung zu spät... Die christliche Welt hat sich in eine Situation hineinmanövriert, in der sich der Hindu

schon lange befindet: eine Situation der offenen Vielfalt, der wahlweisen Alternativen. Es scheint nicht länger möglich, jemandem zu sagen oder sich auch nur vorzustellen, daß einem anderen gesagt wird, was es bedeutet oder bedeuten soll, formal und grundsätzlich Christ zu sein. Er muß sich selbst entscheiden – ganz für sich allein.

Er stellt sogar die erstaunliche Behauptung auf, daß Christen in der Vergangenheit nie wirklich behauptet haben, daß der christliche Glaube *wahr* sei.

Ich habe die persönliche Qualität religiösen Lebens gegenüber dem abstrakten System als äußerst wichtig betont... Es ist eine überraschend moderne Abirrung zu meinen, das Christentum sei wahr oder der Islam sei es. Erst seit der Aufklärung, als Europa begann, Religionen als intellektuelle Systeme, Gedankenmodelle und Lehren zu fordern, konnte man sie erstmals als „Christentum" und „Buddhismus" bezeichnen und wahr oder falsch nennen. Früher war dies nicht so. Ich habe bislang noch keinen klassischen christlichen Theologen gefunden, der jemals gesagt hat, das Christentum sei wahr.

ARTHUR KOESTLER sagt über einige der Auswirkungen dieser Sicht von Wahrheit:

Hinter dem Vorhang gibt es die magische Welt des zwiespältigen Denkens. „Häßlich ist schön, falsch ist wahr und umgekehrt. Das ist nicht Orwell; es wurde allen Ernstes vom späten Professor Suzuki, dem ersten Verkündiger des modernen Zen, geschrieben, um das Prinzip der Identität von Gegensätzen zu illustrieren... Tatsachen und Argumente, denen es gelingt, in die äußere Verteidigung einzudringen, werden von der dialektischen Methode bearbeitet, bis „falsch" zu „wahr" wird, Tyrannei zu wahrer Demokratie und ein Hering zu einem Rennpferd.

WIE SOLLEN WIR UNS GEGENÜBER LEIDEN VERHALTEN?

G.T. MANLEY zeigt, wie die hinduistische Lehre des *Karma* (Verdienst) die allgemeine Einstellung zum Leiden erklärt:

Des Menschen Leben besteht aus Handlungen – guten und bösen –, von denen jede ihre Frucht bringt, und wenn er stirbt, gibt es eine Aufrechnung des *Karma*, von Verdienst und Schuld, die es abzuarbeiten gilt. Dies bestimmt den Status des Menschen in seinem nächsten Leben, in dem er ein Gott, ein Brahmane, ein Ausgestoßener, eine Frau, ein Hund, eine Pflanze usw. sein kann. Und wieder ist er gefangen im Kreislauf von Wünschen, Handlungen und Konsequenzen – so wie das Wasser im Wasserrad, das von einer Stufe auf die nächste fließt und keine Erlösung findet.

Diese Lehre bietet eine einfache Erklärung für alle Unterschiede im menschlichen Leben. Glück und Unglück, Gesundheit und Krankheit, Reichtum und Armut werden allesamt dem *Karma* zugeschrieben. Nicht nur jede Katastrophe in der Welt, sondern auch das Kastensystem selbst wird durch diese Lehre begründet. Es ist auch in hohem Maß verantwortlich für den Pessimismus im heutigen Hinduismus und erklärt zu einem großen Teil die offensichtliche Gleichgültigkeit gegenüber dem Leiden. Der moralische und geistliche Zustand eines Menschen unterliegt eigentlich nicht seiner eigenen Kontrolle, da er das Ergebnis eines früheren Lebens ist.

LESSLIE NEWBIGIN weist darauf hin, daß eine solche Einstellung praktische und weitreichende Konsequenzen hat:

Man kann nicht bestreiten, daß das Hauptanliegen der antiken asiatischen Religionen sich entfernt von dem Interesse, die Welt zu verändern. Der Schwerpunkt ihrer Lehren besteht darin, daß jener ein weiser Mann ist, der zufrieden mit der Welt ist, der befreit ist von der Liebe zur Welt, der sich aber nicht bemüht, sie zu verändern. Der Gedanke, es möge allen Menschen wohlergehen, als ein innerhalb der Geschichte zu verfolgendes Ziel, ist den asiatischen Religionen fremd. Moderne

Im Hinduismus ist die Familie die wichtigste religiöse Gemeinschaft. Die meisten Zeremonien und Feiern werden in der Familie begangen.

indische Autoren wie Sarma und Pannikar zögern nicht, einzugestehen, daß dieser Gedanke, soweit er Indien betrifft, Teil der westlichen Invasion der letzten Jahrhunderte gewesen ist.

GIBT ES ZWISCHEN GUT UND BÖSE LETZTLICH EINEN UNTERSCHIED?

Im östlichen Denken gibt es letztlich keinen Unterschied zwischen Gut und Böse; beides ist völlig relativ:

RADHAKRISHNAN schreibt über den Hinduismus:

Das Böse, Fehler und Häßlichkeit sind nicht endgültig. Das Böse steht in Zusammenhang mit der Entfernung, die das Gute zurücklegen muß. Häßlichkeit ist der halbe Weg zur Schönheit. Der Fehler ist ein Stadium auf dem Weg zur Wahrheit. Aus allem muß man herauswachsen. Keine Auffassung ist so absolut falsch, kein Mensch so vollkommen böse, daß er eine totale Züchtigung verdienen würde ... In einem sich ständig vorwärts bewegenden Universum ist das Böse unvermeidlich, obwohl es allmählich weniger wird.

CHRISTMAS HUMPHREYS schreibt über den Buddhismus:

In einer endlichen Welt kann nichts ohne Gegensätze bestehen. Licht bedeutet auch Dunkelheit, sonst wäre es nicht als Licht bekannt. Wir könnten nicht atmen, wenn wir nicht ein- und ausatmen würden. So wie die doppelte Funktion des menschlichen Herzens impliziert der Herzschlag des Universums Dualität, einen kosmischen Puls, einen Wechsel zwischen Ein- und Ausatmen, von Offenbarung und Ruhe. Für den Buddhisten sind Gut und Böse relative und nicht absolute Begriffe. Die Ursache des Bösen liegt im unbeherrschten menschlichen Begehren, für sich selbst dazusein. Alles Handeln, das darauf ausgerichtet ist, eigennützige, trennende Ziele zu verfolgen, ist böse; alles, was auf Harmonie ausgerichtet ist, ist gut.

JUDENTUM

Das Judentum gründet sich auf die Lehren im Alten Testament, wie sie in der jüdischen Gemeinschaft durch die Jahrhunderte ausgelegt worden sind.

● Das jüdische *Gottesverständnis* hat darum sehr viel gemeinsam mit dem christlichen Glauben.

Juden und Christen stimmen in bestimmten Eigenschaften Gottes überein... Eine Grundlage der Lehre Gottes, die zumindest im Umriß für beide Glaubensrichtungen annehmbar ist, kann wie folgt angegeben werden: *Es gibt nur einen Gott, der einzigartig ist, ewig existierend, ausgestattet mit unbegrenzter Macht und unbegrenztem Wissen, allgegenwärtig in seiner Schöpfung, thronend in einem unvorstellbaren, transzendenten Glanz, und doch jedem einzelnen Geschöpf nahe, erhaben in seinen Weisungen, gerecht, wahr, heilig und gnädig.*
ROY A. STEWART

● Die Auffassung vom *Menschen* im Judentum neigt zu größerem Optimismus, wenn es um den Zustand des Menschen geht, als dies im Christentum der Fall ist.
Es lehnt die Auffassung ab, daß jeder einzelne Mensch von Anfang an ein sündiges Wesen besitzt:

Gottes Beziehung zum Menschen ist unzerstörbar. Sie kann überfordert oder beeinträchtigt sein, doch sie kann niemals vollkommen getrennt und zerbrochen werden, nicht einmal durch Übertretung und Sünde... Wenn der Mensch vom rechten Weg abkommt, der Versuchung erliegt und in Sünde fällt, können Reue und Umkehr die verheerenden Folgen seiner Sünde auslöschen und eine vollkommene Harmonie der Beziehung herbeiführen.

Das Judentum weist die Vorstellung zurück, daß der Mensch eine Neigung zur Sünde hat. Eine natürliche Tendenz zum Bösen wäre ein Widerspruch zum grundsätzlichen Gebot, heilig zu sein, ein Widerspruch zur Heiligkeit Gottes, zu der der Mensch berufen ist... Die Sünde lauert an der Tür, nicht im Menschen selbst. Und darauf folgt „und du sollst über sie herrschen".
ISIDORE EPSTEIN

● Das Judentum hat eine eigene Lehre von der *Erlösung:*

Der erste Schritt zur Umkehr muß vom Sünder ausgehen. Er reinigt sich am Versöhnungstag durch aufrichtige Selbstprüfung, durch öffentliches Bekenntnis und den Vorsatz, die Übertretungen des vergangenen Jahres nicht zu wiederholen. Wenn unser himmlischer Vater die Erniedrigung des bußfertigen Sünders sieht, sprengt er gewissermaßen das saubere Wasser von Vergebung und Gnade über ihn.

Am Versöhnungstag gleicht das Volk Israel den Engeln, weil es ohne menschliche Wünsche und Sünde ist und durch das Band der Liebe und des Friedens miteinander verbunden ist. Dies ist der einzige Tag im Jahr, an dem der Ankläger Satan vor dem Thron der Herrlichkeit zum Schweigen gebracht wird und sogar selbst zum Verteidiger Israels wird... Das Abschlußgebet beginnt mit den Worten: „Du reichst eine Hand den Missetätern, und diese rechte Hand ist ausgestreckt, die Bußfertigen zu empfangen. Du hast uns gelehrt, vor dir unsere Sünde zu bekennen, damit wir vom Unrecht unserer Hände lassen und zu dir zurückkehren, der du dich freust an der Umkehr der Bösen." Diese Worte enthalten das sogenannte „jüdische Dogma der Erlösung".
J.H. HERTZ

WORAUF GRÜNDEN SICH DIE MORALVORSTELLUNGEN IM JUDENTUM?

Die ethischen Wertmaßstäbe im Judentum stammen – mehr oder weniger eindeutig – aus dem Gesetz im Alten Testament.
In vielen Fällen unterscheiden sie sich von christlichen Wertvorstellungen, weil sie beeinflußt sind von der optimistischeren Diagnose des Judentums über den gegenwärtigen Zustand des Menschen.

Die christliche Auffassung von Sünde und Versöhnung ist strenger, realistischer und verinnerlichter. Es gibt weniger äußere Regeln, die sich auf bestimmte Situationen beziehen; sie sind stärker bezogen auf den nicht faßbaren Bereich des menschlichen Herzens, wodurch seine Regeln für den Glaubenden erhabener und schwieriger zu befolgen sind. Vieles von dem, was der Christ als Sünde ansieht, könnte als Mangel an Liebe, ob nun gegenüber Gott oder den Menschen, beschrieben werden ... Das hat zur Folge, daß der Jude manchmal eine gewisse Befriedigung über sein Leben und sein Verhalten verspüren mag, die es für den Christen nicht gibt... Wenn immer ein Jude Ausschau hält nach göttlicher Belohnung für seine Tugenden, so kann ein Christ nur göttliche Vergebung für seine Sünden suchen.
ROY A. STEWART

HERBERT DANBY, der zu einem Artikel von Asher Ginsberg (Ahad ha-Am), einem jüdischen Autor, Stellung nimmt, weist auf einige Unterschiede zwischen jüdischer und christlicher Ethik hin:

Die goldene Regel im Christentum lautet: „Behandle andere so, wie du von ihnen behandelt werden möchtest." Im Judentum

heißt es ähnlich, nur in verneinter Form: „Was du nicht willst, das man dir tu, das füg auch keinem andern zu." Ginsberg meint, daß in diesen Aussagen der ethische Unterschied beider Religionen liegt: Egotismus (Selbstgefälligkeit) ist ein Merkmal jüdischer Ethik; doch der christliche Altruismus (Selbstlosigkeit), so bemerkt er, ist lediglich ein umgekehrter Egotismus, das *Selbst* wird durch den *anderen* ersetzt.

Ginsberg benügt sich jedoch nicht damit, die Sache dabei zu belassen. Um einen offensichtlich schwer verständlichen Punkt klar herauszustellen, zitiert er das folgende Beispiel aus dem Talmud:

Stellen Sie sich zwei Männer vor, die in der Wüste unterwegs sind; nur einer von beiden trägt eine Wasserflasche bei sich. Wenn beide davon trinken, werden beide sterben, ehe sie das Ziel erreicht haben; wenn nur einer trinkt, wird er am Ziel ankommen, doch sein Begleiter wird zweifellos sterben. Was sollen die Männer mit der Wasserflasche tun? Rabbi Akiba traf die Entscheidung (und Ginsberg stimmt zu, daß diese Entscheidung als fundamentales Prinzip der jüdischen Ethik anzusehen ist), daß der Mann das Wasser für sich behalten und allein trinken sollte; denn wenn *beide* nicht überleben können, ist es *gerechter* und eher im Einklang mit Gottes Gerechtigkeit, daß ein Mensch sein eigenes Leben rette statt das seines Nächsten.

Mit anderen Dingen verhält es sich genauso, sagt die jüdische Ethik; du darfst also nicht davon ausgehen, die Angelegenheiten des Nächsten seien in Gottes Augen wichtiger als deine eigenen. Gewiß billigt es das Judentum, wenn jemand sein Leben hingibt, um einem religiösen Ideal zu entsprechen (z.B. der Heiligung des Namens Gottes oder Martyrium); doch es verurteilt den Menschen, der um seines Nächsten willen selbst Nachteile in Kauf nimmt. Demgegenüber lehrt das Christentum: „Größere Liebe hat kein Mensch als die, daß ein Mensch sein Leben läßt für seine Freunde."

Ginsberg behauptet, daß dies der grundsätzliche Unterschied sei zwischen jüdischer und christlicher Ethik, der die Überlegenheit der jüdischen Ethik zeige, indem diese die unlogische christliche Lehre von Selbstopfer und Selbstaufgabe durch die *absolute Herrschaft der Gerechtigkeit* ersetzt.

KÖNNEN WIR NOCH EINMAL AUF JESUS VON NAZARET SEHEN?

Eines der Hauptprobleme bei einem Dialog zwischen Christen und Juden besteht darin, daß die christliche Kirche eine so schlechte Bilanz aufzuweisen hat hinsichtlich ihres Verhaltens gegenüber den Juden in der Vergangenheit.

Wenn es jedoch unter den Christen die Bereitschaft gibt einzugestehen, daß „wir gesündigt haben samt unseren Vätern" (Psalm 106,6), dann werden die Juden möglicherweise noch einmal die Gestalt Jesu betrachten und erkennen, inwieweit er die Hoffnungen und Sehnsüchte des Alten Testaments erfüllt. (Vergleiche dazu Teil 6: Im Brennpunkt: Jesus von Nazaret.)

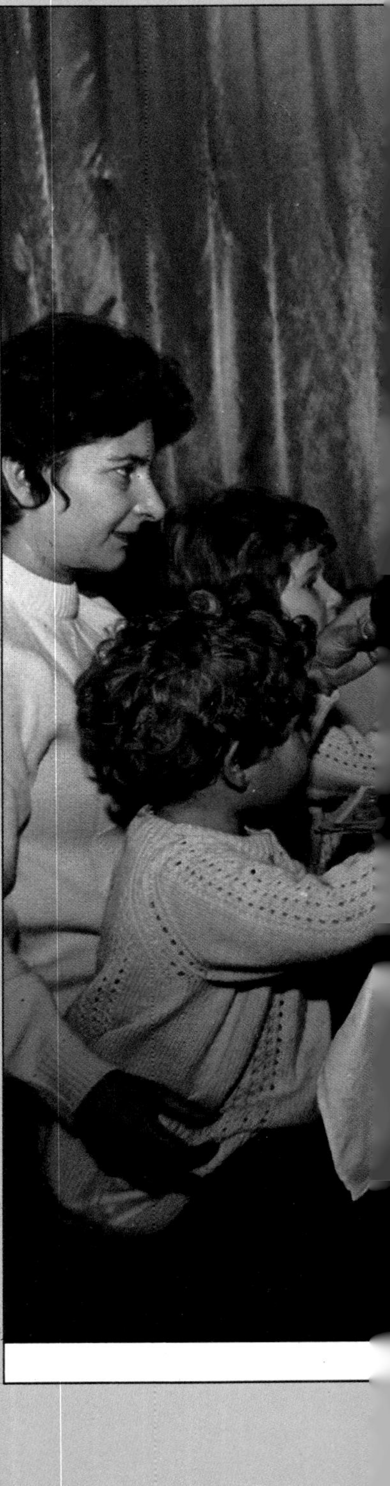

Am Passafest erinnern sich die Juden, daß Gott sie aus der ägyptischen Sklaverei befreit hat.

ISLAM

Mit einer weltweiten Anhängerschaft von etwa 700 bis 800 Millionen Moslems ist der Islam heute die zweitgrößte Weltreligion.

Der Islam sieht in Mohammed (569–632 n. Chr.) den letzten und größten von Gott gesandten Propheten. Nachdem er mehrere Jahre als Kaufmann in Arabien lebte, glaubte Mohammed, daß Gott ihn zum Propheten berufen hätte. Die Offenbarungen, die er während dieser Zeit bis zu seinem Tod von Gott erhielt, wurden im Koran aufgezeichnet und gesammelt. Zu seinen Lebzeiten vereinte er alle Stämme Arabiens in der Anbetung des einen Gottes, und innerhalb eines Jahrhunderts nach seinem Tod hatte sich der Islam über den ganzen Nahen Osten, Nordafrika und Spanien bis nach Persien hin ausgebreitet.

DAS ISLAMISCHE GOTTESVERSTÄNDNIS

Der Koran betont stark die Einheit Gottes, seine Transzendenz und Macht, seine Herrschaft über das ganze Universum:

Allah ist Allah, außer ihm gibt es keinen Gott. Er ist der aus sich selbst Lebendige, der Ewige. Ihn ergreift nicht Schlaf, noch Schlummer. Sein ist, was in den Himmeln, sein, was auf Erden ist. Wer kann bei ihm ohne seinen Willen fürsprechen und vermitteln? Er weiß, was zwischen ihren Händen und hinter ihnen ist (was ist, war und sein wird), und die Menschen begreifen von seiner hehren Allwissenheit nur, soweit es ihm gefällt. Über den Himmeln und der Erde steht sein Thron, Herrschaft und Wacht sind ihm keine Bürde. Er ist der Erhabene und Mächtige!

Allah ist Allah, außer ihm gibt es keinen Gott, er, der König, der Heilige, der Friedensstifter, der Spender der Sicherheit, der Beschützer, der Mächtige, der Starke, der Hocherhabene. Allah ist hoch erhaben über die Götzen, welche sie ihm zugesellen. Allah ist der Schöpfer, der Gestaltende, der Bildner. Ihn verherrlichen die schönsten Namen. Ihn preist alles, was in den Himmeln und was auf Erden ist, ihn, den Allmächtigen, den Allweisen.

DER KORAN SAGT VIEL ÜBER DIE WÜRDE DES MENSCHEN ALS GOTTES GESCHÖPF

Einst sagte dein Herr zu den Engeln: „Ich will einen Menschen aus Lehm schaffen, und wenn ich ihn gebildet und ihm von meinem Geist eingehaucht haben werde, dann fallt vor ihm nieder und verehrt ihn."

Und alle Engel verehrten ihn also, nur Iblis, der Teufel, war hochmütig und ungläubig.

Allah sagte zu ihm: „Was hält dich denn ab, o Satan, den zu verehren, welchen meine Hände geschaffen haben? Bist du zu stolz oder zu vornehm dazu?"

Er antwortete: „Deswegen, weil ich besser bin als er, denn mich hast du aus Feuer und ihn nur aus Lehm geschaffen."

...dein Herr sprach zu den Engeln: „Ich will auf Erden einen Statthalter (den Menschen) setzen...

DER ISLAM HAT EIN EIGENES VERSTÄNDNIS VON ERLÖSUNG

Nach islamischer Lehre wird jedes Kind unschuldig und frei von jeder Sünde geboren. Der Mensch erbt weder die Sünde noch ist er für das Böse, das durch andere in diese Welt kommt, verantwortlich.

Keine belastete (Seele) braucht zusätzlich die Last einer anderen zu tragen (Sure 35,19). Dies ist nicht nur eine Frage der Gerechtigkeit, sondern eine solche Vorstellung vom Menschen als einem verantwortlichen Wesen schließt auch *menschliche Freiheit und Würde* ein.

Nur das wird dem Menschen vergolten, was er mit Vorbedacht getan hat, und es wird letztlich sein gutes Werk ans Licht gebracht (Sure 53,40f).

So war es ausschließlich Adams Verantwortung, die Folgen seines Ungehorsams zu sühnen. Darüber hinaus lehrt der Koran, daß Adam Gott um Vergebung bat und ihm Vergebung zuteil wurde. Dies steht im Einklang mit der Vorstellung von Gott und seinen vorherrschenden Eigenschaften: Gnade und Vergebung. Der allmächtige Gott, Schöpfer und Erhalter des ganzen Universums, ist auch *die höchste Autorität für die Gewährung von Vergebung,* deren Ursprung er ist.

Außerdem weist Gott, der den Menschen geschaffen hat und der um die Schwächen des Menschen weiß, niemals ehrlich gemeinte Buße und Gebete um Vergebung zurück, wie sie Adam an Gott richtete.

Nach der Lehre des Islams sollte der Mensch für seine Würde als ein verantwortliches Wesen dankbar sein; er sollte auf eigenen Füßen stehen und unter Gottes Führung auf seine eigene Erlösung hinarbeiten, denn niemand kann für einen anderen handeln oder zwischen Gott und Mensch vermitteln.

Wenn dich meine Diener über mich befragen, so sage ihnen, daß ich nahe bin und die Gebete der Flehenden gern erhöre, wenn sie zu mir beten; doch müssen sie auch auf mich hören und an mich glauben, damit sie recht geleitet sind (Sure 2,187).

BASIC PRINCIPLES OF ISLAM

GIBT ES IRGENDEINEN BERÜHRUNGSPUNKT ZWISCHEN GOTT UND MENSCH?

Wenn so viel Betonung auf der Andersartigkeit Gottes und dem völligen Unterschied zwischen Gott und seinen Geschöpfen liegt, so ist schwer einzusehen, welche Gemeinsamkeit der Mensch mit Gott hat:

indem er... den Menschen Gott sozusagen von Angesicht zu Angesicht gegenüberstellte – ohne jegliche vermittelnde geistliche oder persönliche Instanz –, betonte der Islam notwendig den Unterschied zwischen Gott und Mensch. Trotz einiger Stellen im Koran, in denen eine unmittelbare mystische Erkenntnis durchschimmert, kann die davon abgeleitete Dogmatik nicht anders, als von der Behauptung eines Gegensatzes zwischen Gott und Mensch auszugehen und (als notwendige Begleiterscheinung) der Gleichheit aller Menschen in ihrer Beziehung zum Schöpfer. In diesem völligen Gegensatz liegt die eigentliche Spannung des Islam.

H. A. R. Gibb

Selbst wenn wir uns der menschlichen Sprache bedienen, wenn wir über Gott sprechen und sagen, daß er weise oder gut ist, müssen wir zugeben, daß sich Gott so völlig vom Menschen unterscheidet, daß solche Worte nicht das gleiche bedeuten, wenn sie sich auf Gott beziehen. Mohammed Abduh war ein bedeutender moslemischer Apologet im Ägypten des 19. Jahrhunderts. Er bejahte aufs neue die traditionelle Lehre islamischer Theologie im Hinblick auf die Eigenschaften Gottes:

Die orthodoxe Position ist aufs neue bestätigt worden: Obwohl ihre Attribute und Qualitäten, welche den Menschen zugesprochen werden, ähnlich klingen mögen, sind sie es ihrem Wesen nach in Wirklichkeit nicht. „Gott gleicht keinem seiner Geschöpfe und zwischen ihnen und ihm gibt es keine Beziehung außer der, daß er derjenige ist, der ihnen das Leben gab, und sie zu ihm gehören und zu ihm zurückkehren werden."

C. C. Adams

IST ES MÖGLICH, GOTT ZU ERKENNEN?

Eine Folge dieser Betonung der Souveränität Gottes ist, daß es schwierig ist, irgendeinen Berührungspunkt zwischen Gott und Mensch zu sehen.

Al-Junayd, ein bedeutender Mystiker des 19. Jahrhunderts, schreibt:

Niemand kennt Gott, außer Gott selbst, der Allerhöchste, und darum hat er selbst nur den besten seiner Geschöpfe seine Namen offenbart, hinter denen er sich verbirgt.

Diese Form von Agnostizismus über das Wesen Gottes hat viele Moslems dazu veranlaßt, sich dem mystischen Glauben der Sufis anzuschließen. Ein Großteil der Lehre des Sufismus ist in die islamische Gedankenwelt übernommen worden und wurde nicht als ketzerisch abgelehnt.

Reynold Nicholson schreibt über den Koran:

Gibt es irgendwelche Ansätze für Mystik im Koran? Der Koran... beginnt mit der Vorstellung von Allah, dem einen, ewigen und allmächtigen Gott, der über menschliche Empfindungen und menschliches Sehnen erhaben ist – dem Herrn seiner Sklaven, nicht dem Vater seiner Kinder; einem Richter, der den Sündern eine strenge Strafe zumißt und seine Gnade nur denen zuteil werden läßt, die seinen Zorn durch Buße, Demut und unaufhörliche Werke der Frömmigkeit abwenden; einem Gott der Furcht und nicht der Liebe. Dies ist die eine Seite und gewiß die prägnanteste an Mohammeds Lehre. Doch während er eine unüberwindliche Kluft zwischen der Welt und Allah errichtete, sehnte sich sein Inneres nach einer direkten Offenbarung Gottes. Da gibt es keine Widersprüche in der Logik des Gefühls. Mohammed, der etwas von einem Mystiker in sich trug, spürte Gott sowohl weit entfernt als auch nahe, sowohl transzendent als immanent. Im zweiten Aspekt ist Allah das Licht von Himmel und Erde, ein Wesen, das in der Welt und in der Seele des Menschen wirkte.

Über die Entwicklung der islamischen Theologie schreibt er:

Die Verfechter des orthodoxen Denkens hatten sich darangemacht, ein System scholastischer Philosophie zu konstruieren, das Gottes Wesen auf eine rein formale, unveränderliche und absolute Einheit reduzierte, einen bloßen Willen ohne Liebe und Gefühle, eine gewaltige, unberechenbare Kraft, mit der kein menschliches Geschöpf irgendeine Gemeinschaft oder persönlichen Kontakt haben könnte. Dies ist der Gott der moslemischen Theologie.
Das war die Alternative zum Sufismus. Darum bemerkte Professor D. B. Macdonald, einer der anerkannten Experten, zu diesem Thema: „Alle denkenden religiösen Moslems sind Mystiker." Und er fügt hinzu: „Und alle sind auch Pantheisten, obwohl es einige von ihnen nicht wissen."

WELCHE BEDEUTUNG HAT DER EINZELNE VOR GOTT?

Der Koran betont, daß jeder einzelne am Tag des Jüngsten Gerichts alleine stehen wird:

Keiner in den Himmeln und auf der Erde darf sich dem Allbarmherzigen anders nahen, als nur um sein Diener sein zu wollen. Er umfaßt sie alle in seiner Allwissenheit und zählt sie genau, und sie werden einst alle einzeln und nackt zu ihm kommen.

Ruft auch nicht neben Allah noch einen anderen Gott an, denn außer Allah gibt es ja keinen Gott. Alle Dinge werden untergehen, nur sein Angesicht (er) nicht. Ihm gehört das Richteramt, und zu ihm kehrt ihr einst zurück.

Die Betonung der Souveränität Gottes ist so stark, daß die Gefahr besteht, daß der einzelne in der Gegenwart des allmächtigen Gottes verschlungen wird. Der einzelne hat möglicherweise das Gefühl, daß er keinen Freiraum hat, weil all seine Handlungen bereits von Gott vorherbestimmt sind:

Der Koran ist nichts anderes als eine Ermahnung für alle Welt, für jeden von euch, welcher den geraden Weg wandeln will. Doch werdet ihr dies nicht wollen können, wenn es Allah, der Herr der Weltenbewohner, nicht will.

In einigen Formen des Sufismus (der moslemischen Mystik) droht das Gefühl, ein Individuum zu sein, völlig verlorenzugehen:

Überlebt die Persöhnlichkeit, wenn sie schließlich mit Gott vereint ist? Wenn Persönlichkeit bewußte Existenz bedeutet, die sich von Gott unterscheidet, jedoch nicht von ihm getrennt ist, so sagen die fortschrittlichen moslemischen Mystiker: „Nein!" So wie der vom Meer aufgenommene Regentropfen nicht vernichtet wird, sondern aufhört, als einzelner Regentropfen zu existieren, so wird die entkörperlichte Seele nicht von der universalen Gottheit zu unterscheiden sein.
R. A. NICHOLSON

WIE KÖNNEN WIR WISSEN, OB DER KORAN WORT GOTTES IST?

Moslems gingen in der Vergangenheit davon aus, daß der Koran Gottes Wort ist. Doch durch die Auswirkungen des modernen Denkens werden sich wahrscheinlich immer mehr Moslems fragen: „Wie können wir sicher sein, daß der Koran Gottes Wort ist?"

Moslems lesen nicht den Koran und kommen danach zu dem Schluß, daß er göttlichen Ursprungs ist; sie glauben vielmehr, daß er göttlich ist und darum lesen sie ihn.

Auch die islamische Welt bewegt sich auf eine möglicherweise tiefe Krise zu. Sie beginnt, diese Frage zu stellen, statt sich nur mit ihrer Antwort zufriedenzugeben. Junge Leute in Lahore und Kairo, Arbeiterführer in Djakarta und Istanbul fragen zum ersten Mal ihre religiösen Denker und sich selbst: „Ist der Koran Gottes Wort?" Diese Frage zu beantworten, ist seit mehr als dreizehn Jahrhunderten Aufgabe der islamischen Welt. Sie zu stellen, ist eine insgesamt schwierige, quälende und verhängnisvolle Angelegenheit.
W. CANTWELL-SMITH

Der Moslem glaubt, daß Gott etwas von seinem Wesen im Universum und im Menschen offenbart hat. Doch wenn jemand die Frage stellt: „Woher weiß ich, ob der Koran Gottes Wort und eine wahrhaftige Gottesoffenbarung ist?" gibt der Koran selbst die folgenden Antworten auf diese Frage:

● Mohammed wirkte keine Wunder, um die Wahrheit seiner Behauptung, er sei ein Prophet, zu unterstreichen. Als man ihn aufforderte, zu erklären, woher er seine Autorität nähme, deutete er lediglich auf den einzigartigen Charakter des Korans selbst. Die bloße Existenz des Korans wird darum als ausreichendes Zeugnis angesehen, daß es sich um eine wahrhaftige Gottesoffenbarung handelte.

Sie sagen zwar: „Wenn ihm nicht ein Wunderzeichen von seinem Herrn herabgesandt wird, so glauben wir ihm nicht." Sprich: „Wunder zu tun ist nur in Allahs Macht; ich bin nur ein offenkundiger Warner."

Genügt es ihnen denn nicht, daß dir die Schrift offenbart worden ist, welche ihnen vorgelesen werden soll? Sie enthält Barmherzigkeit und Ermahnung für gläubige Menschen.

Dieses Buch – es ist vollkommen, nichts ist zu bezweifeln – ist eine Richtschnur für die Frommen, die auch an das geheimnisvoll Unsichtbare (an das Unsichtbare) glauben, das Gebet verrichten, von dem, was wir ihnen huldvoll verliehen haben, Almosen geben und an das glauben, was wir dir offenbarten, auch an das, was vor dir offenbart wurde, und die auf das Jenseits fest vertrauen...

Bezweifelt ihr das, was wir unserem Diener offenbarten, nun, so bringt doch nur eine Sure gleich diesen hervor, ruft eure Zeugen außer Allah zu Hilfe, wenn ihr die Wahrheit sprecht. Könnt ihr dies aber nicht – und nimmermehr vermögt ihr dies –, so fürchtet das Feuer, das Menschen und Steine verzehrt, das für die Ungläubigen bereitet ist.

● Glaube und Unglaube hängen so völlig ab vom Willen Allahs, daß es nur an seinem Willen liegt, ob ein Mensch ohne irgendwelche Zeichen glaubt. Der Koran räumt offensichtlich nicht die Möglichkeit ein, daß der Ungläubige, ja selbst der Gläubige, aufrichtige Zweifel haben könnte und möglicherweise fragen möchte: „Wie kann ich sicher sein, ob das alles wahr ist?"

Die Ungläubigen sagen: „Ohne Wunderzeichen von seinem Herrn glauben wir ihm nicht:"

Sprich: „Allah führte irre (und läßt zugrunde gehen), wen er will, und leitet zu sich die, welche sich bekehren und glauben und ihr Herz mit dem Gedanken an Allah beruhigen. Sollte auch der Gedanke an Allah des Menschen Herz nicht beruhigen können?"

● Die Strafe für den Unglauben ist die Hölle. Die Drohung mit der Hölle sollte uns zur Vernunft bringen und zum Glauben führen.

Die, welche unsere Zeichen bestreiten, mögen wissen, daß sie der Strafe nicht entgehen können.

Er offenbarte dir die Schrift mit der Wahrheit und bestätigte hiermit sein schon früher gesandtes Wort. Er offenbarte schon vorher die Thora und das Evangelium als Richtschnur für die Menschheit, und nun offenbarte er die Unterscheidung (die Erlösung, den Koran).

Wahrlich die, welche die Zeichen Allahs leugnen, erhalten große Strafe; denn Allah ist mächtig und vermag zu vergelten.

Das gemeinsame Gebet wird vom Mulla geleitet. Im Islam ist der Gedanke der Gemeinschaft von großer Bedeutung.

Werden ihnen unsere deutlichen Zeichen vorgelesen, so sagen die Ungläubigen von der Wahrheit, die sie erhalten haben: „Das ist ja offenbare Täuschung."

Wollen sie sagen: „Er (Mohammed) hat ihn (den Koran) erdichtet", so antworte: „Wenn ich ihn erdichtete, so könnt ihr gegen Allah nichts für mich vermögen; aber er kennt eure verleumderischen Reden, und er ist hinlänglicher Zeuge zwischen mir und euch; denn er ist gnädig und barmherzig."

Sprich: „Ich bin kein Neuerer unter den Gesandten, und ich weiß auch nicht, was Allah einst mit mir und mit euch machen wird. Ich folge nur dem, was mir offenbart wurde, und ich bin nur schlicht ein öffentlicher Prediger."

Sprich: „Was denkt ihr wohl? Wenn dies Buch von Allah ist – und ihr glaubt es doch nicht – und wenn ein Zeuge von den Kindern Israels dessen Übereinstimmung mit dem Gesetz bezeugt und daran glaubt – und ihr dennoch dasselbe hochmütig verwerft –, seid ihr da keine Frevler?" Doch Allah leitet frevelhafte Menschen nicht.

Die rechte Antwort heißt darum einfach: hören und gehorchen.

Und wenn du ohne Zeichen (Wunder) zu ihnen kommst, sagen sie (vom Koran): „Hast du da nicht zusammengetragenes Zeug?" Antworte ihnen: „Ich folge nur dem, was mir von meinem Herrn offenbart wurde. Dieses Buch enthält deutliche Beweise von eurem Herrn und ist Leitung und Gnade für ein gläubiges Volk."

Wenn der Koran gelesen wird, so hört zu und schweigt andächtig, damit ihr erbarmende Gnade findet.

Er offenbarte dir die Schrift, in der viele Verse maßgebend und grundlegend sind: sie sind die Mutter (Grundsäulen) der Schrift; andere dunkle (vieldeutige) sind bildlich zu nehmen. Die nun im Herzen zweifeln, diese wollen aus Begierde, Spaltungen zu veranlassen, und aus Freude am Deuten jene Gleichnisse erklären; aber nur Allah kennt ihre wahre Bedeutung. Die aber, welche fest in der Erkenntnis sind, sprechen: Wir glauben daran, das Ganze ist von eurem Herrn. So denken aber nur die, welche verständigen Herzens sind. O Allah, laß unser Herz nicht mehr irren, nachdem du uns auf den rechten Weg geleitet hast, und schenke uns deine Barmherzigkeit, denn du bist ja der Gnadenspender.

Wenn wir diese Frage nach der Wahrheit der Offenbarung im Koran stellen, führt das autoritative System des Islams in der Praxis zu folgenden Reaktionen: entweder

1. einer blinden und bedingslosen Annahme des Korans; oder
2. einem intellektuellen Skeptizismus über Gott, verbunden mit einem in der Praxis nur eingeschränkt wirksamen islamischen Glauben; oder
3. einem völligen Ablehnen der islamischen Aussagen über Gott und das Übernatürliche; oder
4. einer Mystik, die es dem Moslem ermöglicht, bestimmte intellektuelle Probleme zu umgehen.

WORAUF GRÜNDET SICH DAS MORALISCHE GESETZ?

Das moralische Gesetz des Menschen kann sich nicht auf den Charakter Gottes stützen, wer er seinem Wesen nach *ist.* Es muß sich auf Gottes Gebote und Verordnungen stützen. Die „fünf Grundpfeiler des Islams" umfassen die wichtigsten Aspekte des Lebens für den Moslem: Glaubensbekenntnis, Gebet, Fasten, Almosen und Pilgerfahrt.

Es sind diese fünf Grundpfeiler, insbesondere Glaubensbekenntnis, Fasten und Gebet, die in erster Linie das praktische Leben des Durchschnittsmoslem bestimmen. Der Moslem, der die Einheit und Transzendenz Gottes anerkennt, läßt Gott durch Fasten und Gebet seine Anerkennung zukommen und akzeptiert Mohammed als den letzten und größten aller Propheten. Möglicherweise wird auch er das Feuer erdulden müssen, doch er hofft, daß er nicht, wie die Ungläubigen, auf ewig in der Hölle verbleiben muß – und zwar auf Grund der rechtzeitigen Fürbitte des Propheten. Die abscheulichsten Sünden sind Polytheismus, Abfall vom Glauben, Zweifel und Gottlosigkeit, neben denen soziale Sünden und alle feineren Formen des Bösen zu verhältnismäßiger Bedeutungslosigkeit verblassen.

J.N.D. ANDERSON

Auf Gott wird das Wort „heilig" angewandt, doch es erscheint nur einmal im Koran:

Allah ist Allah, außer ihm gibt es keinen Gott, er, der König, der Heilige, der Friedensstifter, der Spender der Sicherheit, der Beschützer, der Mächtige, der Starke, der Hocherhabene. Allah ist hoch erhaben über die Götzen, welche sie ihm zugesellen.

Diese Heiligkeit wird nicht im Sinn moralischer Reinheit oder Vollkommenheit verstanden, sondern als Ausdruck der Transzendenz.

BEIDAWI, der bedeutende islamische Koran-Kommentator, schrieb im 13. Jahrhundert:

Heilig bedeutet die völlige Abwesenheit all dessen, was ihn zu weniger machen würde, als er ist.

ALGAZEL schrieb im 12. Jahrhundert über Gottes Gerechtigkeit:

Allahs Gerechtigkeit kann nicht mit menschlicher Gerechtigkeit verglichen werden. Denn ein Mensch kann vermeintlich ungerecht handeln, indem er das Eigentum eines anderen verletzt, doch von Seiten Gottes ist Ungerechtigkeit unvorstellbar. Es obliegt seiner Macht, über die Menschen Qualen auszugießen, und wenn er dies täte, bliebe seine Gerechtigkeit dennoch unangefochten. Doch er belohnt jene, die ihn anbeten, für ihren Gehorsam um seiner Verheißung und seines Wohlwollens willen, und nicht auf Grund ihrer Verdienste oder auf Grund von Notwendigkeit, da es nichts gibt, zu dem er verpflichtet wäre; auch ist in ihm keinerlei Ungerechtigkeit, und er ist gegenüber einem Menschen zu nichts verpflichtet.

WAS IST LIEBE?

Eine andere Konsequenz des islamischen Glaubens im Hinblick auf Gott besteht darin, daß Gottes Einstellung gegenüber dem Menschen mit Begriffen wie Erbarmen und Gnade ausgedrückt wird und nicht mit dem Wort Liebe. Einige der neunundneunzig Namen Gottes lauten: der Gnädige, der Erbarmer, der Vergeber, die Vergebung, der Nachsichtige, der Großzügige, der Gütige, der Freundliche.

Wenn der Moslem jemals von der Liebe Gottes spricht, denkt er nicht so sehr an Gottes Liebe zum Menschen, sondern an die Liebe des Menschen zu Gott als Antwort auf die Eigenschaften Gottes.

AHMAD GALWASH, ein Apologet unserer Zeit, schreibt:

Die Liebe Gottes recht zu verstehen, ist eine so schwierige Angelegenheit, daß eine Gruppe von Philosophen insgesamt verneint, daß der Mensch ein Wesen zu lieben vermag, welches nicht seiner eigenen Art entspricht. Sie haben die Liebe Gottes beschrieben als so etwas wie Gehorsam gegenüber Gott. Doch dies ist nicht wahr... Der arabische Prophet lehrte seine Anhänger das folgende Gebet: *„Schenke mir, o Gott, daß ich dich liebe und jene, die dich lieben, und all das, was mich deiner Liebe näherbringt und mir deine Liebe kostbarer macht als kaltes Wasser dem durstigen Reisenden in der Wüste...*

Nun behandeln wir die Liebe ihrem eigentlichen Wesen gemäß, nach der geistigen islamischen Vorstellung. Liebe könnte man als die Neigung zu etwas definieren, das angenehm ist.

Der Moslem ist wahrscheinlich gezwungen, von der Gnade und dem Mitleid Gottes eher zu sprechen als von seiner Liebe, denn Liebe ist ein zu menschliches Wort, als daß man es auf Gott anwenden könnte. Man könnte auch sagen, daß, wenn Gott einer ist in dem Sinne, wie es der Moslem versteht, es logischerweise keinen Sinn ergibt, von der Liebe als einem Teil des göttlichen Wesens zu sprechen. Liebe erfordert ein Objekt, wenn es nicht zur Eigenliebe werden soll. Wenn es keine Dreieinigkeit gibt, die eine Liebesbeziehung zwischen den drei „Personen" der Gottheit ermöglicht, kann das einzige mögliche Objekt von Gottes Liebe das Universum oder der Mensch sein. Doch dies macht es schwer, sich Gott als jemanden vorzustellen, der sich selbst genügt und nicht von der Existenz des Universums abhängig ist.

WAS FÜR EIN LEBEN KÖNNEN WIR NACH DEM TOD ERWARTEN?

Der Koran stimmt ausdrücklich mit dem Christentum darin überein, daß das „eigentliche Ziel des Menschen darin besteht, Gott zu verherrlichen...":

Dschinn (Geister) und Menschen habe ich nur erschaffen, damit sie mir dienen.

An vielen Stellen drückt der Koran die Hoffnung auf das Paradies aus,

Das Gebet ist ein Ausdruck der Ergebenheit unter Allah. Das Wort „Islam" bedeutet eigentlich „Hingebung".

das den Gläubigen verheißen ist:

Wahrlich, für die Ungläubigen haben wir bereitet: Ketten, Halsschlingen und das Höllenfeuer. Die Gerechten aber werden aus einem Kelch trinken, Wein gemischt mit Wasser, aus der Quelle Kafur geschöpft, einer Quelle, aus welcher nur die Diener Allahs trinken und die sie sprudeln lassen, wie (in Ergiebigkeit) sie wollen. Sie erfüllen ihre Gelübde und fürchten den Tag, der seine Übel weithin sendet, und speisen aus Liebe zu Allah den armen, Waisen und Gefangenen und sprechen: „Wir speisen euch nur um Allahs willen, und wir begehren von euch weder Lohn noch Dank; wir fürchten nur von unserem Herrn einen traurigen und schrecklichen Tag."

Darum wird Allah sie vor dem Übel dieses Tages bewahren und Heiterkeit und Freude auf ihren Angesichtern glänzen lassen, sie für ihre ausharrende Geduld mit einem Garten und mit seidenen Gewändern belohnen, und sie werden auf Lagerkissen ruhen und weder Sonne noch Kälte fühlen. Dichte Schatten werden sich behütend über ihnen ausbreiten, und Früchte werden tief herabhängen, damit sie leicht gepflückt werden können...

Ihre Gewänder sind aus feiner grüner Seide und aus Samt, durchwirkt mit Gold und Silber, und geschmückt sind sie mit silbernen Armbändern, und ihr Herr wird ihnen reinsten Trunk zu trinken geben und sagen:

„Dies ist euer Lohn und der Dank für euer eifriges Streben."

Viele Moslems legen solche Koran-Stellen nicht wörtlich aus. Doch trotz allen Spielraums für bildhafte Ausdrücke und Symbole kann der Moslem nicht darauf hoffen, zu Gott eine persönliche Beziehung zu haben. Er kann auf die Hoffnung einer mystischen Vereinigung mit Gott verweisen, doch dies muß so verstanden werden, daß er gewissermaßen in Gott aufgeht. Obwohl er davon spricht, sein Hauptziel bestünde darin, „Gott zu verherrlichen", kann er nicht mit dem Christen hinzufügen, „und sich an ihm auf ewig zu freuen".

Der Islam ist die Hauptreligion vieler Länder Südostasiens.

WELCHE ANTWORT GIBT DER ISLAM AUF DAS PROBLEM DES LEIDS UND DES BÖSEN?

Die islamische Theologie hat sich bemüht, zwischen ihrer Lehre von der Vorherbestimmung und ihrem Bestehen auf der Eigenverantwortung des Menschen einen Ausgleich zu schaffen.

Mohammed Abduh umreißt beispielsweise die orthodoxe Lehre wie folgt:

Alle... islamischen Richtungen glauben, daß sie ein gewisses Maß an Entscheidungsfreiheit bei ihren Handlungen haben, was sie „erworbenes Gut" *(kasb)* nennen, und dies bildet, nach allgemeiner Auffassung, die Grundlage für Belohnung und Strafe.

Gleichzeitig gibt er jedoch zu, daß dieses Gleichgewicht in der Praxis nicht immer zu finden ist:

Wir leugnen nicht, daß dieser Glaubensartikel in der Vorstellung des einfachen Volkes in islamischen Ländern vergiftet worden ist durch Spuren einer Überzeugung vom Zwang. Dies ist möglicherweise die Ursache für das Unglück, das sie in vergangenen Generationen befallen hat.

Der Koran bietet das Gleichgewicht, indem er sagt, daß zwar alles – ob Gutes oder Böses – durch Gottes Willen bestimmt ist, doch der Mensch noch immer von Gott zur Verantwortung gezogen wird:

Allah verändert nicht seine Gnade gegen die Menschen, oder sie hätten denn zuerst ihre Gesinnung gegen Allah verändert. Und wenn Allah ein Volk bestrafen will, so wird niemand diese Strafe abwenden können, und es wird außer ihm keinen Beschützer finden.

Das Gute, das dir beschert wird, ist von Allah, das Böse aber ziehst du dir selbst zu.

Der entscheidende Unterschied zwischen Islam und Christentum in der Frage des Leids besteht darin, daß der Islam keinen Platz für einen leidenden Erlöser hat. In den frühen Jahren seines öffentlichen Wirkens erfuhr Mohammed ein gewisses Maß an Zustimmung und viel Opposition und Verfolgung. Als man ihn einlud, von Mekka nach Medina zu ziehen, um die ganze Gemeinde zu führen, sah er darin eine Möglichkeit, jene Gesellschaft zu errichten, die ihm vorschwebte. Statt ein verachteter Prophet zu sein, war er nun beides: Prophet und Staatsmann. Er meinte, daß Erfolge in der Diplomatie und Kriegsführung als Zeichen dafür zu werten seien, daß Gott sein Reich auf Erden erbaute. Für den Islam ist es darum sehr schwierig, dem Gedanken des Leidens einen Platz in Gottes Wirken zuzuerkennen (ausgenommen in einigen Richtungen wie z.B. im Schiismus). Es wurde einmal gesagt, daß der Islam eine Theologie der *Gerechtigkeit,* aber keine Theologie des *Leidens* habe.

ZEHN BEDEUTENDE DENKER

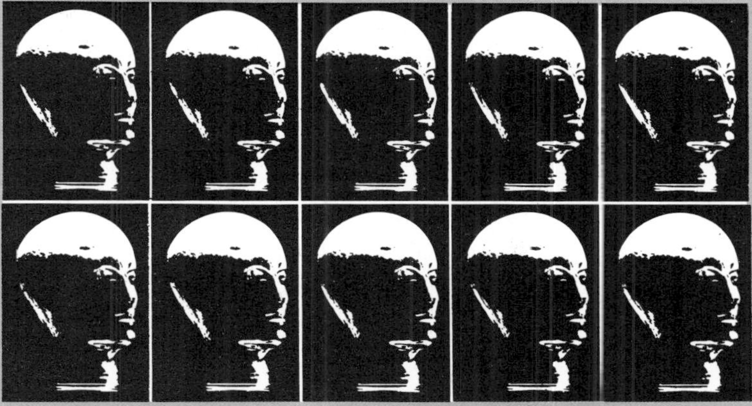

THOMAS VON AQUIN

(ca. 1225–1274)

Thomas von Aquin

Thomas von Aquin war ein italienischer Mönch und wurde zum bedeutendsten katholischen Theologen des Mittelalters. Er versuchte, viele der Vorstellungen des griechischen Philosophen Aristoteles zu verwenden und ein vollkommenes System christlicher Theologie auszuarbeiten.

Der wichtigste Aspekt seines Denkens, mit dem wir uns hier beschäftigen wollen, besteht darin, daß er eine klare Unterscheidung traf zwischen solchen Wahrheiten, die mit dem *Verstand* abgeleitet werden konnten (z.B. die Existenz Gottes und das moralische Gesetz), und solchen Wahrheiten, die dem Menschen durch *Offenbarung* zuteil werden (z.B. der Weg der Erlösung):

Das Heil der Menschen verlangt außer an philosophischen Wissenschaften, die im Bereich der menschlichen Vernunft bleiben, eine Lehre, die auf göttlicher Offenbarung beruht... Darum mußten dem Menschen, sollte er sein Heil nicht verfehlen, durch göttliche Offenbarung manche Dinge kund werden, die über die menschliche Vernunft hinausgehen...

Sollten die Menschen daher in größerer Zahl und mit größerer Sicherheit das Heil erlangen, so mußte Gott ihnen diese Wahrheiten offenbaren. So war also neben den philosophischen Wissenschaften, die rein auf der Forschungsarbeit der menschlichen Vernunft beruhen, eine heilige Lehre notwendig, die auf göttlicher Offenbarung gründet...

Gewiß soll der Mensch, was für sein Erkennen zu hoch ist, nicht mit den Kräften seiner Vernunft erforschen wollen; wenn Gott es ihm aber offenbart, muß er es im Glauben annehmen.

Diese Unterscheidung, die an sich verhältnismäßig unwichtig zu sein scheint, sollte weitreichende Folgen haben, denn sie wurde zur Grundvoraussetzung des westlichen Denkens während der Renaissance im 14. Jahrhundert und der Aufklärung im 18. Jahrhundert. Es war Thomas von Aquin, der die sogenannten „Beweise" für die Existenz Gottes formulierte. Seine vielen Schriften sind beschrieben worden als „höchste Leistung theologischer Systematisierung im Mittelalter und offizielle Grundlage der modernen römisch-katholischen Theologie".

RENÉ DESCARTES

(1596–1650)

Der französische Philosoph René Descartes ist als „Vater der neueren Philosophie" bezeichnet worden. Seine beiden wichtigsten Werke *Abhandlung über die Methode* (1637) und *Meditationen* (1641) kennzeichneten einen neuen Anfang im europäischen Denken, denn sie befaßten sich mit dem Bewußtsein des einzelnen als Quelle und Kriterium der Wahrheit. Dies war der Ausgangspunkt des europäischen Rationalismus.

Seine Methode, Wahrheit zu finden, bestand im systematischen Zweifel:

Die *erste* war: niemals eine Sache als wahr anzunehmen, die ich nicht als solche sicher und einleuchtend erkennen würde... und in meinen Urteilen nur soviel zu begreifen, wie sich meinem Geist so klar und deutlich darstellen würde, daß ich gar keine Möglichkeit hätte, daran zu zweifeln.

Was er jedoch nicht bezweifeln konnte, war seine eigene Existenz:

***Cogito, ergo sum.* Ich denke, also bin ich.**

Er war sich auch seiner eigenen Endlichkeit bewußt. Und wenn er endlich war, so bedeutete dies, daß es ein unendliches Wesen geben

René Descartes

mußte. Er war sich dessen bewußt, daß er unvollkommen war, und dieses Bewußtsein bedeutete, daß es ein vollkommenes Wesen geben mußte.

Es ist unvorstellbar, daß Gott uns täuschen sollte, indem er uns Vorstellungen dieser Art vermittelt, wenn diese nicht wahr sind. Darum muß Gott existieren.

Sein Prinzip des radikalen Zweifels ließ ihn sogar die Existenz der ihn umgebenden Welt bezweifeln. Der einzige Weg, das Problem für sich selbst zu lösen, bestand darin zu sagen, wir alle meinten, daß die materielle Welt wahrhaftig außerhalb unserer selbst existiere und daß es unvorstellbar sei, daß Gott uns dieses Gefühl gab, wenn es nicht im Einklang mit der Wahrheit steht; denn Gott kann uns nicht täuschen. Darum muß es die umgebende Welt geben. Descartes gebraucht Gott somit als Garanten für die Existenz des Universums.

Hannah Arend faßt das Dilemma des Agnostikers in der modernen Welt zusammen, ein Teil des Erbes, das er von Descartes übernommen hat:

Descartes' Philosophie ist verfolgt von zwei Alpträumen, die in gewisser Weise zu den Alpträumen des gesamten modernen Zeitalters geworden sind. Nicht weil unsere Zeit so sehr von Cartesianischer Philosophie beeinflußt wurde, sondern weil ihr Entstehen fast unausweichlich wurde, sobald die wahren Folgen der modernen Weltanschauung verstanden wurden.

Diese Alpträume sind sehr einfach und gut bekannt. Der eine bezweifelt die Realität, die Realität der Welt und des menschlichen Lebens; wenn weder unseren fünf Sinnen noch dem gesunden Menschenverstand vertraut werden kann, dann ist es sehr wohl möglich, daß all das, was wir als Realität ansehen, in Wirklichkeit ein Traum ist. Der andere Alptraum betrifft den allgemeinen Zustand des Menschen, der sichtbar wurde durch neue Entdeckungen und die Unfähigkeit des Menschen, sich auf seine fünf Sinne und seine Vernunft zu verlassen.

JOHN LOCKE

(1632–1704)

John Locke war ein englischer Philosoph, der, statt dem Rationalismus von Descartes und anderen auf dem Kontinent zu folgen, eine neue Schule der Philosophie entwickelte, die als Empirismus bekannt geworden ist. Diese Art und Weise, an Erkenntnis heranzugehen, betont, daß nicht nur die Vernunft, sondern auch die Erfahrung eine wichtige Rolle für alles Wissen spielt. Eines seiner einflußreichsten Werke war *Ein Versuch über den menschlichen Verstand* (1690). Im folgenden einige Grundvorstellungen seiner Philosophie:

● Der Verstand gleicht einem leeren Blatt Papier, das alle Eindrücke von außen aufnimmt. Er ist wie ein „weißes unbeschriebenes Stück Papier ohne irgendwelche Gedanken":

in bloßem, nacktem Wahrnehmungsvermögen ist der Verstand größtenteils nur passiv.

● Alles menschliche Wissen besteht entweder aus *„Ideen"* (das sind Eindrücke von Objekten, die von außen auf den Verstand einwirken – wie z.B. gelb, weiß, Hitze, Kälte, weich, hart, bitter, süß und alles, was wir mit dem Bewußtsein als wahrnehmbar bezeichnen) oder aus *Reflexionen* (Selbstbeobachtung) des Verstandes über diese Ideen.

Das menschliche Wissen hat darum kein anderes unmittelbares Objekt als seine eigenen Gedanken.

● Verstand und Glaube sind völlig verschieden voneinander:

***Verstand* ist die Entdeckung der Gewißheit oder Wahrscheinlichkeit solcher Behauptungen oder Wahrheiten, zu denen er gelangt durch Deduktion solcher *Ideen*, durch den Gebrauch seiner natürlichen Fähigkeiten, d.h. durch Empfindung oder Reflexion.**

***Glaube* ist andererseits die Zustimmung zu einer Behauptung, die nicht nur durch Deduktion des Verstandes entstanden ist, sondern die sich auf die Glaubwürdigkeit dessen stützt, der sie als von Gott in irgendeiner außergewöhnlichen Weise herkommend vorgibt. Diesen Weg der Wahrheitsfindung des Menschen nennen wir *Offenbarung*.**

John Locke

Als Beispiel für eine Wahrheit des Verstandes nennt er die Existenz Gottes.

Die Werke der Natur bezeugen überall hinreichend eine Gottheit.

Die Existenz Gottes ist „die offensichtlichste Wahrheit, die die Vernunft entdeckt". „Ihr Beweis", so sagt er, ist „mit mathematischer Sicherheit gleichzusetzen".
Die Existenz eines Gott entspricht der Vernunft; die Existenz von mehr als einem Gott widerspricht der Vernunft; die Auferstehung von den Toten ist über der Vernunft.

● Jede offenbarte Wahrheit muß durch Vernunftgründe geprüft werden. Wenn sie diesen nicht widerspricht, was wir durch den Verstand wissen, ist sie akzeptabel. Widerspricht sie, muß man sie zurückweisen. Offenbarung muß der Vernunft untergeordnet sein:

***Offenbarung* ist die durch eine Reihe neuer Entdeckungen erweiterte natürliche *Vernunft*, die Gott unmittelbar mitteilt, wobei der Verstand die Wahrheit bezeugt durch Zeugnisse und Beweise, die von Gott kommen.**

Kein Grundsatz kann als göttliche Offenbarung angenommen werden oder als solcher Zustimmung finden, wenn er im Gegensatz zu unserem klar empfundenen Wissen steht.

Zwei Autoren beschreiben die revolutionäre Auswirkung von Lockes Philosophie so:

John Locke stellte die intellektuelle Weltanschauung seiner Zeit kurz dar und formte die der kommenden. Mehr als ein Jahrhundert bestimmte er das europäische Denken... Der Geist, in dem er sich mit dem Christentum auseinandersetzte, ist im Grunde wichtiger als das, was er darüber sagte. Durch ihn wurde eine bestimmte Einstellung zum religiösen Glauben beinahe universal.
G. R. CRAGG

Es war Locke, der die Aufmerksamkeit der Denker auf psychologische Wahrheiten lenkte, Wahrheiten, die in der Seele des Menschen vorhanden sind, lebendig, beständig und unfehlbar..

Was immer auch jene über sein Werk *Ein Versuch über den menschlichen Verstand* sagen

mögen, denen es in erster Linie nur um Höhenflüge der Philosophie geht, so kennzeichnet diese Zeit einen grundlegenden Wandel, eine Umorientierung. Von nun an sollte sich die Forschung mit der Seele des Menschen in all ihrem unergründlichen Reichtum befassen. Machen wir Schluß, sagte Locke, mit diesen metaphysischen Mutmaßungen. Erkennen wir nicht, wie unergiebig sie sind? Sind wir nicht müde zu fragen und immer wieder umsonst zu fragen?...

Die innere Gewißheit, derer wir bedürfen, ruht in der Seele. Sie wollen wir betrachten und aufhören, in jene unendlichen Bereiche einzudringen, die nichts anderes als täuschende Visionen hervorbringen; auf die innere Gewißheit laßt uns unsere Aufmerksamkeit richten. In der klaren Erkenntnis, daß unsere Vernunft begrenzt ist, laßt uns diese Grenzen akzeptieren... Laßt uns die Hoffnung begraben, jemals vollkommenes, absolutes Wissen der Dinge um uns herum zu erreichen; denn dies ist etwas, was über die Möglichkeiten endlicher Wesen hinausgeht, und laßt uns mit dem zufrieden sein, was wir sind. Zu tun, was wir können, und zu wissen, was wir wissen.

PAUL HAZARD

Der Einfluß solcher Gedanken wird deutlich in der *Amerikanischen Unabhängigkeitserklärung* von 1776:

Wir halten diese Wahrheiten für selbstverständlich, daß alle Menschen gleich sind und daß sie von ihrem Schöpfer ausgestattet wurden mit bestimmten, unveräußerlichen Rechten...

DAVID HUME

(1711–1776)

David Hume war ein schottischer Philosoph, den man wohl als „Vater des modernen Skeptizismus" bezeichnen könnte. Er stellte nicht nur den traditionellen christlichen Glauben in Frage (wie z.B. Wunder), sondern auch Grundvoraussetzungen, die die meisten von uns als selbstverständlich ansehen (z.B. das Prinzip von Ursache und Wirkung). Er vertrat die Auffassung, daß:

- Wir Informationen unserer fünf Sinne wahrnehmen; darüber hinaus können wir nicht hoffen, jenseits unserer Sinne noch etwas zu erfahren.

Lassen Sie uns unsere gesamte Aufmerksamkeit soweit wie möglich auf uns selbst lenken. Lassen Sie uns unserer Phantasie bis zu den himmlischen Höhen folgen oder bis an die Grenzen des Universums; wir werden nie einen Schritt über uns hinauskommen, und wir können uns auch keine andere Existenz vorstellen als jene Wahrnehmungen, die in diesem engen Umkreis erschienen sind. Dies ist das Universum der Phantasie, aber wir haben keine Vorstellung, wodurch es entstanden ist.

- Die Vorstellung, daß jede gleiche Ursache eine gleiche Wirkung habe, ist das Ergebnis unseres eigenen Denkens. Man kann es nicht ableiten von den Informationen unserer Sinne. Wenn Ursache *a* immer Wirkung *b* hervorbringt, so haben wir nicht das Recht zu sagen, *a* habe *b verursacht;* es ist nur Gewohnheit oder Brauch, das dieses Ergebnis hervorbringt. Alles, was wir möglicherweise sagen können, ist, daß *a* gewöhnlich von *b* gefolgt wird.

- **Es gibt an einem Objekt nichts, was für sich allein uns dazu veranlassen könnte, darüber hinausgehende Schlüsse zu ziehen.**

  Also leitet nicht die Vernunft unser Leben, sondern die Gewohnheit – die allein und in allen Fällen unsere Seele dazu veranlaßt zu glauben, die Zukunft entspreche der Vergangenheit. So einfach dieser Schritt erscheint, könnte ihn die Vernunft bis in alle Ewigkeit nicht tun.

- Hume meinte, daß die Vorstellung von Wundern das Prinzip der Einheitlichkeit von Naturgesetzen verletzen könnte und daher als unmöglich ausgeschlossen werden müsse. Er meinte, daß das größte Wunder darin bestände, daß man glauben könne.

- Er erkannte, daß eine Bezweiflung von allem schließlich zu völligem Skeptizismus führen könnte. Darum beschränkte er seine philosophischen Vorstellungen auf sein Studium und genoß das Leben, als hätte er absolut keine Zweifel:

Allein Nachlässigkeit und Unaufmerksamkeit können uns einen Ausweg bieten. Aus diesem Grund verlasse ich mich völlig auf sie, und ich gehe davon aus, ganz gleich welche Auffassung der Leser zum gegenwärtigen Zeitpunkt auch haben mag, daß er in einer Stunde davon überzeugt sein wird, daß es sowohl eine Außen- als auch eine Innenwelt gibt.

Zum Glück ist es so, und da der Verstand diese Wolken nicht zu vertreiben mag, ist es die Natur selbst, die mich heilt von dieser philosophischen Melancholie und dem Fieberwahn, indem sie entweder diese fixe Idee ver-

schwinden läßt oder irgendeine Ablenkung oder einen lebendigen Sinneseindruck liefert, was all diese Gespinste auslöscht. Ich speise, spiele eine Partie Backgammon (eine Art Halma), ich unterhalte mich und genieße die Geselligkeit unter Freunden. Wenn ich mich nach drei oder vier Stunden der Unterhaltung wieder jenen Spekulationen zuwende, dann erscheinen sie mir so kalt, so verzerrt und lächerlich, daß sich nichts in meinem Innersten dazu bewogen fühlt, sie weiterzuverfolgen.

Und so denkt und glaubt der Skeptiker weiter, obwohl er behauptet, daß er seine Vernunft nicht mittels seiner Vernunft verteidigen könne, und aus dem Grunde muß er das Prinzip der Existenz des Körpers annehmen, wenngleich er durch keine philosophische Hypothese seine Wahrheit aufrechtzuerhalten glauben kann.

Zwei moderne Autoren beschreiben diesen offensichtlichen inneren Widerspruch seiner Philosophie so:

Unter den großen Philosophen war es Hume, der seine Nase weiter als irgendein anderer über den nihilistischen Abgrund streckte und sie rasch wieder zurückzog, als er die damit verbundenen psychologischen Risiken erkannte, und der Metaphysik Verwässerung empfahl durch das Spielen von Backgammon und Geselligkeit unter Freunden. Das Ergebnis von Humes Philosophieren war in der Tat ein radikaler Skeptizismus, der keinen überzeugenden logischen Boden für den Glauben ließ, daß es irgend etwas Natürliches, ganz zu schweigen von irgend etwas Übernatürlichem, gäbe, und der seine „Vernunft," oder man könnte auch sagen seine „philosophische Persönlichkeit," rettete... indem er sich weigerte, die Konsequenzen seiner Philosophie zu beherzigen.
KATHLEEN KNOTT

Seltsame Leute, psychologisch gesehen, sind diese Gelehrten.

David Hume

Sie zünden die wildesten Ideen, offenbar in Unkenntnis oder ohne Rücksicht auf das, was sie eigentlich tun. Es sind ihre Nachkommen, die zu gegebener Zeit die Konsequenzen ihres Erbes erkennen. Währenddessen halten sie weiterhin an der Tradition fest.
PAUL HAZARD

Für einige Leute des 20. Jahrhunderts ist Humes Skeptizismus nicht nur eine philosophische Theorie, die man sich vorstellen oder mit der man spielen kann; er ist zu ihrer persönlichen Weltanschauung geworden. COLIN WILSON beschreibt die Atmosphäre in Sartres Roman *Der Ekel* wie folgt:

Im Journal beobachten wir den Verfall aller Werke von Roquentin. Die Erschöpfung beschränkt ihn immer mehr auf die Gegenwart, auf das Hier und Heute. Die Erinnerung, die den Ereignissen Reihenfolge und Zusammenhang verleiht, versagt und läßt ihn in seiner Suche nach Sinnerfüllung immer abhängiger werden von dem, was er sehen und fühlen kann. Humes Skeptizismus wird zum alles zerstörenden instinktiven Gefühl. Alles, was er sehen und fühlen kann, ist nicht wiederzuerkennen ohne Hilfe der Erinnerung; es gleicht einer Photographie von einem vertrauten Gegenstand, der aus einem ungewohnten Winkel aufgenommen wurde. Er betrachtet einen Stuhl und vermag ihn nicht zu erkennen: „Ich flüstere vor mich hin: Es ist ein Stuhl, aber das Wort will mir nicht über die Lippen. Es will nicht weiter. Es will sich nicht auf den Gegenstand setzen. Gegenstände haben sich von ihren Bezeichnungen getrennt. Sie sind zwar da, grotesk, hartnäckig, gewaltig, und es scheint lächerlich, sie Stühle zu nennen oder sonst irgendwie. Ich bin inmitten von Gegenständen, namenlosen Gegenständen."

JEAN JACQUES ROUSSEAU

(1712–1778)

Dieser französische Philosoph legte große Betonung auf das *Herz* und die *Gefühle* und behauptete, daß das Gefühl ein wesentlich zuverlässigerer Wegweiser sei als die Vernunft:

Was immer ich auch als richtig empfinde, ist richtig. Was immer ich als falsch empfinde, ist falsch. Das Gewissen führt uns am besten in den Entscheidungen. Die Vernunft täuscht uns nur allzuoft, und wir haben das Recht erlangt, sie auch sehr wohl zurückzuweisen – doch das Gewissen täuscht niemals.

Sein Buch *Über den Gesellschaftsvertrag* (1762) hatte einen wichtigen Einfluß und ebnete den Weg für die Französische Revolution im Jahre 1789. Hier drei Zusammenfassungen der Bedeutung dieser Entwicklung im 18. Jahrhundert:

Während sich das 18. Jahrhundert dahinschleppte, wurde entdeckt, daß das „Wesen" des Menschen nicht sein „Verstand" sei, sondern vielmehr sein instinktives Gefühl, Empfindungen und „Feingefühl", und noch mehr, die Menschen begannen, sich dieser Entdeckung zu rühmen und die Vernunft selbst als eine Abirrung vom menschlichen Wesen zu betrachten. *Cogito ergo sum* wird ersetzt durch Rousseaus *je sens, donc je suis* (ich fühle, also bin ich). Shaftesbury, Hutcheson und Hume hatten den Weg bereitet durch die Botschaft, daß unser moralisches Urteilsvermögen, gleich unserem ästhetischen Urteilsvermögen, nicht die Frucht der Vernunft sei, sondern einer inneren Geisteshaltung oder einem inneren Gefühl entspringen, das man nicht zu analysieren vermag.
BASIL WILLEY

Jean Jacques Rousseau

Rousseau betonte die Rolle der Emotionen nicht nur in der Religion, sondern auch in Literatur, Politik und Philosophie. Er wies hin auf eine umfassende und ursprüngliche Behandlung aller Bereiche auf der Grundlage einer neuen Sensibilität. Das Ergebnis seines Wirkens bestand zum größten Teil in der sogenannten romantischen Bewegung. Dies ist der wesentliche Inhalt Rousseaus, des „Außenseiters", der die romantische Sensibilität ins Leben rief und dem herrschenden Rationalismus seiner Zeit entgegenstellte.
BRONOWSKI UND MAZLISH

Bis zum Jahre 1760 schien die wissenschaftliche und philosophische Spekulation der Aufklärung in einer Sackgasse zu enden. Zufall oder blinde Bestimmtheit der Materie in regelmäßigen, aber ziellosen Bewegungen schien den Lauf des Universums und das Schicksal des Menschen zu steuern. Wenn metaphysische Spekulation überhaupt etwas bedeutete – was die Skeptiker verneinten –, so diente sie lediglich dazu, ein Fenster zu öffnen an der weißen Wand der Notwendigkeit. Ein brillantes und wißbegieriges Zeitalter konnte sich wohl kaum lange mit einer solchen Aussicht zufriedengeben.

Als Antwort auf die Herausforderung entstanden neue Geisteshaltungen, die das Denken der Menschen über sich selbst und über die Ordnung des Universums änderten. Eine der bedeutsamsten Geisteshaltungen ... bestand in der Annahme des Herzens als des legitimen Gemahls des Kopfes. Es ist wichtig ... sich darüber klarzuwerden, was diese neue Annahme *nicht* bedeutete. Wer sie als Revolte gegen ein Zeitalter nüchternen Vernunftglaubens darstellt, begeht meiner Ansicht nach außerordentlich gefühllos Verrat an der Geisteskraft des 18. Jahrhunderts und dem Aufregenden des spekulativen Denkens. Nicht, daß die Künstler jetzt versuchten, jene Bereiche an sich zu reißen, die zuvor von Wissenschaftlern besetzt waren, vielmehr öffneten sich beide jetzt für das Gefühl und erwarteten von ihm Führung, wie sie diese zuvor vom Verstand erwartet hatten.

Das Gefühl wurde angenommen als eine Art Wissensquelle, zu der sich die Vernunft nicht erheben konnte, und als Richter von Handlungen. Doch auch wenn das Gefühl die Rolle des Steuermanns einnahm, führte die Vernunft weiterhin das Kommando, abgesehen von einigen Extremisten, deren Schiffbruch nicht zur Nachahmung ermutigte. Die Definition ihrer verschiedenen Rollen konnte nicht endgültig festgestellt werden, doch die Ausrottung der Vernunft stand nie zur Debatte. Wie dramatisch diese neue Einstellung auch die Bildung der Aufklärung herausgefor-

dert haben mag, so entstammen beide einem gemeinsamen Hintergrund und waren verwurzelt im selben intellektuellen Boden...

Wenn man überhaupt eine veränderte Auffassung einem bestimmten Zeitpunkt zuzuschreiben vermag, wäre das geeignetste Datum dafür das Jahr 1749, als Rousseau seinen hochgeschätzten Aufsatz über ein Thema schrieb, das die Akademie von Dijon gestellt hatte: *Ob die Wiederherstellung der Künste und Wissenschaften (seit der Renaissance) zur Verbesserung und Hebung der Sittlichkeit beigetragen habe.* Mit anderen Worten, der „Reaktion" auf die Aufklärung gingen die meisten der wichtigsten Werke der Aufklärung selbst voraus!

NORMAN HAMPSON

IMMANUEL KANT

(1724–1804)

Der deutsche Philosoph Immanuel Kant führte den Nationalismus und Empirismus des 18. Jahrhunderts eine Stufe weiter und übte einen bedeutenden Einfluß auf die Philosophie des 19. Jahrhunderts aus.

Er stimmte mit Hume und den Empirikern darin überein, daß „alles Wissen mit der Erfahrung beginnt". Er fühlte sich Hume verpflichtet und sagte, daß es das Lesen seiner Werke gewesen sei, das ihn aus seinem „dogmatischen Schlummer" geweckt habe.

Gleichzeitig jedoch „heißt dies nicht, daß alles aus der Erfahrung kommt". Auch der Verstand spielt eine Rolle und ist darum nicht eine völlige *tabula rasa*. Hier widerspricht er Locke. Der Verstand nimmt die Dinge nicht so wahr, wie sie sind: er formt alles, was er wahrnimmt.

Dann stellt Kant die Frage: Wenn dem so ist, welches sind dann die genauen Grenzen des menschlichen Denkens und Wissens? In seiner Antwort unterscheidet er zwischen *Erkenntnis*, die es mit den Erscheinungen (Phänomenen) zu tun hat, und *Glauben*, der es mit den Dingen an sich (Noumena) zu tun hat (die über Raum und Zeit hinausgehen). Dies sind zwei völlig unterschiedliche Wege zur Erlangung von Erkenntnis, und sie sind ein weiteres Beispiel für die Zweiteilung der Logik, die wir bereits bei Thomas von Aquin und Locke festgestellt haben.

Immanuel Kant

GLAUBE
WISSEN

Der Glaube beschäftigt sich mit *Noumena*, mit Wahrheiten, die über Raum und Zeit hinausgehen, mit „Dingen an sich", mit Realität, so wie sie ist, mit religiöser Wahrheit (z.B. der Existenz Gottes, dem freien Willen, Unsterblichkeit). Wissen, *Phänomene*, ist Wahrheit, die durch die Sinneswelt wahrnehmbar ist, d.h. durch Wissenschaft, Wahrheit über die äußere Welt von Raum und Zeit.

Auf Grund dieser Unterscheidung müssen wir die Tatsache akzeptieren, daß wir nichts mit Sicherheit zu wissen vermögen, was über unsere direkte Wahrnehmung dieser Welt hinausgeht. Religiöser Glaube hat seinen Ursprung im moralischen Bewußtsein, doch man kann ihn nicht als Wissen bezeichnen. Diese Einschränkung des Wissens bietet die Gewähr für die Möglichkeit religiösen Glaubens, denn er macht ihn taub gegen die Angriffe der Skeptiker.

Ich habe es darum für notwendig erachtet, das *Wissen* zu verneinen und Platz für den *Glauben* zu schaffen.

GEORG W. F. HEGEL

(1770–1831)

Der deutsche Philosoph Georg Wilhelm Friedrich Hegel ist für uns darum so wichtig, weil Elemente seiner Philosophie von Karl Marx übernommen wurden.

● Für Hegel ist Gott nicht mehr als persönliches Wesen vorstellbar, das vom Universum unterschieden ist. Seine Vorstellungen laufen auf eine Art philosophischen Pantheismus hinaus:

Wir definieren Gott, wenn wir sagen, daß er sich von sich selbst unterscheidet und daß er sich selbst ein Objekt ist, aber daß er in dieser Unterscheidung völlig mit sich selbst identisch ist und, in der Tat, Geist ist. Diese Auffassung ist nun realisiert, das Bewußtsein kennt diesen Inhalt und weiß, daß es mit diesem Inhalt absolut verflochten ist. In dieser Auffassung, die der Prozeß Gottes ist, ist es selbst ein Moment. Endliches Bewußtsein kennt Gott nur in dem Maße, in dem sich Gott selbst darin kennt. Darum ist Gott Geist, ja, der Geist seiner Kirche, d.h. all jener, die ihn anbeten. Dies ist die vollkommene Religion, die Auffassung, die sich selbst objektiv wird. Hier ist offenbar, was Gott ist. Er ist nicht länger ein unbekanntes Wesen außerhalb oder oberhalb der Welt, denn er hat den Menschen mitgeteilt, was er ist, und das nicht nur in äußerlich sichtbarer Geschichte, sondern im Bewußtsein.

● Hegel akzeptierte Kants Unterscheidung von Glaube und Wissen.

● Für ihn war Wahrheit die „Synthese gegensätzlicher Standpunkte". Nichts ist in irgendeinem absoluten Sinne wahr. Alles, was wir erwarten können, ist, daß eine Idee *(These)* von einer entgegengesetzten Idee *(Antithese)* angefochten wird und daß dies dann durch eine Idee ersetzt wird, welche die beiden entgegengesetzten Ideen übertrifft *(Synthese)*. Dies bedeutet, daß bei Erörterungen über die Wahrheit die Grundregel der Logik nicht länger zutrifft. Denn im dialektischen Prozeß können Auffassungen, die miteinander unvereinbar sind, zusammengehalten werden.

● Die Grundidee dieser Philosophie des „Idealismus" besteht darin, daß *alles* (die natürliche Welt, Geschichte, Religion, Auffassungen usw.) verstanden werden muß als „Geist". Alles muß so gesehen werden, daß der absolute Geist des Universums sich seiner selbst bewußt wird:

Allein der Geist ist Realität. Er ist das innere Wesen der Welt, das, was essentiell ist, und zwar *per se*. Er nimmt eine objektive, bestimmte Form an und geht eine Verbindung mit sich selbst ein – er ist Externalität (Anderssein) und existiert für sich selbst. Doch in dieser Bestimmtheit und in diesem Anderssein ist er dennoch immer eins mit sich – er ist in sich enthalten und vollkommen, in sich und für sich zugleich...

G. W. F. Hegel

Der westafrikanische Philosoph und Staatsmann Leopold Senghor erläuterte die Bedeutung von Hegels dialektischer Philosophie, die später von Karl Marx übernommen wurde:

Was ist nun Dialektik?... Heutzutage definieren wir Dialektik, indem wir sie der Logik gegenüberstellen. Die klassische Logik beruht auf drei Prinzipien: Identität (A ist A); Widerspruchsfreiheit (A ist nicht Nicht-A); und Ausschluß (A kann nicht A und gleichzeitig Nicht-A sein).

Hegel, dem sich Marx anschloß, wies diese Prinzipien zurück und schlug an ihrer Stelle die Prinzipien der Dialektik vor, welche sind: Widerspruch, Wechselwirkung und Veränderung. Für Hegel besteht der dialektische Prozeß aus drei Schritten: Behauptung, Verneinung und Ausgleich. Für Marx besteht er in „Standpunkt, Opposition, Übereinkunft... Wir haben These, Antithese und Synthese... (oder) Behauptung, Verneinung und Verneinung der Verneinung".

Doch dies ist nur der Anfang. Die Synthese oder der „neue Gedanke" entwickelt sich „in zwei entgegengesetzte Gedanken, die wiederum in einer neuen Synthese verschmelzen" oder in „Gedankengruppen". Diese Gruppe, die diesen Prozeß weiterführt und sich in zwei Gruppen entgegengesetzter Gedanken weiterentwickelt, wird zu einer „Reihe von Gedanken". Die gesamte Reihe von Gedanken bildet das „System" oder den Kern der Lehre.

In der klassischen Philosophie, die die Logik benutzte, sind Gegenstände und ihre Konzepte objektive Realität, die einer neben

den anderen ohne irgendeine Verbindung nebeneinander gestellt werden, ein für allemal, unwandelbare Substanzen. Sie bekämpfen sich in Antithesen, die nicht zurückführbar sind. Bei der modernen Philosophie ist das ganz anders, denn die Dialektik ist ihr Lieblingsinstrument.

Der Dialektiker kann gleichzeitig sagen: „A ist A" und „A ist nicht A", oder „A ist nicht B" und „A ist B".

SÖREN KIERKEGAARD

(1813–1855)

Um das Denken dieses dänischen Philosophen zu verstehen, ist es hilfreich, einige Gedanken von Blaise Pascal, dem französischen Mathematiker und Philosophen (1623–1662) zu beachten, dessen Vorstellungen etwas mit denen Kierkegaards gemein haben:

1. Pascal unterschied zwischen dem „Herzen", das er als „intuitiven Geist" beschreibt, und der „Vernunft" oder dem „Verstand", den er den „geometrischen Geist" nennt:

Das Herz hat seine Einsichten, die dem Verstand unbekannt sind ... Es ist das Herz, das um Gott weiß, nicht der Verstand. Und das ist Glaube: Gott unmittelbar mit dem Herzen, nicht mit dem Verstand wahrnehmen.

Er errichtete einen eigenen Dualismus, bestehend aus zwei Bereichen: Einen Bereich des Herzens und einen Bereich des Verstands. Im Gegensatz zu Descartes verwandte er für die Religion die Logik des Herzens. In der Mathematik und Physik gebrauchte Pascal allerdings die gleiche Geometrie wie Descartes.
BRONOWSKI UND MAZLISH

2. Pascal stellte die Theorie des „Wettens" auf: Das Christentum kann nicht endgültig durch den Verstand bewiesen werden; es kann aber auch nicht widerlegt werden. Wenn sich herausstellt, daß das Christentum wahr ist, haben wir alles zu gewinnen; wenn es sich jedoch als falsch erweist, haben wir nichts zu verlieren. Wir sollten das unvermeidliche Glaubensrisiko eingehen und auf die Wahrheit des christlichen Glaubens setzen.

Dies war der wichtige Schritt Pascals: Zweifel führt zu Glauben, denn der Zweifel bestimmt, daß es keine Antwort gibt auf die Frage des Selbstbewußtseins. Pascal vertrat die Ansicht, daß die Antwort auf die erkenntnistheoretische Frage die ist, daß es keine rationale Antwort gibt. Wir müssen ganz einfach auf den Glauben setzen.
BRONOWSKI UND MAZLISH

Kierkegaard war in seiner Philosophie Individualist und hatte wie Pascal zu seinen Lebzeiten keine Anhänger. Doch in diesem Jahrhundert ist er plötzlich populär geworden und wurde nicht nur zur Quelle eines säkularen, sondern auch eines christlichen Existentialismus.

Er gründete seine Gedanken auf die von Hume und Kant erreichte Position; d.h. er übernahm die Auffassung, daß es unmöglich sei, sicheres Wissen durch die Sinnesorgane zu finden. Und er akzeptierte Kants Unterscheidung zwischen den Dingen an sich und den Erscheinungen der Dinge. Er war sich jedoch dessen bewußt, daß er völlig neue Gebiete erschloß:

Meine Aufgabe ist so neu, daß es buchstäblich in den 1800 Jahren des Christentums niemanden gibt, von dem ich lernen könnte, wie ich zu verfahren habe.

Seine Position und die Richtung, die sein Denken genommen hat, können wie folgt zusammengefaßt werden:

● Es ist sinnlos zu fragen: „Was ist ‚die Wahrheit'?" denn es ist unmöglich, Wahrheit objektiv zu erfassen. Vielmehr heißt die Frage, die wir stellen müssen: „Was ist Wahrheit *für mich?* Wie soll *ich* mein Leben führen?"

Es ist wichtig, daß ich mich selbst verstehe, daß ich erkenne, was Gott wirklich von *mir* erwartet. Es ist wichtig, eine Wahrheit zu finden, die *für mich* wahr ist, *die Idee zu finden, für die ich leben und sterben kann.*

● Das Denken wird uns nur bis

zum Paradox führen. Die historische Untersuchung führt nur zur Wahrscheinlichkeit, die für den Glauben wertlos ist.

Wenn wir von solch einem Ausgangspunkt objektiv nach Wahrheit fragen, dann erkennen wir, daß Wahrheit ein *Paradox* ist.

Wenn die gegenwärtige Generation nichts hinterlassen würde als folgende Worte: „Wir glaubten, daß Gott in einem bestimmten Jahr unter uns in unserer Gemeinde erschien und schließlich starb", so wäre es mehr als genug. Dann hätte die gegenwärtige Generation alles getan, was nötig ist; denn diese kleine Ankündigung, dieses *nota bene* auf einer Seite der universalen Geschichte würde ausreichen, um einen Anlaß für einen Nachfolger zu geben, und der umfassendste Bericht vermag in alle Ewigkeit nicht mehr zu tun.

Auf der Titelseite seiner *Philosophischen Brocken* stellt er die Frage:

Ist ein historischer Ausgangspunkt möglich für ein ewiges Bewußtsein? Wie kann solch ein Ausgangspunkt etwas anderes als ein einfaches historisches Interesse finden? Ist es möglich, ewiges Glück auf historisches Wissen zu gründen?

● Der christliche Glaube ist absurd; er ist eine Beleidigung für den Verstand. Christlicher Glaube bedeutet darum, *gegen* den Verstand und das Verstehen zu glauben.

...das Paradox (des christlichen Glaubens) kann und wird nicht verstanden werden...die Aufgabe besteht darin, an ihm festzuhalten und die Kreuzigung des Verstehens zu dulden.

Ein Gläubiger, der glaubt, d.h. entgegen dem Verstehen glaubt, nimmt das Geheimnis des Glaubens ernst und läßt sich nicht durch den Schein des Verstehens an der Nase herumführen.

Hier ist eine solche Definition von Wahrheit: *objektive Ungewißheit, an der man mit leidenschaftlicher Innerlichkeit festhält und die man sich zu eigen macht, ist Wahrheit, die höchste Wahrheit, die es für jemanden, der existiert, geben kann.*

● Die Betonung liegt auf dem *Willen*, nicht auf dem Verstand.

Christlicher Glaube...oder Christ zu werden, hat nichts zu tun mit einer intellektuellen Veränderung – sondern mit dem Willen. Doch diese Veränderung ist die schmerzhafteste Operation überhaupt, vergleichbar mit einem Eingriff am lebenden Tier zu wissenschaftlichen Zwecken... Und weil es so schrecklich ist, ist das Christwerden im Christentum seit langem...zu einer Veränderung des Intellekts umfunktioniert worden.

Glaube ist darum ausschließlich von der Willensentscheidung abhängig. Er ist ein gewaltiges Risiko; ein „Sprung des Glaubens".

Und darum sage ich zu mir selbst: Ich entscheide; diese historische Tatsache bedeutet mir so viel, daß ich mich entschließe, mein ganzes Leben aufs Spiel zu setzen. Dann lebt er; erfüllt von dem Gedanken, sein Leben dafür zu riskieren; und sein Leben ist der Beweis seines Glaubens. Er hatte nicht einige Beweise, auf Grund derer er glauben und dann zu leben begann. Nein, genau umgekehrt.

Das nennt man ein Risiko eingehen; und ohne Risiko ist Glaube unmöglich. *Mit dem Geist verbunden zu sein, heißt, sich einer Prüfung zu unterziehen;* glauben, glauben wollen, heißt, das eigene Leben auf die Probe zu stellen; die tägliche Prüfung ist die Probe des Glaubens.

Glaube muß existentiell sein:

Vom christlichen Standpunkt aus betrachtet gehört der Glaube zum Existentiellen. Gott ist nicht in Gestalt eines Professors erschienen, dessen Lehren man zuerst glauben und dann verstehen müßte.

Nein, Glaube gehört zum und hat seinen Ursprung im Existentiellen, und bis in alle Ewigkeit hat er nichts zu tun mit Wissen als einem Komparativ oder einem Superlativ.

Glaube drückt eine Beziehung von Persönlichkeit zu Persönlichkeit aus.

Persönlichkeit ist nicht das Ergebnis von Lehren, sie ist auch nicht etwas, was direkt zugänglich ist...Sie ist etwas Innerliches...mit dem ein Mensch, der selbst eine Persönlichkeit besitzt, durch Glauben verbunden sein kann. Andere zwischenmenschliche Beziehungen sind unmöglich. Nehmen Sie den Fall der zwei leidenschaftlichsten Liebhaber, die je gelebt haben – selbst wenn sie, wie es heißt, eine Seele in zwei Körpern sind, so kann daraus nie mehr werden, als daß der eine glaubt, daß der andere ihn liebt.

In dieser rein persönlichen Beziehung zwischen Gott als persönlichem Wesen und dem Gläubigen als persönlichem Wesen, in der *Existenz,* ist das Glaubenskonzept zu finden.

(Daher die apostolische Formel „der Gehorsam des Glaubens" [z.B. Römer 1,5], so daß der Glaube zum Willen führt und zur Persönlichkeit, nicht zum Verstand – Randbemerkung.)

Der englische Kunsthistoriker Herbert Read faßt Kierkegaards Standpunkt im Hinblick auf das Wesen des christlichen Glaubens wie folgt zusammen:

„Glaube ist Ausdruck einer Beziehung von Persönlichkeit zu Persönlichkeit...In dieser rein persönlichen Beziehung zwischen Gott als persönlichem Wesen und dem Gläubigen als persönlichem Wesen gründet das ganze Glaubenskonzept in der *Existenz.*" Kierkegaards gesamte Philosophie dreht sich um diesen Grundsatz...

Beim Lesen dieser späten Auszüge aus den *Tagebüchern* wird die absolute Kompromißlosigkeit des Egoismus deutlich, die Kierkegaard zur Grundlage seines Glaubens machte.

Der englische humanistische Philosoph H.J. Blackham sagt zu Kierkegaards Philosophie:

Bei seiner Ablehnung des Christentums hatte Kierkegaard die Zusammenhanglosigkeit zwischen

Glaube und Verstand erkannt. Indem er die spekulative Philosophie ablehnte, behielt er diese Auffassung bei und baute seine Position darauf auf. Er machte es zu seiner Lebensaufgabe, die Bedeutung des christlichen Glaubens zu erneuern, durch zwingendes Wiedererkennen des ständigen Zwiespalts zwischen Glaube und Verstand...

Kierkegaards Argument befaßt sich mit dem Gegenstand des christlichen Glaubens und der Art und Weise, ihn zu verstehen.

Daß ein in der Geschichte geborener und lebender Mensch behauptet, Gott zu sein, und in Erniedrigung stirbt, bringt jene in Verlegenheit, die ihr Leben auf ihn und sein Wort gegründet haben. Seither ist nichts geschehen, was diese Glaubensprüfung um auch nur ein Tüpfelchen erleichterte... Die heutige Generation ist in der gleichen Position, wie es Christi Zeitgenossen waren, die seine Erniedrigung am Kreuz miterlebten.

Glaube heute, wenn er nicht Glaube an den Glauben der Apostel ist, ist nichts anderes als Glaube an den Mann, der die absurdeste aller Behauptungen aufstellte. Die Wahrheit dieser Behauptung läßt sich nicht aus der Natur der Sache objektiv beweisen oder untersuchen; im Gegenteil. Die absolute Verschiedenheit zwischen dem Menschlichen und dem Göttlichen, die der Vorstellung Gottes anhaftet, macht es undenkbar, so daß es von keinem Menschenverstand als wahr erkannt und nicht einmal als Möglichkeit aufrechterhalten werden kann. Wenn ein Mensch behauptet, Gott zu sein, dann ist alles, was der Verstand tun kann, von dieser Behauptung Kenntnis zu nehmen und allen damit zusammenhängenden Umständen besondere Aufmerksamkeit zukommen zu lassen. Eine Untersuchung der Glaubwürdigkeit des Beweises (der selbst niemals vollkommen schlüssig ist), geht an der Sache vorbei, denn wenn die historischen Fakten trotz aller Einwände feststünden, so wäre der Fragende einer Entscheidung

Sören Kierkegaard

über das weitere Vorgehen nicht nähergekommen.

Die Inkarnation ist ein Paradox, das nie vom Verstand vorgestellt oder akzepiert werden kann. Darum legt die Behauptung, es handele sich um höchste Wahrheit, eine Schranke auf die Gedanken und wirft den Fragenden in unsicheres Leiden. Wenn er durch die Gnade Gottes Vernunft und Erfahrung beiseite läßt und sich vereinigt mit dem Paradox im Leiden des Glaubens, so ist er „über der Tiefe, über 70000 Klafter Wasser", und riskiert alles. Die Entscheidung, das Risiko einzugehen, kann keine Gewißheit bringen. Die Verständlichkeit des Paradox' bleibt absolut, unfähig reduziert oder umgangen zu werden. Dadurch, daß man es im Glauben annimmt, wird seine Beleidigung gegen die Vernunft nicht gemindert; es besteht eine unaufhörliche Spannung zwischen dem Verstand, ein Grund für Leiden und Leidenschaft, welche das gewaltigste Verstehen auf die Stufe des einfachsten reduziert und beide zum Nichts; denn es stellt sich selbst als Grenze allen Denkens dar, und die strittige Frage ist ewiges Glück.

Kierkegaards Vorstellungen wurden zur Quelle der modernen existentiellen Philosophie bei Autoren wie Martin Heidegger und Jean-Paul Sartre. Seine Vorstellungen wurden erstmals vom Schweizer Theologen Karl Barth (1886–1968) in die Theologie eingeführt, der wahrscheinlich den größten Einfluß auf die westliche Theologie in der ersten Hälfte des 20. Jahrhunderts ausübte:

Für die Einführung dieser Ideen in die Theologie muß ich einen Großteil unbeabsichtigter Verantwortung tragen, denn ich zollte ihnen Tribut in meinem Kommentar über den Römerbrief (1921) und noch in meinem bekannten Fehlstart *Christliche Dogmatik im Entwurf* (1927). Angesichts dieser Arbeiten und im Hinblick auf bestimmte Grundzüge meines theologischen Denkens in seiner späteren Entwicklung muß ich bekennen, daß ich etwas von dem gelernt habe, was Kierkegaard und seine modernen Anhänger lehren.

Insbesondere zwei Gedanken Kierkegaards machte er sich zu eigen:

- Er sprach von Gott als dem „ganz Anderen", eine Reaktion auf die liberale Tendenz, Gott so sehr zum Menschen zu machen, daß er kaum vom Menschen zu unterscheiden ist. Karl Barth hob den „unendlich qualitativen Unterschied zwischen Gott und Mensch" hervor:

Das Evangelium fällt auf den Menschen als Gottes eigenes, mächtiges Wort. Es befragt ihn bis auf den Grund seines Wesens und entwurzelt ihn aus seiner Sicherheit und Selbstzufriedenheit und zerreißt damit alle seine Beziehungen. So nimmt es ihn gefangen in seinen eigenen Idealen, damit er wirklich frei wird für Gott und für sein wunderbares neues Werk der Gnade in Jesus Christus. Der Ton liegt genau darauf, was man die Kluft genannt hat, den Abstand, die Scheidung zwischen Gottes Wegen und den Wegen des Menschen, Gottes Gedanken und den Gedanken des Menschens, zwischen Christentum und Kultur, zwischen Evangelium und Humanismus, zwischen Gottes Wort und Wort des Menschen.

● Das Konzept des „mittelbaren Verhältnisses" zwischen Gott und Mensch:

In Jesus beginnt die Verbindung zu Gott mit einer Abfuhr, mit der Aufdeckung einer gewaltigen Kluft, mit der klaren Offenbarung eines großen Steins des Anstoßes. Entfernen Sie von der christlichen Religion die Fähigkeit, Ärgernis zu sein, wie es das Christentum getan hat, und das Christentum wird dadurch, daß es zu einem unmittelbaren Verhältnis wird, insgesamt zerstört. Aus ihm wird dann ein winziges, oberflächliches Etwas, das weder tiefe Wunden zuzufügen noch sie zu heilen vermag. Durch das Entdecken eines unwirklichen und lediglich menschlichen Mitleids vergißt es den qualitativen Unterschied zwischen Gott und Mensch.
SÖREN KIERKEGAARD

In seiner Dogmatik weigert BARTH sich darum, grundsätzliche Voraussetzungen zu behandeln wie die Existenz Gottes und die Möglichkeit der Offenbarung:

Wirklich verantwortungsvolles und zeitgemäßes theologisches Denken, das ein ehrliches Gespräch mit den Zeitgenossen sucht, wird sich heute selbst als solches erweisen ... indem es sich weigert, seine Grundlage zu diskutieren, solche Fragen wie, ob es einen Gott gibt, ob es so etwas wie Offenbarung gibt usw.

Wenn wir darum Barth fragen: „Wie kann ich wissen, ob das Christentum wahr ist?" würden seine Antworten lauten: „durch *Gehorsam",* durch völlige Auslieferung an das Wort Gottes:

Wenn der Glaube wirklich die Erkenntnis des Schöpfers ist, dann kann er sich selbst nicht verstehen als schöpferisches Handeln, sondern nur als ein gehorsames Handeln. Er ist Erkenntnis der Wahrheit nur infolge der Tatsache, daß die Wahrheit zu uns *gesprochen* ist, auf die wir in reinem Gehorsam antworten.

KARL MARX

(1818–1883)

Karl Marx war ein deutscher Jude, der aus Deutschland ausgewiesen wurde und den größten Teil seines Lebens in London zubrachte. Sein bekanntes Werk *Das Kapital,* dessen zweiter und dritter Band von Engels herausgegeben wurde, enthält eine Analyse und Kritik des Kapitalismus.

● Marx übernahm von Hegel das philosophische Konzept der Dialektik (d.h. die Abfolge von These, Antithese und Synthese) und verwandelte es in eine Theorie, die gesellschaftliche Entwicklungen erklärt. Er glaubte, daß jede Gesellschaftsform sich entwickeln muß durch den Kampf der verschiedenen Klassen, bis es zu einer „klassenlosen Gesellschaft" kommt. Wenn wir darum die kapitalistische Epoche der Geschichte irgendeiner Gesellschaft als Beispiel nehmen, kann man sich die Besitzenden (Kapitalisten) als These vorstellen, die Arbeiter (Proletariat) als Antithese, und als Ergebnis ihres Konflikts entwickelt sich der Sozialismus als Synthese.

Das Kommunistische Manifest (1848) beginnt mit den Worten:

Die Geschichte aller bisherigen Gesellschaft ist die Geschichte von Klassenkämpfen.

Und es endet mit den Worten:

Die Kommunisten verschmähen es, ihre Ansichten und Absichten zu verheimlichen. Sie erklären es offen, daß ihre Zwecke nur erreicht werden können durch den gewaltsamen Umsturz aller bisherigen Gesellschaftsordnung. Mögen die herrschenden Klassen vor einer kommunistischen Revolution zittern. Die Proletarier haben in ihr nichts zu verlieren als ihre Ketten. Sie haben eine Welt zu gewinnen. Proletarier aller Länder, vereinigt euch!

Das Grab von Karl Marx auf dem Highgate-Friedhof in London.

● Marx übernahm die Philosophie des *Materialismus* von dem deutschen Philosophen Ludwig Feuerbach, der Atheist war. Der Materialismus leugnet alles Übernatürliche und behauptet, daß alles – einschließlich der Gedanken, Kunst, Religion, Politik usw. – durch materielle Begriffe und im Licht der materiellen Situation des Menschen erklärt werden könne. Darum behauptete Feuerbach, daß alle „Götter" nicht mehr seien als eine „Projektion" des menschlichen Verstandes und daß der Mensch die Götter, die er brauche, „nach seinem eigenen Bilde" schaffe.

● Marx verurteilte die Religion, denn er sah in ihr einen Feind menschlichen Fortschritts:

***Der Mensch macht die Religion,* die Religion macht nicht den Menschen. Und zwar ist die Religion das Selbstbewußtsein und das**

Selbstgefühl des Menschen, der sich selbst entweder noch nicht erworben oder schon wieder verloren hat. Aber *der Mensch,* das ist kein abstraktes, außer der Welt hockendes Wesen. Der Mensch, das ist *die Welt des Menschen,* Staat, Sozietät. Dieser Staat, diese Sozietät produzieren die Religion, ein *verkehrtes Weltbewußtsein,* weil sie eine *verkehrte Welt* sind...

Das *religiöse* Elend ist in einem der *Ausdruck* des wirklichen Elendes und in einem die *Protestation* gegen das wirkliche Elend. Die Religion ist der Seufzer der bedrängten Kreatur, das Gemüt einer herzlosen Welt, wie sie der Geist geistloser Zustände ist. Sie ist das *Opium* des Volks.

Die Aufhebung der Religion als des *illusorischen* Glücks des Volkes ist die Forderung seines *wirklichen* Glücks.

● Marx entwickelte auch eine Wirtschaftstheorie des *„Mehrwertes",* welche behauptet, daß sich die Unternehmer in allen kapitalistischen Ländern der Gewinne erfreuten, die unter die Arbeiter verteilt werden sollten.
Diese Theorie führte ihn zu der Forderung nach dem Sturz der bourgeoisen Kapitalisten und der Verstaatlichung der Produktions-, Vertriebs- und Wechselmittel, um es den Arbeitern zu ermöglichen, einen gerechten Anteil an den Gewinnen zu erhalten, die sie durch ihre Arbeit erwirtschafteten.

● Marx lieferte somit die Theorie des Kommunismus (obwohl es für ihn der Sozialismus war) und überließ es Lenin, Stalin und anderen, diese Theorie in der Sowjetunion in die Praxis umzusetzen.

SIGMUND FREUD

(1856–1939)

Der österreichische Mediziner Sigmund Freud begründete die „Psychoanalyse".

● Er ermutigte seine Patienten, ihre Träume nachzuerzählen und frei über alles und jedes zu sprechen, was ihnen in den Sinn kam. Er unterschied allmählich zwischem dem Bewußten und dem, was er das „Unbewußte" nannte. Er war überzeugt, daß das Unbewußte eine entscheidende Rolle für unser tägliches Verhalten spielt.

● Er betonte insbesondere die Art und Weise, in der sexuelle Wünsche das menschliche Verhalten unbewußt beeinflußen, insbesondere dann, wenn sie „unterdrückt" oder verdrängt werden.

● Er unterschied zwischen drei verschiedenen Bereichen der menschlichen Persönlichkeit:

1. das Unbewußte, das er das *Es* nannte, d.h. den Bereich der Triebe und der Energie;

2. das Bewußtsein, das *Ich;*

3. das *Über-Ich,* d.h. den Bereich, der das Gewissen und alles einschließt, was sich mit Vorstellungen von Recht und Unrecht beschäftigt.

● Er faßte seine Einstellung zur Religion allgemein mit folgenden Worten zusammen:

Während die einzelnen Religionen miteinander hadern, welche von ihnen im Besitz der Wahrheit sei, meinen wir, daß der Wahrheitsgehalt der Religion überhaupt vernachlässigt werden darf. Religion ist ein Versuch, die Sinneswelt, in die wir gestellt sind, mittels der Wunschwelt zu bewältigen, die wir infolge biologischer und psychologischer Notwendigkeiten in uns entwickelt haben. Aber sie kann es nicht leisten. Ihre Lehren tragen das Gepräge der Zeiten, in denen sie entstanden sind, der unwissenden Kinderzeiten der Menschheit. Ihre Tröstungen verdienen kein Vertrauen. Die Erfahrung lehrt uns: Die Welt ist keine Kinderstube. Die ethischen Forderungen, denen die Religion Nachdruck verleihen will, verlangen vielmehr eine andere Begründung, denn sie sind der menschlichen Gesellschaft unentbehrlich, und es ist gefährlich, ihre Befolgung an die religiöse Gläubigkeit zu knüpfen. Versucht man, die Religion in den Entwicklungsgang der Menschheit einzureihen, so erscheint sie nicht als ein Dauererwerb, sondern als ein Gegenstück der Neurose, die der einzelne Kulturmensch auf seinem Weg von der Kindheit zur Reife durchzumachen hat.

Leslie Paul beschreibt die revolutionäre Auswirkung der Theorie Freuds über das Unbewußte folgendermaßen:

Sigmund Freud

Freuds Vorstellung des Unbewußten ist wahrscheinlich der revolutionärste Wandel im Denken, den dieses Jahrhundert hervorgebracht hat... Die Billigung der Existenz des Unbewußten war ein Schlag gegen ein fundamentales humanistisches Prinzip – die Rationalität des Verstandes. Wenn der Verstand verborgenen Einflüssen ausgesetzt war und niemals in rechter Weise der Vernunft, ganz davon zu schweigen, daß er von ihr kontrolliert wird, und wenn diese verborgenen Einflüsse in gewisser Weise die Struktur des Verstandes beeinflußten – wie stand es dann um die Souveränität der menschlichen Vernunft und somit die des Menschen?

Diese Denkweise ist heute so verbreitet, daß man davon ausgehen kann, sie wird allgemein als wahr akzeptiert. COLIN WILSON faßt die Einstellung des „modernen Menschen" wie folgt zusammen:

Hat der moderne Mensch das Recht, an Gott zu glauben auf der Basis des Glaubens? Es gibt freilich keine einfache Antwort auf diese einfache Frage; im Grunde scheint es mehr eine Frage emotionaler Motivation zu sein als der eines rationalen Arguments.

MALCOLM JEEVES, Professor für Psychologie, weist darauf hin, daß, obwohl Freuds Theorien von anerkannten Psychologen scharf kritisiert wurden, sie weitgehend vom Mann auf der Straße akzeptiert worden sind:

Eigenartig an der Theorie der Psychoanalyse ist die Tatsache, daß sie im allgemeinen von Experten aus den Bereichen der Psychologie und anderer Verhaltenswissenschaften abgelehnt, vom Mann auf der Straße und klugen Künstlern hingegen bereitwillig übernommen wurde.

Da sich einige der Hauptkritiker der Psychoanalyse unter den anerkannten Psychologen und Anthropologen befinden, ist es wichtig, zu fragen, wie es kommt, daß der Mann auf der Straße sie so bereitwillig übernommen hat. Einige meinen, weil die Vorstellung der psychoanalytischen Theorie so eng verbunden ist mit dem, was man eine „Psychologie des gesunden Menschenverstandes" nennen könnte (die Art von Psychologie, die versucht, uns ein gewisses Verständnis von uns selbst und unseren Mitmenschen zu vermitteln), und darum ein unmittelbar vorhandenes Bedürfnis befriedigt. Andere haben darauf hingewiesen, daß sie der Bequemlichkeit des Menschen entgegenkommt, da man fast jedes Verhalten damit nachträglich erklären kann.

C.E.M. JOAD schreibt über die praktischen Konsequenzen von Freuds psychologischem Determinismus, der behauptet, daß wir so festgelegt sind, daß unser gesamtes rationales Denken wenig mehr ist als das Rationalisieren dessen, was im Unbewußten verborgen ist:

Die Überzeugung, daß die Haltung eines Menschen seine Wünsche und nicht seinen Verstand widerspiegelt, hat in der Praxis eine Reihe schädlicher Nebenwirkungen. So wirkt sie z.B. destruktiv auf Unterhaltungen und verhindert fruchtbare Diskussionen. Auf Grund des Einflusses der Psychoanalyse herrscht in der modernen Gesellschaft eine Weigerung, irgendeine Überzeugung nur für sich zu betrachten. Wenn X die Auffassung Y vertritt, so geht es bei der Diskussion nicht um die Frage, ob Y wahr oder zumindest einsichtig ist, sondern um die Überlegungen, die X dazu veranlaßten, sie für wahr zu halten. Daß eine objektive Wahrheit uns als unerreichbar verwehrt ist, worüber nachzudenken allein schon interessant ist, veranlaßt Menschen, ihre jeweils eigenen besonderen Irrtümer auszusprechen.

MAURICE FRIEDMAN zitiert einige Worte Martin Bubers über die Art und Weise, in der solch ein Skeptizismus persönliche Beziehungen betrifft:

Diese Entlarvung beginnt im Dienste der Wahrheit... Doch sie endet paradoxerweise, indem sie alle Wahrheit fragwürdig macht und die Grundlagen menschlicher Existenz untergräbt.

„Man hat nicht länger davor Angst, daß sich der andere freiwillig verstellen wird", schreibt Martin Buber in einer Erklärung über „existentielles Mißtrauen". Man nimmt es einfach als gegeben an, daß er sich nicht anders verhalten kann.

„Ich nehme seine Kommunikation als Wissen nicht wirklich zur Kenntnis... Vielmehr versuche ich herauszufinden, was den anderen dazu veranlaßt, das zu sagen, was er sagt. Ich lausche auf ein unbewußtes Motiv, sagen wir z.B. auf das „Ganze"... Meine Hauptaufgabe in meinem Umgang mit meinen Mitmenschen wird mehr und mehr zum Durchschauen und Entlarven, ob im Sinn der individuellen Psychologie oder Soziologie. Im klassischen Sinn ist dies keineswegs eine Maske, die er sich selbst aufgesetzt hat, um mich zu täuschen, sondern eine, die man ihm ohne sein Wissen aufgestülpt hat, ja, regelrecht aufgeprägt hat, so daß das, was wirklich getäuscht wird, sein eigenes Bewußtsein ist."

DAS ERBE DIESER DENKER: „DAS MODERNE DENKEN"

Das westliche Denken hat sich von der Betrachtung des Absoluten und Ewigen abgewandt, hin zum Wissen des Individuellen und Zufälligen. Es hat den Menschen zum Maßstab aller Dinge gemacht und versucht, das menschliche Leben von seiner Abhängigkeit vom Übernatürlichen zu befreien. Statt, daß sich die gesamte intellektuelle und soziale Ordnung den geistlichen Prinzipien unterordnet, hat jeder Bereich seine Unabhängigkeit erklärt, und wir sehen Politik, Wirtschaft, Wissenschaft und Kunst als Bereiche, die sich selbst als autonom organisieren und keiner höheren Macht verpflichtet sind.
CHRISTOPHER DAWSON

Die Entwicklung des westlichen Denkens hat in den letzten acht Jahrhunderten eine Art Übereinstimmung hervorgerufen, die häufig mit Begriffen wie „das moderne Denken" oder „der moderne säkulare Mensch" umschrieben werden.

Dies bedeutet nicht, daß *jeder* in der westlichen Welt *alle* diese Auffassungen akzeptiert hat. Es bedeutet jedoch, daß nach Jahrhunderten christlichen Theismus' im Westen die *Mehrheit* der Menschen in der westlichen Welt allmählich bestimmte Auffassungen übernommen hat und sie beinahe als selbstverständlich ansieht. Sie sind zu einem Teil zu ihrer persönlichen Weltanschauung geworden und spiegeln sich wider in der Literatur, der Kunst und in den Massenmedien.

Den im folgenden zitierten Autoren geht es darum, den Hauptunterschied zu beschreiben zwischen einem christlichen Theismus, der das westliche Denken jahrhundertelang prägte, und dieser neuen Denkweise des 20. Jahrhunderts.

Vor dem Wechsel hatten die Religionen dem Menschen Erklärungen einer Art geliefert, die allem, was mit ihm geschah, Bedeutung in einem weiteren Sinne von transzendenter Ursächlichkeit und transzendenter Gerechtigkeit gab. Doch den Erklärungen der neuen Philosophie fehlte es

„Die Behauptung des Menschen, Mittelpunkt der Welt zu sein, hat seine Grundlage verloren. Der Mensch befindet sich in einem unendlichen Raum, in dem er nur als ein verschwindender Punkt erscheint." Ernst Cassirer.

Albert Camus

an Bedeutung in diesem weiteren Sinn... Kurzum, die alten Erklärungen mit all ihrer Willkür und ihrem Stückwerk beantworteten die Frage nach dem „Sinn des Lebens", wohingegen die neuen Erklärungen mit all ihrer Präzision die Frage nach dem Sinn selbst für bedeutungslos erklären.
ARTHUR KOESTLER

Das Geschöpf erhielt bis dahin seinen inneren Zusammenhalt durch den Schöpfer. Vom Augenblick an, da es den Bruch mit ihm vollzieht, ist es dem Augenblick ausgeliefert, den Tagen, die vorübergehen, den widersprüchlichsten Empfindungen. Es muß sich also wieder in die Hand nehmen.
ALBERT CAMUS

ERNST CASSIRER schreibt über das Erbe von Denkern wie Nietzsche, Freud und Marx:

Infolge dieser Entwicklung hat unsere moderne Theorie vom Menschen ihren intellektuellen Mittelpunkt verloren. Statt dessen erlangten wir eine völlige Anarchie des Denkens...

Eine fest gegründete Autorität, an die man sich wenden könnte, gibt es nicht mehr. Theologen, Wissenschaftler, Politiker, Soziologen, Biologen, Psychologen, Ethnologen und Wirtschaftswissenschaftler gingen allesamt an dieses Problem von ihrem je eigenen Ausgangspunkt heran... Jeder Autor scheint letzten Endes von seinen eigenen Vorstellungen und Bewertungen menschlichen Lebens geleitet zu sein.

Er zitiert MAX SCHELER:

Zu keiner anderen Zeit menschlicher Erkenntnis ist der Mensch für sich selbst ein so großes Problem gewesen wie in unserer Zeit ... Wir verfügen nicht länger über eine klare und beständige Vorstellung vom Menschen.

Wir müssen den subtilen, aber eng geknüpften Beweis akzeptieren, daß der Mensch sich in seiner Art nicht von anderen Lebensformen unterscheidet, daß lebende Materie sich in ihrer Art nicht von toter Materie unterscheidet und daß der Mensch darum eine Zusammenballung von Atomen ist, die den Naturgesetzen ebenso folgen, wie ein Stern es tut...

Die Atome im Gehirn wie die im Körper bilden einen Mechanismus, der mit der gleichen beständigen Regelmäßigkeit funktioniert und ähnlichen Gesetzen folgt, wie jede andere ineinander greifende Konstellation von Atomen. Die Menschen haben diesen Gedanken ängstlich zu verdrängen versucht, denn sie wollten den Konflikt mit ihren fest verwurzelten Überzeugungen meiden, daß der Mensch sein eigener Herr ist, der nur der Stimme seines Herzens folgt. Doch wir können diesen Widerspruch nicht auf ewig verbergen.

Meine grundsätzliche Vermutung ist... daß der Mensch ein Teil der Natur ist.

Diese einfache Behauptung scheint arglos genug zu sein und klingt neutral. Fast alle ausgebildeten Menschen akzeptieren sie heute... In der letzten Hälfte des 20. Jahrhunderts scheint es selbstverständlich zu sagen, daß der Mensch ein Teil der Natur ist, in gleicher Weise wie ein Stein, ein Kaktus oder ein Kamel... Doch diese banale Behauptung enthält eine Sprengladung, die in diesem Jahrhundert das Selbstbewußtsein des westlichen Menschen freigelegt hat.

Wir begreifen, daß es keinen Bruch im Zusammenhang der Natur gibt. An einem Ende ihres Bereichs ist der Stern mit dem Stein verbunden, und am anderen Ende lebt der Mensch unter Tieren... Eine ungebrochene Linie verläuft vom Stein zum Kaktus und zum Kamel, und es gibt keinen übernatürlichen Sprung. Kein besonderer Schöpfungsakt, kein Lebensfunke war nötig, um tote Materie zum Leben zu erwecken.
JACOB BRONOWSKI

ERNST CASSIRER beschreibt, wie neue Denkweisen im 15. Jahrhundert den traditionellen christlichen Glauben in Frage stellten.

All dies wird plötzlich durch die neue Kosmologie in Frage gestellt. Der Anspruch des Menschen, Mittelpunkt des Universums zu sein, hat seine Grundlage verloren. Der Mensch befindet sich in einem unendlichen Raum, in dem seine Existenz ein einziger und verschwindender Punkt zu sein scheint. Er ist umgeben von einem stummen Universum, von einer Welt, die auf seine religiösen Gefühle und seine tiefsten moralischen Ansprüche mit Schweigen antwortet.

Er zitiert einige Worte von Montaigne, die, wie er sagt, einen Hinweis geben auf die gesamte Entwicklung der modernen Theorie des Menschen.

Soll der Mensch...mir kraft seines Verstandes verständlich machen, auf welcher Grundlage er jene großartige Überlegenheit, die er über andere Kreaturen zu haben meint, errichtet hat.
Wer hat ihn glauben gemacht, daß diese großartige Vorstellung von einem gewölbten Himmelsbogen, dem ewigen Licht jener Himmelskörper, die so hoch über seinem Kopf thronen, die wundersamen und schrecklichen Bewegungen

des Meeres zu seinem Nutzen und zu seiner Bequemlichkeit eingerichtet worden sind und so auf Jahrhunderte weiterbestehen? Kann man sich etwas so Lächerliches vorstellen, daß dieses jämmerliche und armselige Geschöpf, das nicht einmal sich selbst beherrschen kann, sondern Verletzungen durch alle Dinge ausgesetzt ist, sich selbst als Herr und Gebieter der Welt bezeichnen könnte, von der er nicht einmal in der Lage ist, das Geringste zu wissen, geschweige denn, das Gesamte zu beherrschen?

„Wer sich in seiner Phantasie wie in einem Bild das große Bildnis der Mutter Natur in vollem Glanz und Herrlichkeit vorstellte; wer in ihrem Antlitz soviel Verschiedenes liest; wer sich in dieser Figur sieht, doch nicht sich selbst, sondern ein ganzes Königreich, nicht größer als ein Tüpfelchen im Vergleich zum Ganzen – solch ein Mensch allein kann die Dinge nach ihrem wahren Wert und ihrer wahren Herrlichkeit schätzen."

Montaignes Worte geben uns einen Hinweis auf die gesamte folgende Entwicklung der modernen Theorie des Menschen. Moderne Philosophie und moderne Wissenschaft mußten die Herausforderung dieser Worte annehmen. Sie mußten beweisen, daß die neue Kosmologie, weit entfernt davon, die Macht der menschlichen Vernunft zu entkräften und zu hemmen, diese Macht stärkt und festigt. Darin bestand die Aufgabe der gemeinsamen Bemühungen der metaphysischen Systeme im 16. und 17. Jahrhundert. Diese Systeme gingen verschiedene Wege, doch sie richten sich alle auf ein und dasselbe Ziel. Es geht ihnen sozusagen darum, den offensichtlichen Fluch der neuen Kosmologie in Segen zu verwandeln.

Dietrich Bonhoeffer verfolgt die Geistesentwicklung vom 13. zum 20. Jahrhundert:

Die etwa im 13. Jahrhundert... beginnende Bewegung in der Richtung auf die menschliche Autonomie (ich verstehe darunter die Entdeckung der Gesetze, nach denen die Welt in Wissenschaft, Gesellschafts- und Staatsleben, Kunst, Ethik, Religion lebt und mit sich selbst fertig wird) ist in unserer Zeit zu einer gewissen Vollständigkeit gekommen. Der Mensch hat gelernt, in allen wichtigen Fragen mit sich selbst fertig zu werden ohne Zuhilfenahme der „Arbeitshypothese: Gott". In wissenschaftlichen, künstlerischen, auch ethischen Fragen ist das eine Selbstverständlichkeit geworden, an der man kaum mehr zu rütteln wagt; seit etwa 100 Jahren gilt das aber in zunehmendem Maße auch für die religiösen Fragen; es zeigt sich, daß alles auch ohne „Gott" geht, und zwar ebensogut wie vorher. Ebenso wie auf wissenschaftlichem Gebiet wird im allgemeinen menschlichen Bereich „Gott" immer weiter aus dem Leben zurückgedrängt, er verliert an Boden.

Zum Historischen: es ist *eine* große Entwicklung, die zur Autonomie der Welt führt. In der Theologie zuerst Herbert von Cherbury, der die Suffizienz der Vernunft für die religiöse Erkenntnis behauptet. In der Moral: Montaigne, Bodin, die anstelle der Gebote Lebensregeln aufstellen. In der Politik: Macchiavelli, der die Politik von der allgemeinen Moral löst und die Lehre von der Staatsraison begründet. Später, inhaltlich sehr von ihm verschieden, aber in der Richtung auf die Autonomie der menschlichen Gesellschaft doch mit ihm konform, H. Grotius, der sein Naturrecht als Völkerrecht aufstellt, das Gültigkeit hat *„etsi deus non daretur"*, „auch wenn es keinen Gott gäbe". Schließlich der philosophische Schlußstrich: einerseits der Deismus des Descartes: die Welt ist ein Mechanismus, der ohne Eingreifen Gottes von selbst abläuft; andererseits der Pantheismus Spinoza's: Gott ist die Natur. Kant im Grunde Deist, Fichte und Hegel Pantheisten. Überall ist die Autonomie des Menschen und der Welt das Ziel der Gedanken...

Gott als moralische, politische, naturwissenschaftliche Arbeitshypothese ist abgeschafft, überwunden...

ZEHN „ISMEN"

Wir können nicht alle diese „Ismen" als Philosophien bezeichnen, denn nicht alle sind vollständige philosophische Systeme. Einige von ihnen überschneiden sich mit anderen: zum Beispiel ist ein Deist gewöhnlich auch Rationalist; ein Pantheist kann auch Mystiker sein, aber nicht unbedingt; Jean-Paul Sartre bezeichnete sich selbst sowohl als Atheisten als auch als Existentialisten. Es ist jedoch hilfreich, jeden einzelnen „Ismus" für sich zu betrachten, um zu verstehen, wie er das Weltbild eines Menschen beeinflussen kann.

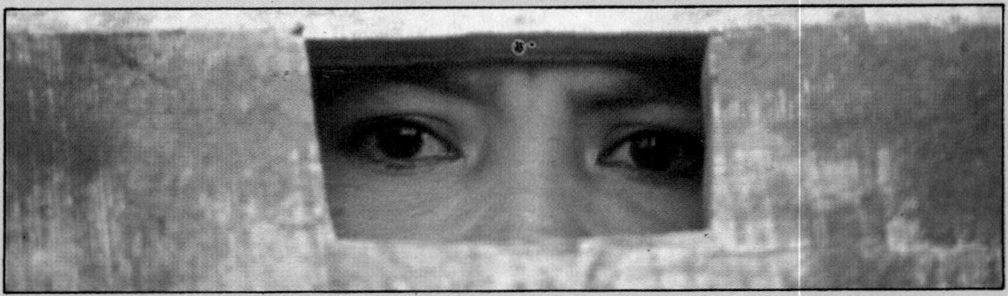

DIE KATHOLISCHE SCHOLASTIK

Scholastik ist der Name für eine wissenschaftliche Schule, die von Theologen im Mittelalter entwickelt wurde, den „Scholastikern", die stark von Männern wie Thomas von Aquin beeinflußt waren (siehe *Zehn bedeutende Denker*).

Ihre Einstellung zur Frage der Wahrheit des Christentums kann in zwei Erklärungen zusammengefaßt werden:

1. Der Mensch kann einige der christlichen Glaubensaussagen durch seinen eigenen Verstand herausfinden.

2. Die anderen Aussagen des christlichen Glaubens liegen *jenseits* der Vernunft; sie sind von Gott offenbart und müssen im Glauben angenommen werden.

DER MENSCH KANN EINIGE DER CHRISTLICHEN GLAUBENSAUSSAGEN DURCH SEINEN EIGENEN VERSTAND HERAUSFINDEN

Der Mensch ist ein endliches und sündiges Geschöpf; doch er kann noch immer *etwas* von der Wahrheit über Gott und das Universum herausfinden, indem er einfach seinen eigenen Verstand benutzt. Auf diese Weise weiß er z.B. von:

● der Existenz Gottes: der Verstand kann beweisen, *daß* Gott existiert, wenngleich er uns nicht alles zu vermitteln vermag, was wir über Gott wissen müssen.

● der Existenz des moralischen Gesetzes, oder des Naturgesetzes, im Gewissen.

Diese Antwort führte zu traditionellen Beweisen für die Existenz Gottes. Die drei hauptsächlichen Beweise können wie folgt dargelegt werden:

1. Der ontologische Beweis:
Ich habe eine Vorstellung von Gott als dem vollkommenen Wesen oder als „dasjenige, größer als welches nichts gedacht werden kann."

Wenn die Vorstellung existiert, dann muß die Sache an sich ebenfalls existieren; die Vorstellung muß mit etwas übereinstimmen, was außerhalb meines Verstandes existiert.

Darum muß Gott existieren.

2. Der kosmologische Beweis:
Jede Wirkung hat eine Ursache.

Darum muß es eine erste Ursache geben, die das Universum erschaffen hat, und Gott ist per Definition die erste Ursache.

Darum muß Gott existieren.

3. Der teleologische Beweis:
Alles, was Spuren eines Planes zeigt, muß von einem intelligenten Wesen geplant worden sein.

Das Universum zeigt Zeichen von Ordnung und Planung, darum muß es einen Planer geben; und Gott ist per Definition der Schöpfer und Planer.

Darum existiert Gott.

Diese Argumente für die Existenz Gottes gehören noch immer zum offiziellen Teil römisch-katholischer Lehre:

Wenn jemand sagt, daß der eine wahre Gott, unser Schöpfer und Herr, nicht mit Sicherheit durch das natürliche Licht menschlicher Vernunft auf Grund jener Dinge, die er gemacht hat, erkannt werden kann: der soll verflucht sein.

WAHRHEITEN JENSEITS DER VERNUNFT SIND VON GOTT OFFENBART UND MÜSSEN IM GLAUBEN ANGENOMMEN WERDEN

Das Wissen, das wir durch die Anwendung des Verstandes erlangen, ist nicht vollkommen. So können wir beispielsweise nicht allein durch den Gebrauch des Verstandes die Dreieinigkeit Gottes oder den Glauben an die Erlösung durch Christus ableiten.

Wenn dieser Glaube jenseits des Verstandes liegt, können wir ihn nicht mittels des Verstandes prüfen. Wir können Fragen stellen, um die Autorität zu prüfen, die diese Wahrheiten lehrt; aber in dem Augenblick, in dem wir diese Autorität akzeptiert haben, akzeptieren wir die Wahrheit dessen, was sie lehrt.

So liefert die römisch-katholische Kirche bestimmte Gründe für die unfehlbare Autorität der Kirche als lehrende Institution: z.B. die Worte Jesu an Petrus; die Entwicklung des päpstlichen Amtes in Rom. In dem Augenblick, in dem wir diese Autorität annehmen, akzeptieren wir das, was sie uns sagt.

KARDINAL HEENAN (1905–1975), ehemaliger Erzbischof von Westminster, drückte diese Überzeugung so aus:

Das Geheimnis dieser wunderbaren Einheit unserer Kirche ist Christi Verheißung, daß die Kirche niemals aufhören wird, die Wahrheit zu lehren. In dem Augenblick, in dem wir wissen, was die Kirche lehrt, akzeptieren wir es, denn wir wissen, daß es wahr sein muß... Alle katholischen Priester lehren die gleiche Lehre, denn sie alle gehorchen dem Statthalter Christi. Das Wort „Statthalter" bedeutet jemand, der den Platz eines anderen einnimmt. Der Papst ist Christi Statthalter, denn er nimmt den Platz Christi als Haupt der Kirche auf Erden ein.

Die Kirche ist eins, denn all ihre Mitglieder haben denselben Glauben. Sie glauben es, weil die Kirche nicht etwas lehren könnte, was falsch wäre. Das meinen wir, wenn wir sagen, daß die Kirche unfehlbar ist. Christus gab uns die Verheißung, seine Gemeinde zu leiten. Einer der Wege, die Christus wählte, um seine Kirche zu leiten, bestand darin, seinen Statthalter auf Erden zu lassen, um an seiner Statt zu sprechen. Darum sagen wir, daß der Papst unfehlbar ist. Er ist das Haupt der unfehlbaren Kirche. Gott könnte es nicht zulassen, sie in die Irre zu führen.

WOHIN FÜHRT DIESE UNTERSCHEIDUNG ZWISCHEN ZWEI ARTEN VON WAHRHEIT?

Demnach gibt es zwei unterschiedliche Arten von Wahrheit: Wahrheit des Verstandes und Wahrheit der Offenbarung. Francis Schaeffer stellt dies anschaulich als Trennlinie dar; die übernatürliche religiöse Wahrheit, die von Gott offenbart und im Glauben empfangen wird, steht oberhalb der Linie, und die natürliche, wissenschaftliche Wahrheit, die vom Menschen entdeckt und durch den Verstand geprüft wird, befindet sich unterhalb der Linie:

GNADE
NATUR

Diese Zweiteilung der Wahrheit wurde sowohl von Protestanten als auch von Katholiken weitgehend akzeptiert.

FRANCIS BACON (1561–1626):

Darum ist es ausgesprochen klug, ganz nüchtern dem Glauben jene Bereiche zu überlassen, die des Glaubens sind.

Heilige Theologie muß von dem Wort und der unfehlbaren Autorität Gottes abgeleitet werden, nicht vom Licht der Natur oder dem Diktat der Vernunft.

Um Theologie zu studieren, müssen wir das kleine Schiff des menschlichen Verstandes verlassen und uns an Bord des Kirchenschiffes begeben, welches allein über den göttlichen Kompaß verfügt, um uns auf den richtigen Kurs zu bringen.

Wir müssen dem Wort Gottes glauben, sei auch unser Verstand darüber erschrocken. Denn wenn wir nur jene Dinge glauben, die mit unserem Verstand in Einklang stehen, dann stimmen wir der Materie zu und nicht dem, der die Materie geschaffen hat.

Je absurder und unglaublicher darum irgendein göttliches Geheimnis ist, desto mehr ehren wir Gott, wenn wir es glauben; und desto vortrefflicher ist der Sieg des Glaubens.

THOMAS BROWNE (1605–1682):

Es ist keine ungebildete Glaubenshandlung, etwas zu glauben, das nicht nur jenseits des Verstandes ist, sondern das diesem Verstand widerspricht und den Argumenten unserer Sinneswelt entgegensteht.

Ich kann auf alle Einwände Satans und meines aufrührerischen Verstandes mit jener eigenartigen Entschlossenheit antworten, die ich von Tertullian gelernt habe: *certum est quia impossibile est.*

Viele, die diese Auffassung übernommen haben, taten dies aus den besten Motiven heraus, wie BASIL WILLEY über Francis Bacon sagt:

Was, wie ich meine, mit Sicherheit festgestellt werden kann, ist die Tatsache, daß Bacons Wunsch, religiöse und wissenschaftliche Wahrheiten voneinander zu trennen, im Interesse der Wissenschaft lag und nicht der Religion. Er wollte *die Wissenschaft von der Religion freihalten;* das Gegenteil –

die Religion von der Wissenschaft freizuhalten – interessierte ihn bei weitem nicht so...

Bacon setzte sich für die Wissenschaft ein in einer Zeit, die von der Religion beherrscht wurde. Religiöse Wahrheit muß darum „bis zum Himmel erhoben werden", dem Zugriff weit entzogen sein, nicht, damit man sich ihr darum andächtiger nähere, sondern um sie außer Reichweite zu halten.

Auf lange Sicht waren die Ergebnisse jedoch verheerend. Die Führer und Schiedsrichter der Wahrheit würden von nun an „natürlicher Instinkt" und „allseits bekannte Vorstellungen" sein, die alle Menschen akzeptieren würden.

LORD HERBERT VON CHERBURY (1583–1648):

Allgemeine Zustimmung wird zum letzten Prüfstein der Wahrheit, und nichts ist so wichtig, wie diese allgemeinen Ideen aufzuspüren und jede von ihnen als unzweifelhafte Wahrheiten an ihren Ort zu stellen.

Hier einige von Herberts „allgemeinen Ideen":

1. Daß es eine höchste Gewalt gibt.

2. Daß diese souveräne Gewalt angebetet werden muß.

3. Daß die gute Verfassung oder das Wesen der menschlichen Fähigkeiten den höchsten oder besten Teil göttlicher Anbetung darstellt und daß man dies seit jeher glaubt.

4. Daß alle Laster und Verbrechen durch Buße gesühnt und getilgt werden sollten.

5. Daß nach diesem Leben Lohn und Strafe folgen.

Es dauerte darum nicht lange, bis andere dem menschlichen Verstand einen höheren Stellenwert einräumten und gänzlich auf Offenbarung verzichteten. Diese Art der Antwort führte schließlich zur Antwort der Rationalisten.

WAS GESCHIEHT, WENN DIE TRADITIONELLEN BEWEISE FÜR DIE EXISTENZ GOTTES NICHT LÄNGER ÜBERZEUGEN?

Während die Beweise eines Thomas von Aquin jene in gewisser Weise überzeugen mögen, die bereits glauben, so bedeuten sie dem Ungläubigen äußerst wenig.

● Das Ergebnis ist bereits in der Frage angedeutet. Wenn man die erste Voraussetzung annimmt (nämlich daß jede Wirkung eine Ursache haben muß), dann ist die Schlußfolgerung notwendig. Doch diese Behauptung dreht sich im Kreis. Sie ähnelt folgendem Schluß vom Allgemeinen aufs Besondere:

> Alle Menschen sind sterblich.
> Sokrates war ein Mensch.
> Darum muß Sokrates sterblich sein.

● Die Beweise haben nicht genügend Überzeugungskraft.
Der kosmologische Beweis erweist beispielsweise nur die Existenz einer ersten Ursache. Doch der Sprung ist viel zu groß, von der ersten Ursache auf den Gott der Bibel zu kommen. In ähnlicher Weise deutet der teleologische Beweis auf die Existenz eines Schöpfergottes; aber er kann unmöglich beweisen, daß dieser Schöpfer *ein* Gott sein muß oder daß er den Menschen liebt und unendlich ist. Die Schlußfolgerung schließt die Möglichkeit nicht aus, daß es viele Schöpfer-Götter geben könnte oder daß Gott endlich oder böse ist.

● Viele Menschen unserer Zeit akzeptieren nicht einmal mehr diese Voraussetzungen. Die meisten Menschen haben heute nicht die geringste Vorstellung von „Gott" oder haben niemals ernsthaft geglaubt, daß er existiert. Für sie ist darum der Gedanke eines vollkommenen Wesens weder offensichtlich noch selbstverständlich. In ähnlicher Weise ist das Prinzip des Kausalzusammenhangs (daß nämlich jede Wirkung eine Ursache haben muß) seit Hume von vielen Philosophen ernsthaft in Frage gestellt worden. Für sie ist diese Voraussetzung nicht selbstverständlich. Während einige sagen, daß sie wenig Ordnung oder keinen Plan im Universum erkennen können, sind viele andere davon überzeugt, daß Evolution durch natürliche Selektion eine befriedigende Darstellung der sichtbaren Naturordnung bietet. Wieder andere halten das Universum nicht für geordnet. Ihnen erscheint es als ein Zufallsprodukt und im Grunde chaotisch und absurd. Darum ist für sie der teleologische Beweis sinnlos.

BRONOWSKI faßt die weitverbreitete Ablehnung dieser Auffassung wie folgt zusammen:

Diese Debatten sind scholastische Übungen in absoluter Logik. Sie gehen aus von Konzepten, die als unveränderlich angesehen werden. Sie arbeiten dann mittels der Deduktion, und was auf diese Weise gefunden wird, wird nicht weiter untersucht. Die Deduktionen sind wahr, weil die ersten Konzepte wahr waren; das ist das scholastische System.

WAS GESCHIEHT, WENN DER MENSCHLICHE VERSTAND EIN SOLCH AUTORITÄRES VERFAHREN ABLEHNT?

Es trifft zu, daß viele Menschen kein allzu großes Interesse daran haben, für sich selbst zu denken, und daß sie darum gerne *gesagt bekommen,* was sie zu glauben haben. Wenn sie ihren Lehrern vertrauen, sind sie nur allzu bereit, zu glauben, was diese lehren.

Diese Methode wird jedoch wahrscheinlich immer mehr von jenen in Frage gestellt, die für sich selbst denken *wollen.*

Die folgenden Zitate stammen von Autoren, die erklären, warum sie jede Form autoritärer Lehre ablehnen.

Zu Beginn dieses Jahrhunderts war die Bewegung des Modernismus im römischen Katholizismus zum Teil eine Reaktion auf die dogmatischen Lehren der römisch-katholischen Kirche. Im Jahre 1905 schrieb ein Autor:

Schon allein die Vorstellung eines Dogmas ist jetzt allen zuwider und ein öffentliches Ärgernis.

Seine Argumente sind wie folgt von ALEC VIDLER zusammengefaßt worden:

1. Ein Dogma schien eine Behauptung zu sein, von der es hieß, sie sei wirklich wahr, weder bewiesen noch beweisbar. Doch heutzutage verlangen die Menschen mit Recht eine Erklärung, daß es vernünftige Gründe für den Glauben gibt.

2. Wenn Gründe für die Annahme dogmatischer Aussagen vorgebracht werden, so nehmen sie die Gestalt einer dringenden Bitte an eine transzendente Autorität an, die uns sozusagen die Wahrheit von außen nahe bringen soll. Ein Dogma scheint somit eine äußere Fessel zu sein, eine Beschränkung des Denkens, eine Art intellektueller Tyrannei, die dem Menschen das Bedürfnis bestreitet, unabhängig und ehrlich zu sein.

3. Gesetzt den Fall, daß Dogmen einfach durch eine lehrende Autorität vermittelt werden, müßten sie in dem Fall vernünftig und unzweideutig sein. Doch das Problem mit den traditionellen christlichen Dogmen bestand darin, daß sie in philosophischer Terminologie ausgedrückt wurden. „Kurzum, die erste Schwierigkeit, der zahlreiche Menschen heutzutage begegnen, wenn sie mit Dogmen konfrontiert werden, besteht darin, daß sie ihnen keine klare Bedeutung vermitteln. Diese Erklärungen haben ihnen nichts zu sagen oder scheinen vielmehr untrennbar verbunden zu sein mit Auffassungen, die sie nicht mehr nachvollziehen können… Viele Gläubige sind stillschweigend der gleichen Auffassung und vermeiden es somit, über ihren Glauben nachzudenken."

4. Dann gibt es den schwerwiegenden Einwand, daß Dogmen nicht mit dem übrigen Wissen vereinbar sind. Auch Dogmen hält man für unveränderlich, während Gedanken immer progressiv sind. Dogmen erhellen weder wissenschaftliche noch philosophische Probleme. Sie stehen in keinem Zusammenhang.

Der russische Schriftsteller FEDOR M. DOSTOJEWSKIJ (1821–1881) protestierte mit Nachdruck gegen das autoritative Christentum und war sich sehr wohl der Verbindung zwischen autoritärer Religion und autoritärer Regierung bewußt. In seiner eingebildeten Beschreibung des Großinquisitors stellt der Inquisitor das autoritäre System der römisch-katholischen Kirche zur Zeit der Inquisition im 16. Jahrhundert dar. So spricht der Inquisitor mit Christus, als er ihm von Angesicht zu Angesicht gegenübersteht:

Warum also bist du gekommen, uns zu zerstören?… Aber morgen noch werde ich dich richten und dich als den ärgsten aller Ketzer auf dem Scheiterhaufen verbrennen… Hast du das Recht, uns auch nur eines der Geheimnisse jener Welt, aus der du gekommen bist, aufzudecken?… Nein, dieses Recht hast du nicht, denn das hieße Neues zu dem, was schon früher gesagt worden ist, hinzufügen und den Menschen die Freiheit nehmen, für die du damals so eintratest, als du auf Erden wandeltest.

Alles, was du neu verkünden würdest, wäre jetzt ein Anschlag auf die Glaubensfreiheit des Menschen, denn es würde nun als Wunder in Erscheinung treten, gerade ihre Glaubensfreiheit aber war dir doch das Teuerste, damals vor anderthalb Jahrtausenden. Hast du nicht damals oft gesagt: „Ich will euch freimachen?" Jetzt hast du sie selbst gesehen, diese „freien" Menschen!…
Ja, die Sache ist uns teuer zu stehen gekommen… aber wir haben das Werk schließlich zu Ende geführt; in deinem Namen.

Anderthalb Jahrtausende haben wir uns mit dieser Freiheit abgequält, doch jetzt ist das überwunden, und zwar endgültig! …So höre denn, daß gerade jetzt diese Menschen mehr denn je überzeugt sind, vollkommen frei zu sein, und dabei haben sie doch selber ihre Freiheit zu uns gebracht und sie gehorsam und unterwürfig uns zu Füßen gelegt…

Du stiegst nicht herab vom Kreuz, als man dir mit Spott und Hohn zurief: „Steige herab vom Kreuze, und wir werden glauben, daß du Gottes Sohn bist!" Du aber stiegst nicht herab, weil du wiederum den Menschen nicht durch ein Wunder zum Sklaven machen wolltest, weil dich nach freiwilliger und nicht nach durch Wunder erzwungener Liebe verlangte. Dich dürstete nach der Liebe freier Menschen, nicht nach knechtischem Entzücken vor der Macht, die dem Sklaven ein für allemal Furcht eingeflößt hat…

Wenn es so ist, dann waltet hier ein Geheimnis, das wir nicht fassen können. Wenn es aber ein Geheimnis ist, so waren auch wir im Recht, das Mysterium zu predigen und sie zu lehren, daß nicht der freie Entschluß ihrer Herzen und nicht die Liebe entscheidet, sondern eben das Geheimnis, dem sie blind zu gehorchen haben, und sei es gegen ihr Gewissen. Und so haben wir getan. Wir haben deine Tat verbessert und sie auf dem *Wunder,* dem *Geheimnis* und der *Autorität* aufgebaut. Und die Menschen freuten sich, daß sie wieder wie eine Herde geführt wurden, und daß von ihren Herzen endlich das ihnen so furchtbare Geschenk, das ihnen soviel Qual gebracht hatte, genommen wurde…

Willst du uns nun stören? Und warum blickst du mich so stumm und tief mit deinen milden Augen an?

H. J. BLACKHAM schrieb:

Ein unvoreingenommener Geist ist anfällig für Beweise.

Religiöser Glaube mag vergleichsweise unanfällig sein. Wenn der Gläubige es nicht zuläßt, daß irgendeine Erfahrung seinen Glauben enttäuscht, dann begegnet er ihm nicht unvoreingenommen, weil er sich nicht auf ein rationales Fundament gründet. Sein Glaube ruht auf etwas anderem als der Zuverlässigkeit des überprüften Beweises. Sein Vertrauen grün-

det sich wahrscheinlich auf Gott, der dann sofort zum Autor und Objekt des Glaubens wird.

George Harrison, früher einer der Beatles:

Wenn du klein bist, nehmen dich deine Eltern mit zur Kirche. In der Schule bedrängen sie dich mit Religion. Sie versuchen, dir etwas aufzudrängen. Aber das ist falsch, wissen Sie. Wahrscheinlich, weil niemand zur Kirche geht und niemand an Gott glaubt. Warum? Weil Religionslehrer nicht wissen, was sie unterrichten. Sie haben die Bibel nicht so ausgelegt, wie das beabsichtigt war.

Und das hat mich zur indischen Szene geführt, daß ich nicht wirklich so an Gott glaubte, wie man ihn mir dargestellt hatte. Es war fast so wie etwas aus einem Science-fiction-Roman... Man bringt dir einfach nur bei zu glauben, sich darum keine Gedanken zu machen, ganz einfach das einzupacken, was man dir vorsetzt.

Autoritäre Methoden beschränken sich jedoch keineswegs nur auf eine Kirche, und es hängt nicht unbedingt mit der Auffassung zusammen, daß einige Wahrheiten mittels des Verstandes bewiesen werden können. Manchmal gebrauchen jene, die die Bibel als höchste Autorität betrachten, diese in gleicher Weise wie die Katholiken die Autorität der Kirche. Sie befleißigen sich häufig des Gebrauchs von Sätzen wie: „Die Bibel sagt...", was eigentlich so viel heißen soll wie: „Was die Bibel sagt, muß per Definition wahr sein; und Sie haben keine Wahl, als das zu akzeptieren, was sie sagt."

Emil Brunner hält diese beiden Methoden wie folgt zusammen:

Es ist von vornherein ausgemacht, daß der Christusglaube der richtige Glaube ist, weil dieser Glaube von der heiligen Schrift oder von der Kirche gelehrt wird. Daß aber die Lehre der Kirche oder der heiligen Schrift die Wahrheit ist, das muß von vornherein, axiomatisch angenommen werden. Man glaubt an Jesus Christus, weil man zuerst an die Lehrautorität der Kirche oder der Bibel glaubt..

Das Dilemma, das diese Methode häufig bei jungen Menschen hervorruft, wird sehr gut ausgedrückt in der tiefen Klage einer 24jährigen Tochter eines Missionarsehepaares:

Man hat mich den christlichen Glauben von klein auf gelehrt. Ich besuchte eine christliche Schule und ein christliches College. Nun sollte ich eigentlich ein gefestigter, lebensbejahender Christ sein... Ich wünschte, ich könnte diesem Muster entsprechen. Aber ich kann es nicht... Von klein auf betete ich, ging zur Kirche, las meine Bibel, und bezeugte meinen Glauben...

Dann kamen eine Reihe von Ereignissen, die mich stutzig machten. Ich begann mich zu fragen, ob ich wirklich das besaß, was ich zu besitzen vorgab. Ich begann, den Sinn des Glaubens an Christus zu hinterfragen, der Erlösung durch die Gnade und vieler anderer Sätze, mit denen ich mein ganzes, bisheriges Leben um mich geworfen hatte... Als ich erkannte, daß mein Glaube nicht wirklich mein Glaube war, weigerte ich mich, fortan verstandesmäßig Glaubensformen zu akzeptieren, die ich nicht in meinem Inneren nachvollziehen konnte. Ich konnte nicht länger ohne weiteres Fragen das hinnehmen, was angeblich die tiefsten Bedürfnisse des Menschen befriedigt.

Wenn ich jetzt an der Schwelle zum Erwachsenensein stehe, bin ich überwältigt von der Unbegreiflichkeit des Lebens. Ich sehe mich oft als unwillkommenen Gast in einem scheinbar unpersönlichen, festgelegten Universum, und ich stelle mir die Frage: „Warum bin ich überhaupt hier?" Ich bin wie viele andere junge Leute des 20. Jahrhunderts, deren „schreiender Optimismus" mit Angst behaftet und abgestumpft ist.

Ich sehne mich danach, Gott durch eine persönliche Beziehung zu Jesus Christus zu kennen. Ich habe den Prozeß durchlaufen, Jesus Christus als meinen persönlichen Heiland anzunehmen, doch wie kann er meine tiefsten Bedürfnisse befriedigen? Der einfache Satz: „Vertraue ganz einfach dem Herrn", befriedigt nicht meine intellektuelle Ruhelosigkeit und auch nicht meinen emotionellen Aufruhr. Solche Erklärungen und Sätze habe ich so oft gehört, daß sie abgedroschen und bedeutungslos klingen inmitten der Kompliziertheit meines individuellen Umfelds. Ich kann vorgefertigte Antworten nicht akzeptieren; für mich sind sie tote Klischees und Plattheiten, die meine Gefühle nicht erreichen...

Hin und wieder habe ich meinen Eltern und meinen evangelikalen Freunden begreiflich zu machen versucht, daß ich eine Gelegenheit zum Nachdenken brauche und meine eigene Erfüllung in der Glaubensform entdecken muß, die ich erlebe. Meine Eltern befürchten, ich würde „vom Herrn abfallen", in die Sünde fallen. Sie sagen, daß mein Denken für mein geistliches Leben gefährlich sei. Vielleicht haben sie recht. Doch ist es weniger gefährlich, ein Roboter zu sein, der auf mechanische Instruktionen antwortet?

Ich habe das alles aufgeschrieben, weil ich festgestellt habe, daß ich in diesem Kampf nicht allein stehe. Auch andere sind auf der Suche nach einer persönlichen und befriedigenden Beziehung zu Gott. Ich habe mit vielen anderen jungen Leuten gesprochen, die ein tiefes Verlangen nach einer sinnvollen Kommunikation mit Jesus Christus haben, obwohl sie „die Antwort" ihr ganzes Leben kannten. Und wir fragen uns, wie uns Eltern und andere Erwachsene helfen können?

Ich glaube, daß sie uns helfen können, indem sie uns ihr Mitgefühl und ihr Verständnis entgegenbringen... Die meisten jungen Leute fangen in dieser Situation an, sich selbst kennenzulernen, und wir neigen dazu, jene Vorstellungen abzulehnen, die uns als Ersatz dafür angeboten werden,

für uns selbst nachzudenken...
Selbst wenn man uns Bibelstellen zitiert, kann einen das schon ärgern. Denn wir kennen diese Verse ebensogut wie sie, und wir fangen an, uns zu fragen, ob sie wirklich ihre Bedürfnisse mehr befriedigen als wir...
Ihr Mitgefühl für mich als einzelne wird viel tiefere Wirkungen haben, als wenn sie versuchen, Antworten anzubieten... Eltern tun gut daran, die Auswirkungen zu verstehen, die der moderne psychologische Druck auf die Emotionen der Jugend ausübt, warum wir uns so verhalten, statt vor Entsetzen die Hände über dem Kopf zusammenzuschlagen, weil wir solche Einstellungen zum Ausdruck bringen. Ermutigt uns in Geduld und gebt uns die Freiheit, nach einer sinnvollen Beziehung zu Gott zu suchen und einen wirklichen Ausdruck dieser Beziehung zu finden.

Diese Ausführungen veranlassen uns, unseren Verstand zu gebrauchen, um die Existenz Gottes zu beweisen und die höchste Autorität der Kirche zu errichten, welche die Wahrheit der Offenbarung Gottes garantiert. Und wenn wir einmal diese Autorität akzeptiert haben, wird alles andere folgen. Wir können Fragen stellen, was Offenbarung bedeutet, und bei bestimmten Punkten gibt es vielleicht Freiheit in der Interpretation; doch wir können die Wahrheit der Offenbarung nicht in Frage stellen.

In der Praxis führt diese Art autoritärer Auffassung häufig zu:

1. einem blinden und unkritischen Akzeptieren dessen, was die Kirche lehrt; oder

2. einer Rebellion gegen die autoritäre Lehre der Kirche selbst unter jenen, die in der Kirche bleiben, und zu einer Weigerung, all ihre Lehren anzunehmen; oder

3. einer völligen Zurückweisung der Kirche als autoritärer Lehrerin von Wahrheit; oder

4. einem Mystizismus, der es dem einzelnen ermöglicht, der akzeptierten Form der Kirche locker gegenüberzutreten und gleichzeitig in der Kirche zu bleiben.

DEISMUS

Deismus ist eine Bezeichnung, die den religiösen Glauben vieler Menschen im Europa des 18. Jahrhunderts beschreibt, welche die Existenz Gottes nicht in Frage stellten, sondern einfach bestimmte Aspekte der traditionellen christlichen Lehre modifizierten, ignorierten oder verneinten.

Sie empfanden es als zweckdienlich, an ihrem Glauben an Gott als Schöpfer festzuhalten, weil ihr Verständnis des Universums als eines mechanischen Systems eines Schöpfers bedurfte, der das Universum erschaffen hatte, es wie eine große Uhr aufzieht und den Lauf der Dinge dann sich selbst überläßt.

IHRE VORSTELLUNGEN VON GOTT

Diese verloren allmählich an Bedeutung, so daß schließlich kaum etwas über ihn gesagt werden konnte.

Der französische Skeptiker VOLTAIRE (1694–1778) schreibt:

Ich werde immer davon überzeugt sein, daß eine Uhr die Existenz eines Uhrmachers, daß ein Universum die Existenz eines Gottes beweist.

Ich glaube an Gott, nicht an den Gott der Mystiker und Theologen, sondern den Gott der Natur, den großen Experten auf dem Gebiet der Geometrie, den Architekten des Universums, den Urgeist, unvergänglich, transdenzent und ewig.

JOSEPH JOUBERT, der französische Verfasser von Essays und Briefen (1754–1824), schreibt:

Gott hat sich in sich selbst zurückgezogen und im Busen seines eigenen Wesens verborgen, wie die Sonne, wenn sie sich hinter den Wolken versteckt. Die Sonne des Geistes ist für sie nicht mehr sichtbar... Und da sie sie nicht mehr zu verzücken vermag, nicht ihr erhabenes Nachsinnen anregt und sie nicht mehr Gott schauen können, beschäftigen sie sich mit der Welt.

THOMAS HOBBES war ein englischer Deist (1588–1679); seine Gottesvorstellung läßt sich so zusammenfassen:

Dies ist also der Gott des Deismus – Urgeist und Konstrukteur der Weltmaschinerie, den Hobbes als Ersatz für Zeus und Jehova anbietet. Doch selbst zu sagen, daß er es „anbietet", ist eine Übertreibung. Für ihn ist das Wort „Gott" in Wahrheit nicht mehr als ein Symbol eines müde gewordenen Philosophen. Auf seiner Suche nach Wahrheit stößt der Fragende schließlich an die Grenze menschlicher Möglichkeiten; und dann, aus reiner Erschöpfung, gibt er auf und sagt „Gott"...

F.M. Voltaire

Es ist bezeichnend, daß, wenn er von Gott spricht, sein Hauptbestreben darin liegt, diesen Begriff jeglichen Inhalts zu entleeren. Von dem, was uns nicht durch unsere Sinne erreicht, können wir uns kein „Bild" machen, und darum können wir uns Gott auch nicht vorstellen. Wir können nur von ihm in einer Reihe von Negationen sprechen, wie z.B. „unendlich", „unwandelbar", „unbegreiflich" oder in Begriffen, die seine Distanz zu unserem vergänglichen Wesen kennzeichnen, z.B. „der Allmächtige", „der Höchste" u.a. All diese „Attribute" sind im Grunde „Pseudo-Aussagen", denn die Realität, auf die sie weisen, entspringt ganz einfach nur unserer eigenen, gottesfürchtigen Veranlagung.
BASIL WILLEY

IHR VERSTÄNDNIS DER WELT

Um zu verstehen, wie sich der Deismus entwickelte, ist es wichtig zu begreifen, wie christliche Vorstellungen von der Welt viele Jahrhunderte vorher langsam von griechischen Vorstellungen unterwandert worden waren.

HOOKYAAS beschreibt den Unterschied zwischen der biblischen Anschauung der Welt und der der alten Griechen:

Es besteht ein gewaltiger Gegensatz zwischen der Vergöttlichung der Natur in heidnischen Religionen, und in rationalisierter Form in der griechischen Philosophie, und der Entgötterung der Natur in der Bibel. Im Gegensatz zur Anbetung der Natur der Nachbarvölker war die Religion Israels ein einzigartiges Phänomen.

Der Gott Israels bringt alle Dinge aus dem Nichts durch sein Wort hervor. Er ist wahrhaftig allmächtig: Er wurde durch nichts bekämpft, was er in eine Ordnung pressen mußte, und er mußte nicht mit ewigen Formen rechnen. Allein sein höchster Wille schuf und erhält die Welt. Im ersten Kapitel des 1. Buches Mose wird einleuchtend dargestellt, daß außer Gott absolut nichts irgendeinen Anspruch auf Göttlichkeit erheben kann, selbst Sonne und Mond, höchste Gottheiten der Nachbarvölker, erhalten ihren Platz inmitten von Kräutern und Tieren und werden in den Dienst der Menschen gestellt.

Die persönlichen Götter der Griechen hatten einen Ursprung trotz ihrer Unsterblichkeit. Der Gott der Bibel ist der einzige Gott, der unveränderlich und ewig ist im Gegensatz zu allen erschaffenen Dingen, die der Veränderung und schließlich Zerstörung unterliegen. Nichts sonst hat göttliche Macht, nicht einmal, wenn ihm diese Macht übertragen wurde: „Der Herr ist einer; es gibt keinen anderen außer ihm."

Das Neue Testament verkündet erneut die Botschaft, daß es keinen ewigen Zyklus in Natur oder Geschichte gibt. Die Geschichte der Welt bewegt sich auf ihr letztes Ziel hin, und Himmel und Erde sind dazu bestimmt, ins Nichts zurückzukehren, aus dem sie einst hervorgingen. Nicht nur die Schöpfung, sondern auch das Weiterbestehen der Welt ist allein Gottes Sache; das bedeutet, daß Jahwe kein deistisch erhabenes Wesen ist, das nach seinem Schöpfungsakt alles den der Natur eigenen Gesetzen überläßt und sich zurückzieht wie ein platonischer Demiurg in „eine Art des Seins, die nur für ihn bestimmt ist." Er bleibt auf ewig der Wille und die Macht hinter allen Ereignissen...

In völligem Gegensatz zu heidnischen Religionen ist die Natur keine Gottheit, die es zu fürchten und anzubeten gilt, sondern Werk Gottes, das man bewundert, erforscht und beherrscht.
Wenn wir heidnische und biblische Religion miteinander vergleichen, entdecken wir einen fundamentalen Gegensatz zwischen den Vorstellungen von Gott und dem Menschen, wie sie sich entwickelt haben. In der Bibel stehen Gott und Natur dem Menschen nicht länger feindlich gegenüber, sondern Gott und Mensch begegnen der Natur gemeinsam. Wer verneint, daß Gott der Natur genau entspricht, verneint, daß die Natur göttlich ist.

BASIL WILLEY erklärt, wie einige dieser Gedanken aus heidnischen Religionen in das Denken vieler Christen des Mittelalters Zugang fanden:

Die Natur wurde als halb unabhängige Macht angesehen, und wenn sich die Dinge gemäß den Naturgesetzen ereigneten, bedeutete dies, daß sie einem Muster folgten, das dem menschlichen Verstand rational erschien, einem Muster, das von Aristoteles entdeckt worden war...

Im Mittelalter... wurde die biblische Auffassung lediglich hinzugefügt und überwand die Vorstellung von Aristoteles nicht. Die regelmäßige Ordnung in der Natur wurde als etwas von Gott Eingerichtetes angesehen, das jedoch von ihm auf *über*natürliche Weise (der Begriff ist wichtig) der Veränderung unterworfen war, wenn er ein Wunder wirkte. Für Thomas von Aquin bestand eine der nützlichen Aufgaben der natürlichen Philosophie darin, es uns zu ermöglichen, das zu unterscheiden, was nur Gott zukommt (z.B. das Wirken von Wundern und der Ursprung aller Dinge), und dem, was der Natur zukommt.

Er spricht von der mittelalterlichen Vorstellung von Wissenschaft als „dem verbotenen Wissen":

Die Faust-Legende bekundet die Kraft des gebannten Grausens, mit dem das Mittelalter die Naturwissenschaften betrachtet hatte ... „Natur" wurde in einem speziellen Sinn der satanischen Ordnung zugeordnet.

Aus praktischen Erwägungen ... können wir vielleicht das späte 15. und das 16. Jahrhundert als Epoche ansehen, in der das Vertrauen in die „Natur" wieder zunahm...

Dieses Wiederaufleben der Zuversicht in die Natur wurde außerordentlich gestärkt von der wissenschaftlichen Bewegung in der Renaissance, die die physikalische Welt von ihrer herkömmlichen Verbindung mit Satan zurückforderte.

Im Deismus des 17. Jahrhunderts

stellen wir fest, daß die „Natur" selbst fast zu einem Gott wird, während der Schöpfer mehr und mehr in den Hintergrund tritt.

IHRE VORSTELLUNG VOM MENSCHEN

CARL BECKER faßt die typische Anschauung über den Menschen im 18. Jahrhundert so zusammen:

1. Der Mensch ist nicht von Geburt an moralisch verderbt.
2. Der Sinn des Lebens liegt im Leben selbst, dem guten Leben auf Erden statt eines glückseligen Lebens nach dem Tod.
3. Der Mensch ist fähig, nur geleitet durch seinen Verstand und seine Erfahrung, das gute Leben auf Erden zu vollenden.
4. Die erste wesentliche Bedingung des guten Lebens auf Erden liegt in der Befreiung des menschlichen Denkens von den Ketten der Unwissenheit und des Aberglaubens und der Befreiung des Körpers von willkürlicher Unterdrückung durch eingesetzte soziale Autoritäten.

Ich werde immer davon überzeugt sein, daß eine Uhr die Existenz eines Uhrmachers, daß ein Universum die Existenz eines Gottes beweist.

WAS WILL DER DEISMUS? WOHIN FÜHRTE ER TATSÄCHLICH?

Der Deismus des 18. Jahrhunderts stellte eine bequeme, aber nicht sehr überzeugende Form dar zwischen christlichem Theismus einerseits und Atheismus oder Agnostizismus andererseits:

Der Deismus, dem wir in den Schriften aus dieser Zeit begegnen, schwächt die Vorstellung Gottes ab, hebt sie jedoch nicht auf. Er macht Gott zum Objekt eines nur unklar umrissenen Glaubens, doch nichts desto trotz positiv und absichtlich. Es genügte, seine Anhänger bei allen Ereignissen mit einem Gefühl der Überlegenheit über ihre gottlosen Brüder auszustatten. Sie konnten beten und anbeten; es hielt sie von dem Gefühl zurück, allein in der Welt zu sein, verlassen und vaterlos...

Es ist nicht leicht, Atheist zu sein und den Glauben an das Göttliche konsequent auszulöschen. Es ist wesentlich leichter, Deist zu sein... „Ein Deist", wird Bonald uns eines Tages sagen, „ist nur jemand, der keine Zeit gehabt hat, Atheist zu werden." „Ein Mensch, der kein Atheist werden will", wäre zutreffender.
PAUL HAZARD

INWIEWEIT BEFÄHIGT UNS DER DEISMUS, MORALISCHE WERTMASSSTÄBE AUFZUSTELLEN?

Die Deisten des 18. Jahrhunderts glaubten, daß Natur und Verstand auf bestimmte, selbstverständliche Grundwerte und Wahrheiten wiesen. Darum sollte jede einsichtige Person instinktiv in der Lage sein, diese Werte für sich selbst zu entdecken.

Die Natur wird von einem Naturgesetz verwaltet, das uns alle betrifft. Und der Verstand, welcher dieses Gesetz ist, lehrt die Menschheit (den, der ihn befragt), daß alle gleich und frei sind, daß niemand dem Leben, der Gesundheit, der Freiheit und dem Besitz eines anderen Schaden zufügen darf.
JOHN LOCKE

Doch was geschieht, wenn wir nicht länger daran glauben, daß uns „Natur" und „Verstand" eine klare Richtschnur bei moralischen Entscheidungen geben?

WELCHE HILFE BIETET DER DEISTISCHE GOTT DEM MENSCHEN BEI SEINER SUCHE NACH DEM SINN DES LEBENS?

O Gott, ich weiß nicht, ob es dich gibt... Ich stelle keine Fragen in dieser Welt, denn der Lauf der Dinge wird bestimmt durch ihre eigene Notwendigkeit, wenn es dich nicht gibt – oder nach deinem Ratschluß, wenn es dich gibt ... Hier stehe ich, so wie ich bin. Ein notwendigerweise organisierter Teil der ewigen und notwendigen Materie – oder vielleicht deine eigene Schöpfung.
DIDEROT

RATIONALISMUS

Rationalismus ist der Glaube, daß der Mensch die Wahrheit allein mittels seines Verstandes zu finden vermag; es besteht keine Notwendigkeit für eine göttliche Offenbarung.

Die meisten Philosophen, die so dachten, waren Deisten, nicht Atheisten. Sie verneinten nicht die Existenz Gottes. Sie sagten lediglich, daß Gott wenig oder nichts zu tun habe mit der Suche des Menschen nach Wahrheit.

Ernst Cassirer sagt, daß es in der frühen italienischen Renaissance drei Hauptströmungen philosophischen Denkens gab: den Humanismus (der sich vorwiegend mit klassischen Studien beschäftigte und nichts einzuwenden hatte gegen Christentum oder Kirche), den Platonismus und den Aristotelismus (welcher auf Averroes als Führer blickte und schließlich die Freidenker des 17. Jahrhunderts, insbesondere in Frankreich, beeinflußte). Im folgenden einige der Gedanken dieser dritten Gruppe:

Die Überlegenheit der Vernunft, die Verneinung der Schöpfung und der persönlichen Unsterblichkeit mit ihren theologischen Konsequenzen und die Einheit des Intellekts wurden an den Universitäten gelehrt und, wie es heißt, von vielen venezianischen Männern von Bildung und guter Erziehung angenommen.
Eine solche Philosophie drückte präzise die Stufe des Skeptizismus gegen das religiöse System und den Anti-Supernaturalismus aus und weniger gegen den positiven Naturalismus und Humanismus, zu dem die norditalienischen Städte im 14. Jahrhundert gelangt waren.

Während sich diese Gedanken im 18. Jahrhundert entwickelten, wurden sich viele der einseitigen Betonung des Verstands bewußt, während andere daran zu zweifeln begannen, daß der Verstand allein in der Lage sei, die Wahrheit zu finden. Dieses Bewußtsein führte zur romantischen Bewegung, die betonte, daß Wahrheit durch das Zusammenwirken von Verstand *und Herz* gefunden werden müsse.

So legte z.B. Rousseau größere Betonung auf Herz und Gefühl als Wegweiser zur Wahrheit (siehe *Zehn bedeutende Denker)*.

Paul Hazard beschreibt, wie sehr die Rationalisten des 17. und 18. Jahrhunderts den Verstand auf den Thron setzten und ihn dazu einsetzten, jeden religiösen Glauben zu bekämpfen:

Und nun bricht der Verstand durch die Schranken, und nichts kann ihn länger halten. Tradition und Autorität bedeuten ihm nichts. „Was soll's", sagt er, „was schadet es, die Schiefertafel leer zu wischen und ganz von vorne anzufangen?"... Der Himmel gehörte ihnen, und die Erde gehörte ihnen; ihnen gehörte das gesamte Reich des Erkennbaren. Es gab nichts, so dachten sie, nichts im ganzen Universum, was der mathematische Verstand nicht erfassen konnte. Auch die Theologie war ihr Geschäft...

Der Mathematiker Descartes hatte den Ton für die neue Ära angegeben. Doch was dann, wenn der mathematische Verstand frontal mit der Religion kollidiert? Was wird geschehen, wenn er grundsätzlich und überall gegen Glaubensfragen angewandt wird? Es würde bedeuten, mit dem Schwamm über die religiöse Schiefertafel zu fahren; jede Religion würde ausgelöscht.

Er fährt fort, die Verbindung zwischen dem Denken des 17. Jahrhunderts und der Renaissance des 14. Jahrhunderts aufzuspüren:

Dieses kritische Drängen, woher kam es? Wer hegte es? Was machte es auf einmal so wagemutig und stark? Wo, um alles in der Welt, kam es her? Die Antwort lautet, daß es von weither kam, ja, von sehr weit her: Es kam aus dem alten Griechenland; von diesem, jenem oder sonst einem häretischen Doktor des Mittelalters; aus vielen anderen fernen Quellen, doch zweifelsohne kam es aus der Renaissance.

Zwischen der Renaissance und der Zeit, die wir gerade betrachten (1680–1715), sind die Parallelen unverkennbar. Da ist die gleiche Weigerung auf Seiten der wagemutigeren Geister, das Menschliche dem Göttlichen unterzuordnen. In beiden Fällen kommt dem Menschen die gleiche Bedeutung zu, dem Menschen, der keinen Rivalen hat, dem Menschen, der die Grenzen des Erkennbaren setzt, alle Probleme löst, die eine Lösung zulassen, und den Rest für null und nichtig erachtet. Der Mensch, Quelle und Kernstück der Hoffnung dieser Welt. Hin und wieder spielt die Natur mit hinein, nicht klar definiert, aber gewaltig; Natur, nicht länger betrachtet als Werk eines Schöpfers, sondern als Aufwallung des Lebens als Ganzes und des menschlichen Lebens insbesondere... Dieses Zeitalter trägt alle Merkmale einer zweiten Renaissance, aber einer strengeren, härteren und in gewisser Weise desillusionierteren, einer Renaissance ohne einen Rabelais, einer Renaissance ohne ein Lächeln...

Und somit kann der Trend des modernen Denkens etwa wie folgt bestimmt werden: angefangen mit der Renaissance, einem Eifer nach Erfindung, einer Leidenschaft des Entdeckens, einem Drang, den Kritiker zu spielen, Merkmale so offensichtlicher Art, daß wir sie die entscheidenden Elemente der europäischen Mentalität nennen können.

Irgendwann um die Mitte des 17. Jahrhunderts gab es eine vorübergehende Pause, als bei den entgegengesetzten Kräften eine völlig unerwartete Ruhe eintrat, eine vollkommen unvorhergesehene Versöhnung angeboten wurde. Dieses Phänomen, das beinahe so etwas wie ein Wunder war, war das, was man die Erneuerung der Renaissance nannte. Die Erweckung des klassischen Geistes, und ihre Frucht waren Friede und Gelassenheit...

In dem Augenblick, als die klassischen Ideale aufhörten, erstrebenswerte, freiwillige Ziele zu sein, und ganz bewußt gewählt wurden und begannen, in purer Gelassenheit – noch dazu einer beschwerlichen – herabzusinken, machten sich die Neuerer, zum Handeln bereit, mit der alten Begeisterung ans Werk. Und so machte sich das europäische Denken noch einmal auf zu einer nie endenden Suche. Dann kam eine Krise, so rasch und schnell, so schien es zumindest, daß es die Menschen völlig überraschte. Doch sie hatte schon lange im Schoße der Zeit gebrodelt und war darum alles andere als etwas Neues; eigentlich etwas sehr Altes.

WOHIN FÜHRTE DIESE ART VON RATIONALISMUS?

● Er führte zu einer Verminderung des christlichen Glaubens. Jeder Glaube, der nicht vom Verstand getragen war, wurde abgelehnt. Viele Philosophen und Theologen präsentieren das, was sie als den Kern des christlichen Glaubens ansahen, ein grundsätzliches Minimum, das mittels des Verstandes verteidigt werden konnte.

Der deutsche Theologe Adolf von Harnack (1851–1930), reduzierte das Wesen der Lehre Jesu auf folgende drei Bereiche: das Reich Gottes und sein Kommen; Gott, den Vater, und den unendliche Wert der menschlichen Seele; die höhere Gerechtigkeit und das Gebot der Liebe.

David Friedrich Strauss verneint in seinem Werk *Das Leben Jesu* (geschrieben im Jahre 1835–36) das übernatürliche Element in den Evangelien:

Alle Dinge sind zusammengefügt durch eine Kette von Ursachen und Wirkungen, die keine Unterbrechung duldet... Diese Überzeugung ist so sehr ein Ausdruck des Denkens in der modernen Welt, daß im täglichen Leben der Glaube an eine übernatürliche Erscheinung, ein unmittelbares göttliches Wirken sofort als Unwissenheit oder Schwindel bezeichnet würde.

In der Person und dem Wirken Jesu darf keine Spur Supernaturalismus verbleiben. Wer Priester aus der Kirche verbannen will, muß zuerst die Wunder aus der Religion verbannen.

● Er führte viele andere zu einer Einstellung, die von völligem Skeptizismus geprägt war. Wenn bestimmte Aspekte des Glaubens verneint sind, fragen sich Kritiker: Warum hier aufhören? Warum dieses ablehnen und nicht jenes auch? Was geschieht, wenn „Verstand" und „Natur" nicht unzweideutig auf die Wahrheit zu weisen vermögen? Was, wenn Herz und Verstand zwei völlig verschiedene Antworten liefern?

Viele, die erkannten, daß ihr Fragen sie in eine Position des totalen Zweifels führen würde, waren nicht bereit, weiterhin absolut konsequent vorzugehen. Die Einstellung von Pierre Bayle (1647–1706), einem der radikalsten französischen Freidenker, ist wie folgt zusammengefaßt worden:

Erreichte er den Punkt des absoluten Skeptizismus? Er hätte es wohl, wenn er seinen natürlichen Neigungen freien Lauf gelassen hätte. Nichts faszinierte ihn mehr, als diese Wechselwirkung von *pro* und *contra*. Er wäre hinweggetrieben worden in die entfernte Lehre, wo Handlungen ihre Bedeutung verlieren und das Leben seinen Sinn, wenn er der Logik bis zur letzten Konsequenz gefolgt wäre und nur seine eigene menschliche Erfahrung zur Kenntnis genommen hätte, die ihn von Tag zu Tag mehr beeindruckte. Er mag, nein, er muß schließlich an dem Punkt angekommen sein, den Le Clerc den metaphysischen Skeptizismus nennt, den universalen Zweifel.

Doch dagegen sträubte er sich. Sein furchtloser Geist, das Gefühl, einen Auftrag erfüllen zu müssen, die Abscheu vor dem Fehler, die mächtiger war als jeder Zweifel, den er über die Wahrheit erheben mochte, ein urteilender Verstand, der nicht bereitwillig das Versagen hinnehmen würde, und vor allem seine Willenskraft befähigten ihn, vor dem letzten Schritt innezuhalten.

Die fortschrittlichsten Ungläubigen unter den Denkern, mit denen wir uns beschäftigt haben, hielten inne, als sie dem Nihilismus von Angesicht zu Angesicht gegenüberstanden, zu dem sie ihr Skeptizismus zu führen schien.
Paul Hazard

ATHEISMUS

Die meisten Rationalisten kommen früher oder später an einen Punkt, an dem sie die Existenz Gottes ablehnen. Während der Agnostiker sagt: „Gott *existiert vielleicht*, doch wir können es niemals wissen", sagt der Atheist kategorisch: „Gott *existiert nicht;* es gibt keinen Gott."

Der englische Romanschriftsteller THOMAS HARDY (1840–1928) schreibt:

Ich habe Gott fünfzig Jahre lang gesucht, und ich glaube, wenn es ihn geben würde, hätte ich ihn gefunden.

Der englische Philosoph A.J. AYER:

Ich glaube nicht an Gott. Was mich betrifft, so haben Theisten jeglicher Schattierung größtenteils versagt, ihre Vorstellung von einem Gott verständlich zu machen; und sofern sie es doch verständlich ausgedrückt haben, gibt es keinen Grund zu der Annahme, daß irgend jemand darauf antwortet.

Der Dramtiker ARTHUR ADAMOV wird im *Theater des Absurden* so zitiert:

Der Name Gottes sollte nicht länger aus dem Munde des Menschen kommen. Dieses Wort, das so lange durch den Gebrauch dermaßen herabgewürdigt worden ist, bedeutet nichts mehr... Das Wort Gott zu gebrauchen, ist mehr als nur Trägheit. Es ist die Weigerung nachzudenken. Eine Art Abkürzung, eine schreckliche Kurzschrift.

Einer der ersten Philosophen, der folgerichtig behauptete, es gäbe Gott nicht, und der versuchte, seine gesamte Philosophie auf dieser Grundlage aufzubauen, war der deutsche Philosoph FRIEDRICH NIETZSCHE (1844–1900). Ihm ging es darum, das *gesamte* System des christlichen Glaubens zu widerlegen:

Unermeßliche Umwälzungen werden in der Zukunft geschehen, sobald die Menschen wahrnehmen, daß die Struktur des Christentums lediglich auf Annahmen beruht... Ich habe versucht, alles zu verneinen.

Er begann mit der Ausrufung: „Gott ist tot":

Habt ihr nicht von jenem tollen Menschen gehört, der am hellen Vormittag eine Laterne anzündete, auf den Markt lief und unaufhörlich schrie: „Ich suche Gott! Ich suche Gott!" – Da dort gerade viele von denen zusammen standen, welche nicht an Gott glaubten, so erregte er ein großes Gelächter...

Der tolle Mensch sprang mitten unter sie und durchbohrte sie mit seinen Blicken. „Wohin ist Gott?" rief er, „ich will es euch sagen! *Wir haben ihn getötet* – ihr und ich. Wir alle sind seine Mörder! Aber wie haben wir das gemacht? Wie vermochten wir das Meer auszutrinken? Wer gab uns den Schwamm, um den ganzen Horizont wegzuwischen? Was taten wir, als wir diese Erde von ihrer Sonne losketteten? Wohin bewegt sie sich nun? Wohin bewegen wir uns? Fort von allen Sonnen? Stürzen wir nicht fortwährend? und rückwärts, seitwärts, vorwärts, nach allen Seiten? Gibt es noch ein Oben und Unten? Irren wir nicht durch ein unendliches Nichts? Haucht uns nicht der leere Raum an? Ist es nicht kälter geworden? Kommt nicht immerfort die Nacht und mehr Nacht? Müssen nicht Laternen am Vormittage angezündet werden? Hören wir noch nichts von dem Lärm der Totengräber, welche Gott begraben?
Riechen wir noch nichts von der göttlichen Verwesung? – auch Götter verwesen! Gott ist tot! Und wir haben ihn getötet!..."

„Ich komme zu früh, ich bin noch nicht an der Zeit. Dies ungeheure Ereignis ist noch unterwegs und wandert..."

Er verspottete jene, die den christlichen Glauben an Gott ablehnten, doch gleichzeitig an christlichen Werten festhalten wollten:

Sie haben sich des christlichen Gottes entledigt und fühlen sich nunmehr verpflichtet, umso entschlossener an der christlichen Moral festzuhalten: das ist *englische* Logik. Laßt uns nicht den kleinen Blaustrümpfen wie Eliot die Schuld geben. In England muß man als Antwort auf jede kleine Abweichung von der Theologie seine Position auf Angst einflößende Weise als Moralfanatiker wieder hervorheben. Das ist die *Buße*, die man hier ableistet.

Bei uns ist das anders. Wenn jemand den christlichen Glauben aufgibt, so nimmt er sich auch gleichzeitig das *Recht* auf christliche Moral. Denn diese ist absolut nicht selbstverständlich; das muß man immer wieder betonen. Das Christentum ist ein System, eine wohldurchdachte, *vollständige* Anschauung. Wenn man daraus einen fundamentalen Gedanken herauslöst – den Glauben an Gott –, fällt alles zusammen; dann bleibt nichts von Bedeutung übrig.

Das Christentum geht davon aus, daß der Mensch nicht weiß, nicht wissen *kann*, was gut und was schlecht für ihn ist; es glaubt an Gott, der dies allein weiß. Christliche Moral ist ein Befehl: Ihr Ursprung ist transzendent. Sie ist über jegliche Kritik erhaben, hat alles Recht zu kritisieren;

sie ist nur dann im Besitz von Wahrheit, wenn Gott die Wahrheit ist – sie steht und fällt mit dem Glauben an Gott.

Wenn die Engländer wahrhaftig glauben, daß sie „intuitiv" wissen, und zwar aus eigenem Antrieb heraus, was gut und was böse ist, und wenn sie infolgedessen meinen, sie bedürften nicht länger des Christentums als Garantie für die Moral, dann ist dies lediglich die *Konsequenz* der Überlegenheit christlicher Beurteilung und Ausdruck von *Kraft* und *Tiefe* derselben; so daß der Ursprung der englischen Moral vergessen ist, so daß das außerordentlich bedingte Wesen seines Rechts auf Existenz nicht länger als solches empfunden wird. Für die Engländer ist die Moral noch kein Problem.

Er versuchte, über seine Philosophie des Nihilismus hinauszugehen und zu einer positiven „Bejahung der Welt" zu gelangen:

Eine solche Experimental-Philosophie, wie ich sie lebe, nimmt versuchsweise selbst die Möglichkeiten des grundsätzlichsten Nihilimus vorweg: ohne daß damit gesagt wäre, daß sie bei einer Negation, beim Nein, bei einem Willen zum Nein stehen bliebe. Sie will vielmehr bis zum Umgekehrten hindurch – bis zu einem dionysischen Ja-Sagen zur Welt, wie sie ist, ohne Abzug, Ausnahme und Auswahl...

Wirklich den Pessimismus überwinden –; ein Goethischer Blick voll Liebe und gutem Willen als Resultat.

Er glaubte, daß sein Atheismus neue Weiten eröffnete:

Das größte neuere Ereignis – daß „Gott tot ist", daß der Glaube an den christlichen Gott unglaubwürdig geworden ist – beginnt bereits seine ersten Schatten über Europa zu werfen... In der Tat, wir Philosophen und „freien Geister" fühlen uns bei der Nachricht, daß der „alte Gott tot" ist, wie von einer neuen Morgenröte angestrahlt; unser Herz strömt dabei über von Dankbarkeit, Erstaunen, Ahnung, Erwartung – endlich erscheint uns der Horizont wieder frei, gesetzt selbst, daß er nicht hell ist, endlich dürfen unsre Schiffe wieder auslaufen, auf jede Gefahr hin auslaufen, jedes Wagnis des Erkennenden ist wieder erlaubt, das Meer, unser Meer liegt wieder offen da, vielleicht gab es noch niemals ein so „offenes Meer".

ALBERT CAMUS faßt die Bedeutung von Nietzsches Atheismus wie folgt zusammen:

Aber man spürt die von Nietzsche vorgenommene Verlagerung. Bei ihm geht die Revolte von „Gott ist tot" aus, das sie für eine ausgemachte Tatsache hält...
Im Gegensatz zur Meinung einiger seiner christlichen Kritiker hat Nietzsche nicht den Plan gefaßt, Gott zu töten. Er fand ihn tot in der Seele seiner Zeit. Als erster ermaß er die ungeheure Bedeutung dieses Ereignisses und entschied, daß dieser Aufstand des Menschen nicht zu einer Wiedergeburt führen könne, wenn er nicht geleitet werde.

IST ES MÖGLICH, MIT EINER PHILOSOPHIE DES TOTALEN NIHILISMUS ZU LEBEN?

Ein Atheist wird nicht immer zum Nihilisten. Nietzsche ist jedoch ein Beispiel für jemand, der vielleicht mehr als sonst ein anderer versuchte, seine Philosophie der Sinnlosigkeit bis zum Ende *auszuleben*. H.J. BLACKHAM beschreibt Nietzsches Versuch wie folgt:

Friedrich Nietzsche

In seinem Fall baute er sich keine Brücken, um aus dem Nihilismus herauszukommen, in den er sich selbst hineinmanövriert hatte, denn es war ein bewußtes Hineinmanövrieren. Zur gleichen Zeit versuchte er zu sagen: der Nihilismus muß überwunden werden; der Nihilismus kann nicht überwunden werden; der Nihilismus ist gut, der Nihilismus ist das Beste. Er sperrte sich selbst ein im Kreidekreis seiner eigenen metaphysischen Thesen.

Sein Denken war der philosophischen Aufgabe untergeordnet, die er sich selbst gesetzt hatte, dem experimentellen *Ausleben* aller Bewertungen der Vergangenheit, zusammen mit ihrem Gegenteil, um das Recht zu erlangen, sie zu beurteilen...

Es gibt Positionen, die man denken, nicht aber leben kann, es gibt zu untersuchende Risiken, von denen es kein Zurück gibt. Nietzsche war fasziniert von den unerforschten verbotenen Regionen des Abgrunds, Gletschern und Berggipfeln. Man kann auf den Grund des Abgrunds hinabschauen und die Möglichkeit verwerfen, sich selbst über den Rand zu stürzen, aber man kann die Möglichkeit eines versuchsweisen Sprunges nicht erforschen. Man kann in Gedanken die Möglichkeit des Nihilismus prüfen (als unlösbaren Konflikt zwischen menschlichen Werten und kosmischen Fakten) und versuchen zu zeigen, daß er nicht die Wahrheit ist. Wenn man jedoch entschlossen ist, die Möglichkeit des Nihilismus auszuleben, dann hat man keinen unabhängigen Standpunkt mehr unter den Füßen; schlimmer als Kierkegaards „draußen über den 70000 Klaftern Wasser" wird man tatsächlich heruntergezogen und verschlungen:

Was vom unabhängigen

Standpunkt verantwortungsvoller Freiheit als vermeidbare Zweideutigkeit von Gut und Böse in der Welt angesehen wurde, wird erst zur Zweideutigkeit des eigenen Willens und dann zur Preisgabe an ewige Zerstörung und ewige Wiederkehr und die dionysische Ekstase. So wie der Skeptizismus nicht durch Zweifel überwunden werden kann, kann man den Nihilismus nicht überwinden, indem man ihn in die Tat umzusetzen versucht.

COLIN WILSON beschreibt, was die Philosophie der Sinnlosigkeit anderen im 19. Jahrhundert bedeutete:

Die meisten dieser Dichter des späten 19. Jahrhunderts waren nur „halb verliebt in den leichten Tod"; die andere Hälfte klammerte sich fest an das Leben und beklagte seine Nichtigkeit. Keiner von ihnen, nicht einmal Thomson, geht so weit wie Wells in *Mind at the End of Its Tether.* Aber wer ihrem Pessimismus weiter folgt, bis an die Grenzen völliger Lauterkeit, stößt auf einen völligen, lebensverneinenden Nihilismus, der im Grunde eine Gefahr für das Leben darstellt. Wenn man Van Goghs *Elend, das nie endet* mit Evan Strowdes *Nichts lohnt sich* verbindet, so ist das Ergebnis eine Art geistlicher Syphilis, die kaum vor Tod oder Wahnsinn innehält. Conrads Erzählung *Herz der Finsternis* beschäftigt sich mit einem Mann, der sich selbst an diesen Punkt gebracht hat; er stirbt mit den Worten: „Das Grauen, das Grauen". Conrads Erzähler: „... ich hatte es hier nicht mit einem Wahnsinnigen zu tun... sein Verstand war völlig klar... auf sich selbst konzentriert mit einer schrecklichen Intensität, aber klar... Doch seine Seele war wahnsinnig. In der Wüste allein hatte sie in sich hineingeschaut und... war verrückt geworden; er hatte rekapituliert; geurteilt; das Grauen."

MICHAEL HARRINGTON berichtet von jenen, die über die Heiterkeit, die Nietzsche empfand, an einen Punkt tiefen Pessimismus' kamen. Wenn Nietzsche glaubte, daß *Gott* tot sei, sind viele Menschen des 20. Jahrhunderts zu der Auffassung gelangt, daß auch der *Mensch* tot ist.

Nachdem Gott starb, hatte der Mensch, der Gott ersetzen sollte, von sich selbst genug. Das Ergebnis war eine Glaubenskrise und ein Unglaube, der dazu führte, daß das 20. Jahrhundert geistlich verarmte.

Gott starb im 19. Jahrhundert. Nietzsche verkündete das Ereignis als Tatsache, nicht als Behauptung, und sein Ausruf ist seitdem als Ausgangspunkt der ernsthaftesten Theologie gewertet worden...

Doch da Gott keine Nachfolger hatte, geht die Beerdigung seit über hundert Jahren weiter. Das 19. Jahrhundert sagte oft genug voraus, daß die moderne Welt den Glauben vertreiben würde. Sie erwartete jedoch nicht, daß sie auch den Anti-Glauben untergraben würde.

JEAN-PAUL SARTRE betont die Notwendigkeit, die Konsequenzen des Atheismus „bis zum Ende" zu ziehen:

Und wenn wir von Verlassenheit (ein Ausdruck, den Heidegger liebt) sprechen, so wollen wir nur sagen, daß Gott nicht existiert und man daraus die Folgerungen ziehen muß bis zum Ende.

WENN ATHEISMUS NICHT ZUM NIHILISMUS FÜHRT, WOHIN KANN ER SONST FÜHREN?

Der Atheismus kann an sich kaum als eine vollständige Weltanschauung gewertet werden. Die einzige Behauptung des Atheisten besteht darin, daß es keinen Gott gibt. Und er muß sich irgendwo anders orientieren, um eine befriedigende Weltanschauung zu finden. Die drei beliebtesten Formen des Atheismus sind gegenwärtig der Marxismus, der Existentialismus und der Humanismus.

JEAN-PAUL SARTRE beschreibt in seiner lebendigen Weise die Atmosphäre, in der er aufwuchs und wie „Gott" allmählich für ihn „starb". Sein Existentialismus war lediglich der Versuch, seinen Atheismus bis zur logischen Konsequenz zu verfolgen:

Meine Familie war von der langsamen Bewegung der Entchristlichung erfaßt worden, die ihren Ursprung in der hohen Bourgeoisie des Voltaire-Zeitalters hatte und ein Jahrhundert brauchte, um alle Schichten der Gesellschaft zu erfassen. Ohne diesen allgemeinen Schwächezustand des Glaubens hätte das katholische Provinzfräulein Louise Guillemin viel mehr Umstände gemacht, ehe sie einen Lutheraner heiratete. Natürlich war bei uns jedermann religiös: aus Taktgefühl... Ein Atheist war ein Sonderling, ein Wildgewordener, den man nicht zum Abendessen einlud, weil man fürchten mußte, er werde dabei aus der Rolle fallen, ein Fanatiker mit ungezählten Tabuvorstellungen, der sich das Recht versagte, in der Kirche niederzuknien, seine Tochter kirchlich zu verheiraten und dabei Tränen der Rührung zu vergießen, der es sich in den Kopf gesetzt hatte, die Wahrheit seiner Doktrin durch die Reinheit seiner Sitten zu untermauern, der in einer Weise gegen sich und das eigene Glück wütete, daß er sich der Möglichkeit beraubte, getröstet zu sterben, ein Gottesnarr also, der allenthalben seine Abwesenheit feststellte und unablässig seinen Namen aussprach, kurzum: ein Herr mit religiösen Überzeugungen. Der Gläubige hatte keine religiösen Überzeugungen. Zweitausend Jahre lang hatten die christlichen Gewißheiten Zeit gehabt, sich zu erweisen, sie waren jedermanns Eigentum, man erwartete von ihnen, daß sie im Blick eines Priesters, im Halbdunkel einer Kirche aufleuchteten, um die Seelen zu erhellen, aber niemand empfand das Bedürfnis, sie für seine eigene Rechnung von neuem zu übernehmen; sie waren Gemeingut. Die gute Gesellschaft glaubte an

Der Nihilismus ist beschrieben worden als Abgrund; man kann in ihn stürzen oder vorübergehen. Ein probeweises Eintauchen gibt es nicht.

Gott, sprach aber nicht darüber. Wie tolerant erschien die Religion! Wie war sie doch bequem. Ein Christ konnte der Messe fernbleiben und seine Kinder kirchlich trauen lassen, er konnte sich über religiöse Propaganda lustig machen und beim Hochzeitsmarsch aus „Lohengrin" Tränen vergießen; er brauchte weder ein vorbildliches Leben zu führen noch in Verzweiflung zu sterben, er konnte sogar auf die Sterbesakramente verzichten. In unserem Milieu, in meiner Familie war der Glaube nur ein Prunkname für die süße französische Freiheit; man hatte mich gleich allen anderen getauft, um meine Unabhängigkeit zu bewahren: beim Verzicht auf die Taufe hätte man befürchtet, meine Seele zu vergewaltigen. Als eingeschriebener Katholik dagegen war ich frei, war ich normal. Man sagte: „Später soll er tun, was er will." Damals hielt man es für schwieriger, den Glauben zu erwerben, als ihn zu verlieren.

Im Grunde fand ich dies alles schrecklich langweilig: ich gelangte zum Unglauben nicht durch den Konflikt der Dogmen, sondern durch die Gleichgültigkeit meiner Großeltern. Trotzdem war ich religiös: ich kniete jeden Tag mit gefalteten Händen auf dem Bett und sprach mein Gebet, dachte aber immer seltener an den lieben Gott... Einige Jahre lang verkehrte ich dann noch offiziell mit dem Allmächtigen; auf den privaten Umgang mit ihm hatte ich verzichtet. Ein einziges Mal hatte ich das Gefühl, es gäbe ihn. Ich hatte mit Streichhölzern gespielt und einen kleinen Teppich versengt; ich war im Begriff, meine Untat zu vertuschen, als plötzlich Gott mich sah. Ich fühlte seinen Blick im Innern meines Kopfes und auf meinen Händen; ich drehte mich im Badezimmer bald hierhin, bald dorthin, grauenhaft sichtbar, eine lebende Zielscheibe. Mich rettete meine Wut: ich wurde furchtbar böse wegen dieser dreisten Taktlosigkeit, ich fluchte, ich gebrauchte alle Flüche meines Großvaters. Gott sah mich seitdem nie wieder an.

Ich erzähle hier die Geschichte einer mißglückten Berufung. Ich brauchte Gott, man gab ihn mir, ich empfing ihn, ohne zu begreifen, daß ich ihn suchte. Da er in meinem Herzen keine Wurzeln schlug, vegetierte er einige Zeit in mir und starb dann. Spricht man mir heute von ihm, so sage ich amüsiert und ohne Bedauern wie ein altgewordener Frauenjäger, der eine ehemals schöne Frau trifft: „Vor fünfzig Jahren hätte ohne das Mißverständnis, ohne jenen Irrtum, ohne den Zufall, der uns auseinanderbrachte, etwas zwischen uns sein können." Es war nichts zwischen uns...

Der Atheismus ist ein grausames und langwieriges Unterfangen; ich glaube ihn bis zum Ende betrieben zu haben."

AGNOSTIZISMUS

Während der Atheist sagt: „Gott *existiert nicht*", sagt der Agnostiker: „Wir *wissen nicht*, ob Gott existiert, und wir *können es wahrscheinlich nie wissen.* Ganz gleich, wie sehr wir uns bemühen, die Wahrheit mit dem Verstand oder dem Herzen herauszufinden, es besteht nicht die Hoffnung, sie zu finden. Unser Verstand ist endlich, und wir können die Geheimnisse des Universums nicht aufdecken. Wir müssen uns damit begnügen, die Grenzen unseres Wissens zu erkennen, und können nicht darauf hoffen, irgend etwas außerhalb dieser Grenzen zu erfahren."

Das Wort „Agnostiker" wurde erstmals von T. H. HUXLEY (1825–1895), dem Großvater von Aldous und Julian Huxley, geprägt.

Als ich zu intellektueller Reife gelangte und mich zu fragen begann, ob ich Atheist, Theist, Pantheist, Materialist, Idealist, Christ oder Freidenker sei, stellte ich fest, daß mir die Antworten weniger leicht über die Lippen kamen, je mehr ich gelernt und nachgedacht hatte, bis ich schließlich zu dem Ergebnis kam, daß mich nichts mit diesen Gruppen verband, außer mit der letzten. Die eine Sache, über die die meisten dieser guten Menschen einer Meinung waren, war jene, die mich von ihnen unterschied. Sie waren sicher, daß sie ein bestimmtes Maß an „gnosis" (Erkenntnis) erreicht und das Problem des Lebens mehr oder weniger erfolgreich gelöst hatten, während ich sicher war, daß ich dies nicht hatte, und ziemlich überzeugt davon war, daß das Problem unlösbar sei. Und mit Hume und Kant auf meiner Seite konnte ich mich nicht für vermessen halten, dabei zu bleiben.

Dies war meine Situation, als mir das große Glück begegnete, einen Platz unter den Mitgliedern jener bemerkenswerten Gemeinschaft von Antagonisten zu finden, die es schon lange nicht mehr gibt, die mir jedoch noch immer lebhaft in Erinnerung ist, die Metaphysische Gesellschaft. Jede Art philosophischer und theologischer Meinung war dort vertreten und wurde mit großer Offenheit ausgesprochen. Die meisten meiner Kollegen waren *-isten* dieser oder jener Coleur; und ganz gleich, wie freundlich sie mich auch aufnahmen, wurde ich als derjenige ohne ein Schildchen das ungute Gefühl nicht los, der historische Fuchs zu sein, der sich nach Verlassen der Falle, in der sein Schwanz verblieben war, seinen längeren Kollegen präsentierte. Darum dachte ich nach und erfand die, wie ich meinte, geeignete Bezeichnung des „Agnostikers". Sie kam mir in den Sinn als vielsagender Gegensatz zu den „Gnostikern" der Kirchengeschichte, die vorgaben, so viel von den Dingen zu wissen, die mir schleierhaft waren; und ich ergriff die erste Gelegenheit beim Schopf, sie unserer Gesellschaft vorzustellen, um zu zeigen, daß auch ich, wie alle anderen Füchse, einen Schwanz hatte. Zu meiner großen Zufriedenheit kam der Titel an; und nachdem der *Spectator* dafür Pate gestanden hatte, wurde jedes Mißtrauen in den Köpfen ehrwürdiger Menschen, das ein Wissen dieser Herkunft erweckt haben mochte, von nun an selbstverständlich ausgeräumt.

CHARLES DARWIN (1809–1882) wurde allmählich zum Agnostiker. Zu der Zeit, als er *Die Entstehung der Arten* schrieb, erstmals veröffentlicht im Jahre 1859, bezeichnete er sich als „Theisten":

Wenn ich so darüber nachdenke, sehe ich mich genötigt, nach einer ersten Ursache zu suchen, die über eine Intelligenz verfügt, die in gewisser Weise mit der des Menschen vergleichbar ist, und ich verdiene es, Theist genannt zu werden."

Allmählich machte ihm jedoch sein Unglaube zu schaffen, und in seiner im Jahre 1876 veröffentlichten *Autobiographie* schreibt er:

Das Geheimnis vom Anfang aller Dinge ist für uns unlösbar; und so einer wie ich muß sich damit zufriedengeben, Agnostiker zu bleiben.

Sein Agnostizismus hatte eine tiefe Wirkung auf sein Denken im Hinblick auf das Universum und den Sinn menschlichen Lebens:

Meine Theorie ist ein einziges Durcheinander; ich kann das Universum nicht als Ergebnis des blinden Zufalls ansehen, und dennoch kann ich keinen Beweis für eine wohlwollende Absicht oder einen Plan in irgendeiner Form im einzelnen entdecken.

Da ich glaube, daß der Mensch in der fernen Zukunft ein wesentlich vollkommeneres Wesen sein wird, als er es heute ist, ist der Gedanke unerträglich, daß er und alle anderen empfindenden Wesen nach einem so lange währenden Prozeß zur völligen Vernichtung verurteilt sind.

Ein Mensch, der keine Gewißheit hat und keinen dauerhaften Glauben hat an die Existenz eines persönlichen Gottes oder eine zukünftige Existenz mit Lohn und Strafe, kann als Lebensmaxime, soweit ich das sehen kann, nur seinen eigenen Impulsen und Instinkten folgen, die am stärksten sind oder ihm am geeignetsten erscheinen.

Der entsetzliche Zweifel taucht stets auf, ob die Überzeugungen des menschlichen Verstandes, die sich von dem der niederen Säugetiere entwickelten, von Bedeutung oder überhaupt zuverlässig sind. Würde jemand den Überzeugungen eines Affenhirns vertrauen, wenn es in einem

solchen Hirn Überzeugungen gäbe?

Mein Verstand scheint zu einer Art Maschine geworden zu sein, die allgemeine Gesetze aus einer großen Ansammlung von Fakten mühsam hervorbringt; doch warum dies die Verkümmerung jenes Teils im Gehirn allein verursacht haben soll, von denen die höher entwickelten Sinne abhängen, kann ich nicht begreifen.

In meinem Tagebuch schrieb ich, daß es inmitten der Pracht eines brasilianischen Waldes „unmöglich ist, eine angemessene Vorstellung des höheren Gefühls von Wunder, Bewunderung und Verehrung zum Ausdruck zu bringen, die den Verstand erfüllt und erhebt". Ich erinnere mich noch gut an meine Überzeugung, daß der Mensch mehr ist als nur Atem und Körper; doch jetzt würden die großartigsten Schauplätze bei mir keine Überzeugungen und Gefühle dieser Art hervorrufen. Es läßt sich wahrhaftig sagen, daß ich wie jemand bin, der farbenblind geworden ist.

Im folgenden einige Beispiele von Agnostikern des 20. Jahrhunderts:

Endlos über den Grund der eigenen Existenz oder den Sinn des Lebens im allgemeinen nachzudenken, erscheint mir, von einer objektiven Perspektive aus betrachtet, als reine Torheit.

ALBERT EINSTEIN

Albert Einstein

Kein Mensch hat das Recht, für irgend jemanden zu sprechen außer für sich selbst und für jene, die ihm gleichen... Jeder Mensch hat ein ebenso gutes Recht auf seine persönliche Weltanschauung wie auf seine ureigenen Nieren...

ALDOUS HUXLEY

Ich meine, daß das Universum im allgemeinen nur als völlig unerklärliches Geheimnis angesehen werden muß.

BARBARA WOOTON

Vor allem bei der Religion ist das einzige Nützliche die objektive Wahrheit. Der einzige Gott, der etwas nützt, ist ein Wesen, das persönlich, erhaben und gut ist und dessen Existenz so gewiß ist wie die Tatsache, daß zwei und zwei vier sind. Ich kann das Geheimnis nicht durchdringen. Ich bleibe Agnostiker, und das praktische Ergebnis meines Agnostizismus besteht darin, daß man sich so verhält, als gäbe es Gott nicht.

SOMERSET MAUGHAM

Während ich glaube, daß es eine Erklärung in weltlichen Begriffen für all das gibt, was in dieser Welt geschieht, meine ich, daß es keinen Sinn ergibt, nach einer Erklärung für die Existenz oder die Kennzeichen der Welt als Ganzes zu fragen. In diesem Sinn ist es eine Aussage von ungeschminkter Wahrheit, daß das Universum die Struktur aufweist, die sie aufweist.

A.J. AYER

Die wissenschaftliche Untersuchung geht im voraus von der Situation aus, daß menschliche Wesen Objekten dieser Welt gegenüberstehen. Alles, was außerhalb dieser Bedingungen vermutet wird, kann nicht untersucht werden. All das, was völlig transzendent ist und zum Beispiel beides, Subjekt und Objekt, einschließt, kann nicht untersucht und im begrifflichen Denken erfaßt werden.

Letzten Endes ist alles unerforschlich und geheimnisvoll; es gibt nichts Besonderes, auf Grund dessen der Rest erklärt werden kann. Das ist mit dem Verzicht auf „gottgleiches Wissen" gemeint. Der Agnostizismus, der grundsätzlicher und radikaler ist als der Atheismus, ist die einzige Position, die durch die Erfahrung bestätigt wird: das Erkennen des permanenten Wesens und der Bedingungen menschlichen Wissens mit seinem offenen Horizont ständiger und fortschreitender Untersuchung.

H.J. BLACKHAM

ALBERT CAMUS zeigt, daß seine Philosophie von einer Einstellung „leidenschaftlichen Unglaubens" ausgeht:

Der Unglaube stützt sich in unserer Zeit nicht mehr auf die Naturwissenschaften, wie es gegen Ende des letzten Jahrhunderts war. Er verneint beides – Wissenschaft und Religion. Er ist nicht mehr länger der verstandesmäßige Zweifel an der Möglichkeit von Wundern, er ist ein leidenschaftlicher Unglaube.

JEAN-PAUL SARTRES Philosophie des Existentialismus beginnt in gleicher Weise mit dem Skeptizismus des Agnostikers, dessen Einstellung durch eine der handelnden Personen in seinem Roman *Der Ekel* beschrieben wird:

Ich beginne zu glauben, daß man es niemals wird beweisen können. Es sind begründete Vermutungen, die den Tatsachen gerecht werden; aber ich fühle zu gut, daß sie von mir ausgehen, daß sie nichts anderes sind als eine Art, meine Erkenntnisse auf einen Nenner zu bringen.

WOHIN FÜHRT DER AGNOSTIZISMUS?

● Er führt in eine erschreckende Welt, in der es keine Gewißheit gibt. Romanschriftsteller, Bühnenautoren und Künstler sind hilfreicher als Philosophen, weil sie es uns ermöglichen zu erkennen, wohin der Agnostizismus führt.

MARTIN ESSLIN schreibt über das Theater des Absurden:

Das Theater des Absurden... kann angesehen werden als eine Reflexion dessen, was die tatsächlich vorherrschende Einstellung unserer Zeit zu sein scheint.

Das Merkmal dieser Einstellung besteht in dem Gefühl, daß Gewißheit und unerschütterliche Grundvoraussetzungen früherer Zeiten beiseite gefegt worden sind, daß man sie prüfte und als nicht zuverlässig ansah, daß man sie als billige und in gewisser Weise kindliche Illusionen anzweifelte.

Die Stücke von Samuel Beckett zeigen z.B. eine Welt, „in der es keine Gewißheit gibt":

Die Sprache in Becketts Stücken dient dazu, Scheitern und Zerfall

Samuel Beckett

von Sprache aufzuzeigen. Wo es keine Gewißheit gibt, kann es keinen bestimmten Sinn geben – und die Unmöglichkeit, jemals Gewißheit zu erlangen, gehört zu den Hauptthemen in Becketts Stücken. Godots Versprechen sind vage und ungewiß. Im *Endspiel* nimmt ein nicht näher bezeichnetes Etwas seinen Lauf, und als Hamm besorgt fragt: „Fangen wir nicht an, etwas zu bedeuten?" lacht Clov nur und sagt: „Etwas bedeuten! Du und ich bedeuten etwas!"
MARTIN ESSLIN

EUGENE IONESCOS Stücke vermitteln das Gefühl von Absurdität und Sinnlosigkeit des Lebens:

Absurd ist das, was keinen Sinn hat... Von seinen religiösen, metaphysischen und transzendenten Wurzeln abgeschnitten ist der Mensch verloren; all seine Handlungen werden sinnlos, absurd und nutzlos.

BUNUELS Film *Belle de jour*, der im Jahre 1968 in die Kinos kam, zeigt die reale Welt und gleichzeitig eine Welt der Phantasie auf, und zwar auf eine Art und Weise, von der man nicht genau weiß, was eigentlich vor sich geht.

Die meisten Zuschauer werden nichts Schockierendes über *Belle de jour* sagen. Sie werden ihn statt dessen für ein immer größer werdendes Geheimnis ansehen: Was geht eigentlich vor und was nicht?... Im weiteren Verlauf des Films wechseln die Szenen so übergangslos von Severines wirklicher Welt in ihre Phantasiewelt und zurück, daß es nach einiger Zeit unmöglich wird zu sagen, in welcher Welt man sich gerade befindet... Es gibt keine Möglichkeit, dies herauszufinden. Darin scheint der Kern des Films zu bestehen, von dem Bunuel sagt, er schließe seine vierzigjährige Karriere ab. Phantasie, so will er wohl sagen, ist nichts anderes als die menschliche Dimension der Realität, die das Leben erträglich und manchmal sogar unbeschwert macht.

HAROLD PINTERS Stücke zeichnen eine Welt, in der sich Gewißheiten über Menschen aufgelöst haben:

Der Wunsch nach einem Erweis der Wahrheit ist verständlich, doch dieser Wunsch läßt sich nicht immer erfüllen. Es gibt keine harten Trennungen zwischen dem, was wirklich, und dem, was unwirklich ist, und auch nicht zwischen dem, was falsch, und dem, was wahr ist. Die Sache ist nicht unbedingt entweder wahr oder falsch; sie kann beides sein, wahr und falsch. Ich halte die Ansicht für falsch, daß das, was geschehen ist, und das, was geschieht, ohne große Probleme auf seine Wahrheit überprüft werden könne. Ein Darsteller auf der Bühne, der keine überzeugende Erklärung oder Information zu seinen vergangenen Erlebnissen, zu seinem gegenwärtigen Verhalten oder zu seinen Hoffnungen, noch eine umfassende Analyse seiner Motive geben kann, verdient so viel Aufmerksamkeit wie einer, der, schrecklicherweise, all dies zu tun vermag.

Harold Pinter

● Universitätsphilosophen geben ihre Suche nach Wahrheit auf. Der traditionellen Philosophie ging es seit jeher um ein Streben nach Wahrheit. Nun haben Philosophen jedoch weitgehend die Suche nach Wahrheit im herkömmlichen Sinn aufgegeben und sind gezwungen, das Feld ihrer Forschungen einzuschränken, z.B. auf das Studium von Konzepten und die Deutung von Begriffen.

Ernest Gellner greift einen Satz aus dem Buch *English Philosophy since 1900* von G.J. Warnock auf: „Das eigentliche Interesse der Philosophie liegt auf Konzepten, auf Mitteln und Wegen, durch die wir denken und kommunizieren können." Er glaubt, daß diese Einstellung eines philosophischen Lehrers auf einen völligen Verrat dessen hinausläuft, was die Philosophie in der Vergangenheit zu tun bemüht war. Seine Kritik wird von LESLIE PAUL wie folgt zusammengefaßt:

Dies hat zu einem Paradox geführt, würdig des Titels *Jenseits der Grenze*, daß nicht wenige

Philosophen an der Philosophie zweifeln: Sie glauben, daß Philosophie die Pathologie der Sprache und ihrer eigenen Rolle ist. Als Diagnostiker oder Therapeuten linguistischer Fehler ist es ihre Aufgabe, diejenigen zu schnappen, die dieser Neigung frönen. Es ist so, als würde der Soziologe Ernest Gellner sagen... Schwimmlehrer glauben nicht mehr daran, daß es möglich sei, zu schwimmen. In einem Epigramm, das man nicht so leicht vergißt, schrieb er: „Ein Geistlicher, der seinen Glauben verliert, gibt seine Berufung auf; ein Philosoph, der seine Berufung verliert, gibt seinem Gegenstand einen neuen Namen."

Die Ansicht, die Nadel *müsse* sich im Heuhaufen befinden, ist ausgesprochen wirksam und praktisch, weil sie Philosophen veranlaßt, nach ihr zu suchen. Die Nadel ist nicht aufgetaucht. Doch das Wühlen in diesem Heuhaufen ist zur Gewohnheit geworden. Und ein Ende würde die Menschen nur verwirren. Einige verfügen über keine anderen Fähigkeiten. Und so haben sich einige alternative Positionen herauskristallisiert und müssen noch gefunden werden: *Möglicherweise* gibt es Nadeln im Heuhaufen. Heuhaufen sind interessant. Wir mögen Heu.

DONALD KALISH schreibt über den gegenwärtigen Zustand der Moralphilosophie:

Es gibt kein philosophisches System, das man sich ausdenken kann. Es gibt keine ethischen Wahrheiten, nur Erklärungen bestimmter ethischer Probleme. Bedienen Sie sich der Vorteile dieser Klassifizierungen und arbeiten Sie an Ihrem eigenen Leben. Sie irren sich, wenn Sie meinen, daß irgend jemand jemals alle Antworten wußte. Es gibt keine Antworten. Haben Sie den Mut, dieser Tatsache ins Auge zu sehen.

● Der Agnostizismus wirkt sich auf unsere Einstellung zur Wissenschaft aus. In den Anfangsstadien der modernen Naturwissenschaft war man davon überzeugt, daß es dem Wissenschaftler um das Streben nach „der Wahrheit" des Universums ging. Durch Beobachtung und Experiment glaubte er schließlich in der Lage zu sein, zuverlässige Theorien darüber aufzustellen, wie das Universum funktioniert. Wissenschaftler unserer Tage sind jedoch viel bescheidener in ihren Aussagen über ihre Arbeit:

Es ist dem Gehirn nicht möglich, zu *gesichertem* Wissen zu gelangen. All jene formalen Systeme in der Mathematik, Physik und Wissenschaftstheorie, die behaupten, Grundlagen für bestimmte Wahrheiten zu liefern, sind mit Sicherheit auf dem Holzweg. Ich bin versucht zu sagen, daß wir nicht nach Wahrheit suchen, sondern nach Wissen. Doch mir mißfällt diese Wortwahl aus zweierlei Gründen: Erstens *suchen* wir nach Wahrheit, ganz gleich, wie wir sie definieren; das, was wir *finden,* ist Wissen. Und zweitens ist das, was uns mißlingt zu finden, nicht Wahrheit, sondern Gewißheit; das Wesen der Wahrheit entspricht genau dem Wissen, das wir finden... Kein Wissen, das sich mit uns entwikkelt, kann sicher sein, da wir inmitten des wachsenden Fleisches unserer Erfahrungen leben.
BRONOWSKI

Moderne Theorien sind niemals mehr als Modelle, die neue Wege für praktisches Handeln aufzeigen, und sie können darum jederzeit zugunsten verbesserter Modelle aufgegeben werden, was unmöglich wäre, wenn es sich bei ihnen um Versuche handeln würde, die versteckte Wahrheit hinter den Erscheinungen auszudrücken. Eine Erfahrungswissenschaft führt zum Erfolg, indem sie Wahrheit in Erfahrung und Handlung findet, und dies ist logisch und psychologisch völlig unvereinbar mit der traditionellen Weltanschauung.
WREN-LEWIS

Bei dem folgenden Auszug handelt es sich um eine Rezension von DOUGLAS SPANNER über das Buch *The Survival of God in the Scientific Age* von Alan Isaacs:

Dr. Isaacs' Humanismus läßt der Wahrheit keinen Raum... Wissenschaft wird häufig als „desinteressierte Suche nach Wahrheit" betrachtet. Wer dies so ausdrückt, deutet ganz einfach darauf hin, daß die Wahrheit in gewisser Weise etwas Absolutes, bereits Bestehendes ist, das den Suchenden erwartet; doch dies scheint allzusehr eine Konzession an Theologen zu sein, als daß sie von Rationalisten angenommen werden könnte. Die Wissenschaft wird als etwas angesehen, was die Wahrheit in mindestens zweierlei Hinsicht sucht; hinsichtlich ihrer *Fakten* und hinsichtlich ihrer *Theorien.* Dr. Isaacs weist jedoch mit Recht darauf hin, „daß der Wissenschaftler heute nicht mehr über Fakten spricht, als ob sie Fragmente der Wahrheit seien. Das Wort Tatsache ist für den Wissenschaftler heute mit außerordentlich emotionalen Vorstellungen verbunden, die für Rechtsanwälte und Theologen weitaus nützlicher sind." Statt dessen „beschäftigt sich die Wissenschaft nicht mit Fakten, sondern mit Beobachtungen." Und was ist der Unterschied? Fakten sind ganz einfach etwas, das man an sich selbst als wahr, d.h. als *absolut* ansieht; Beobachtungen sind hingegen im Hinblick auf den, der sie beobachtet, *relativ,* und die Beziehung bedingt ihre Gültigkeit. Und so verlassen wir unseren sicheren Ankerplatz!

Dr. Isaacs zeigt durch den ganzen Tenor seiner Ausführungen, daß er die Wahrheit nicht länger als Ziel hat; wonach er sucht, ist vielmehr die *Gültigkeit für den Augenblick.*

C.S. LEWIS interpretierte einige Entwicklungen in der modernen Wissenschaft so:

Die Menschen wurden zu Wissenschaftlern, weil sie erwarteten, daß es in der Natur ein Gesetz gäbe; und sie erwarteten ein Gesetz in der Natur, weil sie an einen

Gesetzgeber glaubten. In den meisten modernen Wissenschaften ist dieser Glaube gestorben: Es wird interessant sein, wie lange ihr Glaube an die Gleichförmigkeit ihn überleben wird. Bereits jetzt zeichnen sich zwei bedeutsame Entwicklungen ab: die Hypothese von einer gesetzlosen Subnatur einerseits und die Aufgabe des Wahrheitsanspruchs der Wissenschaft andererseits. Wir sind dem Ende des wissenschaftlichen Zeitalters vielleicht näher, als wir glauben.

C.S. Lewis

● Der Agnostizismus weist über sich hinaus auf andere Philosophien. Die meisten Menschen empfinden es als sehr schwierig, sich mit den bloßen Antworten des Agnostizismus zufriedenzugeben. Ihre Ruhelosigkeit hat sie gewöhnlich *über* den Punkt des reinen Agnostizismus hinausgeführt, z.B. zum Existentialismus.

Baron von Hugel faßte im Jahre 1916 in fast schon prophetischen Worten zusammen, wie Unzufriedenheit mit dem Agnostizismus viele zum Pantheismus führen würde:

Der Agnostizismus ist weg vom Fenster. Nicht er, sondern der Pantheismus ist und wird auf lange Sicht die Gefahr für die Religion sein.

MYSTIZISMUS

Der Mystiker geht gewöhnlich vom gleichen Ausgangspunkt aus wie der Agnostiker, er leugnet die Möglichkeit, Gott mit seinem Verstand kennenzulernen. Doch er glaubt, daß Erkenntnis Gottes auf andere Weise möglich *ist* – und dies ist eine Erkenntnis, die sich ausschließlich auf die mystische Erfahrung einer Vereinigung mit „Gott" gründet.

F.C. Happold liefert folgende Zusammenfassung der hauptsächlichen Kennzeichen des mystischen Zustandes:

1. Mystiker lehnen Aussagen ab, die jenen vollkommen verständlich sind, die keine entsprechende Erfahrung hatten.

2. Obgleich es um einen gefühlsmäßigen Zustand geht, handelt es sich bei ihnen auch um einen Zustand der Erkenntnis, der auf eine tiefe Einsicht ins Wesen der Dinge abzielt.

3. Außer im Falle echter Versenkung, die zu einer andauernden Bewußtseinsveränderung führen kann, sind sie selten und von kurzer Dauer.

4. Sie vermitteln das Gefühl, etwas sei „vorgegeben" und vom eigenen Entschluß unabhängig.

5. Über allem steht das Bewußtsein der Einheit.

6. Sie sind in gewisser Weise zeitlos.

7. Es drängt sich die Überzeugung auf, daß das bekannte Phänomen des *ego* nicht das wirkliche *Ich* ist.

Der Mystizismus ist von jeher ein Grundelement der östlichen Religionen, insbesondere im Zen-Buddhismus, der sagt, daß mystische Erfahrungen wahres Wissen vermitteln:

Der Sinn des Zen liegt darin, über den Intellekt hinaus zu gelangen. Alles, was wir wissen, wissen wir über etwas. Ein geistreicher Mensch hat gesagt: Lernt immer mehr über immer weniger; der Zen ist müde, etwas über etwas zu lernen; ihm geht es um das *Wissen.* Dafür benötigt man eine neue Fähigkeit, die Kraft der unmittelbaren Wahrnehmung, das intuitive Bewußtsein, das sich einstellt, wenn der Wahrnehmende und das Wahrgenommene miteinander verschmelzen. Alle Mystiker brauchen diese Fähigkeit, und sie alle vermögen ihr Wissen nicht mitzuteilen. Doch der, der erkennt, kann nur sagen, daß er erkennt; um das, was er weiß, mitzuteilen, muß er in den Bereich der allgemeinen logischen Begrifflichkeit herabsteigen, ins Reich der vereinbarten und allen verständlichen Bedeutung. So sind Worte, doch es sind fehlbare Hilfsmittel, um unser Wissen mitzuteilen... Was *erkennt*? Die Antwort lautet: Buddhi, die Fähigkeit des direkten Bewußtseins, wie es in jedem menschlichen Verstand als Intellekt vorhanden ist, über den alle verfügen, den jedoch nur wenige bisher voll entwickelt haben.

Alle Sätze, Dogmen, Formeln, alle Schulen und Regeln, alle Gedanken und philosophischen Lehrgebäude, alle „Ismen" einschließlich des Buddhismus, sind allesamt Mittel mit dem Ziel des *Wissens,* und leicht werden sie zu Hindernissen, doch als solche nicht erkannt. Die Zen-Technik ist darauf angelegt, den Verstand an die Grenzen des Denkens zu führen und ihn dann an den Rand des Abgrunds zu treiben, wo Gedanken nicht weiterkommen. Und dann? Der Psychiater Dr. Graham Howe sagt häufig zu seinen Patienten: „Wenn Sie den Abgrund erreichen, warum anhalten, ihn umgehen oder umkehren? Warum ihn nicht überqueren, denn nur dann können wir weitergehen und dabei Fortschritte machen, dem

Ziel entgegen. Es trifft zu, daß man zu einem späteren Zeitpunkt lernt, daß es kein Weitergehen und kein Ziel gibt, doch das ist Zen ... Bis wir also das Ziel der Sinnlosigkeit erreicht haben, wollen wir dieses Ziel verfolgen: Meister Ummon sagte seinen Mönchen: „Wenn ihr geht, dann geht, wenn ihr sitzt, dann sitzt, aber schwankt nicht hin und her!" ...

Die Vision kann ganz plötzlich kommen, oder sie kann langsam wachsen. Sie darf keineswegs mit einem psychischen Trancezustand oder der Phantasiewelt des schizophrenen Menschen verglichen werden. Es geht ihr auch nicht um Moral oder um von Menschen geschaffene Regeln. Sie ist ein Vorgeschmack auf den absoluten Moment, das kosmische Bewußtsein, den Zustand, in welchem ich und mein Vater eins sind ...

... Andere, die versucht haben, die Belohnung von Jahren mühevoller Anstrengung zu beschreiben, sprechen von einer Gewißheit, einer heiteren Gelassenheit, Klarheit und Einheit mit der Natur und dem sie umgebenden Universum. Hui-neng beschrieb diese heitere Gelassenheit so:

Unerschütterlich und gelassen praktiziert der ideale Mensch keinerlei Tugenden.
Gelassen und leidenschaftslos begeht er keine Sünde.
Ruhig und still gibt er Sehen und Hören auf.
Ausgeglichen und rechtschaffen verweilt sein Denken nirgendwo.

CHRISTMAS HUMPHREYS

Der Mystizismus beschränkt sich jedoch nicht nur auf eine Religion. Innerhalb der christlichen Tradition gibt es viele, die eine Art mystischen Zugangs der Erkenntnis Gottes lehrten. Sie behaupten, daß mystische Theologie

ein nicht mitteilbares, nicht erklärbares Wissen um und eine Liebe zu Gott oder zur religiösen Wahrheit sei, die vom Geist ohne Beispiel, Anstrengung oder Denken empfangen werden.

DAVID KNOWLES

Die Wolke des Nichtwissens (ein anonymes Werk aus dem 14. Jahrhundert) spricht von der „Liebe" als einem Weg, Gott zu kennen:

Alle rationalen Geschöpfe, Engel und Menschen, verfügen über zwei Fähigkeiten: die Kraft des Wissens und die Kraft der Liebe. Der ersten, dem Verstand, ist Gott, der ihn geschaffen hat, auf ewig unerkennbar. Doch der zweiten, der Liebe, ist er erfahrbar, und zwar von jedem Individuum in dem Maße, wie eine liebende Seele allein durch ihre Liebe für sich persönlich wissen kann, wer unvergleichlich mehr als nur genügt, um alle Seelen, die es gibt, zu erfüllen.

Wer all dies hört oder liest und meint, es hänge grundsätzlich nur vom Verstand ab, und sich dann daran macht, es auf der Verstandesgrundlage auszuarbeiten, bewegt sich auf der falschen Fährte ... Versuchen Sie nicht, diese Erfahrung auf dem intellektuellen Weg zu erzielen. Ich sage Ihnen ganz offen, daß es auf diese Weise nicht geht ...

Mit „Dunkelheit" meine ich „Mangel an Wissen" – so wie etwas, das Sie nicht wissen oder das Sie vergessen haben, als etwas bezeichnet werden kann, an das Sie sich „dunkel" erinnern, denn Sie können es mit ihrem inneren Auge nicht sehen. Aus diesem Grunde wird es als „Wolke" bezeichnet, natürlich nicht des Himmels, sondern des „Nicht-Wissens", eine Wolke des Nichtwissens zwischen Ihnen und Ihrem Gott.

Die französische Autorin und Philosophin SIMONE WEILL (1909–1943) schreibt:

Die Geheimnisse des Glaubens sind kein angemessenes Objekt der Intelligenz, die man bejaht oder verneint. Sie gehören nicht in die Kategorie von Wahrheit, noch stehen sie darüber. Der einzige Teil der menschlichen Seele, der in der Lage ist, einen echten Kontakt mit ihnen aufzunehmen, ist die Fähigkeit der übernatürlichen Liebe. Sie allein ist in der Lage, sich mit diesen Geheimnissen in der Schau zu verbinden.

LIN YUTANG, ein chinesischer Autor, der in den 60iger Jahren eine kurze literarische Abhandlung zu einer englischen Anthologie verfaßte, zeigt auf, wie Vorstellungen der chinesischen Religion des Taoismus bei Menschen der westlichen Welt Anklang finden können:

Ich glaube, daß die einzige Art religiösen Glaubens, die dem modernen Menschen noch geblieben ist, eine Art Mystik im weitesten Sinne des Wortes ist, wie er z.B. von Lao-tse gepredigt wird. Allgemein gesprochen ist es eine Form von Verehrung und Hochachtung vor der moralischen Ordnung des Universums, von philosophischer Unterwerfung unter die moralische Ordnung und des Bemühens, unser Leben in Einklang mit dieser moralischen Ordnung zu bringen. Der *Tao* im Taoismus bedeutet genau dies. Er ist umfassend genug, die fortschrittlichsten Theorien des Universums von heute und morgen aufzunehmen. Er ist für mich das einzige Mittel gegen den modernen Materialismus.

ALDOUS HUXLEY erklärt, wie der Mystiker die Technik der Meditation als Mittel der Wahrnehmung „höchster geistlicher Realität" gebraucht:

Meditation ist mehr als nur eine Methode zur Selbsterziehung; sie ist auch in jedem Teil der Welt und in frühester Zeit als Methode benutzt worden, sich Wissen über das grundsätzliche Wesen der Dinge zu verschaffen, eine logische Denkmethode, um Kontakt herzustellen zwischen der Seele und dem alles in sich fassenden Prinzip des Universums. Mit anderen Worten: Meditation ist die Technik der Mystik ... Richtig angewandt ... kann die Meditation jemanden in einen Zustand versetzen, den man „transzendentales Bewußtsein" genannt hat, die direkte Intuition von und Einheit mit einer höchsten geistlichen Realität, die gleichzeitig außerhalb des Selbst und in gewisser Weise auch darin empfunden wird.

Er zeigt, wie sich der Mystizismus aus dem Skeptizismus entwickelt:

Für die Mystiker, die allgemein als die besten ihrer Art angesehen werden... erscheint die höchste Realität als eine geistliche Realität so weit ab von einer besonderen Form oder Persönlichkeit, daß nichts davon ausgesagt werden kann.

„Das Atman ist Schweigen", sagen die Hindus von der höchsten geistlichen Realität. Die einzige Sprache, die eine Vorstellung über das Wesen dieser Realität zu vermitteln vermag, ist die Sprache der Verneinung, des Paradoxen, der übermäßigen Übertreibung. Pseudo-Dionysius spricht von dem „Strahl göttlicher Dunkelheit", von „übermäßig strahlender Dunkelheit der Stille" und von der Notwendigkeit, „die Sinne und intellektuellen Handlungen sowie alle Dinge, die dem Sinn und dem Intellekt bekannt sind, zurückzulassen".

„Wenn jemand", so schreibt er, „der Gott sieht, begreift, was er gesehen hat, der hat Gott nicht gesehen." „Nescio, nescio", schreibt Bernhard von Clairvaux über die höchste Realität. „Neti, neti", war Yajnavalkyas Urteil auf der anderen Seite der Welt. „Ich weiß nicht, ich weiß nicht; weder so noch so."

HUXLEY sagt, daß der Mystiker in einer mystischen Erfahrung das Bewußtsein seiner eigenen Individualität und Persönlichkeit verliert und sich als Teil einer „unpersönlichen geistlichen Wirklichkeit empfindet, die allem Sein zugrunde liegt".

Sie stellen fest, daß ihre Visionen verschwinden, daß ihr Bewußtsein einer Persönlichkeit vergeht, daß die Gefühlsergüsse, die in der Gegenwart einer Person angemessen erschienen, nun völlig unpassend werden und endlich einem Zustand Platz machen, in dem es überhaupt kein Gefühl gibt...

Diese neue Form der Erfahrung – die formlose und gefühllose Kenntnis irgendeiner großartigen unpersönlichen Kraft – ist besser als die alte und stellt eine engere Beziehung zur höheren Realität dar.

In einem seiner späteren Bücher mit dem Titel *Die Pforten der Wahrnehmung* (1954) befürwortete er den Gebrauch von Drogen wie z.B. Meskalin, um diese Form mystischer Erfahrung herbeizuführen:

Was der Mehrzahl derer widerfährt, die unter Aufsicht Meskalin einnehmen, läßt sich wie folgt zusammenfassen:

1. Die Fähigkeit, sich zu erinnern und klar zu denken, wird nur wenig, wenn überhaupt, gemindert...

2. Visuelle Eindrücke werden verstärkt, und das Auge erhält etwas von der wahrnehmenden Unschuld aus Kindertagen zurück, als das Bewußtsein nicht unmittelbar und automatisch den Gedanken untergeordnet wurde...

3. Obgleich der Verstand unbeeinträchtigt bleibt und die Sinneswahrnehmung außerordentlich verbessert wird, erfährt der Wille einen tiefgreifenden Wandel zum Negativen. Der Meskalin-Konsument sieht keinen Grund dafür, irgend etwas Besonderes zu tun, und empfindet die meisten Angelegenheiten, für die er normalerweise zu handeln und zu leiden bereit gewesen wäre, als ausgesprochen uninteressant. Sie interessieren ihn nicht aus dem guten Grund, weil er über bessere Dinge nachdenken muß.

4. Diese besseren Dinge können erfahren werden (wie das bei mir der Fall war) „da draußen" oder „hier drinnen" oder in beiden Welten, der inneren und der äußeren gleichzeitig oder nacheinander. Daß sie besser *sind*, erscheint allen Meskalin-Konsumenten als selbstverständlich, die mit einer gesunden Leber und einem ruhigen Kopf zur Droge greifen...

Andere Menschen entdecken eine Welt von unwirklicher Schönheit, wieder anderen wird die Herrlichkeit, der unendliche Wert und die Bedeutung der nackten Existenz sowie die Bedeutung der gegebenen, nicht vorformulierten Begebenheit offenbart. In der Endphase der Ichlosigkeit findet ein „dunkles Wissen" statt, daß alles in allem ist – daß alles eigentlich jeder ist. Dies ist, so vermute ich, so nahe, wie ein endlicher Verstand jemals kommen kann, um „alles, was irgendwo im Universum geschieht, wahrzunehmen"...

Von dieser... Exkursion in den Bereich der Theorie kehren wir nun zurück zu den übernatürlichen Fakten – zu den vier Stuhlbeinen aus Bambusrohr inmitten eines Zimmers. Wie Wordsworths gelbe Narzissen, die ihm einigen Wohlstand brachten, ist es ein Geschenk von unendlichem Wert, eine neue unmittelbare Einsicht in die Natur der Dinge selbst, zusammen mit einem bescheideneren Schatz an Verständnis auf den verschiedenen Gebieten, insbesondere dem der Kunst.

Kurz vor seinem Tod im Jahre 1963 gab er in einem Gespräch mit seiner Frau zu, daß er sich trotz der Befreiung durch die Drogeneinnahme darüber im klaren war, daß „man, wenn man meint, über sich selbst hinausgekommen zu sein, es eigentlich nicht ist":

Dies (eine innere Entdeckung, die Huxley gerade gemacht hatte) zeigt... das beinahe grenzenlose Wesen des ehrgeizigen Ich-Strebens. Mir träumte vor etwa zwei Tagen... daß ich auf irgendeine Weise in der Lage war, der Welt ein absolutes... *kosmisches* Geschenk zu machen... Irgendeine *riesige* wohltätige Handlung sollte vollbracht werden, in der *mir* sozusagen die Hauptrolle übertragen worden war... In gewisser Weise war das absolut fürchterlich und zeigte mir, daß man, wenn *man meint, über sich selbst hinausgekommen zu sein, es eigentlich nicht ist."*

Einige Autoren in der christlichen Tradition der westlichen Welt sind so stark beeinflußt durch diesen Trend in Richtung Mystizismus, daß sie glauben, das Christentum müßte stärker zu einer mystischen Religion werden, wenn es überleben soll. F.C. HAPPOLD kommt zu dem Schluß, daß die

einzige mögliche Religion für den Menschen des 20. Jahrhunderts eine mystische Religion ist und daß alle theologische Sprache erkannt werden muß als symbolische Sprache.

H. R. ROOKMAAKER, niederländischer Professor für Kunstgeschichte (1922–1977), zeigt in seinem Buch *Modern Art and the Death of a Culture* (Moderne Kunst und der Tod der Kultur), wie diese mystischen Vorstellungen in den 60er Jahren durch Musik, Drogen, Meditation oder traditionelle Bräuche östlich religiösen Glaubens Zugang zur westlichen „Pop"-Kultur fanden:

H. R. Rookmaaker

Es gibt kein Zeitalter, das so mystisch wäre wie das unsrige. Doch es ist ein Mystizismus, der sich von früheren unterscheidet: es ist ein nihilistischer Mystizismus, denn Gott ist tot. Sehr alte Vorstellungen tauchen wieder auf: Gnostizismus, neoplatonische Vorstellungen der Realität, die von Gott kommt und zu Gott zurückkehrt, und östliche Religion, eine Religion mit einem Gott, der kein Gott ist, sondern unpersönlich und universal, einem Gott, das (nicht der!) alles ist und darum nichts, mit einer Erlösung, die letztlich zur eigenen Vernichtung führt.

Auf der Suche nach Menschlichkeit ist der Mensch sogar bereit, seine Identität und Persönlichkeit zu verlieren. Es ist wie das Glaubensbekenntnis, das die Beatles (auf ihrer Platte Sergeant Pepper Lonely Hearts Club Band) besingen: „Wenn du über dich selbst hinausgeschaut hast... wird die Zeit kommen, in der du erkennst, daß wir alle eins sind und daß das Leben in dir und außerhalb deiner Selbst weiterfließt."

Die Beatles, die weltweit nach 1962 bekannt wurden, trugen in besonderem Maß dazu bei, die LSD-Erfahrung und den östlichen Mystizismus miteinander zu verbinden und dies in ihrer Musik auszudrücken. Zuerst muß man „das Denken abschalten":

**Schalte dein Denken ab,
entspanne dich und laß dich stromabwärts treiben,
du stirbst nicht, du stirbst nicht,
lege alles Denken ab, überlasse dich der Leere,
es scheint, es scheint.
Daß du die Bedeutung von innen heraus erkennst,
es spricht, es spricht,
daß Liebe alles und Liebe jeder ist,
das ist Wissen, das ist Wissen.
Ohne aus meiner Tür zu gehen.
Ich kann alle Dinge dieser Welt wissen.
Ohne aus meinem Fenster zu blicken,
könnte ich den Weg zum Himmel wissen.**

BRIAN WILSON von den Beachboys schrieb im Jahre 1968:

Meine Erfahrung mit Gott kam durch LSD. Es ist das Allerwichtigste, was mir jemals passiert ist.

In seinem Buch *The Electric Kool-Aid Acid Test* (1968) beschreibt TOM WOLFE Einstellungen und Erfahrungen von Ken Kelsey und seiner Gruppe „The Merry Pranksters" im Haight-Asbury Bezirk von San Franzisko, wo sich der Drogenkult in den 60iger Jahren großer Beliebheit erfreute:

Allmählich veränderte sich die Einstellung der „Prankster". Sie nahmen das auf, was religiöse Mystiker immer empfunden haben, Dinge, die den Hindus, Buddhisten, Christen und sogar den Theosophen und selbst den UFO-Kultisten gemeinsam ist, nämlich die *Erfahrung* einer anderen Welt, einer höheren Stufe der Realität, und eine Wahrnehmung der kosmischen Einheit dieser höheren Stufe. Und ein Gefühl der Zeitlosigkeit, ein Gefühl, daß das, was wir als Zeit kennen, nur das Ergebnis eines naiven Glaubens an die Kausalität ist...

Da war so etwas... *Religiöses* in der Luft, ja, in der Atmosphäre des Lebens der Prankster, und doch konnte man es nicht genau festmachen. Auf den ersten Blick war da nur eine Gruppe von Menschen, die den gleichen ungewöhnlichen psychischen Zustand erlebt hatten, die LSD-Erfahrung –

Ja, genau! Die *Erfahrung* – das war das Wort! Und es gab allmählich einen Sinn. In der Tat begann keine der großen Religionen wie Christentum, Buddhismus, Islam, Jainismus, Judentum, Parismus oder Hinduismus mit einem philosophischen Rahmen oder einer Grundidee. Sie alle begannen mit einer überwältigenden *neuen Erfahrung*, die Joachin Wach „die Erfahrung des Heiligen" nannte und Max Weber „das Erfülltsein mit der Gottheit", das Gefühl, ein Gefäß des Göttlichen zu sein, des All-einen.

Jede Vision, jedes Verständnis des ...ursprünglichen...Kreises entsprang stets der *neuen Erfahrung*...dem *kairos*...und wie soll man es sagen! Wie soll man es den Massen vermitteln, die diese Erfahrung nie persönlich gemacht haben? *Man kann es nicht in Worte fassen.* Man muß Bedingungen schaffen, unter denen sie *dieses Gefühl* annähernd erfahren, den erhabenen *kairos*. Man muß sie in Ekstase versetzen... Buddhistische Mönche, die sich durch Fasten und Meditation in kosmische Liebe versenken; Hindus, die sich in *Bhakti* (Hingebung) verlieren, die inbrünstige Liebe ist im Erfülltsein Gottes; Ekstatiker, die sich mit Krishna durch Orgien oder die Mahlzeiten der Bachusfeiern überfluten lassen, Christen im Grenzland durch gnostischen Onanismus oder das Herz Jesu oder das Kind Jesus mit seinen fließenden Wunden – oder – DIE FEUERPROBE

Und plötzlich entdeckt Kelsey, daß sie, die Prankster, bereits über Sachkenntnis und Mittel verfügen, solch einen ausgeflippten Zustand zu schaffen, wie ihn die Welt nie zuvor gesehen hat, völlig aufgespult, entzündet, erweitert und ... kontrolliert – dazu den wirksamsten Schlüssel, den man jemals konstruiert hat, um die Türen des Denkens in der Welt zu öffnen: nämlich Owlsleys LSD.

WIE LÄSST SICH MYSTISCHES WISSEN MITTEILEN?

Der Mystiker würde antworten, daß mystisches Wissen *nicht* mitteilbar ist, es sei denn, wir haben selbst eine mystische Erfahrung. Ehe wir nicht über diese Erfahrung verfügen, können wir nicht darauf hoffen, die Wahrheit zu erkennen. Wir können nicht etwas zuerst mittels unseres Verstandes untersuchen und uns dann entscheiden, ob wir es für wahr halten und ob wir uns der Sache anvertrauen wollen. Wir können nicht wirklich anfangen zu wissen, worüber wir sprechen, bis wir über die Erfahrung verfügen. Und selbst wenn wir die Erfahrung hatten, werden wir sie anderen nicht in hinreichender Form beschreiben oder erklären können.

Wir sind ... gezwungen, die einzige uns zur Verfügung stehende Sprache zu gebrauchen, eine Sprache der Symbolik und der Paradoxie, die jemandem, der nicht daran gewöhnt ist, fremd und unverständlich sein mag. Vom göttlichen Grund kann nur in einer Sprache der Polarität gesprochen werden, einer Sprache von Gegensätzen, wie unpersönlich und persönlich, übernatürlich und transnatural, anders und nicht-anders, innen und außen, transzendent und immanent, ewige Ruhe und sich gleichzeitig entfaltende Aktivität. Alle diese Beschreibungen sind in ihren verschiedenen Bereichen und in ihren verschiedenen Stufen von Bedeutung und Bewußtsein wahr. Keine drückt allein die ganze Wahrheit aus.
F. C. Happold

Das Problem besteht jedoch darin, daß es niemals eine „wahre" Interpretation dessen geben kann, was ein Symbol darstellt. Das kann für verschiedene Menschen Unterschiedliches bedeuten, und niemand ist in der Lage zu sagen, ob ein Mensch die Wahrheit klarer als ein anderer erfaßt hat. Symbole sind umgeben von einer tiefgründigen Zweideutigkeit.

Wir können fühlen, daß ein Symbol eine Bedeutung hat, ja, eine außerordentlich tiefschürfende Bedeutung, und doch können wir nicht mit Worten ausdrücken, wie oder warum dies so ist. Nicht nur, daß die Symbole ambivalent sind, sie wirken unterschiedlich und bedeuten bei verschiedenen Menschen etwas anderes. Ein Symbol wirkt auf den Zuschauer oder Zuhörer so, daß in ihm das Gefühl von Ehrfurcht, Furcht oder Liebe hervorgerufen wird; es verlagert den Mittelpunkt menschlichen Bewußtseins, so daß die Dinge in einem anderen Licht wahrgenommen werden; es verändert Wertvorstellungen. Und damit verfügt es über eine Eigendynamik.
F. C. Happold

HABEN WORTE NOCH LÄNGER IRGENDEINEN WERT?

Mystiker neigen zu der Behauptung, daß wir feststellen werden, wie alle Unterschiede zwischen Gut und Böse, Wahrheit und Lüge, wie sie uns bekannt sind, überwunden oder übertroffen werden, wenn wir eine mystische Erfahrung machen. Dinge, die uns gegensätzlich erscheinen, widersprechen sich nicht mehr und erscheinen beide als wahr.
Nikolaus von Kues (1401–1464):

Ich habe gelernt, daß der Ort, an dem man dich (d.h. Gott) unverhüllt findet, umgeben ist vom Zusammentreffen der Widersprüche, und dies ist die Mauer des Paradieses, worin du dich aufhältst, dessen Tür bewacht ist durch den stolzen Geist der Vernunft, der den Weg nicht freigibt, es sei denn, er wird überwältigt. Du kannst jenseits des Zusammentreffens der Widersprüche gesehen werden und nirgendwo diesseits.

Dionysios Areopagita, ein syrischer Autor, der wahrscheinlich im 5. Jahrhundert n. Chr. lebte, schreibt:

... auch vermag nichts, das ist, ihn so zu kennen, wie er ist ... auch kann der Verstand ihn nicht erreichen, noch ihn benennen oder kennen; noch ist er Dunkelheit, Licht, noch das Falsche oder das Wahre; noch kann irgendeine Bestätigung oder Verneinung auf ihn angewandt werden, denn obwohl er die Dinge, die unter ihm sind, bestätigen oder verneinen kann, können wir ihn weder bestätigen oder verneinen, ebenso wie die perfekte und einzigartige Ursache aller Dinge über alle Bestätigung hinausgeht. Und die einfache Vorherrschaft seiner Natur außerhalb jeder Verneinung liegt frei von jeder Begrenzung jenseits derselben.

Sicherlich müssen wir zu dem Schluß kommen, daß Worte nur noch wenig Bedeutung haben, wenn moderne Mystiker wie F. C. Happold Gedanken und Vorstellungen, die vollkommen unterschiedlich sind, zusammenbringen.

Das Etwas innerhalb und außerhalb der Polaritäten menschlicher Wahrnehmung, das es ganz einfach gibt, hat viele Namen mit unterschiedlicher Bedeutung erhalten. Allgemein spricht man von ihm als „letzte Realität" oder „höchste Wahrheit". Einige Philosophen nennen es das Absolute. Für die Religiösen ist es Gott. Chinesische Metaphysiker bezeichnen es als Tao, Plotinos als den Einen. Für den Hinduismus ist es der ewige Geist. Andere stellen sich die höchste Realität als Verstand vor, obgleich in einem weitaus umfassenderen Sinne als unseren endlichen Verstand. Naturwissenschaften verwenden das Konzept der Energie, die

Der Maharischi Mahesh Yogi hat die Mystik vielen Menschen im Westen gebracht. In den 60er Jahren, zur Zeit der Beatles, war sie begleitet von Rauschmitteln, jetzt ist sie eher eine gedämpfte Form der Transzendentalen Meditation.

man an sich nicht kennen kann, sondern nur durch das, was sie bewirkt.

Dieses Etwas, das allem Sein entspricht, bleibt jedoch als Ganzes menschlicher Wahrnehmung verborgen. Es ist das *Unerkennbare*, das *Unaussprechliche*, das *Unbedingte*. Es ist das *Geheimnis*, das man, zumindest intellektuell, nur kennen kann als ein *Bild*, ein *Modell*, eine *Annäherung* an die Wahrheit.

Somit müssen wir unterscheiden zwischen der *Wahrheit* und *Wahrheiten*. Jede Teil*wahrheit*, die innerhalb ihres Bereiches wahr sein mag, ist ein Fragment der Wahrheit in ihrer Fülle; und auf Grund der Begrenztheit menschlicher Wahrnehmung gibt es nicht selten einen Konflikt zwischen den verschiedenen *Wahrheiten*.

Indien erhielt die Vision von der geistlichen Grundlage des Universums und der Immanenz des darin wohnenden Gottes; Palästina erhielt die Vision von der Bedeutung der materiellen Welt und des historischen Prozesses; Griechenland erhielt die Vision von Ordnung und Vernunft.

Alle diese Visionen von Realität können als einander ergänzend angesehen werden, jede als Fragment der ganzen Wahrheit, jede als Ergänzung der anderen. Alle sind wichtig, wenn man die volle Bedeutung des Christus erfassen will...

Wenn Sie in einem buddhistischen Tempel gestanden und die wunderschöne Statue des Buddha über dem blumengeschmückten Altar betrachtet haben, können Sie, wenn Sie geistig empfänglich sind, nicht anders als von der ruhigen Gelassenheit des auf Sie herabblickenden Gesichtes beeindruckt sein. Dies war der Lehrer, der den Weg lehrte, das Leiden dieser Welt zu beenden, und der jedem fühlenden Wesen sein allumfassendes Mitleid entgegenbringt. Hier vor Ihren Augen ist das buddhistische „Gottes-Bild". Und während Sie es lange betrachteten, sahen Sie vielleicht ein weiteres Symbol, ein weiteres Gottes-Bild vor sich, das Bild des Mannes der Schmerzen, der den Schmerz der Welt auf sich nahm und an einem Kreuz auf einem verlassenen Hügel die Liebe Gottes offenbarte. Sind diese beiden Bilder unvereinbar? Oder ergänzen sie einander? Sind es zwei Seiten des Gesichts der göttlichen Totalität?

PANTHEISMUS

Pantheismus ist der Glaube, daß „Gott alles ist" oder „alles Gott ist". Dies ist eine der Grundvoraussetzungen der östlichen Religionen.

Wenn die Menschen an einem Punkt völligen Atheismus' oder Agnostizismus' angelangt sind, scheinen bestimmte Schlußfolgerungen unvermeidlich:

- daß das, was wir im Universum haben, alles ist, was es gibt; es gibt nichts außer dem, was wir sehen oder fühlen können – es gibt keine unsichtbare übernatürliche Welt;

- daß der Tod das Ende des Individuums ist; es gibt kein Leben danach.

Viele sind konsequent und gründen ihre Philosophien auf diese Grundlagen – z.B. der Kommunismus, Existentialismus und Humanismus. Andere jedoch erkennen nur allzu deutlich das Vakuum, das durch den „Tod" Gottes und des Übernatürlichen geschaffen wird. Und sie sind bemüht, einen Glauben zu finden, der ihrem Gefühl der Ehrfurcht und des Geheimnisses entspricht, das sie beim Betrachten des Universums empfinden.

Jene, die diesen Weg einschlagen, neigen dazu, den Begriff „Gott" und Worte wie „Göttlichkeit" und „Transzendenz" beizubehalten, doch sie füllen sie mit anderen Inhalten. Diese Position wird unterschiedlich ausgedrückt, doch sie haben bestimmte Merkmale gemeinsam:

- „Gott" bedeutet kein persönliches Wesen, welches vom Universum unterschieden ist und schon existierte, „ehe" das Universum geschaffen wurde.

- „Gott" wird in gewisser Weise mit dem Universum als Ganzem oder mit einem Teil oder Aspekt identifiziert (z.B. dem Geist oder dem Bewußtsein des Menschen, dem „persönlichen" Aspekt des Universums).

Der Bildhauer William Ricketts drückt pantheistischen Glauben durch Verschmelzung menschlicher Figuren mit der Natur aus.

Robert Brow unterscheidet vier Varianten dieses Grundthemas:

1. „Alles, was ist, ist Gott." (Absoluter Pantheismus)

2. „Gott ist die Realität oder das Prinzip hinter der Natur." (Modifizierter Pantheismus)

3. „Gott ist für die Natur, was die Seele für den Körper ist." (Modifizierter Monismus)

4. „Nur Gott ist Realität. Alles andere ist Einbildung." (Absoluter Monismus)

Der Begriff, der im Hinduismus dem Wort „Gott" am nächsten kommt, ist „Brahman", der universale Geist. In den *Upanischaden* wird er beschrieben als das eine göttliche Wesen...

verborgen in allem Seienden, alles durchdringend, das Selbst in allem Seienden, über alles Geschehen wachend, in allem Seienden wohnend, die Weisheit, der Wahrnehmende, der Alleinige, frei von allen Eigenschaften. Er ist der eine Herr vieler, der (zu handeln scheint, aber in Wirklichkeit) nicht handelt; er macht den einen Ursprung mannigfach.

In der *Bhagavadgita* „spricht" Brahman zu Arjuna durch Krishna mit folgenden Worten:

Wohlan, es sei! Ich künde dir die Fülle der Erhabenheit...

Ich wohne, Ringellockiger, als Seele allen Wesen ein, ihr Ende bin ich, ihr Beginn und ihre Mitte, ich allein.

Bin Vischnu in der Himmelswelt, im Sternenheer der Sonne Pracht, Maritschi in der Winde Schar, der Mond im Sternenkreis der Nacht.

Das Liederbuch im Veda-Text, im Götterheer ich Indra bin, Bewußtheit bei der Wesen Schar, im Sinnenkreis der inn're Sinn...

Ich bin als Zeit die Ewigkeit und bin als Schöpfer überall.

Ich bin der Wesen Anbeginn, ich bin der Tod, der alles rafft...

Ich bin der Same jedes Dings, ich bin's, der alle Wesen trägt. Denn ohne mich kann nichts bestehn, beweglich oder unbewegt...

Was immer in der Welt erscheint, ein Bild von Schönheit, Stärke, Pracht, das wisse, ist

entstanden stets aus einem Teile meiner Macht.

Genug: was brauchst du fürderhin davon zu wissen noch, mein Held, mit einem Bruchteil meines Seins durchdringe ich die ganze Welt.

In den vielen Traditionen hinduistischer Philosophie kann „Gott" *entweder* persönlich *oder* unpersönlich auftreten: oder „Gott" ist *beides,* persönlich *und* unpersönlich.

Alles, was gesagt werden kann, ist, daß die Schriften Mahlgut liefern für die Mühlen theistischer und monistischer Interpretationen, die später in den Geschichten des Hinduismus folgten; vielleicht mehr Mahlgut für die Monisten als für die Theisten.
H. D. LEWIS

Der Pantheismus ist der christlichen Tradition des Westens stets fremd geblieben, die den Unterschied zwischen Gott und Universum hervorhebt.

Im 17. Jahrhundert führte jedoch der niederländische Philosoph BARUCH SPINOZA (1632–1677) pantheistisches Gedankengut in die westliche Philosophie ein. Einige seiner Gedanken sind wie folgt zusammengefaßt worden:

Die *Ethik,* weiche posthum im Jahre 1677 erscheint, führt uns in eine Art Gedankenpalast, so erhebend, daß sie wie ein gewölbtes Dach erscheinen, das sich hoch erhebt, als wolle es mit dem Himmel verschmelzen. Zweifellos mathematisch, aber durchweg zitternd mit dem Atem des Lebens selbst, wird die *Ethik* aus sowohl menschlichen als auch göttlichen Geweben gewoben, wodurch diese beiden eine einzige Kategorie werden. Und über ihrem Eingang sind die Worte geschnitzt: Gott ist Alles und Alles ist Gott... Alles, was ist, ist in Gott, und nichts kann sein oder unabhängig von Gott vorgestellt werden. Gott ist Gedanke; Gott ist Ausdehnung, und der Mensch – Leib und Seele – ist eine Form des Seins.
PAUL HAZARD

Einige Theologen des 20. Jahrhunderts sind von den östlichen Religionen zutiefst beeinflußt. Sie behaupten, daß sie selbst *nicht* vom historischen christlichen Gottesverständnis *abweichen*, sondern lediglich die traditionellen Vorstellungen in einer Weise *neu interpretieren*, die in der heutigen Zeit verständlicher und akzeptabler ist. Diese Neuformulierungen kommen jedoch, wie es scheint, dem Pantheismus sehr nahe, oder sie stellen einen unsicheren Kompromiß zwischen Pantheismus und Christentum dar.

PAUL TILLICH (1886–1965) beschrieb Gott als das „Sein selbst" statt als „ein Seiendes":

Der Gott, der *ein* Seiendes ist, wird transzendiert von dem Gott, der das Sein selbst ist, der Grund und Abgrund alles Seienden. Und der Gott, der *eine* Person ist, wird transzendiert von dem Gott, der das Person-Selbst ist, der Grund und Abgrund aller Persönlichkeit.

Gott existiert nicht. Er ist das Sein-Selbst jeweils von Essenz und Existenz. Deshalb: Beweisen wollen, daß Gott existiert, heißt – ihn leugnen.

TILLICH erklärte seine Gottesvorstellung in allgemein verständlicherer Form so:

Der Name dieser unendlichen und unerschöpflichen Tiefe und Grund alles Seins ist *Gott*. Diese Tiefe ist es, die das Wort *Gott* meint. Und wenn dieses Wort keine große Bedeutung für Sie hat, übersetzen Sie es und sprechen Sie von der Tiefe Ihres Lebens, von der Quelle Ihres Seins, von dem, was Sie unbedingt angeht, was Sie ohne Vorbehalt ernst nehmen. Vielleicht müssen Sie, um das zu tun, alles vergessen, was Sie traditionell über Gott gelernt haben, vielleicht sogar das Wort selbst. Denn wenn Sie wissen, daß Gott Tiefe bedeutet, wissen Sie viel über ihn. Sie können sich dann nicht selbst als Atheisten oder Ungläubigen bezeichnen, denn Sie können nicht denken oder sagen: Leben hat keine Tiefe! Leben ist oberflächlich. Das Sein ist selbst nur Oberfläche. Wenn Sie dies als völlig zutreffend bezeichnen würden, dann wären Sie ein Atheist; aber sonst sind Sie es nicht. Wer von der Tiefe weiß, weiß von Gott

TEILHARD DE CHARDIN schrieb:

Schon bei Paulus und Johannes lesen wir, daß für Gott die Erschaffung, Erfüllung und Läuterung der Welt, die Vereinigung derselben, die organische Vereinigung mit sich selbst bedeutet. Doch wie vereint er die Welt? Indem er zum Teil in Dinge schlüpft, indem er elementar wird und dann von diesem Gesichtspunkt aus in das Herzstück der Sache selbst eingeht und die Kontrolle und Herrschaft dessen, was wir heutzutage Evolution nennen, übernimmt. Christus, das Prinzip des universalen Lebens, denn er wurde ein Mensch unter Menschen, stellte sich in eine seitdem behauptete Position, um sich selbst zu unterwerfen, zu läutern, zu führen und das allgemeine Bewußtsein, in das er sich einschaltete, zu beflügeln. Durch einen einmaligen Akt der Gemeinschaft und Unterwerfung verbindet er sich mit der ganzen Psyche der Welt. Und wenn er alles zusammengetragen und transformiert hat, wird er auf sich selbst und seine Eroberungen zugehen und dadurch in einer letzten Geste den göttlichen Sammelpunkt, den er nie verlassen hat, wiedervereinen. Dann, so sagt uns Paulus, *wird Gott in allem sein*. Dies ist in der Tat eine höhere Form des Pantheismus, ohne die Spuren des Giftes, der Verunreinigung oder Zerstörung: die Erwartung der vollkommenen Einheit, durch die jedes Element im Universum gleichzeitig seine Erfüllung erreichen wird.

Das Universum erfüllt sich selbst in einer Synthese der Mittelpunkte, der perfekten Übereinstimmung mit den Gesetzen der Einheit. Gott, das Zentrum der Zentren.

Er beschrieb seine Position als „höhere Form des Pantheismus". Doch er identifizierte Gott so sehr mit dem Universum, daß es schwierig für ihn war, gleichzeitig daran festzuhalten, daß Gott transzendent und vom Universum unterschieden ist:

Um ein für allemal der Angst vor dem „Pantheismus", was die Evolution angeht, ein Ende zu setzen, wie können wir umhin zu sehen, daß im Falle des *demselben Ziel zustrebenden Universums* ... der universale Mittelpunkt der Vereinigung als vorexistent und transzendent aufgefaßt werden muß. Ein echter „Pantheismus", wenn man so will (in der eigentlichen Bedeutung des Wortes), doch auch ein absolut legitimer Pantheismus, denn wenn die reflektierenden Mittelpunkte der Welt letztlich effektiv „eins mit Gott" sind, dann wird dieser Zustand nicht durch Identifizierung (Gott wird alles) erreicht, sondern durch die differenzierende und kommunizierende Tätigkeit der Liebe (Gott gänzlich *in jedem*). Und dies ist im Grunde orthodox und christlich.

John Robinson, anglikanischer Theologe und Bischof, versuchte in seinem umstrittenen Buch *Honest to God*, das im Jahre 1963 erschienen ist, über ein bloßes „Neuformulieren traditioneller Orthodoxie" hinauszugehen:

Ich glaube, daß wir in den kommenden Jahren zu weitaus mehr aufgerufen sein werden, als traditionelle Orthodoxie in modernen Begriffen neu zu formulieren. Denn wenn sich unsere Apologetik darauf beschränkt, werden wir mit aller Wahrscheinlichkeit feststellen, daß wir an allen, außer einem kleinen religiösen Rest, vorbeigeredet haben. Ich würde meinen, daß eine weitaus radikalere Überarbeitung gefordert ist, in deren Verlauf die grundlegendsten Kategorien unserer Theologie – von Gott, vom Übernatürlichen und von der Religion selbst – erneuert werden müssen.

Wie Tillich wies er den Gedanken von Gott als „einem Seienden" zurück. Damit lehnte er nicht nur bestimmte Karikierungen Gottes ab (wie im Deismus), sondern wichtige Elemente des historischen christlichen Glaubens:

Die Vorstellung von Gott als einem Seienden, einer Person – wie wir selbst, jedoch im höchsten Grad über uns – wird sich, wie ich meine, als menschliche Projektion erweisen.

Wie Tillich meine ich, daß wir aufhören sollten, von „der Existenz" Gottes zu sprechen. Denn dies gehört zu einem Denken, das in zunehmendem Maße nicht länger unseres ist.

Wenn wir ihn (Gott) nicht in funktionalen statt in ontologischen Begriffen darstellen können, werden wir rasch alle Realität verlieren. Als ein Seiender hat Gott keine Zukunft.

Er stimmte einigen Sätzen zu, die Julian Huxley in seinem Buch *Religion without Revelation* (Religion ohne Offenbarung) geschrieben hat:

Das Gefühl geistlicher Erleichterung, das sich ergibt, wenn man den Gedanken von Gott als einem übermenschlichen Wesen ablehnt, ist gewaltig.

Nachdrücklich wies Robinson den Vorwurf zurück, er würde einen Pantheismus vertreten. Er beschrieb seine Position mit dem Begriff „Panentheismus". Über sein früheres Buch *Honest to God* schreibt er:

Es ging mir nicht darum, die Transzendenz abzuschaffen (denn ohne Transzendenz ist Gott nicht zu unterscheiden von der Welt und somit überflüssig), sondern darum, einen Weg zu finden, Transzendenz in einer Form *auszudrücken*, welche die Realität Gottes nicht an eine supernaturalistische, mythologische Weltanschauung bindet und die, wenn sie nicht irreführt, für den Menschen im 20. Jahrhundert größtenteils bedeutungslos war.

Wenn man einen Namen finden müßte, um den traditionellen „Theismus" zu ersetzen, würde ich zurückgreifen auf einen, der eine solide Herkunft hat, dem es jedoch nie richtig gelungen ist, sich in orthodoxen christlichen Kreisen durchzusetzen – nämlich den „Panentheismus". *The Oxford Dictionary of the Christian Church* definiert diesen Begriff als „den Glauben, daß das Wesen Gottes das ganze Universum umschließt und durchdringt, so daß jeder Teil in ihm existiert, doch daß sein Wesen (im Gegensatz zum Pantheismus) mehr als das Universum ist und nicht dadurch geschwächt wird." Nach dieser Auffassung ist Gott in allem, und alles ist in Gott.

Er erklärte, daß der Ausgangspunkt seines Glaubens war:

... das Bewußtsein der Welt als „Du" und ... dadurch die Begegnung mit „dem ewigen Du".

... die überwältigende und dennoch schwer faßbare Überzeugung von dem „Du" als dem Herzen aller Dinge.

Dies scheint auf die Behauptung hinauszulaufen: „Das Universum ist nicht unpersönlich. Es gibt eine Art persönliches *X*, eine persönliche Qualität im Universum, die über und hinter der Materie steht." Er gebraucht den Begriff „Gott" als eine Art Hinweis auf sein Empfinden, daß das Universum persönlich ist:

Um das berühmte Bild von Laotse zu benutzen, es ist das Loch in der Mitte, welches das Rad ausmacht. Das Wort „Gott" ist nicht darum nützlich, weil es das ausfüllt, was in der Mitte ist, sondern weil es von dem Kunde tut, was niemals ausgefüllt werden kann. Das Wort an sich ist entbehrlich, es „sagt" nichts. Doch *etwas ähnliches* ist eine unerläßliche Notwendigkeit, wenn wir uns überhaupt auf das Loch beziehen. Da es in der Tat nichts gibt, das ihm genau entspricht – kein Wort kann man unmittelbar an seine Stelle setzen –, bin ich davon überzeugt, daß wir es weiterhin als eine Art Kürzel gebrauchen müssen. Das heißt, wir müssen versuchen, es zu bewahren.

Zu behaupten, daß „*Gott* Liebe ist", heißt zu glauben, daß man durch die Liebe in Berührung kommt mit der fundamentalsten Realität des Universums, daß das Sein selbst letztlich diesen Charakter hat.

Zu bekräftigen, daß „der Herr

mein Fels ist", heißt zu bekräftigen, daß es einen Grund gibt, eine absolut zuverlässige und unerschütterliche Lebensgrundlage.

Gott-Sprache beschreibt keine Sache oder Person an sich ... sie weist auf eine höchste Verwandtschaft tief in unserem Wesen, von der wir uns nicht lösen können. Sie ist ein Weg, über das unveränderbare, unaussprechliche Geheimnis, das aller Erfahrung zugrunde liegt, zu wachen.

WARUM DEN NAMEN „GOTT" BEIBEHALTEN?

Warum den Namen „Gott" beibehalten? Wenn es kein persönliches Wesen mit dem Namen „Gott" gibt, warum dann nicht ganz und gar auf den Namen verzichten? Wenn wir noch immer irgendeinen Namen brauchen, um das Geheimnis des Universums zu beschreiben, warum dann nicht einen neuen und weniger verwirrenden finden?

PETER DUMITRIU beschreibt eine Art mystischer Erfahrung, in der er entdeckt, daß der Sinn und die Bedeutung des Universums „Liebe" ist. Dann stellt er sich die Frage, welche *Begriffe* er dafür benutzen könnte:

Welchen Namen sollte ich verwenden? „Gott", murmelte ich, „Gott". Wie sonst sollte ich ihn ansprechen? O Universum? O Menge? O Ganzes? Als „Vater" oder „Mutter"? Dann könnte ich ihn ebensogut „Onkel" nennen oder „Herr". Ich könnte auch „Sir" oder „lieber Kamerad" sagen. Wie könnte ich die Luft, die ich atmete, und meine eigenen Lungen, die die Luft atmeteten, „Herr" nennen? „Mein Kind"? Doch er umfaßte mich, ging mir voraus, schuf mich. „Du" ist sein Name, dem man den Namen „Gott" hinzufügen kann. Denn „ich" und „mich" sind nicht mehr als eine Pause zwischen der Unermeßlichkeit des Universums, welches er ist, und der Tiefe unseres eigenen Selbst, das er ebenfalls ist.

Dumitriu meint, es sei offensichtlich, daß er den Namen „Gott" gebrauchen sollte. Doch ist dies so offensichtlich und selbstverständlich? Wären Begriffe wie „O Universum", „O Menge" und „O Ganzes" nicht weitaus zutreffender? Gibt es irgendeinen anderen Grund als stillschweigende Gewohnheit und Gefühle, die den Gebrauch des Wortes „Gott" rechtfertigen?

IST ES WIRKLICH MÖGLICH UND EHRLICH, DIESE GEDANKEN IN EIN CHRISTLICHES WELTBILD EINZUFÜHREN?

Es wird mit Sicherheit ein Element der Irreführung sein – ob bewußt oder unbewußt –, wenn wir das Wort „Gott" weiter gebrauchen (mit dem die meisten Menschen die Vorstellung von einem persönlichen Wesen verbinden) und gleichzeitig die Existenz eines solchen persönlichen Wesens verneinen. Alle diese Antworten enthalten somit ein Element sprachlicher Täuschung, wie die drei nachfolgenden Reaktionen von Humanisten auf John Robinsons *Honest to God* zeigen:

(Robinson) hat mit Sicherheit Unrecht, wenn er Behauptungen aufstellt wie „Gott ist die höchste Realität". Gott ist eine vom Menschen konstruierte Hypothese, um ihm zu helfen beim Verstehen dessen, worum es im Leben geht. Die Gottes-Hypothese geht von der Existenz einer Art übernatürlicher Person oder eines übernatürlichen Wesens aus, das irgendeine zielgerichtete Kraft über das Universum und sein Schicksal ausübt. Wenn man sagt, daß Gott die höchste Realität ist, so ist dies lediglich semantischer Betrug. Und es ist außerdem noch so vage, daß es absolut bedeutungslos wird (und wenn Dr. Robinson sagt: „die höchste Realität muß existieren", so bewegt er sich in einem philosophischen Zirkelschluß).

Es kommt mir so vor, daß Robinson ebenso wie Tillich und viele andere moderne Theologen, ja, eigentlich jeder Humanist, zwei Pferde auf einmal zu reiten versuchen; sie wollen den Kuchen essen und gleichzeitig aufbewahren. Sie wollen modern sein und der Herausforderung unserer neuen Erkenntnis begegnen, indem sie das Gottesbild buchstäblich von allen räumlichen, materiellen, mythologischen, Freudschen und menschlichen Aspekten befreien. Doch sie bestehen darauf, den Begriff *Gott* beizubehalten, trotz seines Bezuges auf eine übernatürliche Macht und Persönlichkeit; und es sind diese Andeutungen, nicht die subtilen Argumente des Modernisten, die den einfachen Menschen, bewußt oder unbewußt, beeinflussen. Bei Kopf gewinne ich, bei Zahl verlierst du; diese komplizierte Doppelzüngigkeit gefällt den Humanisten nicht.

JULIAN HUXLEY

Das Verschwinden einer persönlichen Gottheit ... beseitigt nicht das Rätsel des Universums und der Stellung des Menschen darin. Auch kann des Rätsels Lösung nicht gefunden werden durch solche verbalen Tricks wie die, welche der Bischof von Woolwich (Robinson) weiterhin anzuwenden pflegt. Er geht davon aus, daß „Gott per Definition höchste Realität ist. Und man kann nicht darüber diskutieren, ob eine höchste Realität *existiert*. Man kann nur fragen, was diese höchste Realität ist."
Ich möchte behaupten, daß solche Ausführungen rein semantische Übungen sind, die streng genommen jeglicher Bedeutung entbehren. Wenn Gott und höchste Realität identisch sind, dann ist die Behauptung, Gott sei höchste Realität, nicht mehr und nicht weniger als eine Behauptung, daß höchste Realität höchste Realität sei.

BARBARA WOOTON

ALASDAIR MACINTYRE bemerkt dazu:

Was bei Dr. Robinsons Buch bemerkenswert ist, ist zu allererst die Tatsache, daß er Atheist ist ... und doch ... ist er nicht bereit, den Begriff „Gott" und eine Vielzahl gleichartiger theologischer Begriffe aufzugeben. Aber

ich meine, daß uns dieser starke Wunsch nach theologischem Vokabular zu Recht verwirren könnte; denn der einzige Grund, der dafür angeführt wird, den Namen „Gott" beizubehalten, ist der, daß „unser Wesen über Tiefen verfügt, die der Naturalismus – ob mechanistisch, dialektisch oder humanistisch – nicht anerkennen kann oder will". Doch dies bedeutet, daß alle Atheisten bis auf den heutigen Tag „unser Sein" unzureichend beschrieben haben . . . Sein Buch bezeugt die Existenz einer ganzen Gruppe von Theologen, die ein theistisches Vokabular beibehalten, sich aber einen atheistischen Kern angeeignet haben.

Er weist darauf hin, daß die neuen Theologen das historische Christentum zwar ablehnen, trotzdem aber noch immer an allen gedanklichen Verbindungen hängen, die die traditionelle Sprache umgibt:

Die Glaubensformel der neuen Theologie scheint mir sowohl die Bedeutung und die emotionale Macht, die sie besitzt, aus ihrer Herkunft von und ihrer Verbindung mit dem viel inhaltsreicheren Glauben der Vergangenheit herzuleiten. Ohne diese Ableitung und gedankliche Verbindung, die weit entfernt davon ist, den modernen Menschen mit einem neu verfaßten Glauben zu beliefern in Begriffen, die er verstehen kann, wäre sie sogar noch unverständlicher als die Theologie, die sie zu korrigieren sucht. Somit befinden sich die neuen Theologen in einer grundlegend falschen Position. Sie sind in der Tat abhängig vom Traditionalismus, den sie zu beseitigen vorgeben.

Über Paul Tillich schreibt MacIntyre:

Der Glaube an Gott ist seines ganzen traditionellen Inhalts beraubt worden. Er besteht jetzt in moralischer Ernsthaftigkeit und nichts weiter.

MARXISMUS

Die Theorie des Marxismus wird hauptsächlich aus den Schriften von Karl Marx hergeleitet (siehe *Zehn bedeutende Denker*) und einiger seiner engsten Mitarbeiter, unter ihnen Engels. Es war Lenin, der als erster sah, daß eine wahrhaft sozialistische Gesellschaft in Rußland nie durch eine allmähliche natürliche Evolution zustande kommen würde, sondern daß Marxisten die Dinge in ihre eigenen Hände nehmen und eine marxistische Gesellschaft durch Revolution herbeiführen müßten.

Darum machte er sich daran, revolutionäre Aktionen zu planen – indem er z.B. seine Anhänger in den Gewerkschaften aufrief, zur Erreichung ihres Ziels alle Mittel einzusetzen:

Greift, falls nötig, zu jedem Mittel, zu Taktik und illegalen Methoden, zu listigem Ausweichen und zu Vorwänden . . . um in die Gewerkschaften einzudringen, in ihnen zu bleiben und um jeden Preis das kommunistische Werk innerhalb der Gewerkschaften voranzutreiben.

Durch die bolschewistische Revolution wurde die Herrschaft des Zaren gestürzt und die Sowjetunion im Juli 1918 feierlich gegründet.

Die marxistische Revolution in China wurde von Mao Tse-tung geführt, der die Nationalregierung von Tschiang Kai-schek im Jahre 1949 stürzte und die Volksrepublik China gründete. Maos neue Form des Marxismus, genannt Maoismus, betont die Rolle der Bauern statt der des Proletariats in der sozialen Revolution. Er rief auf zum Partisanenkrieg als Mittel, die Revolution in anderen Ländern voranzutreiben. China hat in den vergangenen Jahren viel getan, um den unterentwickelten Ländern der Dritten Welt Hilfe zukommen zu lassen und sie in ihrem Kampf gegen die reichen Länder zu ermutigen.

Marxisten jeglicher Coleur haben sich verpflichtet, in der ganzen Welt für die sozialistische Revolution zu arbeiten.

WIE BESTIMMT DER MARXIST MENSCHLICHE WERTMASSSTÄBE?

Wenn wir moralische Wertmaßstäbe nicht auf „Gott", den „Verstand" oder die „Natur" zurückführen können, gibt es nur zwei Alternativen:
entweder

1. völlige moralische Anarchie, in der sich jeder Mensch so verhält, wie er es für richtig hält;
oder

2. einige mächtige Personen oder Gruppen bestimmen Werte für die übrige Gesellschaft.

Moral ist das, was im Interesse der sozialistischen Revolution liegt, und das meinen in der Praxis die Führer der Kommunistischen Partei.

Norman Hampson beschreibt, wie sich dieses Dilemma für nachdenkliche Menschen zur Zeit der Aufklärung im 18. Jahrhundert darstellte:

Die Flucht aus der moralischen Anarchie deutete bereits auf einen neuen totalitären Alptraum.

Ein Versuch, ethische Grundsätze auf rein menschliche Wertvorstellungen zu gründen, würde wahrscheinlich nicht nur zur Emanzipation des einzelnen führen, sondern zu seiner Opferung auf dem Altar der Gesellschaft.

Dostojewskij erkannte im 19. Jahrhundert, daß Anarchie früher oder später zu einer totalitären Regierungsform führen würde:

Wenn ich von grenzenloser Freiheit ausgehe, komme ich bei grenzenloser Gewaltherrschaft an.

Der Marxismus verweist darum auf zwei Quellen der Moral:

1. Moral, die sich aus dem Wirtschaftssystem ergibt. In jeder historischen Epoche entwickeln sich eine Reihe von moralischen Wertvorstellungen als direktes Resultat des Wirtschaftsprozesses dieser Zeit. Moralische Wertvorstellungen verändern sich darum gemäß der Wirtschaftsstruktur – die kapitalistische Struktur bringt z.B. kapitalistische moralische Wertmaßstäbe hervor.

2. Moral, die auf Grund der Entwicklung in einer kommunistischen Gesellschaft entsteht. In dieser Epoche erfreut sich der Mensch an guten Beziehungen zu seinen Nachbarn, zur Welt und zu sich selbst. Diese zuletzt genannten moralischen Wertvorstellungen scheinen verdächtig eng verbunden zu sein mit denen der jüdisch-christlichen Tradition!

WIE WIRKEN SICH MARXISTISCHE WERTMASSSTÄBE IN DER PRAXIS AUS?

Leslie Paul beschreibt, wie marxistische Moralvorstellungen in der Praxis von marxistischen Revolutionsregierungen angewandt wurden:

Wenn moralischer Unwille die treibende Kraft der in Opposition befindlichen marxistischen Parteien ist, so verschwindet er, sobald sie an die Macht kommen. Es gibt einen eindeutigen Konflikt zwischen Moral in der Opposition und Moral an der Macht, die nichts zu tun hat mit dem gewöhnlichen Prozeß der Korruption im Amt ...

Es war die moralische Leidenschaft des Marxismus und seines wichtigsten Kindes, des Kommunismus', die den Marxismus so vielen sozialen Gewissen in den Jahren zwischen den Weltkriegen anziehend erscheinen ließ. Es war die Enttäuschung über ihre moralischen Konsequenzen, die so viel dazu beigetragen hat, seinen Wert zu trüben. Überall in der Welt hat er sich gegenüber den Menschenrechten und dem Leiden mit moralischer Gleichgültigkeit verhalten. Seine Arbeitslager in Rußland, die mehr als eine Generation bestanden, haben wahrscheinlich so viele

1949 gründete Mao Tse-tung die Marxistische Volksrepublik China.

Menschen getötet, wie Juden in den nationalsozialistischen Konzentrationslagern gestorben sind. Was Lügen, Gewaltherrschaft, Geheimhaltung, gerichtlich angeordnetes oder gebilligtes Morden angeht, so nehmen sich die nazistische und die kommunistische Diktatur wenig.

Ein Buch mit dem Titel *The God that Failed*, das im Jahre 1950 erschien, besteht aus Essays, die von sechs Autoren aus verschiedenen europäischen Ländern geschrieben wurden, die alle irgendwann einmal Mitglieder der Kommunistischen Partei waren oder mit ihr sympathisierten. In der Einleitung wies RICHARD CROSSMAN darauf hin, daß es „eine Verzweiflung über die westlichen Wertmaßstäbe" war, die sie alle zum Kommunismus geführt hatte:

Das einzige Bindeglied ... zwischen diesen sechs sehr unterschiedlichen Personen besteht darin, daß sich alle – nach quälenden Gewissenskämpfen – dem Kommunismus zuwandten, weil sie den Glauben an die Demokratie verloren hatten und bereit waren, ihre „bürgerlichen Freiheiten" aufzugeben, um den Faschismus zu bekämpfen. Ihre Bekehrung gründete sich in der Tat auf Verzweiflung – eine Verzweiflung über die westlichen Wertmaßstäbe.

WAS GESCHIEHT MIT DER WAHRHEIT?

Nach marxistischer Auffassung ist jede Entstellung der Fakten gerechtfertigt, wenn dies den Zielen einer marxistischen Gruppe oder Regierung zugute kommt.

Nach marxistischer Lehre gibt es so etwas wie Wahrheit nicht – zumindest nicht im absoluten Sinn – Wahrheit ist nur relativ.
ANDRE GIDE

GEORGE ORWELL schreibt in seinem Buch „1984":

***Zwiedenken* bedeutet die Gabe, gleichzeitig zwei einander widersprechende Ansichten zu hegen und beide gelten zu lassen. Der Parteiintellektuelle weiß,**

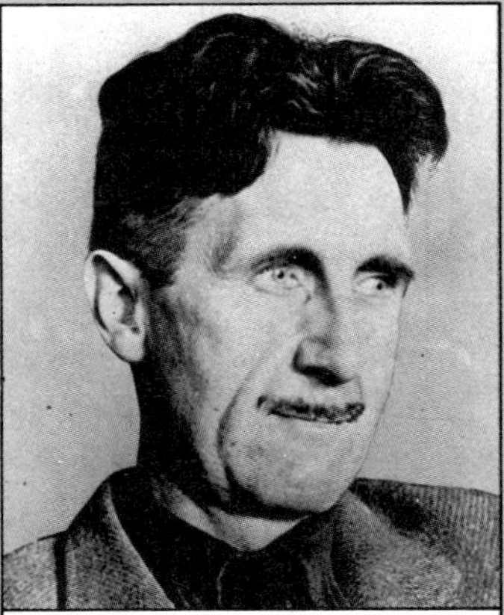
George Orwell

in welcher Richtung seine Erinnerungen geändert werden müssen. Er weiß deshalb auch, daß er mit der Wirklichkeit jongliert. Aber durch das Einschalten von *Zwiedenken* beschwichtigt er sich auch dahingehend, daß der Wirklichkeit nicht Gewalt angetan wird.

Diese Einstellung zur Wahrheit im Kommunismus hat einige sehr praktische Konsequenzen. Es bedeutet beispielsweise, daß die Behörden völlig unbefangen sind, Lügen zu verbreiten, wenn es ihrer Sache dient. IGNAZIO SILONE, der viele Jahre Mitglied der Italienischen Kommunistischen Partei war, beschreibt einen Vorfall, der sich während eines Treffens der „Internationale" in Moskau ereignete:

Sie diskutierten eines Tages in einer Sonderkommission der Exekutive das Ultimatum, das vom Zentralkomitee der britischen Gewerkschaften herausgegeben worden war, das ihre Ortsverbände aufforderte, nicht die von Kommunisten geführte Minderheitsbewegung, unter Androhung des Ausschlusses, zu unterstützen. Nachdem der Vertreter der britischen Kommunistischen Partei die schwerwiegenden Nachteile beider Lösungen vorgetragen hatte, die eine war die Auflösung der Minderheitsbewegung und die andere der Austritt der Minderheit aus der Gewerkschaft, macht der russische Delegierte Piatnisky einen Vorschlag, der ihm so einleuchtend erschien wie das Ei des Kolumbus: „Die Verbände", so schlug er vor, „sollten erklären, daß sie sich der geforderten Disziplin unterordnen, und dann in der Praxis genau das Gegenteil tun." Darauf der englische Kommunist: „Aber das wäre eine Lüge!" Lautes Gelächter war die Antwort auf seinen arglosen Einwand, offenes, herzliches, nicht enden wollendes Gelächter, wie es die düsteren Büromauern der Kommunistischen Internationale wohl nie zuvor vernommen hatten. Der Witz war bald überall in Moskau zu hören, denn die unterhaltende und unglaubliche Antwort des Engländers wurde sofort telefonisch Stalin und den wichtigsten staatlichen Organen mitgeteilt, was überall neue Wellen der Heiterkeit hervorrief.

NIKITA STRUVE schreibt über das heutige Rußland und seine Einstellung zum Christentum:

Was mich beeindruckt ... ist die Tatsache, daß der Atheismus heute seine Suche nach Wahrheit aufgegeben zu haben scheint. Über Fakten und Argumente, die sich dagegen richten, wird stillschweigend hinweggegangen.

WAS FÜR EINE ZUKUNFT HABEN WIR ZU ERWARTEN?

Wenn ADAM SCHAFF fragt: „Worin besteht der Sinn des Lebens?" so führt er sein marxistisches Verständnis des Ziels, für das er arbeitet, aus:

Die marxistische Theorie ... führt zu einer allgemeinen Position, die man „sozialen Hedonismus" nennen könnte – die Auffassung, daß der Sinn des menschlichen Lebens darin besteht, ein Maximum an Glück für so viele Menschen wie möglich zu sichern, und daß nur im Rahmen dieses Ziels persönliches Glück zu finden ist.

ARTHUR KOESTLERS Roman *Darkness at Noon* (1940) gründete sich auf sein Wissen um Menschen, die in den dreißiger Jahren in die

Moskauer Prozesse verwickelt waren. Die Hauptfigur Rubashov wird wegen Verbrechens gegen den Staat zum Tode verurteilt und erwartet jeden Augenblick seine letzte Vorladung. Seine Empfindungen drücken die Reaktion jener aus, die nicht zufrieden damit sind, ihre Hoffnungen auf eine herrliche Zukunft zu setzen, die sie selbst nie sehen werden und von der sie wenig zum gegenwärtigen Zeitpunkt erleben. Das Buch endet mit den Worten:

Was geschah mit diesen Massen, mit diesen Menschen? 40 Jahre lang wurden sie durch die Wüste getrieben, mit Drohungen und Versprechungen, unter eingebildeten Schrecken und eingebildeten Belohnungen. Doch wo ist das verheißene Land?

Gab es wirklich ein solches Ziel für diese wandernde Menschheit? Dies war eine Frage, auf die er gerne, ehe es zu spät war, eine Antwort gewußt hätte. Auch Mose hatte das verheißene Land nicht betreten dürfen. Doch er hatte es wenigstens gesehen, von der Spitze des Berges, zu seinen Füßen ausgebreitet. So starb es sich leicht, mit der sichtbaren Gewißheit des Ziels vor Augen. Er, Nicolai Salmanowitch Rubashov, war nicht auf einen Berg geführt worden; und was immer auch sein Auge schaute, er sah nichts als Wüste und Dunkelheit der Nacht.

Arthur Koestler

EXISTENTIALISMUS

Es ist unmöglich, eine genaue Definition des Existentialismus' zu liefern, denn er ist keine präzise Philosophie. Einer seiner Grundgedanken lautet, daß es kein vollständiges philosophisches System gibt, das all unsere Fragen beantwortet. Er besteht darauf, daß jeder beim einzelnen und seiner Erfahrung als menschlichem Wesen, mit seiner Freiheit, Verzweiflung und Angst, anfangen sollte, statt von „objektiver Wahrheit“ zu sprechen, die unerreichbar ist. Die folgenden Auszüge vermitteln einen Eindruck, was Existentialismus bedeutet:

E. L. ALLEN definiert ihn als:

den Versuch zu philosophieren, und zwar vom Standpunkt des Akteurs aus und nicht vom Standpunkt des distanzierten Beobachters.

Eine Behauptung oder Wahrheit wird als *existential* angesehen, wenn ich sie vom Standpunkt des bloßen Betrachters weder begreifen noch ihr beipflichten kann, sondern nur auf der Grundlage meiner gesamten Existenz.
KARL HEIM

Unter der Überschrift „Existentialismus“ heißt es in *The Humanist Glossary:*

Kierkegaard und Heidegger, die religiöse Existenzphilosophen sind, und Sartre, der ein Atheist ist, teilen miteinander bestimmte grundlegende Vorstellungen. Der Ausgangspunkt ihrer Philosophie ist der traurige Zustand des einzelnen, hineingestoßen, wie sie sind, in eine Welt ohne Autorität, ohne ein System von Wertvorstellungen, von Gesetzen oder einem Konzept der menschlichen Natur. Ihr Grundsatz ist, daß es eine unauflösbare Spannung gibt zwischen Denken und Existenz. Die Existenz kann nicht gedacht werden, und das Denken gleitet von der Existenz ab in die Abstraktion. Der Mensch, der sowohl Denker als auch Existenz ist, muß in dieser Spannung leben, die er niemals auflösen kann. Zugleich muß der Mensch noch in anderen nicht lösbaren Gegensätzen leben, weil sie das menschliche Wesen ausmachen, zum Beispiel Glaube und Vernunft, der andere und ich selbst als Persönlichkeiten. Menschliches Sein findet immer Wege, aus den Bedingungen der menschlichen Situation zu entfliehen, statt mit ihnen zu leben.

Der Existentialismus ist nichts anderes als eine Bemühung, alle Folgerungen aus einer zusammenhängenden atheistischen Einstellung zu ziehen.

Der atheistische Existentialismus, für den ich stehe, ist zusammenhängender. Er erklärt, daß, wenn Gott nicht existiert, es mindestens *ein* Wesen gibt, bei dem die Existenz der Essenz vorausgeht, ein Wesen, das existiert, bevor es durch irgendeinen Begriff definiert werden kann, und daß dieses Wesen der Mensch oder, wie Heidegger sagt, die menschliche Wirklichkeit ist. Was bedeutet hier, daß die Existenz der Essenz vorausgeht? Es bedeutet, daß der Mensch zuerst existiert, sich begegnet, in der Welt auftaucht und sich *danach* definiert. Wenn der Mensch, so wie ihn der Existentialist begreift, nicht definierbar ist, so darum, weil er anfangs überhaupt nichts ist . . . der Mensch ist nichts anderes als wozu er sich macht. Das ist der erste Grundsatz des Existentialismus.

Somit ist der erste Schritt des Existentialismus, jeden Menschen in Besitz dessen, was er ist, zu bringen und auf ihm die gänzliche Verantwortung für seine

Existenz ruhen zu lassen. Und wenn wir sagen, daß der Mensch für sich verantwortlich ist, so wollen wir nicht sagen, daß der Mensch gerade eben nur für seine Individualität verantwortlich ist, sondern daß er verantwortlich ist für alle Menschen.
JEAN-PAUL SARTRE

Die Eigentümlichkeit des Existentialismus ... besteht darin, daß er sich mit der Trennung des Menschen von sich selbst und von der Welt beschäftigt, was Fragen der Philosophie aufwirft ...
Das Hauptanliegen dieser Philosophie besteht somit nicht darin, die Fragen zu beantworten, die aufgeworfen werden, sondern diese Fragen selbst so klar zu machen, bis sie vom ganzen Menschen Besitz ergreifen und persönlich, dringend und quälend werden ... Der Existentialismus geht zurück auf den Anfang der Philosophie. Er ruft alle Menschen auf, von ihrem dogmatischen Schlaf zu erwachen und zu entdecken, was es heißt, Mensch zu werden ...
Die zweite Aufgabe der Philosophie ... besteht darin, das Denken davon zu heilen, nach illusorischen objektiven Universalantworten zu suchen, und dem Menschen bei seiner Selbstfindung und Selbsterfahrung zu helfen.
H. J. BLACKHAM

WER ODER WAS BIN ICH ALS INDIVIDUUM?

The Humanist Glossary erklärt, daß die Philosophie des Existentialismus bei „dem traurigen Zustand des einzelnen" beginnt:

Kierkegaard und Heidegger, die religiöse Existenzphilosophen sind, und Sartre, der ein Atheist ist, teilen miteinander bestimmte grundlegende Vorstellungen. Der Ausgangspunkt ihrer Philosophie ist der traurige Zustand des einzelnen, hineingestoßen, wie er ist, in eine Welt ohne Autorität, ohne ein System von Wertvorstellungen, von Gesetzen oder einem Konzept der menschlichen Natur.

Das Individuum muß somit bei sich selbst und seiner eigenen Erfahrung anfangen, wenn es sich an die anderen Grundprobleme des Menschen heranwagt. So muß jeder Mensch z.B. den Sinn des Lebens bejahen; das Leben hat an sich keinen Sinn – nur den, den *ich ihm gebe.* Es gibt keine objektiven moralischen Wertmaßstäbe, die mir den Unterschied zwischen Recht und Unrecht zeigen könnten – jeder einzelne muß seine eigenen Wertvorstellungen selbst erarbeiten und kann sie einem anderen nicht aufdrängen. Auf diese Weise versucht der Mensch, sich selbst zu „bestätigen" und er selbst zu „sein".

Einige Autoren des Existentialismus schildern lebhaft den Verlust von Persönlichkeit und Individualität, der von vielen Menschen empfunden wird. In SARTRES Roman *Der Ekel* drückt Roquentin dieses Gefühl so aus:

Wenn ich jetzt „ich" sage, so erscheint mir das inhaltslos. Es gelingt mir nicht mehr völlig, mich zu empfinden, so vergessen bin ich. Alles, was an Wirklichem in mir verbleibt, ist Existenz, die fühlt, daß sie existiert. Ich gähne träge, lange. Niemand.
Für niemanden existiert Antoine Roquentin. Ich finde das ulkig. Und was ist das – Antoine Roquentin? Etwas Abstraktes. Ein blasses, kleines Erinnern an mich selbst geistert durch ein Bewußtsein. Antoine Roquentin ... Und plötzlich wird dieses „Ich" bleich, immer bleicher, und nun ist es vorbei – es erlischt.

WORIN BESTEHT DER SINN DES LEBENS?

ALBERT CAMUS war kein Existentialist im strengen Sinn des Wortes, doch viele seiner Gedanken stehen denen von Autoren des Existentialismus sehr nahe:

Ich weiß nicht, ob diese Welt einen Sinn jenseits von mir hat, aber ich weiß, daß mir dieser Sinn nicht bewußt ist und daß es mir während der Zeit meiner Existenz unmöglich sein wird, ihn zu kennen. Wie kann ein jenseitiger Sinn etwas für meinen Zustand bedeuten. Ich kann nur in menschlichen Begriffen verstehen. Ich verstehe die Dinge, die ich berühre, Dinge, die mir Widerstand entgegensetzen.

Es ist klar, daß ... (die absurde) Überlegung das Leben als das einzig notwendige Gut anerkennt, weil gerade es diese Kluft erzeugt, andernfalls der Spieleinsatz des Absurden keine Deckung hätte. Um sagen zu können, daß das Leben absurd ist, muß das Bewußtsein Leben haben. Wie, ohne erhebliche Konzession an den Hang zum Komfort, den Gewinn solcher Überlegung ausschließlich für sich behalten? Vom Augenblick an, da dieses Gut als solches anerkannt ist, gehört es allen.
... die lebendige Wärme, die alles andere vergessen macht ...

Alles, was das Leben erhöht, trägt gleichzeitig zu seiner Absurdität bei.

In *Der Fremde* erinnert sich Mersault, während er auf seine Gerichtsverhandlung wartet, daß „es allgemein bekannt ist, daß das Leben nicht lebenswert ist":

Den ganzen Tag über dann das Gnadengesuch. Ich glaube, dieser Gedanke war mir besonders tröstlich. Ich berechnete meine Aussichten, und ich kam mit meinen Überlegungen zu dem denkbar besten Ergebnis. Ich ging immer vom Schlimmsten aus: mein Gesuch wurde abgelehnt. „Gut, dann muß ich eben sterben." Früher als andere, gewiß. Aber jeder weiß, daß das Leben nicht lebenswert ist. Im Grunde wußte ich genau, daß es einerlei ist, ob man mit dreißig oder siebzig Jahren stirbt, denn in beiden Fällen werden andere Männer und andere Frauen leben, und zwar Tausende von Jahren hindurch. Nichts war im Grunde klarer als das. Sterben mußte immer ich – jetzt oder in zwanzig Jahren. Etwas verwirrend war für mich in diesem Augenblick das fürchterliche Aufbäumen in mir, wenn ich daran dachte, daß ich noch zwanzig Jahre leben könnte. Aber ich brauchte diesen Gedanken nur mit der Vorstellung zu ersticken, was ich in zwanzig Jahren denken

Jean-Paul Sartre

würde, wenn es dann wieder so weit wäre. Da man sterben muß, ist es ganz unwesentlich, wann und wie – das ist klar.

SARTRES Roman *Der Ekel* vermittelt das Bewußtsein von Sinnlosigkeit in der Erfahrung des Roquentin:

Sein Urteil aber durchbohrte mich wie ein Degen und stellte alles in Frage, einschließlich mein Recht auf Existenz. Und tatsächlich, ich hatte es immer schon gewußt: ich hatte kein Recht, zu existieren. Vom Zufall in die Welt gesetzt, existierte ich wie ein Stein, eine Pflanze, eine Mikrobe. Mein Leben trieb so dahin, nach allen Richtungen; bisweilen gab es mir unbestimmte Zeichen, bisweilen fühlte ich nur ein Summen, dem nichts weiter folgte.

Weil ich daran denken muß, ... daß wir alle zusammen hier sitzen und essen und trinken, um unsere kostbare Existenz zu erhalten, und daß es nicht die allergeringste Existenzberechtigung gibt.

Ein Aspekt Roquentins ist das Bewußtsein der nackten Existenz von allem.

Das also ist der Ekel – die blendende Offenbarung? Und ich habe mir den Kopf zerbrochen! Und was habe ich darüber geschrieben! Jetzt weiß ich: ich existiere – die Welt existiert –, ich weiß, daß die Welt existiert. Das ist alles. Aber es ist mir gleichgültig. Eigenartig, daß alles mir so gleichgültig ist: das erschreckt mich. Es hat an jenem Tage angefangen, an dem ich Steine über Wasser hüpfen lassen wollte. Ich wollte den Stein werfen, ich sah ihn an – und da begann es: ich fühlte, daß er *existierte*. Und dann kam der Ekel verschiedentlich wieder; bisweilen existieren die Gegenstände in deiner Hand.

Doch diese Dinge verlieren Namen und Identität, und alles erscheint in „erschreckender, obszöner Nacktheit":

Die Dinge haben sich von ihren Namen gelöst. Sie sind da – grotesk, eigensinnig, riesig, und es kommt einem närrisch vor, sie „Sitzbänkchen" zu nennen oder sonst irgend etwas über sie auszusagen: ich bin inmitten von namenlosen *Dingen*. Allein, ohne Worte, ohne Verteidigung sind sie rings um mich, sind unter mir, hinter mir, über mir. Sie fordern nichts, sie drängen sich nicht auf: sie sind da ...

Und auf einmal war es da, war es klar wie die Sonne: die Existenz hatte sich plötzlich offenbart ... die Verschiedenartigkeit der Dinge, ihre Individualität waren nur ein äußerer Anschein, ein Firnis. Dieser Firnis war zerschmolzen, was blieb, waren monströse, weiche Massen, angeordnet, nackt, von einer schreckenden und obszönen Nacktheit.

Er erfährt das Gefühl, daß es keine festgelegten Naturgesetze gibt: „Alles könnte geschehen".

Nur aus Faulheit, denke ich, ist die Welt Tag für Tag die gleiche. Heute aber sah es aus, als wollte sie sich einmal ändern – *alles, alles* konnte passieren.

Die Narren. Der Gedanke widert mich an, daß ich ihre fetten, selbstsicheren Gesichter wiedersehen werde. Sie machen Gesetze, schreiben volkstümliche Romane, sie verheiraten sich und setzen in ihrer grenzenlosen Dummheit Kinder in die Welt. Aber heimlich hat sich die große Natur in ihre Stadt eingeschlichen – in ihre Häuser, ihre Büros, in sie selbst. Sie rührt sich nicht, sie verhält sich ruhig, und sie, die Menschen, sind mitten in ihr, atmen sie ein, ohne sie zu sehen; sie meinen, die Natur sei draußen, zwanzig Meilen vor der Stadt. Ich *sehe* sie, diese Natur, ich *sehe* sie ... Ich weiß, daß ihre Unterwürfigkeit Trägheit ist, ich weiß, daß sie keine Gesetze hat, was die Menschen für ihre Beständigkeit halten ... Sie hat nur Gewohnheiten und kann sie morgen ändern.

Eine wahre Panik bemächtigte sich meiner. Ich wußte nicht mehr, wo ich hinlief. Ich rannte die Docks entlang, lief durch die verlassenen Straßen einer Vorstadt. Mit trüben Augen sahen die Häuser auf meine Flucht. Angstvoll fragte ich mich wieder: Wohin soll ich gehen? Wohin soll ich gehen? *Alles* kann geschehen.

MARTIN ESSLIN spricht von der „schrecklichen Stabilität der Welt", wie dies in Samuel Becketts Stücken deutlich wird, in denen die Zeit alle Bedeutung verloren hat.

Warten heißt den Verlauf der Zeit erfahren, und dies ist ein beständiger Wechsel. Und doch, da nichts Reales je geschieht, ist dieser Wechsel an sich eine Illusion. Die endlose Aktivität der Zeit besiegt sich selbst, zwecklos und darum null und nichtig. Je mehr sich Dinge verändern, desto mehr bleiben sie, wie sie sind. Das ist die schreckliche Stabilität

der Welt. „Die Tränen der Welt sind beständig in ihrer Anzahl. Für jeden, der zu weinen beginnt, hört jemand anderes zu weinen auf." Ein Tag gleicht dem anderen, und wenn wir sterben, ist es so, als hätten wir nie gelebt.

ALBERT CAMUS weist auf den Widerspruch in der Position des Absurden hin:

Ich rufe, daß ich an nichts glaube und daß alles absurd ist, aber ich kann an meinem Ausruf nicht zweifeln, und zum mindesten muß ich an meinen Protest glauben.

Eine Literatur der Verzweiflung ist ein Widerspruch an sich ... In den dunkelsten Tiefen unseres Nihilismus habe ich nur nach Mitteln gesucht, diesen Nihilismus zu überwinden.

Heute kann der Sinn, wenn überhaupt, nur gefunden werden durch die Einstellung des Menschen, der bereit ist, mit dem Absurden zu *leben* und für das Geheimnis offen zu bleiben, das er nie genau zu bestimmen vermag.
MAURICE FRIEDMAN

Für viele ist der einzige Weg, mit dem Absurden zu *leben*, darüber zu *schreiben*. Allein die Tatsache, daß man die Sinnlosigkeit des Lebens empfindet und dennoch in der Lage ist, ihr künstlerischen Ausdruck zu verleihen, ist eine Art von Trotz.

Das größte Geheimnis besteht nicht darin, daß wir aufs Geratewohl in den Überfluß der Erde und die strahlende Sternenschar geworfen wurden, sondern daß wir uns in diesem Gefängnis Bilder von uns selbst machen können, die ausreichend gewaltig sind, unsere eigene Nichtigkeit zu leugnen.
ANDRÉ MALRAUX

Alles geschieht, so als sei ich nur eine der vielen Existenzen irgendeines großen, unfaßbaren und zentralen Wesens ... Manchmal kommt mir diese großartige Totalität des Lebens so herrlich vor, daß es mich in Ekstase versetzt. Doch weitaus häufiger erscheint es mir als ungeheuerliche Bestie, die mich erfaßt und meine Kräfte übersteigt und die überall ist, in mir und außen ... Und Entsetzen packt mich und umschließt mich immer heftiger von einem Augenblick zum anderen ... Der einzige Weg, ihm zu entkommen, ist Schreiben, andere darauf hinzuweisen, damit ich es nicht nur alleine aushalten muß, um mich wenigstens etwas davon zu befreien.
ARTHUR ADAMOV

André Malraux

WELCHE GRUNDLAGE GIBT ES FÜR MORALISCHE WERTMASSSTÄBE?

ALBERT CAMUS meinte, daß die natürlichen Impulse des Menschen zum Rebellieren der Ursprung sein sollten, von dem Werte abgeleitet werden können:

Die Revolte ist ein Gemeinplatz, die den ersten Wert auf allen Menschen gründet. Ich empöre mich, also sind wir.

Er meinte, daß die Ausschreitungen, die das Rebellieren in den letzten Jahrhunderten verursachte, auf gewisse „Grenzen" oder ein neues „Gesetz der Mäßigung" hinweisen. Es bleibe dem einzelnen überlassen zu erkennen, welches diese Grenzen sind, denn sie sollen beinahe selbstverständlich sein.

Am Ende dieser langen Studie über die Revolte und den Nihilismus wissen wir, daß die Revolution ohne andere Grenzen als die geschichtliche Wirksamkeit grenzenlose Knechtschaft bedeutet. Um diesem Schicksal zu entgehen, muß der revolutionäre Geist, wenn er lebendig bleiben will, zu den Quellen der Revolte zurückkehren und sich inspirieren lassen vom einzigen Denken, das diesen Ursprüngen treu geblieben, demjenigen der Grenzen.

SARTRE stand dem französischen Radikalismus gegen Ende des 19. Jahrhunderts skeptisch gegenüber, denn er hielt noch lange, nachdem er seine Grundlage verloren hatte, an traditionellen Wertvorstellungen fest:

Als gegen 1880 französische Professoren eine weltliche Moral aufzustellen versuchten, sagten sie ungefähr folgendes: Gott ist eine unnütze und kostspielige Hypothese; wir unterdrücken sie, jedoch ist es trotzdem notwendig, damit es eine Sittlichkeit, eine Gesellschaft und eine bürgerlich geordnete Welt überhaupt gebe –, daß einige Werte ernst genommen und als *a priori* bestehend angesehen werden. Es muß *a priori* pflichtmäßig sein, daß man ehrenhaft ist, daß man nicht lügt, daß man seine Frau nicht schlägt, daß man Kinder in die Welt setzt usw. usw. ... wir werden also eine kleine Arbeit unternehmen, die erlauben wird, zu zeigen, daß diese Werte trotz allem bestehen, daß sie in einem wahrnehmbaren Himmel bezeichnet sind, wenn andererseits es auch keinen Gott gibt. Mit anderen Worten (auch dies glaube ich, ist die Tendenz alles dessen, was man in Frankreich Radikalismus nennt), nichts wird verändert sein, wenn Gott nicht existiert; wir werden die gleichen Normen von Ehrenhaftigkeit haben, von Fortschritt, von Menschlichkeit wiederfinden, und wir werden aus Gott eine veraltete Hypothese gemacht haben, die ruhig und von selber sterben wird.

SARTRE wollte sein Verständnis von Wertmaßstäben völlig mit dem Atheismus in Einklang bringen:

Und wenn wir von Verlassenheit (ein Ausdruck, den Heidegger liebt) sprechen, so wollen wir nur sagen, daß Gott nicht existiert und man daraus die Folgerungen ziehen muß bis zu Ende. Der Existentialismus stellt sich in lebhafte Gegnerschaft zu einem gewissen Typus von weltlicher Moral, die Gott mit so wenig Kosten wie nur möglich beseitigen möchte. Der Existentialist denkt im Gegenteil, es sei sehr störend, daß Gott nicht existiert, denn mit ihm verschwindet alle Möglichkeit, Werte in einem wahrnehmbaren Himmel zu finden; es kann nichts *a priori* Gutes mehr geben, da es kein unendliches und vollkommenes Bewußtsein mehr gibt, um es zu denken. Nirgends steht geschrieben, daß das Gute existiert, daß man ehrenhaft sein soll, daß man nicht lügen soll; genau aus dem Grunde, weil wir auf einer Ebene uns befinden, wo es uns Menschen gibt.

Er behauptete weiter, daß Freiheit die Grundlage aller Wertvorstellungen sei:

Dostojewskij hatte geschrieben: „Wenn Gott nicht existierte, so wäre alles erlaubt!" Das ist der Ausgangspunkt für den Existentialismus. In der Tat, alles ist erlaubt, wenn Gott nicht existiert, und demzufolge ist der Mensch verlassen, da er weder in sich noch außerhalb seiner eine Möglichkeit findet, sich anzuklammern. Vor allem findet er keine Entschuldigungen. Geht tatsächlich die Existenz der Essenz voraus, so kann man nie durch Bezugnahme auf eine gegebene und feststehende menschliche Natur Erklärungen geben; anders gesagt, es gibt keine Vorausbestimmung mehr, der Mensch ist frei, der Mensch ist Freiheit. Wenn wiederum Gott nicht existiert, so finden wir uns keinen Werten, keinen Geboten gegenüber, die unser Betragen rechtfertigen. So haben wir weder hinter uns, noch vor uns, im Lichtreich der Werte, Rechtfertigungen oder Entschuldigungen. Wir sind alleine, ohne Entschuldigungen. Das ist es, was ich durch die Worte ausdrücken will: Der Mensch ist verurteilt, frei zu sein.

Meine Freiheit ist die einzige Grundlage von Werten, und da ich das Wesen bin, vermöge dessen Werte existieren, kann mich nichts – absolut nichts – rechtfertigen durch die Annahme dieser oder jener Werte oder Wertvorstellungen. Als einzige Grundlage für die Existenz von Werten bin ich absolut nicht zu rechtfertigen. Meine Freiheit ist eine Pein, da ich finde, daß sie die grundlose Grundlage der Werte ist.

Albert Camus

Diese Freiheit bedeutet nicht, daß der einzelne sich unverantwortlich verhalten kann; im Gegenteil. Sie überträgt dem Menschen eine noch größere Last der Verantwortung: „Indem ich selbst an mir arbeite", sagt Sartre, „arbeite ich an den Menschen."

Das bedeutet in der Praxis, daß der einzelne seine eigenen Wertvorstellungen „schaffen" muß. Seine Freiheit gleicht der freien Kreativität des Künstlers:

Sagen wir lieber, daß man die moralische Wahl mit der Gestaltung eines Kunstwerks vergleichen soll.

Wir befinden uns in derselben schöpferischen Situation. Wir sprechen nie von der Unmotiviertheit eines Kunstwerkes . . . Was Kunst und Moral gemeinsam haben, ist, daß wir in beiden Fällen Schöpfung und Erfindung vor uns haben. Wir können nicht *a priori* entscheiden über das, was zu tun ist.

Dies konsequent weiter zu verfolgen, führte zu einer Position, in der alle moralischen Wertvorstellungen willkürlich sind. Wenn wir auf keine feste Grundlage für Wertmaßstäbe hinweisen können, haben wir nicht das Recht zu kritisieren, wenn jeder einzelne für sich selbst entscheidet, was für ihn richtig ist. Wenn wir in diesem Sinn vollkommen frei sind, haben wir nicht das Recht, von anderen zu erwarten, daß sie unsere Wertvorstellungen übernehmen, nicht das Recht zu sagen: „Du *solltest* dich so verhalten . . ." oder „das *solltest* du *nicht* tun."

In den Ohren des Lesers klingt Sartres Auffassung so, wie sie COLIN WILSON zusammengefaßt hat:

Seine Philosophie der „Verpflichtung" . . . besagt nur, daß es gleichgültig ist, irgendeine Straße zu wählen und alle Energie hineinzustecken, da ja alle Straßen nirgendwohin führen . . .

. . . Jede Sache hat einen Sinn, wenn sie nur uneigennützig ist.

JOHN D. WILD, der über die Schwächen des existentialen Verständnisses des Menschen schreibt, spricht von:

der vermutlichen Willkür der menschlichen Wahl und dem Mangel an irgendeiner festen Grundlage. Für Sartre ist alles Bemühen, eine Handlung zu rechtfertigen, feiger Verzicht auf Freiheit und Verantwortung, die Verwandlung des Selbst in ein Ding. Ob ich mich entscheide, für Gerechtigkeit zu sterben oder an der Bar zu sitzen, ist vollkommen unwesentlich.

Praktisch bedeutet dies, daß sich der einzelne auf sein eigenes instinktives Gefühl verlassen muß. SARTRE selbst räumt ein:

Wenn die Werte unbestimmt sind und immer zu weitgespannt für den bestimmten und konkreten Fall, den wir eben betrachten, so bleibt uns nichts, als uns auf unsern Instinkt zu verlassen.

Man kann nie darauf hoffen, mit Sicherheit zu *wissen*, ob die persönlichen Wertvorstellungen gut oder böse sind. Sein extremer Agnostizismus wird an folgendem Punkt deutlich:

Wer beweist mir, daß ich bezeichnend bin, meine Auffassung vom Menschen und meine Wahl der Menschheit aufzuerlegen? Ich werde nie irgendeinen Beweis, irgendein Zeichen finden, um mich davon zu überzeugen. Wenn sich eine Stimme an mich richtet, so bin ich es immer, der entscheidet, daß diese Stimme die Stimme des Engels ist; nehme ich an, eine Handlung sei gut, so bin wiederum ich es, der zu sagen wählt, die Handlung sei eher gut als schlecht.

Kein Staat kann auf der Grundlage völliger Freiheit bestehen. Hier ist auch Sartre widersprüchlich. ADAM SCHAFF weist darauf hin, daß sich der Existentialist Sartre völliger Freiheit verschrieben hatte, während der kommunistische Sympathisant Sartre einem politischen System seine Anerkennung zollte, das die Freiheit des einzelnen im Interesse des Staates einschränkt:

Gestaltet der einzelne die Gesellschaft, indem er sich seine Verhaltensweise nach eigenem freien Antrieb und nach freier Wahl aussucht? Oder ist es die Gesellschaft, die den einzelnen prägt und seinen Verhaltensmodus bestimmt? – Diese Fragen liegen dem Gegensatz zwischen Existentialismus und Marxismus zugrunde.

Es besteht ein Widerspruch zwischem dem Sartre, der am traditionellen Existentialismus festhält, und dem Sartre, der der Philosophie des Marxismus seine Hochachtung zollt. Dieser Widerspruch kann nur überwunden werden, indem er die eine oder andere gegensätzliche Auffassung, die er jetzt vertritt, aufgibt.

WAS IST LIEBE?

Viele moderne Autoren bezweifeln die Möglichkeit, Liebe zu finden. ALBERT CAMUS spricht von Freundschaft und von Liebe zwischen Mann und Frau, die möglicherweise das einzige ist, was in einem ansonsten absurden Universum Bedeutung haben könnte:

Wenn es etwas gibt, nach dem man sich immer sehnen kann und das man manchmal erreicht, dann ist dies menschliche Liebe.

Die Welt ist wunderschön, und außerhalb dieser Welt gibt es keine Erlösung.

Es gibt nur eine Liebe in dieser Welt. Den Körper einer Frau zu umarmen, heißt, durch die Nähe des anderen jene eigenartige Freude zu bewahren, die vom Himmel auf die See herabsinkt . . . Ich liebe dieses Leben leidenschaftlich. Und ich möchte frei darüber sprechen; mein menschliches Schicksal erfüllt mich mit Stolz.

Die folgende Begebenheit in seinem Roman *Der Fremde* zeigt, wie viele über Liebe und Ehe denken:

Am Abend holte Maria mich ab und fragte mich, ob ich sie heiraten wolle. Ich antwortete ihr, das wäre mir einerlei, aber wir könnten heiraten, wenn sie es wolle.

Da wollte sie wissen, ob ich sie liebe. Ich antwortete, wie ich schon einmal geantwortet hatte, daß das nicht so wichtig sei, daß ich sie also zweifellos nicht liebe.

„Warum willst du mich dann heiraten?" fragte sie.

Ich erklärte ihr, das sei ganz unwichtig; wenn sie wolle, könnten wir heiraten. Übrigens wollte sie es durchaus, während ich mich damit nur einverstanden erklärte.

Sie meinte, die Ehe sei etwas sehr Ernstes.

Ich antwortete: „Nein."

Sie schwieg eine Weile und sah mich an. Dann redete sie.

Sie wollte nur wissen, ob ich denselben Vorschlag einer anderen Frau, mit der ich auf die gleiche Weise verbunden wäre, angenommen hätte.

Ich antwortete: „Selbstverständlich."

Sie fragte sich dann, ob sie mich liebte, und dazu konnte ich nichts sagen. Wieder schwieg sie eine Weile, dann sagte sie leise, ich sei ein seltsamer Mensch,und sie liebe mich gerade deswegen, aber vielleicht werde ich ihr eines Tages aus den gleichen Gründen ein Abscheu sein . . .

Ich schwieg, weil ich nichts zu sagen hatte.

SARTRES Bild von Liebe ist weitaus düsterer. In *Der Ekel* drückt Roquentin seinen Abscheu davor aus, was ein Mann und eine Frau miteinander tun; Abscheu darum,

Der Existentialismus glaubt, daß jeder allein ist in einer feindlichen Welt, nur sich selbst vertrauend und verantwortlich.

weil es so etwas wie Liebe nicht mehr gibt:

Ich höre nicht mehr hin: sie gehen mir auf die Nerven. Sie werden miteinander schlafen. Sie wissen es. Jeder von ihnen weiß, daß es der andere weiß. Aber da sie jung, keusch und zurückhaltend sind, da jeder die Achtung vor sich selbst und dem anderen bewahren möchte, da die Liebe eine große poetische Angelegenheit ist, die man nicht aufschrecken darf, gehen sie ein paarmal in der Woche ins Restaurant und auf den Ball, wo sie den Leuten den Anblick ihrer kleinen, steifen, albernen Tänze bieten . . .

Aber letzten Endes muß man ja die Zeit totschlagen. Sie sind jung und gut gewachsen, sie haben noch dreißig Jahre vor sich. Sie haben also keine Eile, sie nehmen sich Zeit und tun recht daran. Wenn sie miteinander geschlafen haben werden, müssen sie etwas anderes finden, die ungeheure Absurdität ihrer Existenz zu verschleiern. Und doch . . . ist es unbedingt notwendig, sich zu belügen? Meine Augen durcheilen den Raum. Welche Komödie!

Martin Esslin spricht über „die Tragik aller Liebesbeziehungen", wie sie in Samuel Becketts Stücken geschildert wird:

Die Erfahrung, die in Becketts Stücken ausgedrückt wird, geht wesentlich tiefer; sie ist fundamentaler als nur eine Autobiographie. Sie enthält seine Erfahrung von Zeitbedingtheit und Vergänglichkeit; das Gefühl der tragischen Schwierigkeit, sich seiner selbst bewußt zu werden in einem gnadenlosen Prozeß der Erneuerung und Vernichtung, die mit dem Wandel der Zeit einhergeht. Sie erzählt von der Schwierigkeit der Kommunikation zwischen den Menschen; von der nie endenden Suche nach Realität in einer Welt, in der alles unsicher ist und die Grenze zwischen Traum und Wachsein sich ständig verschiebt; von dem tragischen Wesen aller Liebesbeziehungen und der Selbsttäuschung von Freundschaft . . .

WIE SOLLEN WIR LEIDEN UND TOD BEGEGNEN?

Der Existentialist steht der Absurdität des Leidens und des Bösen mit tiefer Verzweiflung gegenüber. In seiner Entschlossenheit, dem Leiden und dem Bösen die Stirn zu bieten, sich dagegen aufzulehnen und es zu bekämpfen, kommt er der christlichen Einstellung nahe.

Albert Camus sagte, an christliche Zuhörer gewandt:

Ich teile Ihr Entsetzen vor dem Bösen. Doch ich teile nicht Ihre Hoffnung und werde weiterhin gegen dieses Universum kämpfen, in dem Kinder leiden und sterben.

In *Der Mensch in der Revolte* schreibt er:

Was uns am Ende dieses langen Abenteuers der Revolte entgegenklingt, sind nicht optimistische Formeln, sondern Worte des Muts und des Geistes, die, nahe am Meer, sogar Tugend sind.

Keine Weisheit kann heute mehr geben wollen. Die Revolte stößt dauernd an das Böse, von

wo aus sie nur einen neuen Anfang nehmen kann. Der Mensch kann alles in sich zügeln, was Zügelung verdient. Er muß in der Schöpfung alles in Ordnung bringen, was in Ordnung gebracht werden kann. Und darauf werden die Kinder immer zu Unrecht sterben, selbst in der vollkommenen Gesellschaft.

Auch bei seiner größten Anstrengung kann der Mensch sich nur vornehmen, den Schmerz der Welt mengenmäßig zu vermindern. Aber Leiden und Ungerechtigkeit werden bleiben und, wie begrenzt auch immer, nie aufhören, der Skandal zu sein. Dimitri Karamasows „Warum" wird weiterhin ertönen; die Kunst und die Revolte werden erst mit dem letzten Menschen sterben.

CAMUS' Roman *Die Pest* vermittelt ein lebhaftes Bild, was diese Rebellion angesichts von Leiden bedeuten muß. Der Arzt Rieux sieht seine Arbeit zur Zeit der Pest darin, „gegen die Schöpfung anzukämpfen, wie er sie vorfindet".

Ich weiß weder, was meiner wartet, noch, was nach alldem kommen wird. Im Augenblick gibt es Kranke, die man heilen muß. Nachher werden sie nachdenken und ich auch. Aber dringlich ist nur, daß man sie heilt. Ich verteidige sie, so gut ich kann, das ist alles."

Haben Sie je eine Frau „Niemals!" schreien hören, als sie am Sterben war? Ich schon. Und dann habe ich gemerkt, daß ich mich nicht daran gewöhnen konnte. Ich war damals noch jung, und mein Ekel glaubte sich gegen die Weltordnung selber zu richten. Seither bin ich bescheidener geworden. Nur habe ich mich einfach immer noch nicht daran gewöhnt, sterben zu sehen. Mehr weiß ich nicht . . .

Diese Verzweiflung (Grands) war auch die seine, und was ihm in diesem Augenblick das Herz abdrückte, war der ungeheure Zorn, der den Menschen angesichts des Leides, das alle Menschen gemeinsam tragen, übermannt.

ABER: seine Rebellion bedeutet, gegen die Ordnung der Dinge zu kämpfen, ohne zu wissen, warum, und ohne Hoffnung, und an dieser Stelle besteht ein wichtiger Gegensatz zur christlichen Einstellung. Der Arzt Rieux in CAMUS' *Die Pest* drückt dieses Dilemma so aus:

Nichts auf der Welt ist es wert, daß man sich von dem abwendet, was man liebt. Und doch wende auch ich mich davon ab, ohne zu wissen, *warum* . . .
Es ist eben so, das ist alles . . . Verzeihen wir es und ziehen wir die Konsequenzen . . . man kann nicht gleichzeitig heilen und lieben. Also wollen wir so schnell wie möglich heilen. Das ist das Dringendste.

Als linksgerichtete Streitkräfte das portugiesische Regime 1974 stürzten, war Jean-Paul Sartre gespannt, wie sich die neue proletarische Führung verhalten würde.

Und doch wußte er, daß dies nicht die Chronik des endgültigen Sieges sein konnte. Sie konnte nur das Zeugnis dessen sein, was man hatte vollbringen müssen und was ohne Zweifel noch alle jene Menschen vollbringen müßten, die trotz ihrer inneren Zerrissenheit gegen die Herrschaft des Schreckens und seine unermüdliche Waffe ankämpfen, die Heimsuchungen nicht anerkennen wollen, keine Heiligen sein zu können, und sich dennoch bemühen, Ärzte zu sein.

Während Rieux den Freudeschreien lauschte, die aus der Stadt empordrangen, erinnerte er sich nämlich daran, daß diese Fröhlichkeit ständig bedroht war.

JEAN-PAUL SARTRE beschrieb die Spannung, die er zwischen der Absurdität des Leidens und seinem Wunsch zu leben, spürte:

Ich fühlte mich überflüssig, also hatte ich zu verschwinden. Ich war eine schwächliche Blume, ständig zum Untergang verurteilt, mit anderen Worten, ich war verdammt, und das Urteil konnte zu jeder Zeit vollstreckt werden. Doch ich lehnte mich dagegen mit meiner ganzen Kraft auf: nicht, daß mir mein Leben teuer war – ganz im Gegenteil, denn ich klammerte mich nicht daran. Je sinnloser ein Leben ist, umso weniger ist der Tod akzeptabel.

HUMANISMUS

The Glossary of Humanism (Das Wörterbuch des Humanismus) definiert den Begriff Humanismus wie folgt:

In groben Zügen befürwortet der Humanismus unserer Zeit eine Lebensanschauung, in deren Mittelpunkt der Mensch und seine Fähigkeit steht, hier und heute ein lebenswertes Leben für sich selbst und für seine Mitmenschen zu schaffen. Die Betonung liegt auf den eigenen intellektuellen und moralischen Quellen im Menschen; die Vorstellung einer übernatürlichen Religion wird zurückgewiesen.

Einer der wichtigsten Trends im modernen Humanismus besteht darin, daß er sich auf die Anwendung wissenschaftlicher Untersuchung und ihre Beurteilung von Wahrheit, Realität und Moral in rein menschlichen Begriffen verläßt.

Wir wollen jedes dieser Hauptelemente betrachten und sie nacheinander veranschaulichen.

● Die Autonomie des Menschen

Der Humanismus geht von der Voraussetzung aus, *daß* der Mensch auf sich selbst gestellt ist und daß dieses Leben alles ist, und der Annahme einer Verantwortlichkeit für das eigene Leben und für das der Menschheit.

Das einfache Thema des Humanismus ist die Selbstbestimmung für Personen, Gruppen und Gesellschaften und für die Menschheit insgesamt.
H. J. BLACKHAM

Die Menschen sind zu Göttern geworden. Ist es nicht an der Zeit, daß wir unser göttliches Wesen verstehen? Die Wissenschaft bietet uns völlige Herrschaft über unsere Umwelt und über unser Schicksal an. Doch statt uns darüber zu freuen, empfinden wir tiefe Angst . . .

Jeder von uns muß begreifen, daß Gott, Natur, Zufall, Evolution, der Lauf der Geschichte oder wie immer Sie es auch nennen mögen, nicht mehr unseres Vertrauens würdig sind. Wir müssen ganz einfach unser Schicksal in unsere eigenen Hände nehmen . . . Es ist nicht länger wahr, daß die Natur von unumstößlichen Gesetzen beherrscht wird, die uns nicht zugänglich sind. Wir selbst sind verantwortlich geworden.
EDMUND LEACH

● Fortschritt und Verbesserung der menschlichen Lebensumstände

Der Humanismus ist ein Glaube, ein Glaube, der es zu leben ermöglicht. Kurz zusammengefaßt meine ich, daß dieses Leben das einzige ist, von dem uns irgendwelches Wissen möglich ist, und daß es unsere Aufgabe ist, es zu verbessern.
LORD WILLIS

● Vertrauen auf die Vernunft

Der Humanismus ist die Anstrengung der Menschen, für sich selbst zu denken, zu fühlen und zu handeln und sich an die logischen Ergebnisse zu halten . . . Eine neue Methode wird plötzlich wahrgenommen, geprüft und entschlossen zu ihrer logischen Konsequenz geführt. Autorität, Gewohnheit und Orthodoxie werden ignoriert, oder man setzt sich darüber hinweg. Das Argument ist pragmatisch, realistisch und menschlich. Die Frage: „Hat diese neue Sache einen Wert?" wird direkt vom Individuum auf Grund seiner persönlichen

Erfahrung entschieden; und diese Entscheidung steht. Gut ist, was des Menschen Prüfung befriedigt und die menschliche Macht vergöttert.
GEOFFREY SCOTT

Ich mag den Humanismus nicht als Religion ansehen, denn eines der großen Verdienste, etwas, das mich angezogen und bewogen hat, Humanist zu werden, ist das fehlende Dogma. Eine der fundamentalsten Positionen, die Humanisten einnehmen, besteht darin, daß die Menschen die Freiheit haben sollten, für sich selbst herauszufinden, wie sie leben sollten, ihre eigenen Prinzipien zu bestimmen.
A. J. AYER

Jeder muß für sich selbst denken und entscheiden, wenn es um wichtige Fragen seines Lebens und Verhaltens geht; und nichts darf, allgemein gesprochen, von menschlichem Fragen ausgenommen sein. Das bedeutet, daß es keine uralte Tradition gibt, keine Offenbarung, keine Autorität, kein privilegiertes Wissen (erste Prinzipien, Intuitionen, Axiome), das außer Frage steht, weil es jenseits der Erfahrung steht und als Maßstab gelten kann, an dem man die Erfahrung deutet. Es gibt nur die Erfahrung, die anhand weiterer Erfahrungen interpretiert wird; die einzige Quelle aller Vernunft und Wertmaßstäbe – stets offen für Fragen. Auch diese radikale Annahme selbst darf natürlich in Frage gestellt werden; sie steht und fällt nur insofern, wie sie durch Erfahrung bestätigt oder widerlegt wird.
H. J. BLACKHAM

● **Vertrauen in die Wissenschaft**

Dieses neue Gedankensystem, dessen Geburtsstunde wir Menschen in der Mitte des 20. Jahrhunderts miterleben, möchte ich ganz einfach *Humanismus* nennen, denn er kann sich nur gründen auf unser Verständnis vom Menschen und seinen Beziehungen zu seiner Umwelt...

Die Wissenschaft hat eine neue und sehr reale Einheit und feste Organisation erreicht und liefert uns ein wissenschaftlich fundiertes Bild vom menschlichen Schicksal und den menschlichen Möglichkeiten. Zum ersten Mal in der Geschichte kann die Wissenschaft zum Verbündeten der Religion werden statt zum Rivalen oder Feind, denn sie kann eine „wissenschaftliche" Theologie liefern, einen wissenschaftlichen Glaubensrahmen für jede neue Religion, die sich aus der gegenwärtigen ideologischen Unordnung ergibt.
JULIAN HUXLEY

KÖNNEN WIR SICHER SEIN, DASS DER EINZELNE IRGENDEINEN WERT HAT?

Wenn ich kein zu Gottes Ebenbild erschaffenes Geschöpf bin und darum als einzelner eine Bedeutung und einen Wert habe, welchen Grund habe ich dann, an der Auffassung festzuhalten, daß meine Persönlichkeit einzigartig und individuell ist?

Die amerikanische Schriftstellerin PEARL S. BUCK (1892–1973) sah keine Schwierigkeit darin, Freiheit und Einzigartigkeit des einzelnen hervorzuheben:

Ich glaube, daß wir als freie Menschen geboren wurden – frei von einer Erblast, insoweit wir mittels unseres Willens bestimmen können, davon frei zu sein, frei von unserer Umwelt, denn keine Umwelt kann jemanden formen, der sich nicht von ihr formen lassen will. Wir sind mit anderen Worten frei geboren von jeder Form der Vorherbestimmung. In jedem von uns befindet sich ein kleiner Keim individuellen Seins, das aus allem zusammengesetzt sein mag, Vererbung, Umwelt und sonst was. Doch die Zusammensetzung selbst ist neu. Sie ist auf immer einzigartig. Dieses *Ich* ist niemals *du* oder *er*. Und dieses *Ich* ist frei, wenn ich mir dessen nur bewußt bin und entsprechend dieser Freiheit handle.

Ergibt dies eine Philosophie? So wie es ist, ist es alles, was ich besitze.

Der englische Autor E. M. FORSTER (1878–1970) empfand das Problem stärker, hatte jedoch die optimistische Hoffnung, daß der einzelne an dem Gefühl seiner eigenen Individualität festhalten könne:

Dies sind die Gedanken eines Individualisten und eines Liberalen, der feststellt, wie der Liberalismus unter seinen Füßen zerbröckelt, und der sich dessen anfangs schämte. Als er sich dann umschaute, erkannte er, daß es keinen besonderen Grund zur Scham gab, da andere Menschen – ganz gleich welcher Auffassung – ebenso unsicher waren. Und was den Individualismus betrifft, so scheint es keinen Weg zu geben, von ihm wegzukommen, selbst, wenn man dies möchte...

Bis Psychologen und Biologen mehr Denkarbeit leisten, als wahrscheinlich erscheint, bleibt das Individuum fest, und jeder von uns muß sich als Individuum erkennen und daraus das Beste machen.

Der Astronom FRED HOYLE hatte auf Grund seiner Evolutionsphilosophie mehr Schwierigkeiten, für die Einzigartigkeit jedes einzelnen einzutreten:

Nur die biologischen Prozesse von Mutation und natürlicher Selektion sind nötig, um Lebewesen, wie wir sie kennen, hervorzubringen. Solche Lebewesen sind nicht mehr als raffinierte Maschinen, die sich als eigenartige Nebenprodukte in einem entlegenen Winkel des Universums entwikkelt haben...

Die meisten Menschen lehnen dies aus dem nicht gerade überzeugenden Grunde ab, daß ihnen die Vorstellung mißfällt, Maschinen zu sein.

JULIAN HUXLEY glaubte, daß der einzelne nur eine Bedeutung habe, weil er an der Evolution des Menschengeschlechts teilhat:

Im Lichte der evolutionären Vision braucht sich der einzelne nicht nur als bedeutungsloses Rädchen innerhalb der sozialen Maschinerie zu sehen und auch nicht als hilfloses Opfer und Spielball gewaltiger, unpersönlicher Kräfte. Er kann etwas tun, um seine eigene Persönlichkeit zu entwikkeln, seine eigenen Begabungen und Möglichkeiten zu entdekken und mit anderen Menschen persönliche und fruchtbare

Beziehungen einzugehen, etwas von seiner eigenen Bedeutung zu entdecken. Wenn er dies tut, erkennt er in seinem eigenen Wesen ein wichtiges Maß an evolutionärer Möglichkeit: Er bringt seine eigene persönliche Qualität für die Erfüllung des menschlichen Schicksals ein, und er ist sich seiner eigenen Bedeutung sicher in dem größeren und sich weiter erstreckenden Ganzen, wovon er ein Teil ist.

WAS IST DER SINN DES LEBENS?

Der optimistische Humanist H. J. BLACKHAM geht von der Position aus, die „Sinnlosigkeit des Ganzen zu erkennen":

Es gibt kein Ende des Versteckens vor dem allerletzten Ende des Lebens: dem Tod. Doch es nützt nichts. Nach humanistischen Vorstellungen führt das Leben zu nichts. Jede gegenteilige Aussage ist Betrug. Stellen wir uns eine Brücke über eine enge Felsschlucht vor, die sich nur bis zur Mitte erstreckt und dann endet. Und stellen wir uns vor, diese Brücke ist überfüllt mit weiter drängenden Menschen, so fällt einer nach dem anderen in die Schlucht. Die Brücke führt nirgendwohin. Und jene, die nach vorne schieben, um sie zu überqueren, enden im Nirgendwo. Es ist unwichtig, wo sie hinzugehen meinen. Welche Vorbereitungen sie für die Reise getroffen haben, wie viel Spaß es ihnen macht... Diese Situation ist ein Beispiel für Sinnlosigkeit.

COLIN WILSON glaubt, daß die Evolutionsphilosophie „*im* Menschen eine neue Art von Sinn" schaffen kann:

Er (der Mensch) ist noch kein „geistiges Wesen", denn geistig bedeutet letztlich, fähig zu sein, Freiheit auszuüben, und Freiheit ist sinnlos ohne ein Ziel...
Was nötig ist, um den Übergang vom Affen zum Menschen zu vollenden, ist die Geburt einer neuen Art von Sinn *im* Menschen. Sir Julian Huxley hat recht, wenn er dieses Bewußtsein eine „neue Religion" nennt.

Als Antwort schlägt er eine „evolutionäre Phänomenologie" vor:

Es wurde angeregt, daß die Antwort in der Evolution zu suchen sei, wie sie Shaw, Wells oder Sir Julian Huxley beschrieben haben ... Was würde geschehen, wenn die Wissenschaft das Gefühl der Bedeutung des einzelnen, das Gefühl, daß man einen direkten Draht zum universalen Ziel besitzt, ersetzen *könnte*? Denn genau dies ist das Ziel der evolutionären Phänomenologie: die Auffassung, daß Menschen sich selbst und die *inneren Kräfte*, die sie zur Verfügung haben, verändern und schließlich den neuen evolutionären Typus schaffen, wie ihn die „Außenseiter" ahnen lassen.

JOHN WREN-LEWIS meint, daß „eine positive Vision vom Guten im Menschen in konkreten Erfahrungen" zum Entstehen eines „tieferen Humanismus" führen könnte:

Die Renaissance versagte genau da, als die Gesellschaft verfehlte, die Auflehnung gegen die traditionelle Ansicht konsequent durchzusetzen, und an dieser Stelle erscheint es mir auch, daß wir heute das langsame Entstehen einer neuen Vision bezeugen, die das Versprechen der Renaissance einlöst, denn diesmal vollendet es die Revolution. Wir bezeugen sozusagen das Entstehen eines tieferen Humanismus, gegründet auf ein positiveres Bild vom Guten im Menschen in konkreten Erfahrungen, und es entspricht der gleichen Disziplin psychologischer Analyse, die den neurotischen Charakter der moralischen und sozialen Orientierungen im neurotischen Wesen des Menschen enthüllt hat.

Wie dieser Glaube sich praktisch auswirken kann, ist etwas, was noch erarbeitet werden muß.

Die große Mehrzahl von Autoren, die sich mit diesem Thema beschäftigt haben, sind zu einem pessimistischen Ergebnis gekommen:

Somerset Maugham

Wenn man die Existenz Gottes und die Möglichkeit eines Lebens nach dem Tod als zu zweifelhaft beiseite schiebt, als daß es sich irgendwie auf das menschliche Verhalten auswirken könnte, dann muß man sich darüber klar werden, worin der Sinn dieses Lebens besteht. Wenn mit dem Tod alles aus ist, wenn ich weder auf das Gute, das noch kommt, hoffen noch das Böse fürchten muß, dann muß ich mich fragen, warum ich hier bin und wie ich mich unter diesen Umständen zu verhalten habe. Die Antwort auf eine dieser Fragen ist einfach und doch so unangenehm, daß sich die meisten ihr nicht stellen werden. Es gibt keinen Grund zum Leben, und das Leben hat keinen Sinn.
SOMERSET MAUGHAM

Hier sind wir in diesem phantastischen Universum und haben kaum eine Ahnung, ob unsere Existenz irgendeine reale Bedeutung hat.
FRED HOYLE

COLIN WILSON schreibt über Ernest Hemingway:

Der wichtige Satz: „Die meisten Menschen sterben wie Tiere, nicht wie Menschen", ist eine Antwort auf die humanistische Vorstellung von der Vollkommnung des Menschen ... Der Mensch kann nichts verlieren. Dies bedeutet nicht, daß das Leben keinen Wert hat; im Gegenteil. Das Leben ist der einzige Wert; es sind die Ideen, die wertlos sind.

NIKOS KAZANTZAKIS, der griechische Autor des Buches *Zorbas, der Grieche*, schrieb im Jahr 1947 an einen Freund:

Illusion und Hoffnung zu besiegen, ohne von der Angst überwältigt zu werden: Darin hat mein ganzes Streben in meinem Leben während der vergangenen zwanzig Jahre bestanden; geradewegs in den Abgrund zu schauen, ohne in Tränen auszubrechen, ohne zu betteln oder zu drohen, ruhig und gelassen die Würde des Menschen bewahren; den Abgrund zu sehen und weiterzuarbeiten, so als wäre ich unsterblich . . .

Jetzt erkennt der Mensch, daß er ein Zufallsprodukt, ein völlig nutzloses Wesen ist, der das Spiel ohne Grund weiterspielen muß. Ich glaube, daß selbst, als Velasquez oder Rembrandt malten, sie noch immer, ganz gleich, wie sie dem Leben gegenüberstanden, ein wenig abhängig waren von bestimmten Formen religiöser Möglichkeiten, die, so könnte man sagen, der Mensch heute selbst beiseite geschoben hat. Der Mensch kann jetzt nur versuchen, sich eine gewisse Zeit zu täuschen, indem er sein Leben verlängert, indem er von den Ärzten eine Art Unsterblichkeit erkauft. Sehen Sie, das Malen, ja, alle Kunst, ist zu einem Spiel geworden, durch das sich der Mensch ablenken kann. Man könnte sagen, daß dies schon immer so gewesen sei. Doch jetzt ist es nur noch ein Spiel.
FRANCIS BACON

Ich habe das Gefühl, als befände ich mich in einer Sackgasse und am Ende. Alle geistigen Fakten, die ich erkenne, sind wahr, doch ich kann dem Gefühl nicht ausweichen, in der Gemeinheit des eigenen Ichs und in der Nutzlosigkeit all dessen, was ich gesehen, getan und gesagt habe, gefangen zu sein.
ALLEN GINSBERG

(I) *Sweeney:* Nichts hören, außer dem Rauschen der Brandung. Nichts, absolut nichts, außer diesen drei Dingen:
***Doris:* Welchen Dingen?**
***Sweeney:* Geburt, Paarung und Tod. Das ist alles, das ist alles, das ist alles, das ist alles. Geburt, Paarung und Tod.**
***Doris:* Das würde mich langweilen.**
***Sweeney:* Ja, Geburt, Paarung und Tod.**
***Doris:* Das würde mich langweilen.**
***Sweeney:* Ja, Geburt, Paarung und Tod. Das ist alles, wenn man auf den Kern der Sache kommt. Geburt, Paarung und Tod. Ich bin geboren, und einmal ist genug. Du erinnerst dich nicht, aber ich erinnere mich. Einmal ist genug.**

(II) *Doris:* Das ist nicht Leben; das ist kein Leben. Ich wäre lieber tot.
***Sweeney:* So ist das Leben. Nur so.**
***Doris:* Was heißt das? Was ist dieses Leben?**
***Sweeney:* Leben ist Tod.**
T. S. ELIOT

Für viele, die an dem Punkt angekommen sind, daß sie sagen, das menschliche Leben sei ohne Bedeutung, ist es schwierig, wenn nicht gar unmöglich, mit dieser Schlußfolgerung zu leben. Sie fühlen sich gezwungen, nach einem Weg zu suchen, um zumindest irgendwo ein gewisses Maß an Sinn zu schaffen.

Allen Ginsberg

T.S. Eliot

WIE FINDET DER HUMANIST EINE GRUNDLAGE FÜR MORALISCHE WERTVORSTELLUNGEN?

SOMERSET MAUGHAM gründete seine Werte auf „die Natur":

Was ist denn rechtes Handeln? Was mich betrifft, so ist die beste mir bekannte Antwort jene, welche Fray Luis de Léon gegeben hat. Ihr zu folgen, ist nicht so schwierig, als daß die menschliche Schwäche über die eigenen Kräfte hinaus davor kuscht. Damit kann ich mein Buch beschließen. Die Schönheit des Lebens, sagte er, ist nichts als dies, daß jeder im Einklang mit seinem Wesen und seiner Aufgabe handeln sollte.

C.E.M. JOAD schrieb im Jahr 1942 als Agnostiker von der Hoffnung, daß man an den ethischen Normen des Christentums weiterhin festhalten könnte, selbst wenn man den christlichen Glauben aufgegeben habe. Doch er erkannte, daß dies nichts weiter als eine Übergangslösung sei, da die christlichen Werte nicht ohne feste Grundlage weiterbestehen könnten. Dann stellte er sich die Frage, ob es möglich sei, an ihnen festzuhalten, nicht weil sie *wahr*, sondern weil sie *nützlich* seien:

Ich bin an dem Punkt angelangt, den ethischen Normen des Christentums eine neue Bedeutung

beizumessen und der Lebensweise, auf deren Annahme sie basieren; ich sehe, daß dieser Wert beibehalten wird, selbst wenn die metaphysischen Grundlagen, auf die das Christentum diese Normen gründet, für zweifelhaft angesehen oder als unhaltbar abgelehnt werden.

Doch darauf folgt die Frage: „Können die Normen ohne die übernatürliche Grundlage fortbestehen, so wie eine Blume, die von ihren Wurzeln getrennt wurde?" Daß christliche Normen und christliche Weltanschauung so *für eine gewisse Zeit* weiterbestehen, ist klar. Bei Plato finden wir einen interessanten Abschnitt über den Ersatz der Prinzipien in einer Gesellschaft durch die Gewohnheit. Er gibt eine lebendige Beschreibung über die Macht der Gewohnheit und erklärt, wie Männer und Frauen weiterhin bestimmte Tugenden kultivieren und Zurückhaltung üben können, wenn die Prinzipien, die allein das Kultivieren und Ausüben gerechtfertigt hätten, nicht länger aufrechterhalten werden. Sie tun dies möglicherweise eine gewisse Zeitlang, und wenn die Zeiten ruhig sind, lange, unwissend darüber, daß die Grundlagen der Prinzipien nicht länger existieren; doch die Struktur der Gewohnheit, der die Grundlage fehlt, bricht beim ersten Ansturm von Not zusammen.

C.E.M.Joad

Geschieht dies nicht heute? Und wäre das nicht gut? Und wenn dem nicht so ist, wäre es dann klug, die Grundlagen in der Geschichte und Metaphysik, auf die sich der christliche Glaube gründet, weiterhin auszuhöhlen? Wenn wir sie selbst nicht annehmen können, wäre es nicht wahrscheinlich trotzdem gut, daß wir zumindest so tun sollten, indem wir uns in unserer Notlage an Platos Hinweis auf die sozialen Vorzüge der nützlichen Lüge besinnen?

Julian Huxley meinte, daß sich durch die, wie er es nannte, „evolutionäre Vision" ein Bewußtsein von Recht und Unrecht entwickeln könnte, um den Bedürfnissen jeder neuen Generation gerecht zu werden:

Die evolutionäre Vision befähigt uns, wie unvollkommen auch immer, die charakteristischen Züge der neuen Religion zu unterscheiden, die, dessen können wir sicher sein, die Bedürfnisse der kommenden Generation befriedigen werden. So, wie der Magen ein Körperorgan ist, das für die Verdauung verantwortlich ist, was die biochemische Tätigkeit besonderer Säfte einschließt, so sind Religionen psychologische Organe, die sich mit Problemen des menschlichen Schicksals beschäftigen und das Gefühl des Heiligen und das Bewußtsein von Recht und Unrecht einschließen. Irgendeine Religion ist wahrscheinlich notwendig. Sie ist aber nicht unbedingt eine gute Sache.

H. J. Blackham folgt dem Nützlichkeitsprinzip, das erstmals von J. S. Mill (1806–1873) entwickelt worden ist und das besagt, eine Handlung ist dann richtig, wenn sie das größte Glück für die größte Zahl von Menschen bedeutet:

Das humanistische Moralsystem ist eine Heiligung der Tatsachen des Lebens, so wie es die Menschen leben. Er fährt in der von den Superhumanisten eingenommenen entgegengesetzten Richtung fort, denn statt vom willkürlichen Imperativ zum entsprechend phantastischen Indikativ zu gelangen, bewegt er sich vom Indikativ der beobachteten und erlebten Tatsachen zum Imperativ einer realistischen Moral und einer rationalen Gesetzgebung.

J. S. Mill

Das Problem dieser Einstellung besteht darin, daß Glück gewöhnlich ein Nebenprodukt von Handlungen ist, die aus anderen Gründen getan werden, als der Erlangung von Glück, wie J. S. Mill in späteren Jahren seines Lebens erkannte:

Ich schwankte in der Tat nie bei der Überzeugung, daß Glück die Prüfung aller Verhaltensregeln sei und das Ziel des Lebens. Nun dachte ich aber, daß dieses Ziel nur erreicht werden könnte, indem es nicht zum direkten Ziel wird. Nur jene sind glücklich (so meinte ich), die ihr Denken auf etwas anderes gerichtet haben als ihr eigenes Glück; auf das Glück anderer, auf die Verbesserung der Menschheit, sogar auf irgendeine Kunst oder Betätigung, die nicht als Mittel verfolgt wird, sondern als idealer Zweck, und indem sie ihr Augenmerk auf etwas anderes gerichtet haben, finden sie nebenbei das Glück.

Denn eine zweite Schwäche besteht darin, daß es logisch nicht möglich ist, eine Soll-Aussage aus einer Ist-Aussage abzuleiten.

Wir können nicht aus einer einfachen Aussage über den Stand der

Dinge (wie die Dinge tatsächlich sind) eine weiterreichende Aussage über eine Pflicht (wie die Dinge sein sollten) ableiten. Wenn wir sagen: „Die Menschen *verhalten sich in der Tat* wie folgt ...", so haben wir nicht das Recht, dies moralisch zu bewerten und zu sagen: „Darum *sollten sie sich* wie folgt *verhalten* ..." Nicht einmal die umfassendste Studie sexueller Verhaltensweisen einer bestimmten Gesellschaft würde es uns beispielsweise ermöglichen zu sagen, welche Gewohnheiten die Menschen ablegen und welche sie annehmen sollten.

H. J. Blackham verweist auch auf den Grundsatz, daß sich Wertmaßstäbe auf den „sozialen Vertrag" gründen können. Das heißt, daß wir moralische Grundsätze auf ein Studium der tatsächlichen menschlichen Lebensweise gründen:

Der Humanismus gründet sich auf zwei historische Bestrebungen von universaler Bedeutung: freies Gedankentum und sozialer Vertrag.

Nur allzu häufig gibt es herzlich wenig Übereinstimmung in der Welt außerhalb der Naturwissenschaften – und vielleicht weniger innerhalb ihrer, als allgemein angenommen wird.

Und dennoch ist die Übereinstimmung das höchste Kriterium der Werte und Fakten, so würden einige Humanisten sagen, und auf jeden Fall für Regeln, die jeden in einer Gesellschaft betreffen ...

Alle Humanisten wollen, daß sich eine Übereinstimmung auf den säkularen *Grundlagen* der Gesellschaft etabliert.

Das Problem hier besteht jedoch darin zu erkennen, *wie* eine Gesellschaft diese Art von Übereinstimmung finden kann. Man kann wohl kaum auf eine hundertprozentige Übereinstimmung der Wertmaßstäbe hoffen. Wenn eine solche Übereinstimmung nicht zustande kommt, welche Mehrheit ist dann akzeptabel: 80% oder 51%? Oftmals würde eine Gesellschaft auf Gnade und Ungnade an Experten ausgeliefert sein, die behaupten, sie *wüßten*, was das Beste für die Gesellschaft sei. In diesem Fall kann das Konzept der Übereinstimmung nicht heißen „Übereinstimmung der Mehrheit", sondern vielmehr „Übereinstimmung von Experten".

Doch selbst wenn es möglich wäre, eine hundertprozentige Übereinstimmung zu erreichen, inwiefern würde diese Übereinstimmung einige Dinge richtig und einige falsch machen? Wie könnte die Übereinstimmung an sich das höchste Kriterium für Wertmaßstäbe sein?

Alvin Toffler macht in seinem Buch *Die Zukunftschance* den Vorschlag, daß die Entwicklung der Elektronik es in der Zukunft Millionen in allen Teilen der Welt ermöglichen wird, an Spielen teilzunehmen, die uns helfen könnten, „Ziele für die Zukunft zu bestimmen".

Während im Fernsehen Schauspieler die Rolle von hohen Regierungsbeamten verkörpern, die versuchen, mit einer Krise fertig zu werden – z.B. einer ökologischen Katastrophe –, könnten Versammlungen von Gewerkschafts- und Frauenverbänden, kirchlichen Gruppen, Studentenorganisationen und anderen Kreisen abgehalten werden, in denen eine große Zahl von Menschen das Programm begutachten könnte, um über die zu treffenden Entscheidungen gemeinsam urteilen zu können und diese Ergebnisse an die Hauptdarsteller weiterleiten zu können. Besonders dafür eingerichtete Schalttafeln und Computer würden den Rat auffangen oder die Ja- bzw. Neinstimmen speichern und an das Entscheidungsgremium weiterleiten. Eine Vielzahl von Menschen könnte ebenfalls von zu Hause teilnehmen und diesen Prozeß nicht organisierten, sonst nicht teilnehmenden Millionen öffnen. Indem man solche Spiele mit viel Phantasie schafft, wird es nicht nur möglich sein, sondern auch praktikabel, Zukunftsziele von früher nicht berücksichtigten Massen zu erfahren.

Solche Verfahrensweisen, die sich heute noch in der Entwicklung befinden, werden in den unmittelbar vor uns liegenden Jahren ungemein verfeinert werden. Sie werden uns einen systematischen Weg aufzeigen, die widersprüchlichen Bilder einer bevorzugten Zukunft zu sammeln und miteinander in Einklang zu bringen – selbst von Menschen, die sich im akademischen Reden oder in den parlamentarischen Methoden nicht auskennen.

In seiner Zukunftsvision gibt er jedoch nicht den geringsten Hinweis darauf, *wie* Einzelpersonen oder Gruppen moralische Wertmaßstäbe diskutieren sollten. Uns wird kein Hinweis auf irgendeine mögliche *Grundlage* für Moral gegeben. Wenn die Herrschenden nicht alle notwendigen Entscheidungen selbst treffen, so wird nur die Übereinstimmung der öffentlichen Meinung entscheiden.

Jacob Bronowski meint, daß die Wissenschaft sogar Werte „schaffen" könne:

Die Werte der Wissenschaft entstammen weder den Tugenden ihrer Mitglieder noch den erhobenen Zeigefingern, mit denen sich ein jeder Beruf zum Guten ermahnt. Sie sind aus der Praxis der Wissenschaft erwachsen, denn sie stellen die unausweichlichen Voraussetzungen für diese Praxis dar.

Wie alle anderen kreativen Tätigkeiten, die aus der Renaissance erwuchsen, hat die Wissenschaft unsere Wertmaßstäbe vermenschlicht. Die Menschen forderten Freiheit, Gerechtigkeit und Achtung gerade dann, als der wissenschaftliche Geist sich unter ihnen ausbreitete ...

Die Inspiration der Wissenschaft ... hat die Werte unseres intellektuellen Lebens geschaffen und sie im Fall der Künste unsere Zivilisation gelehrt.

Hier einige der Werte, die, wie er meint, von der Wissenschaft „geschaffen" worden sind:

Unabhängigkeit und Originalität, Meinungsvielfalt, Freiheit und Toleranz: das sind die ersten

Notwendigkeiten in der Wissenschaft; dies sind auch die Werte, welche sie an sich fordert und formt . . .

In Gesellschaften, in denen es diese Werte nicht gibt, müßte die Wissenschaft sie schaffen.

Aus diesen Voraussetzungen, welche die Grundwerte formen, entwickeln sich Schritt für Schritt eine Reihe von Werten: Meinungsvielfalt, Rede- und Gedankenfreiheit, Gerechtigkeit, Ehre, Menschenwürde und Selbstachtung.

Seit der Renaissance haben sich unsere Werte in solchen Schritten entwickelt.

Das Prinzip, das er als wissenschaftliche Grundlage der Werte vorlegt, lautet darum:

Wir SOLLTEN uns so verhalten, daß das, was wahr ist, auch als solches erwiesen werden kann.

ABER: Wenn man wissenschaftliche Werte verabsolutiert, schafft man einige Probleme: Erstens entsteht sprachliche Verwirrung bei der Aussage, daß die Wissenschaft Werte „schafft". Die Wissenschaft ist eine menschliche Tätigkeit, die von einzelnen Wissenschaftlern verfolgt wird. „Wissenschaft" kann ebensowenig Werte schaffen wie andere menschliche Tätigkeiten, z.B. Kunst oder Sport.

Die Wissenschaft schreitet möglicherweise wirkungsvoller voran, wenn Wissenschaftler bestimmte Wertmaßstäbe berücksichtigen; doch die Werte, die, wie es heißt, von der Wissenschaft geschaffen wurden, wurden lange vor der Entwicklung der modernen Wissenschaft erkannt und praktiziert.

Es gibt zweitens bestimmte Werte, die wenig oder nichts mit Wissenschaft zu tun haben.

Jacob Bronowski bekennt in seinem Vorwort einer späteren Ausgabe seines Buches, daß es Werte gibt,

die nicht durch die Wissenschaft entstehen – Werte wie Zärtlichkeit, Güte, menschliche Vertrautheit und Liebe.

Wenn es drittens zu bestimmten moralischen Problemen kommt, werden es immer bestimmte Wissenschaftler oder Gruppen von ihnen sein, welche die Entscheidung zu treffen haben und die Werte aufzeigen. Die Willkürherrschaft der Wissenschaftler könnte ebenso erschreckend sein wie die Willkürherrschaft von Soldaten oder Politikern.

Arthur Koestler erkennt das moralische Dilemma des 20. Jahrhunderts sehr deutlich:

Die Logik der Zweckdienlichkeit führt zum atomaren Zerfall der Moral; es ist eine Art radioaktiver Zerfall aller Werte.

Er hegt die Hoffnung, daß die Wissenschaft irgendwie „den neurotischen Riß in uns heilen kann":

Kann die Wissenschaft den neurotischen Riß in uns heilen? Wenn sie es nicht kann, dann kann es niemand. Machen wir uns nichts vor! Hohe moralische Vorschriften bringen die Heilung nicht . . .

Das humanistische Ideal des sozialen Fortschritts hat unsere innerstädtische Architektur vielfach geprägt.

Das Verständnis der Wissenschaft unterscheidet sich nicht von dem der Künste. Ich glaube, daß die Wissenschaft Werte schaffen und Tugenden entdecken wird, wenn sie in den Menschen hineinschaut, wenn sie erforscht, was ihn zum Menschen und nicht zum Tier macht und was seine Gesellschaften menschlich und nicht zu Meuten von Tieren macht.

Gleichzeitig erkennt KOESTLER sehr wohl die möglichen Konsequenzen, wenn man sich auf die Wissenschaft verläßt, die er als „den neuen Baal beschreibt, der mit seinem elektronischen Gehirn über dem moralischen Vakuum herrscht":

In absehbarer Zeit wird sich der Mensch entweder zerstören oder auf die Reise zu den Sternen machen ...

Unsere hypnotische Versklavung an die numerischen Aspekte der Realität hat unser Wahrnehmungsvermögen für nicht-quantitative moralische Wertvorstellungen betäubt; diese „Der-Zweck-heiligt-die-Mittel"-Ethik könnte sich als wesentlicher Faktor für unseren Untergang entpuppen.

WIE DENKT DER HUMANIST ÜBER DEN TOD?

FRED HOYLE meint, daß wir „nicht die geringste Ahnung von unserem eigenen Schicksal haben":

Das vielleicht hoheitsvollste Merkmal unserer gesamten Existenz besteht darin, daß unser Verstand zwar gewaltig genug ist, um in die Evolution dieses außerordentlich unglaublichen Universums vorzudringen, wir jedoch nicht die geringste Ahnung von unserem eigenen Schicksal haben.

Das Humanistische Manifest II aus dem Jahr 1973 enthält nichts über irgendein Leben nach dem Tod:

Soweit uns bekannt, ist die gesamte Persönlichkeit eine Funktion des biologischen Organismus, die sich in einem sozialen und kulturellen Rahmen abspielt. Es gibt keinen zuverlässigen Beweis, daß Leben den Körper eines Toten überdauert.

Der amerikanische Romanschriftsteller JOHN UPDIKE malt ein außerordentlich düsteres Bild davon, wie ein Mensch den Tod sieht:

Ohne Warnung begegnete David seiner genauen Todesvision: ein längliches Loch in der Erde, nicht größer als dein Körper, in das man dich hinunterläßt, während die weißen Gesichter entschwinden. Du versuchst, dich nach ihnen auszustrecken, doch deine Arme werden festgehalten. Man schaufelt dir schmutzige Erde ins Gesicht; und dort wirst du nun auf ewig sein. In einer aufrechten Lage, blind und still, und mit der Zeit wird sich keiner mehr deiner erinnern, man wird dich nicht mehr rufen. Und während sich Gesteinsschichten verschieben, wachsen deine Finger in die Länge. Und deine Zähne dehnen sich nach der Seite hin aus zu einer großen Grimasse, nicht zu unterscheiden von einem Kreidestrich. Und die Erde dreht sich weiter. Und die Sonne vergeht, eine stetige Dunkelheit herrscht da, wo einst die Sterne waren.

TOM STOPPARD bringt die folgende Auffassung über den Tod in seinem Stück *Rosencrantz and Guildenstern are Dead* zum Ausdruck:

Niemand erhebt sich nach dem Tod – kein Applaus – nur Stille und ein paar getragene Kleider; das ist – *Tod* –

... Sterben ist nicht romantisch, und der Tod ist kein Spiel, das bald vorüber sein wird ... Tod ist nicht etwas ... Tod ist nicht ... Er ist Abwesenheit von Gegenwart, weiter nichts ... endlose Zeit des nie Zurückkehrens ... Ein Spalt, den man nicht sehen kann, und wenn der Wind hindurchweht, macht er kein Geräusch ...

WAS FÜR EINE SICHT HAT DER HUMANIST VON DER ZUKUNFT?

Einige Humanisten sehen der Zukunft mit großem Optimismus entgegen.

Ich setze meine Kraft lieber für das ein, was in meiner Reichweite ist: Aus dieser Welt mit ihrem gewaltigen unglaublichen Potential an Schönheit und Glück einen Ort zu machen, an dem jeder Mann, jede Frau und jedes Kind wahrhaftig sagen kann: „Wir sind dankbar dafür zu leben, denn das Leben ist Nahrung!"

Heute klingt das wie Hohn und Spott. In einigen hundert Jahren wird es einen Sinn ergeben, und dann wird der Mensch den Mut erlangt haben, der nötig ist, um sich so zu sehen, wie er ist – ein Wesen, mit der Macht des Verstandes ausgerüstet, der es ihm schließlich ermöglicht, in jedes Geheimnis der Natur vorzudringen, bis er wahrhaftig Herr über all das ist, was er sieht, und mit einer solch vollkommenen Willensfreiheit ausgestattet, daß er selbst – und niemand sonst – wirklicher Herr seines Schicksals ist und darum bei der Gestaltung seines höchsten Glücks von niemand anderem abhängig ist als von sich selbst.

H. W. VAN LOON

H. J. BLACKHAM weist Pessimismus und Verzweiflung zurück, die er bei Francis Bacon und Jean-Paul Sartre sieht und meint, daß es sich dabei um „entstellte und unreife Formen humanistischen Ausdrucks" handelt. Und er fügt die Frage an:

Kann der Humanismus wahrhaftig und berechtigterweise den Gleichmut bewahren, nicht nur angesichts wahrscheinlich letzter Vernichtung, sondern auch tatsächlichem menschlichem Leid, Dummheit und Brutalität, wie sie heute herrschen? Kann man überhaupt mit dem allgemeinen Verhalten der Menschheit oder den Trends und Tendenzen, die festgestellt werden können, zufrieden sein?

Auf eine solche Frage gibt es keine Antwort bzw. keine allgemeine Antwort, denn es gibt kein allgemeines Verhalten der Menschheit. Jeder muß hier sein eigenes Konto saldieren. Bei einer solchen Berechnung ist das Kleingeld der täglichen Fröhlichkeit und unbeschwerten Freuden zum Zählen nicht zu klein. Eine Dimension der Endgültigkeit ist hier und heute. Vordergründig

mag sich Defätismus manchmal als ein Teil der Vernunft darstellen, die als Klugheit auftritt; doch wer wird schon allen Ernstes sagen, daß die Zeit nicht so ist. Solange schlechtere oder bessere Möglichkeiten bestehen, hat man Zeit zum Handeln. Heute sind die besseren und schlechteren Möglichkeiten besser bzw. schlechter denn je. Das ist der Ruf an die Humanisten und zugleich der Ruf der Humanisten.

Julian Huxley

JULIAN HUXLEY meinte, daß der Lauf der Evolution selbst die Menschheit einer besseren Zukunft entgegenführen würde:

Die Evolution . . . ist die gewaltigste und umfassendste Idee, die jemals auf Erden entstanden ist. Sie hilft uns, unsere Herkunft zu begreifen, unser eigenes Wesen und unsere Beziehung zur übrigen Natur. Sie zeigt uns die Hauptströme der Evolution in der Vergangenheit und die Richtung für unseren Evolutionskurs der Zukunft.

Vom speziell religiösen Standpunkt aus betrachtet, könnte die wünschenswerte Richtung der Evolution als Vergöttlichung der Existenz bezeichnet werden – doch damit dies auch wirksame Bedeutung haben kann, müssen wir eine neue Definition des „Göttlichen" formulieren, die frei ist von allen Nebenbedeutungen übernatürlicher Wesen außerhalb der Welt.

Dieser neue Standpunkt, auf den wir uns hinbewegen, die Vision des evolutionären Humanismus, ist im Grunde ein religiöser Standpunkt und . . . wir können und sollten uns ihm mit wirklich religiösem Eifer widmen, um der Menschheit in ihrem zukünftigen Schicksal größere Erfüllung zu sichern.

ARTHUR KOESTLER diagnostiziert das Problem des Menschen so:

Wenn man die Spur des Wahnsinns betrachtet, die sich durch die Geschichte der Menschen zieht, so erscheint es höchst wahrscheinlich, daß der *homo sapiens* eine biologische Mißgeburt ist, das Resultat eines gewaltigen Fehlers innerhalb des Evolutionsprozesses . . . An irgendeinem Punkt seiner Entwicklung ist etwas schiefgelaufen.

Die Ursache, die diesen pathologischen Symptomen zugrunde liegt, ist der Bruch zwischen Verstand und Glaube oder, allgemeiner ausgedrückt, eine unzureichende Koordination zwischen gefühlsmäßigen und unterscheidenden Fähigkeiten des Verstandes . . . zwischen Instinkt und Intellekt, Emotion und Vernunft.

Er meint, daß allein die Wissenschaft eine Lösung bieten kann:

Die biologische Evolution hat uns im Stich gelassen; es besteht nur Hoffnung zum Überleben, wenn wir Verfahrensweisen entwickeln, die diese ersetzen, indem die notwendigen Veränderungen im menschlichen Wesen herbeigeführt werden.

KOESTLER hofft, daß eine „neue Pille" entwickelt werden könnte, die das menschliche Wesen verändern würde und als ein intellektueller Stabilisator fungieren könnte:

Psychopharmaka können dem Gehirn nichts *hinzufügen* – sie können bestenfalls Hindernisse oder Blockierungen *ausschalten*, die die Gehirnfunktion beeinträchtigen. Sie können uns nicht erhöhen – aber sie können uns in Maßen normalisieren; sie können keine weiteren Leitungen in unser Gehirn legen, aber sie können, und zwar wieder in bestimmten Grenzen, die Koordination zwischem dem Bestehenden verbessern, Konflikte mindern, das Durchbrennen von Sicherungen verhindern und eine stetige

Arthur Koestler

Stromversorgung gewährleisten. Mehr Hilfe können wir nicht erwarten – doch würden wir sie erhalten, wären die Vorteile für die Menschheit unvorstellbar; es wäre die „letzte Revolution", in gewisser Weise im Gegensatz zu der Huxleys – der Durchbruch vom Monstrum zum Menschen.

Andere Humanisten sehen der Zukunft ausgesprochen pessimistisch entgegen. Die folgende Beschreibung von D. R. DAVIES über die Verzweiflung, die er in den dreißiger Jahren verspürte, drückt sehr gut das aus, was viele Menschen in den achtziger Jahren empfinden:

Während mir die Bedeutung jeder Serie . . . von Ereignissen deutlich bewußt wurde, machte mein gesamtes Ich den schmerzlichsten

Bertrand Russell

Zerfallsprozeß durch. Ich war überwältigt von einem schrecklichen Gefühl der Sinnlosigkeit. Als ich allmählich begriff, daß es nicht möglich ist, Frieden zu schaffen; als die höchste Unsinnigkeit des gesamten Wirtschaftslebens in Europa allmählich auf mich einstürzte; und als mir die Bedeutung des Faschismus langsam klar wurde; und als mir schließlich die Illusion Rußlands klar wurde, durchlebte ich eine Verzweiflung, wie ich sie nie zuvor gekannt hatte.

BERTRAND RUSSELL schrieb:

Der Mensch ist das Produkt der Ursachen, die das Ende nicht vorhersehen, zu dem sie führen: daß sein Ursprung, seine Entwicklung, seine Hoffnungen und Befürchtungen, seine Liebe und sein Glaube das Ergebnis zufälliger Anordnungen von Atomen sind; daß kein Feuer, kein Heldentum, keine Tiefe des Denkens und Fühlens ein individuelles Leben jenseits des Grabes aufrechterhalten kann; daß alle Arbeit der Generationen, alle Hingabe, alle Begeisterung, aller Mittagsglanz des menschlichen Geistes bestimmt sind zum Verlöschen im ungeheuren Tod des Sonnensystems und daß der ganze Tempel der menschlichen Errungenschaften unvermeidlich verbrennen muß in den Trümmern eines zerstörten Universums – all diese Dinge sind beinahe so sicher, wenn auch nicht völlig, daß keine Philosophie, die sie unberücksichtigt läßt, Bestand haben wird. Nur innerhalb dieses Gerüsts der Wahrheit, nur auf dem festen Fundament dieser harten Verzweiflung kann die Wohnung der Seele künftig sicher gebaut werden.

Kurz und ohnmächtig ist das menschliche Leben; auf ihn und sein ganzes Geschlecht fällt der langsame und sichere Untergang mitleidslos und dunkel herab. Blind für das Gute und Böse, unbekümmert um Zerstörung, rollt die allmächtige Materie unbarmherzig ihren Weg voran. Für den Menschen, der dazu verurteilt ist, heute das Liebste zu verlieren, morgen selbst das Tor der Finsternis zu durchschreiten, bleibt nur, an den erhabenen Gedanken, die seinen kurzen Tag adeln, festzuhalten, bis dann der Schlag fällt; die feige Angst des Sklaven des Untergangs verachtend, der an dem Altar dient, den seine eigenen Hände gebaut haben; unerschrocken vor der Herrschaft des Schicksals, um den Geist freizuhalten von der mutwilligen Tyrannei, die das äußere Leben bestimmt; stolz die unaufhaltsamen Mächte herausfordernd, die für einen Moment sein Wissen und seine Verurteilung tolerieren, um allein einen beschwerlichen, aber unnachgiebigen Atlas, die Welt, zu ertragen, daß er seine eigenen Ideale gestaltet hat, ungeachtet des trampelnden Marsches unbewußter Macht.

Ich meine, wir können hoffen, daß die Befreiung von der belastenden Furcht, persönlicher wirtschaftlicher Furcht und politischer Furcht vor dem Krieg, den menschlichen Geist bewegen wird, sich aufzuschwingen in bisher unerträumte Höhen. Menschen sind bisher stets eingezwängt gewesen in ihren Hoffnungen, Sehnsüchten und Vorstellungen durch das, was möglich war ... Es besteht keine Notwendigkeit, auf den Himmel zu warten. Es gibt keinen Grund, warum Leben auf der Erde nicht vom Glück erfüllt sein soll. Es gibt keinen Grund, warum unsere Vorstellung Zuflucht nehmen soll zu einem Mythos. In solch einer Welt, wie sie die Menschen jetzt schaffen können, kann die Schöpfung frei sein innerhalb des Gerüsts unserer weltlichen Existenz ... Wenn unsere gegenwärtigen Probleme überwunden werden können, können die Menschen in eine Zukunft blicken, die unermeßlich weiter ist als unsere Vergangenheit, inspiriert durch eine neue große Fülle der Phantasie. Eine beständige Hoffnung, die fortwährend genährt wird durch beständige Errungenschaften. Der Mensch hat einen Anfang gemacht, würdig eines Kleinkindes – denn im biologischen Sinn ist der Mensch, die späteste der Arten, noch ein Kleinkind. Es kann keine Grenze geben für das, was wir in der Zukunft noch zu leisten vermögen. Ich sehe mit meinem geistigen Auge eine Welt der Herrlichkeit und der Freude, eine Welt, in der der Geist sich ausdehnt, in der Hoffnungen ungetrübt bleiben und was edel ist, nicht länger verurteilt wird als Verrat gegenüber diesem oder jenem kleinlichen Ziel. All dies kann geschehen, wenn wir es geschehen lassen. Es liegt bei unserer Generation, zwischen dieser Vision und dem Ende zu wählen, das von der Torheit bestimmt wird.

TEIL 6

IM BRENNPUNKT: JESUS VON NAZARET

Bitte Gott, dir zu zeigen, daß Jesu Leben, Leib und Seele das einzige wahrhaft menschliche Leben war, das jemals existierte, und schau immer wieder auf Jesus, so wie er dir in den Evangelien begegnet, bis du es sehen kannst. Dann wird dir die Möglichkeit, so zu sein wie er, und nicht weniger, als das edelste und großartigste Los erscheinen, das es gibt, und indem du es annimmst, wirst du ein wirklicher Nachfolger werden.
James Packer

„Ich bin bereit, in Jesus einen großen Lehrer für sittliches Verhalten zu sehen; doch sein Anspruch, Gott zu sein, ist für mich nicht akzeptabel." Dies ist etwas, was wir nicht sagen dürfen. Ein Mensch, der nur Mensch war und die Dinge von sich gab, die Jesus sagte, wäre kein großer Moralprediger. Er wäre entweder geisteskrank – etwa auf der Stufe eines Menschen, der sagt, er sei ein „verlorenes Ei" –, oder er wäre der Teufel. Man muß sich entscheiden. Entweder war oder ist er der Sohn Gottes oder ein Verrückter oder noch etwas Schlimmeres. Man kann ihn als Toren bezeichnen, man kann ihn anspucken, ihn als Dämonen umbringen, oder man kann zu seinen Füßen niederfallen und ihn Herr und Gott nennen. Aber komme da nur niemand mit irgend so einem herablassenden Unsinn, er sei ein großartiger Lehrer gewesen. Diese Wahl hat er uns nicht gelassen. Das war nicht seine Absicht.
C.S. Lewis

Es gibt Worte, die ich nie richtig verstanden habe, beispielsweise Sünde.
Albert Camus

Wie kann meine Schuld durch den Tod eines Schuldlosen (wenn man von einem solchen überhaupt reden darf) gesühnt werden? Welche primitiven Begriffe von Schuld und Gerechtigkeit liegen solcher Vorstellung zugrunde? Welch primitiver Gottesbegriff? Soll die Anschauung vom sündentilgenden Tode Christi aus der Opfervorstellung verstanden werden: welch primitive Mythologie, daß ein Mensch gewordenes Gottwesen durch sein Blut die Sünden der Menschen sühnt!
Rudolph Bultmann

Daß man Gott braucht, könnte ich begreifen, und auch die Religion. Ich könnte sogar mit frommen Männern wie Suso oder Franz von Assisi sympathisieren, die das Kreuz, die Nägel und alle anderen traditionellen Symbole in ihre Phantasie einbetten. Doch letztlich könnte ich nicht die Notwendigkeit für eine Erlösung durch einen Retter einsehen. Den Gedanken der Erlösung an einem Punkt in Raum und Zeit festzumachen, erscheint mir eine naive Art des Anthropomorphismus.
Colin Wilson

Ein historischer Jesus hat mich nie interessiert. Es wäre mir gleich, wenn jemand beweisen würde, daß der Mann mit Namen Jesus niemals gelebt hat und daß das, was in den Evangelien berichtet wird, der puren Phantasie des Schreibers entsprang.
Auf Grund der Bergpredigt wäre es für mich dennoch Wahrheit.
Mahatma Gandhi

Bei dieser Frage ... geht es für mich nicht so sehr darum zu beweisen, daß die christlichen Aufzeichnungen falsch sind oder daß die christliche Offenbarung im Hinblick auf die Auferstehung nicht bewiesen werden kann. Jemandem, der sich der neuen wissenschaftlichen Erkenntnisse bewußt geworden ist, erscheinen diese altehrwürdigen Behauptungen, die Sie immer wieder vorbringen, wie die eines Menschen, der im Schlaf faselt.

Jesus eine Schlüsselstellung in der Menschheitsgeschichte zuzuschreiben, mag sehr gut in das enge Weltbild des Mittelalters hineingepaßt haben mit seinen wenigen Jahren der Geschichte der Menschheit und seiner Erwartung, Christus würde in naher Zukunft zurückkehren und das Universum seinem Ende entgegenführen. Doch für mich und für viele andere moderne Geister ist dieses ganze Denken so unverständlich wie nebensächlich. Der Rahmen der Voraussetzungen, der zum Verständnis des Universums nötig ist, wurde so erweitert, daß die alte christliche Hypothese eine verlorene Sicht ist. Und das ist, wie ich meine, wohl der Grund dafür, warum wir, was Sie uns ja ständig vorwerfen, unsere Aufmerksamkeit einfach nicht länger Ihrer christlichen Hypothese widmen können, wie es ihr, Ihrer Ansicht nach, noch immer gebührt.
C.E.M. Joad

Unser Zugang zu diesem Abschnitt wird größtenteils davon abhängen, ob wir eher mit Packers und Lewis' Einstellung sympathisieren – oder mit Camus, Wilson, Gandhi und Joad.

Wenn wir bereits eine Vorstellung davon haben, wer Gott ist, und bereit sind, darüber nachzudenken, wer Jesus war, dann werden wir wahrscheinlich auch bereit sein, uns die Berichte über das Leben Jesu genauer anzuschauen.

Wenn uns jedoch Worte wie „Sünde" und „Erlösung" wenig zu sagen haben wie Camus, Bultmann und Wilson, dann lohnt es sich kaum, Einzelheiten über Jesu Leben und Lehre näher zu betrachten.

Wenn wir Gandhis Geschichts- und Wahrheitsverständnis folgen, dann ist das, was Jesus von sich selbst sagte, und die Geschichte seines Todes weitgehend unwichtig.

Wenn unsere Vorstellung vom Universum die Möglichkeit eines Schöpfergottes ausschließt, der noch immer hinter dem Universum, das er geschaffen hat, steht, dann werden wir zweifelsohne so ungeduldig sein wie Joad und die Zeugnisse von der Auferstehung nicht einmal betrachten wollen.

Das bedeutet nicht, daß die Diskussion zwischen dem „Glaubenden" und dem „Ungläubigen" an dieser Stelle zu einem Ende kommen muß. Es bedeutet lediglich, daß sich die Diskussion mit *grundlegenden Voraussetzungen beschäftigen* sollte, ehe man zu Fragen über Jesus übergehen kann.

Vielleicht müssen wir noch ausführlicher sprechen über unsere Schwierigkeiten mit und unsere Differenzen zu den christlichen Grundaussagen über den Menschen und über Gott, über die Welt, über Wahrheit und Erlösung *(Teil 3)*.

Oder wir müssen vielleicht die meiste Zeit darauf verwenden, uns mit den Alternativen zum christlichen Glauben intensiver auseinanderzusetzen *(Teil 5)* und sie dann einer ebenso gründlichen Prüfung zu unterziehen, wie wir dies beim christlichen Glauben versucht haben *(Teil 4)*.

Übersicht

EINLEITENDE FRAGEN
Welche historischen Zeugnisse gibt es über Jesus aus nichtbiblischen Quellen?
Wie zuverlässig sind die Dokumente über das Leben Jesu?

IN WELCHER BEZIEHUNG STAND JESUS ZU GOTT?
DIE ZEUGNISSE
Seine Geburt
Sein Wesen: Erbarmen, Zorn, Demut, Güte
Sein persönlicher Anspruch
- Er behauptete, der Sohn zu sein
- Er behauptete, die Erfüllung des Alten Testaments zu sein
- Sein indirekter Anspruch

Seine Wunder
MÖGLICHE ANTWORTEN
Er war ganz Mensch und ganz Gott
Er war ein erschaffenes Wesen vom Himmel
Er war ein von Gott gesandter Prophet
Er war ein Mensch und nichts weiter

WELCHE BEDEUTUNG HATTE DER TOD JESU?
DIE ZEUGNISSE
Was Jesus über seinen Tod dachte
Die Umstände seines Todes
MÖGLICHE ANTWORTEN
Sein Tod bewirkte etwas – er trug unsere Sünden
Er starb als ein Vorbild
Das Kreuz ist nur ein Symbol
Sein Tod am Kreuz widerlegt jeden Anspruch, daß er der Messias war
Jesus starb nicht am Kreuz
Sein Tod hat keine besondere Bedeutung

IST JESUS VON DEN TOTEN AUFERSTANDEN?
DIE ZEUGNISSE
Die Berichte vom leeren Grab
Die Erscheinungen
Die Existenz der christlichen Gemeinde
MÖGLICHE ANTWORTEN
Wir können verhältnismäßig sicher sein
Es ist unwahrscheinlich
- Wie sollen wir uns das leere Grab erklären?
- Wie sollen wir uns die Erscheinungen erklären?
- Wie können wir uns die Existenz der christlichen Gemeinde erklären?

Es ist unmöglich
Wir wissen es nicht, und es ist auch unwichtig

EINLEITENDE FRAGEN

WELCHE HISTORISCHEN ZEUGNISSE GIBT ES ÜBER JESUS IN NICHTBIBLISCHEN QUELLEN?

● Das früheste Zeugnis kann mit Sicherheit auf die Zeit zwischen 40 und 50 n. Chr. datiert werden. Es besteht aus zwei Inschriften auf Särgen, die Totengebeine enthalten, die in einer versiegelten Grabstätte in Talpioth, einem Vorort von Jerusalem, von Professor E. L. Sukenik, einem jüdischen Archäologen, im Jahr 1945 gefunden wurden:

> 'Iησους ἰου – **was soviel heißt wie „Jesus hilf" (d. h. es handelt sich um ein an Jesus gerichtetes kurzes Gebet).**
>
> 'Iησους ἀλωθ – **was soviel heißt wie „Jesus, laß ihn auferstehen!"**

Diese beiden Inschriften deuten darauf hin, daß bereits zu dieser Zeit Menschen zu Jesus beteten – vorausgesetzt, es handelt sich um Jesus von Nazaret – und daß seine Anhänger eine zukünftige Auferstehung erwarteten.

● Eine weitere Inschrift, die ebenfalls wichtig sein kann, wurde in Nazaret gefunden. Sie belegt ein Edikt von Kaiser Tiberius (14-37 n. Chr.) oder von Kaiser Claudius (41-54 n. Chr.), in dem es um Grabschändungen geht:

> **Verordnung des Kaisers. Es ist mir eine Freude zu verkünden, daß Gräber und Gruften auf ewig unberührt bleiben für jene, die sie für die Verehrung ihrer Vorfahren oder Kinder oder Mitglieder ihres Hauses eingerichtet haben. Wenn jedoch jemand Hinweise darüber bringt, daß jemand sie entweder zerstört oder auf sonstige Weise die Toten entfernt oder sie arglistig an einen anderen Ort verlegt hat, um sie zu schänden, oder das Siegel von anderen Steinen entfernt hat, gegen einen solchen gebiete ich, daß ein gerichtliches Verfahren eingeleitet werde aus Achtung vor den Göttern und vor dem Kult der Verstorbenen. Denn es ist eine viel größere Verpflichtung, die Begrabenen zu ehren. Es soll jedermann**

absolut verboten sein, sie zu stören. Im Falle einer Zuwiderhandlung verfüge ich, daß der Täter zum Tode verurteilt wird unter der Anklage der Schändung von Grabstätten.

Wir können zwar nicht sicher sein, daß es eine Verbindung gibt zwischen dieser Inschrift und dem Verschwinden des Leibes Jesu aus dem Grab. Doch es deutet zumindest darauf hin, daß der Kaiser Berichte vernommen hatte, wonach Leichname aus Grabstätten entfernt worden waren – möglicherweise in Palästina. Dieses Edikt ist vielleicht die offizielle Reaktion auf solche Berichte.

● Der jüdische Historiker JOSEPHUS schrieb ungefähr im Jahr 93 oder 94 n. Chr. sein Buch *Jüdische Altertümer.* Darin spricht er von Jesu Wirken, seinem Tod und seiner Auferstehung. Diese Version gründet sich auf den griechischen Text, der aus dem 4. Jahrhundert stammt:

Um diese Zeit lebte Jesus, ein weiser Mensch, wenn man ihn überhaupt einen Menschen nennen darf. Er war nämlich der Vollbringer ganz unglaublicher Taten und der Lehrer aller Menschen, die mit Freuden die Wahrheit aufnahmen. So zog er viele Juden und auch viele Heiden an sich. Er war der Christus. Und obgleich ihn Pilatus auf Betreiben der Vornehmsten unseres Volkes zum Kreuzestod verurteilte, wurden doch seine früheren Anhänger ihm nicht untreu. Denn er erschien ihnen am dritten Tag wieder lebend, wie gottgesandte Propheten dies und tausend andere wunderbare Dinge von ihm vorherverkündigt hatten. Und noch bis auf den heutigen Tag besteht das Volk der Christen, die sich nach ihm nennen, fort.

Josephus war kein Christ, und einige Wissenschaftler meinen, daß einige Sätze (z. B. „er war der Christus") nicht von Josephus verfaßt sein können und in den frühen Text von einem Christen nachträglich eingefügt sein müssen. Doch andere, unter ihnen auch Wissenschaftler, die ohne Vorurteile dem Christentum gegenüberstehen, sehen keinen Grund anzunehmen, Josephus habe diese Worte nicht schreiben können. Ihrer Meinung nach ist dies gerade der Stil, in dem ein etwas zynischer Jude über den christlichen Glauben an Jesus sprechen würde.

Diese Textstelle wurde auch durch Professor Shlomo Pines von der Hebräischen Universität in Jerusalem näher beleuchtet, der eine arabische Version des gleichen Textes entdeckte, von der er meint, sie sei älter als die griechische. Sie wurde gefunden in einer vom Bischof AGAPIUS, einem arabischen Bischof in Bagdad, verfaßten Kirchengeschichte. Hier der Inhalt des arabischen Textes:

Zu jener Zeit gab es einen weisen Mann mit Namen Jesus. Und sein Verhalten war gut und (er) war als tugendhaft bekannt. Und viele Menschen unter den Juden und aus anderen Ländern wurden seine Jünger. Pilatus verurteilte ihn zum Tod am Kreuz.

Und jene, die seine Nachfolger geworden waren, hörten nicht auf, ihm nachzufolgen. Sie berichteten, daß er ihnen drei Tage nach seiner Kreuzigung erschienen sei und daß er lebe. Demnach war er vielleicht der Messias, von dem die Propheten die Wunder erzählt hatten.

Professor Pines meint, daß die christliche Zensur des Mittelalters wahrscheinlich für die Unterschiede in den Handschriften beider Versionen verantwortlich ist: Die arabische Version ist weniger christlich in ihrem Charakter als die traditionelle griechische Version. Auf Grund dessen handelt es sich wahrscheinlich um eine frühere Version des Textes.

An einer anderen Stelle in den *Jüdischen Altertümern* beschreibt JOSEPHUS das Martyrium des Jakobus, des Bruders Jesu:

Er (Ananus) versammelte daher den hohen Rat zum Gericht und stellte vor dasselbe den Bruder des Jesus, der Christus genannt wird, mit Namen Jakobus, sowie noch einige andere, die er der Gesetzesübertretung anklagte und zur Steinigung führen ließ.

● PLINIUS, ein römischer Prokonsul und späterer Statthalter von Bithynien (heutige Türkei), schrieb den folgenden Brief an Kaiser Trajan im Jahr 110 n. Chr. Darin beschreibt er, wie er Christen behandelte. Der Brief vermittelt einen Einblick in das, was Christen zu dieser Zeit glaubten und taten und wie sie auf Verfolgungen durch staatliche Stellen reagierten:

Bis jetzt habe ich es bei denen, welche mir als Christen angegeben wurden, auf folgende Weise gehalten. Ich fragte sie, ob sie Christen wären? Wenn sie gestanden, fragte ich sie zum zweiten und dritten Male, und drohte ihnen mit der Todesstrafe; wenn sie beharrten, ließ ich sie hinrichten. Denn ich war überzeugt, daß, was es auch sei, was sie eingestanden, wenigstens ihr Ungehorsam und ihre unbeugsame Hartnäckigkeit gestraft werden müssen. Andere, welche von demselben Wahnsinn angesteckt waren, habe ich, weil sie römische Bürger waren, aufzeichnen lassen, um sie nach Rom zu senden.

Bald zeigten sich nun, weil sich das Verbrechen wie gewöhnlich durch die Verhandlung verbreitete, mehrere Gattungen desselben. Ich erhielt eine Schrift ohne Namen, die das Verzeichnis vieler Namen enthielt, welche leugneten, Christen zu sein oder je gewesen zu sein, und welche, indem ich ihnen das Gebet vorsprach, die Götter anriefen, und deinem Bilde, das ich zu diesem Endzweck mit den Bildnissen der Götter hatte bringen lassen, mit Wein und Weihrauch opferten, auch außerdem Christus lästerten: Dinge, zu welchen, wie man sagt, die echten Christen nicht gezwungen werden können. Diese nun glaubte ich, loslassen zu können.

Andere, von einem Angeber als Christen angegeben, bekannten sich als Christen, leugneten es aber bald wieder: sie seien es gewesen, haben es aber wieder aufgegeben; einige vor drei Jahren, einige vor mehreren Jahren, einige sogar vor zwanzig Jahren. Alle beteten dein Bild und die Bildnisse der Götter an, auch fluchten sie Christus. Sie behaupteten aber, ihre Schuld oder ihr Irrtum habe hauptsächlich darin bestanden, daß sie an einem gewissen Tag vor Tagesanbruch zusammengekommen seien und Christus als einem Gotte zu Ehren untereinander ein Lied gesungen und sich durch einen Eid, nicht zu einem Verbrechen, sondern dazu verbunden haben, keinen Diebstahl, keinen Raub, keinen Ehebruch zu begehen, ihr Wort nicht zu brechen, kein hinterlegtes Gut auf Verlangen abzuleugnen...

● Der römische Historiker TACITUS, der ungefähr um das Jahr 115 n. Chr. schrieb, spricht über Neros Christenverfolgung im Jahr 64 n. Chr.:

Aber nicht durch humane Hilfsmaßnahmen, nicht durch die Schenkungen des Fürsten oder die Sühneopfer für die Götter ließ sich die Schande bannen, daß man glaubte, der Brand sei *befohlen* worden. Also schob Nero, um diesem Gerede ein Ende zu machen, die Schuld auf andere und bestrafte sie mit den ausgesuchtesten Martern. Es waren jene Leute, die das Volk wegen ihrer (angeblichen) Schandtaten haßte und mit dem Namen „Christen" belegte. Dieser Name stammt von Christus, der unter Tiberius vom Prokurator Pontius Pilatus hingerichtet worden war. Dieser verderbliche Aberglaube war für den Augenblick unterdrückt worden, trat aber später wieder hervor und verbreitete sich nicht nur in Judäa, wo er aufgekommen war, sondern auch in Rom, wo alle Greuel und Abscheulichkeiten der ganzen Welt zusammenströmen und geübt werden.

Der römische Historiker SUETON berichtet in seinem *Leben des Claudius* (römischer Kaiser 41-54 n. Chr.) von einem „Chrestus" (womit er wahrscheinlich „Christus" meinte). Er schrieb um 120 n. Chr. Dabei bezog er sich wahrscheinlich auf Streitigkeiten zwischen Juden und Christen über Jesus:

Da die Juden beständig unter Anführung des Chrestus Unruhe stifteten, vertrieb er (Claudius) sie aus Rom.

● Der *Talmud* enthält eine Sammlung jüdischer Traditionen aus den ersten nachchristlichen Jahrhunderten:

Am Rüsttag des Passa hat man Jeschu (von Nazaret) gehängt. Ein Ausrufer ging 40 Tage lang vor ihm her: Er soll gesteinigt werden, weil er gezaubert und verführt und Israel abwendig gemacht hat. Jeder, der für ihn eine Rechtfertigung weiß, komme und

begründe sie für ihn. Aber man fand für ihn keine Rechtfertigung, und so hängte man ihn am Rüsttag des Passa.

WIE ZUVERLÄSSIG SIND DIE DOKUMENTE ÜBER DAS LEBEN JESU?

WER WAREN DIE AUTOREN UND WELCHE QUELLEN HATTEN SIE?

Das erste Evangelium war wahrscheinlich das *Markusevangelium*, das um 50-60 n. Chr. verfaßt wurde. Der Autor war vermutlich Johannes Markus, der aus Jerusalem stammte. Nach einer frühen Tradition, die von PAPIAS (etwa 140 n. Chr.) aufgezeichnet wurde, erhielt Markus einen Großteil seines Materials von dem Jünger Petrus:

Markus hat die Worte und Taten des Herrn, an die er sich als Dolmetscher des Petrus erinnerte, genau, allerdings nicht der Reihe nach, aufgeschrieben. Denn er hatte den Herrn nicht gehört und begleitet; wohl aber folgte er später, wie gesagt, dem Petrus, welcher seine Lehrvorträge nach den Bedürfnissen einrichtete, nicht aber so, daß er eine zusammenhängende Darstellung der Reden des Herrn gegeben hätte. Es ist daher keineswegs ein Fehler des Markus, wenn er einiges so aufzeichnete, wie es ihm das Gedächtnis eingab. Denn für eines trug er Sorge: nichts von dem, was er gehört hatte, auszulassen oder sich im Bericht keiner Lüge schuldig zu machen.

Das *Matthäusevangelium* enthält sowohl Material aus dem Markusevangelium als auch aus anderen Quellen. Die frühesten Traditionen besagen, daß der Jünger Matthäus der Autor war, doch sein Name wird im Evangelium nicht erwähnt. Es wurde zwischen 50 und 100 n. Chr. geschrieben.

Das dritte Evangelium wurde mit an Sicherheit grenzender Wahrscheinlichkeit von *Lukas* geschrieben, einem griechisch sprechenden Arzt, der Paulus auf verschiedenen Reisen begleitete. In dem zweiten von ihm verfaßten Buch, der *Apostelgeschichte,* berichtet er von der Verbreitung des Christentums bis zu den frühen 60er Jahren, als Paulus im Gefängnis war. In seiner Einleitung zum Evangelium beschreibt er, wie er das Material zusammengetragen hat:

Schon viele haben es unternommen, von den Ereignissen Bericht zu geben, die unter uns geschehen sind, wie es uns die überliefert haben, die es von Anfang an selbst gesehen haben und Diener des Worts gewesen sind. Daher habe auch ich's für gut gehalten, nachdem ich allem von Anfang an sorgfältig nachgeforscht habe, es für dich, hochgeehrter Theophilus, in guter Ordnung aufzuschreiben. So kannst du den sicheren Grund der Lehre, in der du unterrichtet worden bist, erkennen.

Das vierte Evangelium wurde wahrscheinlich vom Jünger *Johannes* um das Jahr 90 n. Chr. in Kleinasien geschrieben.

Es gibt zwei Gründe, warum wir verhältnismäßig sicher sein können, daß die Evangelien uns einen zuverlässigen Bericht von Jesu Leben und Lehre geben:

● Jesus scheint einige der Lehrmethoden der jüdischen Rabbiner gebraucht zu haben, die keine Mühe scheuten, um sicherzugehen, daß ihre Anhänger ihre Lehre verstanden und sich auch daran erinnerten. So bestand z. B. ein Teil seiner Lehre aus Gleichnissen, an die man sich leicht erinnern konnte. Vieles war in poetischer Form und konnte somit leicht auswendig gelernt werden. Viele wichtige Aussagen Jesu entstanden in bestimmten Situationen oder auf Grund an ihn gerichteter Fragen. Die Augenzeugen konnten so bestimmte Aussagen mit Ereignissen in Verbindung bringen.

● Da die Jünger als orthodoxe Juden erzogen worden waren, kannten sie das neunte Gebot: Du sollst nicht falsch Zeugnis reden wider deinen Nächsten. Man hatte sie auch gelehrt, daß alle Menschen Sünder seien. So mußten sie davon ausgehen, daß Jesus ein gewöhnlicher Mensch war wie sie selbst. Da sie mit ihm drei Jahre in engem Kontakt verlebt hatten, mußten sie sehr gute Gründe haben, um wie Petrus zu behaupten, daß „er keine Sünde beging und niemals eine Lüge über seine Lippen kam" oder, wie Johannes sagte, „in ihm sei keine Sünde".

Keiner der Autoren bemüht sich sonderlich,

Wir haben Papyrusfragmente von Evangelien, die keine 100 Jahre nach Jesu Tod geschrieben wurden.

ein eindrucksvolles Bild vom Wesen Jesu zu zeichnen. Alles, was wir über sein Wesen hören, ist an seinen Handlungen und Worten ablesbar; es gibt keine Textstellen, in denen es darum geht, Jesus als Menschen zu beschreiben.

Die Anschuldigungen seiner Kritiker und Feinde werden ausführlich berichtet: So beschuldigten sie ihn z.B., Gott zu lästern, sich in schlechter Gesellschaft aufzuhalten, die religiösen Bräuche nicht streng genug einzuhalten und den Sabbat nicht zu heiligen. Den Schreibern geht es nicht in erster Linie darum, Jesus gegen diese Anschuldigungen zu verteidigen. Die Berichte sollen für sich allein sprechen.

Wenn die Jünger und Autoren sich der Schwächen und Fehler in Jesu Charakter tatsächlich bewußt *waren,* dann waren sie außerordentlich geschickt, sie zu vertuschen, und weitaus klüger als die Anhänger und Bewunderer anderer großer Glaubensstifter. Keiner der Begründer anderer großer Religionen – wie z. B. Mohammed oder Konfuzius – nahm je für sich in Anspruch, vollkommen und ohne Sünde zu sein, und ihre Anhänger haben das auch nicht behauptet.

KÖNNEN WIR DEN ÜBERLIEFERTEN TEXTEN DER EVANGELIEN TRAUEN?

Die früheste, bisher entdeckte Handschrift des Neuen Testaments besteht aus einem kleinen Papyrusfragment, das einige Verse des Johannesevangeliums enthält (Johannes 18, 31-33.37f). Es wurde in der Sandwüste Ägyptens gefunden und kann ziemlich genau auf das Jahr 125 n. Chr. datiert werden – d.h. ungefähr 90 Jahre nach dem Tod Jesu und etwa 30 Jahre, nachdem das Evangelium geschrieben wurde. Es ist in griechischer Sprache, und der Text entspricht anderen griechischen Handschriften aus späterer Zeit.

Eine weitere Papyrushandschrift, die einen großen Teil des Johannesevangeliums enthält, stammt ungefähr aus dem Jahr 200 n. Chr., eine andere enthält große Teile von Lukas und Markus und einige Teile von Matthäus und Johannes und ist etwa um 250 n. Chr. geschrieben.

Die frühesten Handschriften der ganzen Bibel stammen aus dem 4. Jahrhundert und wurden auf Pergament geschrieben. Zwei der bedeutendsten sind der Kodex Sinaiticus und der Kodex Vatikanus, die wahrscheinlich beide in Ägypten abgeschrieben wurden.

Wo es kleine Unterschiede zwischen den verschiedenen Handschriften gibt, können die Wissenschaftler durch Vergleiche relativ sicher den Text ermitteln, der dem Original entspricht.

WAS ERGIBT EIN VERGLEICH DER EVANGELIEN MIT ANDEREN DOKUMENTEN ÜBER DAS LEBEN JESU?

Es gibt einen sehr auffälligen Unterschied zwischen den Evangelien und den sogenannten

„Apokryphen" aus späterer Zeit, die andere Geschichten über das Leben Jesu überliefern. So enthält z. B. das KINDHEITSEVANGELIUM DES THOMAS die folgenden Geschichten, in denen das Kind Jesus meist Wunder wirkt, um unangenehmen Situationen zu entgehen:

Nach einigen Tagen spielte Jesus auf einem Dach auf dem Söller, und einer von den Knaben, die mit ihm spielten, stürzte vom Dach herunter und starb. Und als das die anderen Knaben sahen, flohen sie, und Jesus blieb allein dort stehen. Da kamen die Eltern des Gestorbenen und beschuldigten ihn: „Du hast ihn heruntergeworfen." Und Jesus antwortete: „Ich habe ihn nicht heruntergeworfen." Jene aber wollten gegen ihn tätlich werden. Da sprang Jesus vom Dach herab und stand bei der Leiche des Knaben und rief mit lauter Stimme: „Zeno" – so hieß er nämlich –, „stehe auf und sage mir: Habe ich dich heruntergeworfen?" Und er stand sofort auf und sagte: „Nein, Herr, du hast mich nicht heruntergeworfen, vielmehr mich auferweckt." Und die es sahen, erschraken. Die Eltern des Knaben aber priesen Gott für das geschehene Wunder und fielen vor Jesus nieder.

Als er sechs Jahre alt war, gab seine Mutter ihm einen Krug und schickte ihn, Wasser zu schöpfen und nach Hause zu bringen. Im Gedränge aber stieß er an, und der Krug zerbrach. Jesus aber breitete das Oberkleid, das er anhatte, aus, füllte es mit Wasser und brachte es seiner Mutter. Als nun seine Mutter das Wunder sah, küßte sie ihn und behielt bei sich die geheimnisvollen Dinge, die sie ihn hatte tun sehn.

Hier eine weitere Geschichte über die Kindheit Jesu. Während einige es für möglich halten, daß so etwas geschehen sein *könnte,* sagen andere, daß es sich hierbei nur um eine harmlose Geschichte handelt, die der Phantasie des Schreibers entsprungen ist. Ganz gleich, welche Auffassung wir vorziehen, eine solche Geschichte hat nichts mit unserem Verständnis Jesu zu tun:

Im Monat Adar versammelte Jesus die Jungen, denn er war ihr König. Sie legten ihre Gewänder auf den Erdboden, und er setzte sich darauf. Dann setzten sie ihm eine Krone auf, gewunden aus Blumen, und wie Adjudanten, die auf einen König warten, standen sie in einer Reihe vor ihm, zu seiner Rechten und zu seiner Linken. Und jeden, der auf dem Weg vorüberkam, hielten sie gewaltsam fest und sagten: „Komm hierher und verehre den König, und dann setze deinen Weg fort!"

RODERIC DUNKERLEY beurteilt den Wert der anderen Quellen so:

Was die sogenannten „Apokryphen" betrifft... so bedarf es keiner großartigen Untersuchung, um zu der Überzeugung zu gelangen, daß es sich dabei fast ausschließlich um Erfindung und nicht um Fakten handelt. Sie behandeln vorwiegend die Geburt und die Kindheit Jesu auf der einen und seinen Leidensweg und seine Auferstehung auf der anderen Seite. Dem Kind Jesus werden viele phantastische Wunder zugeschrieben, wie z. B. daß er Ton in Vögel verwandelte, die dann fortflogen, oder daß ein anderer Junge, der ihn zufällig anrempelte, sofort zu Boden stürzte und starb...

Die Ereignisse des Neuen Testaments spiegeln sich in Münzen der Kaiser Augustus und Tiberius wider.

IN WELCHER BEZIEHUNG STAND JESUS ZU GOTT?

War er mehr als nur ein gewöhnlicher Mensch? Wenn er in einer besonderen Beziehung zu Gott stand, wie läßt sich diese Beziehung beschreiben?

DIE ZEUGNISSE

Die wichtigsten Zeugnisse, mit denen wir uns in den vier Evangelien beschäftigen müssen, betreffen seine Geburt, sein Wesen, seinen persönlichen Anspruch und seine Wunder.

Seine Geburt

Zwei der Evangelien beginnen mit einem Bericht von der Geburt Jesu. Seine Geburt wird als völlig normales Ereignis beschrieben, doch seine Empfängnis wird als Wirken des Heiligen Geistes bezeichnet.

MATTHÄUS beschreibt die Ereignisse vom Standpunkt des Josef aus, dem Maria zu diesem Zeitpunkt angetraut war:

> **Die Geburt Jesu Christi geschah aber so: Als seine Mutter Maria Josef angetraut war, stellte sich heraus, bevor sie geheiratet hatten, daß sie schwanger war vom Heiligen Geist. Ihr Mann Josef aber war rechtschaffen und wollte sie nicht in Schande bringen; so nahm er sich vor, sich heimlich von ihr zu trennen. Als er das noch überlegte, siehe, da erschien ihm der Engel des Herrn im Traum und sagte: „Josef, du Sohn Davids, fürchte dich nicht, Maria als deine Frau zu dir zu nehmen; denn was sie empfangen hat, das hat sie vom Heiligen Geist empfangen. Und sie wird einen Sohn gebären, den sollst du Jesus nennen, denn er wird sein Volk von seinen Sünden retten." ... Als nun Josef vom Schlaf erwachte, tat er, wie ihm der Engel des Herrn befohlen hatte, und nahm seine Frau zu sich. Aber er berührte sie nicht, bis sie einen Sohn gebar; und er nannte ihn Jesus.**

LUKAS beschreibt das Geschehen vom Standpunkt der Maria:

> **Im sechsten Monat wurde der Engel Gabriel von Gott in eine Stadt in Galiläa gesandt, die Nazaret heißt, zu einer Jungfrau; die war mit einem Mann mit Namen Josef vom Hause David verlobt;**

diese Jungfrau hieß Maria. Und der Engel trat bei ihr ein und sprach: „Sei gegrüßt, du Begnadete! Der Herr ist mit dir! ... Fürchte dich nicht, Maria, du hast Gnade bei Gott gefunden. Siehe, du wirst schwanger werden und einen Sohn gebären, den sollst du Jesus nennen..." Da sagte Maria zu dem Engel: „Wie soll das geschehen, da ich doch von keinem Mann weiß?" Der Engel antwortete ihr: „Der Heilige Geist wird über dich kommen, und die Kraft des Höchsten wird dich überschatten; darum wird auch das Kind heilig genannt werden und Gottes Sohn.

Es gibt in anderen Teilen des Neuen Testaments Hinweise, daß etwas über die ungewöhnlichen Umstände seiner Geburt bekannt war.

Als sich die Juden gegen die Art und Weise verwehrten, in der sich Jesus als „der Sohn" bezeichnete, verhöhnten sie ihn mit folgenden Worten:

Wir sind nicht unehelich geboren; wir haben nur einen Vater: Gott.

Möglicherweise wollen sie damit sagen: „Wir sind nicht durch Unzucht gezeugt *so wie du.*"

PAULUS beschreibt Jesu Kommen in diese Welt mit folgenden Worten:

Als aber die Zeit erfüllt war, sandte Gott seinen Sohn, geboren von einer Frau und unter das Gesetz gestellt...

In der frühen Gemeinde wird die Geschichte von Jesu Tod und Auferstehung die Geschichte seiner Geburt überschattet haben. Bei der Geburtsgeschichte kann es sich darum sehr wohl um eine geheime Tradition gehandelt haben, die nur einer kleinen Gruppe bekannt war.

Der einzige direkte Hinweis für den Glauben, daß er von einer Jungfrau geboren wurde, ist im Neuen Testament in zwei Textstellen bei Lukas und Matthäus enthalten. Wenn dieser Glaube so wichtig ist, warum berichten die anderen Evangelien nichts davon?

Es sieht so aus, als ob es sich bei dieser Geschichte nicht um ein allgemeines Wissen in der Frühzeit der Gemeinde handelte.

Zu Anfang werden die Umstände der Empfängnis Jesu nur Maria und Josef bekannt gewesen sein. Sie werden die Geschichte kaum in der Familie oder sonstwo erzählt haben.

Josef wird wahrscheinlich kurz vor Beginn des öffentlichen Auftretens Jesu gestorben sein. Für Maria gab es kaum einen zwingenden Grund, die Geschichte an die große Glocke zu hängen, da sie offensichtlich während dieser Zeit an Jesus zweifelte. LUKAS vermittelt den Eindruck, daß Maria das Geheimnis für sich behielt und daß er die Geschichte von Jesu Geburt und Kindheit aus ihrem Mund vernahm:

...und alle, vor die es kam, wunderten sich über die Worte, die ihnen die Hirten gesagt hatten. Maria aber behielt alle diese Worte und bewegte sie in ihrem Herzen.

Und er (Jesus) ging mit ihnen hinab und kam nach Nazaret und war ihnen gehorsam. Seine Mutter aber behielt alle diese Worte in ihrem Herzen.

Häufig wird die Frage gestellt: Warum ist so wenig über die Kindheit Jesu bekannt? Meist beschreiben Biographien den Hintergrund und die Kindheit eines Menschen. Die einzigen Einzelheiten in den Evangelien sind:

● Josef und Maria brachten Jesus nach Ägypten, als er noch ein Baby war, weil sein Leben durch Herodes bedroht war. Nach Herodes' Tod kehrten sie nach Nazaret zurück, wo er aufwuchs (Matthäus 2, 13-23).

● Jesus hatte noch weitere Geschwister, die Maria und Josef geboren wurden (das ist die einsichtigste Interpretation der Hinweise auf „Brüder" Jesu):

Und viele, die zuhörten, wunderten sich und fragten: „Woher hat er (Jesus) das? ...Ist er nicht der Zimmermann, der Sohn der Maria, und der Bruder des Jakobus und Joses und Judas und Simon? Sind nicht auch seine Schwestern hier bei uns?"

In ähnlicher Weise spricht Paulus von

Jakobus, dem Bruder des Herrn...

Die Interpretation, daß es sich bei den „Brüdern" um Cousins und nicht um Blutsbrüder handelt, erscheint zuerst in christlichen Schriften im 3. Jahrhundert. Diese Tradition scheint abhängig zu sein von der Ansicht, daß Maria nach ihrer Eheschließung mit Josef und der Geburt Jesu weiter Jungfrau blieb; doch im Neuen Testament gibt es dafür keine Hinweise.

● Jesus besuchte als Zwölfjähriger erstmals Jerusalem. Nach einer langen Suche fanden ihn seine Eltern im Tempel, wo er unter den Lehrern saß, ihnen zuhörte und Fragen stellte (Lukas 2, 41-52). ● Josef, sein Vater, war Zimmermann, und Jesus lernte dieses Handwerk wahrscheinlich von ihm. Josef muß wohl gestorben sein, ehe Jesus sein Elternhaus verließ und seinen öffentlichen Dienst begann. Als ältester Sohn trug er die Verantwortung für seine Familie (Matthäus 13, 55).

Wenn wir uns fragen, warum die Schreiber der Evangelien uns nicht mehr über das frühe Leben Jesu berichten, so ist die einfachste Antwort die, daß sie keine umfassende Biographie des Lebens Jesu schreiben wollten. Es ging ihnen in erster Linie um sein öffentliches Wirken, seinen Tod und seine Auferstehung.

Sein Wesen

Es gibt mindestens vier eindeutige Eigenschaften: Erbarmen und Zorn, Demut und Güte.

ERBARMEN

Jesu Erbarmen zeigt sich in seiner Einstellung gegenüber der Volksmenge:

> **Und sie fuhren in einem Boot an eine einsame Stelle für sich allein. Und man sah sie wegfahren, und viele merkten es und liefen aus allen Städten zu Fuß dorthin zusammen und kamen ihnen zuvor. Und Jesus stieg aus und sah die große Menge; und er hatte *Erbarmen mit ihnen* allen, denn sie waren wie die Schafe, die keinen Hirten haben. Und er fing eine lange Predigt an.**

gegenüber den Kindern:

> **Sie brachten Kinder zu ihm, damit er sie berühren sollte. Die Jünger aber fuhren diese Leute an. Als aber Jesus das sah, wurde er unwillig und sagte zu ihnen: „Laßt die Kinder zu mir kommen und hindert sie nicht daran; denn Menschen wie ihnen gehört das Reich Gottes..." Und er herzte sie, legte ihnen die Hände auf und segnete sie.**

gegenüber den Kranken:

> **Und ein Aussätziger kam zu ihm; der kniete vor ihm nieder und bat ihn: „Wenn du willst, so kannst du mich reinigen." Und er hatte *Erbarmen mit ihm* und streckte die Hand aus, rührte ihn an und sagte zu ihm: „Ich will's tun; sei rein!" Und sogleich verschwand der Aussatz, und er wurde rein.**

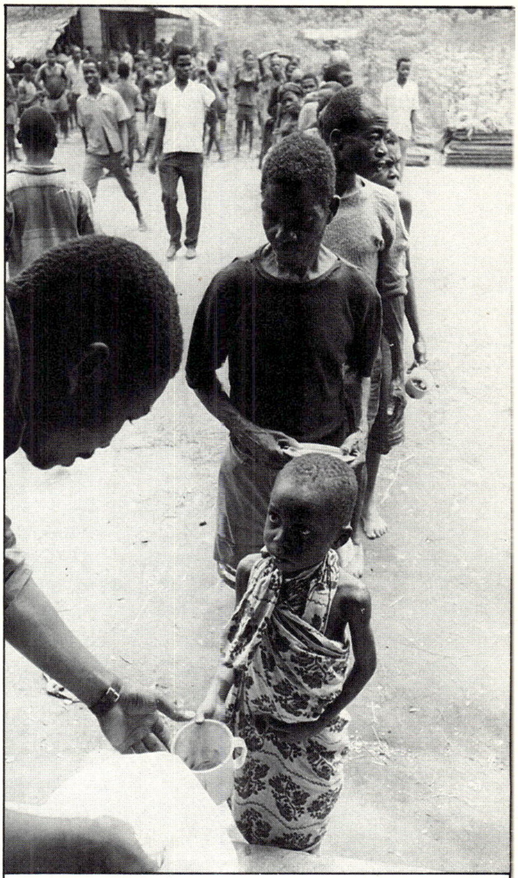

Jesu Dienst war geprägt vom Erbarmen mit den Armen und Notleidenden.

gegenüber den Trauernden:

> **Als Jesus aber in die Nähe des Stadttors kam, siehe, da trug man einen Toten heraus, den einzigen Sohn seiner Mutter, und sie war eine Witwe; und eine zahlreiche Menge aus der Stadt ging mit ihr. Als sie der Herr sah, ergriff ihn *Erbarmen mit ihr,* und er sagte zu ihr:**

„Weine nicht!" Und er trat heran und berührte den Sarg, und die Träger blieben stehen. Und er sprach zu dem Sohn: „Ich sage dir, steh auf!" Da richtete sich der Tote auf und fing an zu reden.

gegenüber den sozial Benachteiligten:

Es kamen aber überall die Zöllner und Sünder zu ihm, um ihn zu hören. Und die Pharisäer und Schriftgelehrten murrten und sagten: „Dieser nimmt Sünder an und ißt mit ihnen."

ZORN

Jesus sprach viele zornige Wort zu den religiösen Führern, die durch ihre Lehre und ihr Verhalten die Wahrheit entstellten oder leugneten, an der Jesus so gelegen war:

Sehr treffend hat von euch Heuchlern Jesaja geweissagt ... Ihr verlaßt Gottes Gebot und haltet die Satzungen von Menschen ... Wie fein hebt ihr Gottes Gebot auf, um dafür eure Satzungen aufzurichten!

Weh euch, Schriftgelehrte und Pharisäer, ihr Heuchler, die ihr das Himmelreich vor den Menschen zuschließt! Ihr kommt nicht hinein, und die hinein wollen, laßt ihr nicht hineingehen.

Weh euch, ihr blinden Führer ... ihr Narren und Blinden!

Weh euch, Schriftgelehrte und Pharisäer, ihr Heuchler, die ihr die Becher und Schüsseln äußerlich reinigt, im Innern aber sind sie voll Raub und Gier! ... von außen scheint ihr vor den Menschen fromm, aber innen seid ihr voller Heuchelei und Auflehnung gegen das Gesetz.

Jesus ging in den Tempel und fing an, die Verkäufer und Käufer im Tempel hinauszutreiben; und die Tische der Geldwechsler und die Stände der Taubenhändler stieß er um und ließ nicht zu, daß jemand irgendwelche Dinge durch den heiligen Bezirk trug. Und er lehrte sie und sagte zu ihnen: „Steht nicht geschrieben: ‚Mein Haus soll ein Bethaus für alle Völker heißen'? Ihr aber habt eine Räuberhöhle daraus gemacht."

DEMUT

Jesu Demut vor Gott zeigt sich in den folgenden Worten:

Ich kann nichts von mir aus tun ... ich suche nicht meinen Willen, sondern den Willen dessen, der mich gesandt hat.

Denn ich bin vom Himmel gekommen, nicht damit ich meinen Willen tue, sondern den Willen dessen, der mich gesandt hat.

Er war demütig gegenüber den Menschen. LUKAS beschreibt einen Zwischenfall beim letzten Mahl:

Es erhob sich auch ein Streit unter ihnen, wer von ihnen als der Größte gelten sollte. Er aber sagte zu ihnen: „Die Könige halten ihre Völker nieder, und ihre Machthaber lassen sich Wohltäter nennen. Ihr aber sollt nicht so sein! Sondern der Größte unter euch soll wie der Jüngste sein, und der Führende wie der Dienende. Denn wer ist größer: der bei Tisch sitzt oder der dient? Doch wohl der, der bei Tisch sitzt. Ich aber bin unter euch wie der Dienende.

Nach dem Abendmahl zeigte er praktisch, welche Haltung in seinen Augen ein Diener haben sollte:

Jesus aber wußte, daß ihm der Vater alles in die Hand gegeben hatte und daß er von Gott gekommen war und zu Gott ging. Da stand er vom Essen auf, legte sein Obergewand ab und nahm einen Schurz und band ihn um. Dann goß er Wasser in ein Becken, fing an, den Jüngern die Füße zu waschen, und trocknete sie mit dem Schurz ab, den er umgebunden hatte ...

Als er nun ihre Füße gewaschen hatte, nahm er seine Kleider und setzte sich wieder hin und sagte zu ihnen: „Wißt ihr, was ich an euch getan habe? Ihr nennt mich Meister und Herr und habt recht damit, denn das bin ich auch. Wenn nun ich, euer Herr und Meister, euch die Füße gewaschen habe, so sollt

auch ihr euch gegenseitig die Füße waschen. Denn ich habe euch ein Beispiel gegeben, damit ihr tut, was ich an euch getan habe."

GÜTE
Die Menschen bestätigten Jesu Güte, die an seinem Tun sichtbar wurde:

Und sie erschraken über die Maßen und sagten: „Er hat alles gut gemacht; er macht, daß die Tauben hören und die Stummen reden."

Er behauptete von sich selbst, ohne Sünde zu sein:

Wer von euch kann mir eine Sünde nachweisen?

Seine Jünger sagten, daß er ohne Sünde war?

Er, der keine Sünde getan hat und in dessen Mund kein Betrug war; der nicht mit Schmähungen antwortete, als er geschmäht wurde, der nicht drohte, als er litt, sondern es dem anheimstellte, der gerecht richtet.

Wenn wir sagen, wir haben keine Sünde, betrügen wir uns selbst... Und ihr wißt, daß er erschienen ist, um die Sünden wegzunehmen, und in ihm ist keine Sünde.

Sein persönlicher Anspruch

ER BEHAUPTETE, DER SOHN ZU SEIN
Er sprach von sich selbst als „dem Sohn" und von Gott als „dem Vater" oder „meinem Vater".

Von dem Tage aber und der Stunde (dem Tag des Gerichts) weiß niemand, auch die Engel im Himmel nicht, auch *der Sohn* nicht, sondern allein *der Vater.*

Alles ist mir von *meinem Vater* übergeben; und niemand erkennt *den Sohn* als nur *der Vater;* und niemand erkennt *den Vater* als nur *der Sohn* und wem es *der Sohn* offenbaren will.

Denn wer den Willen *meines Vaters* im Himmel tut, der ist für mich Bruder.

Denn es wird geschehen, daß der Menschensohn in der Herrlichkeit *seines Vaters* mit seinen Engeln kommt.

Ich und *der Vater* sind eins.

Richtet doch der Vater niemand, sondern hat alles Gericht *dem Sohn* übergeben, damit alle *den Sohn* ehren, wie sie *den Vater* ehren. Wer *den Sohn* nicht ehrt, der ehrt *den Vater* nicht, der ihn gesandt hat.

Niemand kommt *zum Vater* außer durch mich. Wenn ihr mich kennt, werdet ihr auch *meinen Vater* kennen.

ER BEHAUPTETE, DIE ERFÜLLUNG DES ALTEN TESTAMENTS ZU SEIN
Die Zeit ist erfüllt (d.h. von der die Propheten gesprochen haben), und das Reich Gottes ist herbeigekommen.

Der Menschensohn ist gekommen... um zu dienen und sein Leben zu geben als Lösegeld für viele.
(Dies sind Anspielungen auf den Menschensohn in Daniel 7 und den leidenden Gottesknecht in Jesaja 42-53.)

Das ist mein Blut des Bundes, das für viele vergossen wird.
(Eine Anspielung auf das Opferblut im Alten Testament, den Bund, den Gott mit dem Volk am Sinai schloß, und den „neuen Bund", von dem Hesekiel und Jeremia sprachen.)

Da fragte ihn der Hohepriester noch einmal: „Bist du der Christus, der Sohn des Hochgelobten?" Jesus aber sprach: „Ich bin's; und ihr werdet den Menschensohn sitzen sehen zur Rechten der Allmacht und kommen mit den Wolken des Himmels."
(Ein weiterer Anklang an den Menschensohn in Daniel.)

Als er das Buch aufschlug, fand er die Stelle, wo geschrieben steht: „Der Geist des Herrn ruht auf mir..." Und er fing an, zu ihnen zu reden, und sagte: „Heute ist dies Wort der Schrift vor euren Ohren erfüllt."
(Er las einen Text aus Jesaja.)

Es muß alles erfüllt werden, was von mir im Gesetz des Mose, in den Propheten und in den Psalmen geschrieben steht...

So steht geschrieben, daß der Christus leiden wird und am dritten Tag von den Toten auferstehen.

...die Schrift...die von mir Zeugnis gibt.

Wenn ihr Mose glaubtet, würdet ihr auch mir glauben; denn er hat von mir geschrieben.

SEIN INDIREKTER ANSPRUCH

Jesus beanspruchte, Dinge tun zu können, die nach jüdischem Glauben nur Gott tun konnte.

Er vergab Sünden:

Jesus... sagte zu dem Gelähmten: „Mein Sohn, deine Sünden sind dir vergeben." Es saßen aber einige Schriftgelehrte dabei und dachten in ihrem Herzen: „Wie kann der so reden? Er lästert ja Gott! Wer kann denn Sünden vergeben als Gott allein?" Und Jesus... sagte: „... der Menschensohn hat Vollmacht, auf Erden die Sünden zu vergeben..."

Er behauptete, ewiges Leben geben zu können:

Denn wie der Vater die Toten auferweckt und sie lebendig macht, so macht auch der Sohn lebendig, wen er will.

Ich bin die Auferstehung und das Leben. Wer an mich glaubt, der wird leben, selbst wenn er stirbt.

Er beanspruchte, die Wahrheit in Vollmacht zu lehren:

Ihr habt gehört, daß den Alten gesagt worden ist: „Du sollst nicht töten..." Ich aber sage euch...

Himmel und Erde werden vergehen; meine Worte aber werden nicht vergehen.

Ich bin dazu... in die Welt gekommen, daß ich die Wahrheit bezeugen soll. Wer aus der Wahrheit ist, der hört auf meine Stimme.

Er erklärte, daß er eines Tages die Welt richten würde:

Wenn aber der Menschensohn in seiner Herrlichkeit kommen wird, und alle Engel mit ihm, dann wird er auf dem Thron seiner Herrlichkeit sitzen, und alle Völker werden vor ihm versammelt werden. Und er wird sie voneinander scheiden, so wie ein Hirt die Schafe von den Böcken scheidet.

...richtet doch der Vater niemand, sondern hat alles Gericht dem Sohn übergeben, damit alle den Sohn ehren, wie sie den Vater ehren.

Er behauptete, die tiefsten Bedürfnisse der Menschen befriedigen zu können, und er lud sie ein, ihm nachzufolgen und ihm treu zu sein:

Kommt her zu mir, alle, die ihr mühselig und beladen seid; ich will euch erquicken. Nehmt mein Joch auf euch und lernt von mir; denn ich bin sanftmütig und von Herzen demütig; so werdet ihr Ruhe finden für eure Seele.

Wenn jemand zu mir kommt und haßt nicht Vater und Mutter... und dazu sich selbst, dann kann er nicht mein Jünger sein.

Wer durstig ist, der komme zu mir und trinke!

Das ist Gottes Werk, daß ihr an den glaubt, den er gesandt hat.

Glaubt an Gott und glaubt an mich!

Warum verheimlichte Jesus anscheinend eine Zeitlang seine Identität?

Warum sprach er so verschlüsselt über seinen Anspruch? Wenn er wirklich Gottes Sohn war, warum sagte er das nicht von Anfang an klar und eindeutig, um keinen Zweifel bei den Menschen aufkommen zu lassen? Als einige ihn *doch* für „den Christus" oder „den Sohn Gottes" hielten, warum forderte er sie da auf, dies für sich zu behalten?

Und wenn ihn die unreinen Geister sahen, fielen sie vor ihm nieder und schrien: „Du bist Gottes Sohn!" Und er gebot ihnen streng, ihn ja nicht zu offenbaren.

Und Jesus fragte die Jünger: „Ihr aber, für wen haltet ihr mich?" Da antwortete

Jesus vermied sorgfältig eine hysterische Heldenverehrung.

ihm Petrus: „Du bist der Christus!" Und er gebot ihnen streng, daß sie niemand etwas davon sagen sollten.

● Ein politischer Grund
Jesus kannte die verworrenen und falschen Vorstellungen über den Messias, die zu jener Zeit umliefen (z.B. die Vorstellung eines kriegerischen Königs, der die Juden anführen würde, um die Römer aus ihrem Land zu vertreiben, oder die Vorstellung vom himmlischen Menschensohn, der mit den Wolken in Herrlichkeit herabsteigen würde).

Wenn er wiederholt Titel wie „Messias" gebraucht hätte, hätte er sich in den Augen des Volks und der römischen Besatzungsmacht mit den extremen Nationalisten identifiziert, und man hätte ihn nur als eine politische Gestalt angesehen.

● Ein theologischer Grund
Jesus wußte, wie stark die Juden die Einheit Gottes betonten: „Der Herr, unser Gott, ist ein einziger Gott..." Wenn er von Anfang an direkte und unmißverständliche Ansprüche erhoben hätte, wären seine Zuhörer kaum bereit gewesen, ihm weiter zuzuhören. Eine gewisse Indirektheit mußte die Menschen veranlassen, selbst nachzudenken und allmählich die Tragweite dessen zu verstehen, worauf er Anspruch erhob. Wir müssen noch hinzufügen, daß das, was Jesus für sich in Anspruch nahm, in den Ohren der gebildeten Juden damals *weniger* indirekt geklungen haben muß, als uns dies heute vorkommen mag. Jeder Jude verstand, was es bedeutete, wenn Jesus beanspruchte, Sünden zu vergeben – er konnte ihn sofort wegen Gotteslästerung anklagen.

● Ein moralischer Grund
Wenn Jesus von sich selbst in indirekter Weise sprach, dann nicht nur, um seine Zuhörer aufzufordern, selbst nachzudenken. Er richtete gleichzeitig einen Appell an ihren Willen und an ihr Gewissen. Es wird von einer Begebenheit berichtet, bei der er sich weigerte, sich noch direkter zu äußern, weil er erkannte, daß jene, die ihn fragten, die moralische Herausforderung außer acht ließen, um die sie bereits wußten.

Als er im Tempel umherging, kamen die Hohenpriester, Schriftgelehrten und

Ältesten zu ihm und fragten: „Aus welcher Vollmacht tust du das, oder wer hat dir diese Vollmacht gegeben, daß du so etwas tun kannst?" Jesus aber sagte zu ihnen: „Ich will euch nur eine Frage stellen; antwortet mir, so will ich euch sagen, aus welcher Vollmacht ich das tue. War die Taufe des Johannes vom Himmel oder von Menschen? Antwortet mir!" Sie überlegten bei sich: „Sagen wir, sie war vom Himmel, so wird er sagen: ‚Warum habt ihr ihm dann nicht geglaubt?' Oder sollen wir sagen, sie war von Menschen?" – Sie fürchteten sich nämlich vor der Menge. Denn alle waren überzeugt, daß Johannes wirklich ein Prophet war. Und sie antworteten Jesus: „Wir wissen's nicht." Und Jesus sagte zu ihnen: „So sage ich euch auch nicht, aus welcher Vollmacht ich das tue."

● Der Zeitfaktor
Als die Jünger erkannten, daß Jesus der Christus, der Sohn Gottes war, forderte er sie auf, dies nicht offen weiterzusagen:

Und er fragte sie: „Ihr aber, für wen haltet ihr mich?" Da antwortete ihm Petrus: „Du bist der Christus!" Und er gebot ihnen streng, daß sie niemand etwas davon sagen sollten.

Und er fing an, sie zu lehren: „Der Menschensohn muß viel leiden... und getötet werden und nach drei Tagen auferstehen."

Kurz nach dieser Begebenheit waren drei seiner Jünger Zeugen seiner Verklärung, und Jesus gab ihnen einen ähnlichen Befehl:

Als sie aber vom Berg herabgingen, gebot ihnen Jesus, niemand etwas davon zu sagen, was sie gesehen hatten, bis der Menschensohn von den Toten auferstanden wäre. Und sie behielten das Wort und befragten sich untereinander: „Was mag das heißen: von den Toten auferstehen?"

Dies deutet darauf hin, daß Jesus erwartete, daß das, was *zu seinen Lebzeiten* verborgen und unklar geblieben war, *nach* seinem Tod und seiner Auferstehung öffentlich verkündet werden würde:

● Direkte Antworten
Als man Jesus in bestimmten Situationen direkt fragte, gab er auch direkte Antworten:

Und der Hohepriester sprach zu ihm: „Ich beschwöre dich bei dem lebendigen Gott: Sage uns, ob du der Christus bist, der Sohn Gottes." Jesus sprach zu ihm: „Du sagst es..." (oder: „Das hast du gesagt")... Da zerriß der Hohepriester seine Kleider und sagte: „Er hat Gott gelästert..."

Seine Wunder

Drei verschiedene Arten von Wundern sind festgehalten:

1. Naturwunder: z. B. Stillung des Sturms (Markus 4, 35-41); Speisung der 5000 mit fünf Broten und zwei Fischen (Markus 6, 30-44); Wandeln auf dem Wasser (Markus 6, 45-52); Umwandlung von Wasser in Wein (Johannes 2, 1-11).

2. Heilungswunder: z. B. Heilung von Fieber, Lepra, Blindheit und dämonischer Besessenheit usw.

3. Auferweckung von Toten: z. B. den Sohn der Frau von Nain (Lukas 7, 11-17); Lazarus in Bethanien (Johannes 11, 1-45).

Die Evangelien berichten über Jesu Motive bei diesen Wunderhandlungen.

● Erbarmen:

Als sie von Jericho fortgingen, folgte ihm eine große Menge. Und siehe, zwei Blinde saßen am Wege; und als sie hörten, daß Jesus vorüberging, riefen sie: „Ach Herr, du Sohn Davids, erbarm dich über uns!"... Jesus aber blieb stehen, rief sie und fragte: „Was soll ich für euch tun?" Sie sagten zu ihm: „Herr, daß unsere Augen aufgetan werden." Da hatte er Erbarmen mit ihnen und berührte ihre Augen; und sogleich konnten sie wieder sehen, und sie folgten ihm.

Zu der Zeit, als wieder eine große Menge da war und sie nichts zu essen hatten, rief Jesus die Jünger zu sich und sagte zu ihnen: „Ich habe Erbarmen mit dem Volk, denn sie harren nun schon drei

Tage bei mir aus und haben nichts zu essen…"

● Die Ehre Gottes. Viele dieser Wunder veranlaßten Menschen, Gott die Ehre zu geben:

> **… so daß sich das Volk wunderte, als sie sahen, daß die Stummen redeten, die Verkrüppelten gesund wurden, die Gelähmten gingen, die Blinden sahen; und sie priesen den Gott Israels.**

● Als Zeugnis, um seinen Anspruch zu unterstreichen:

> **Und Jesus erkannte sogleich in seinem Geist, was sie bei sich dachten, und sagte zu ihnen: „Was denkt ihr da in euren Herzen? Was ist leichter? Zu dem Gelähmten zu sagen: ‚Dir sind deine Sünden vergeben'–, oder zu sagen: ‚Steh auf, nimm deine Matte und geh!' Damit ihr aber wißt, daß der Menschensohn Vollmacht hat, auf Erden die Sünden zu vergeben – sagte er zu dem Gelähmten: „Ich sage dir, steh auf, nimm deine Matte und geh heim!" Und er stand auf, nahm seine Matte und ging sogleich vor aller Augen hinaus…**

> **Als aber Johannes im Gefängnis von den Werken des Christus hörte, sandte er seine Jünger und ließ ihn fragen: „Bist du es, der kommen soll, oder sollen wir auf einen andern warten?" Jesus antwortete ihnen: „Geht hin und sagt Johannes wieder, was ihr hört und seht: Blinde sehen und Lahme gehen, Aussätzige werden rein und Taube hören, Tote stehen auf und Armen wird das Evangelium gepredigt."**

> **Wenn ich nicht die Werke meines Vaters tue, dann glaubt mir nicht; tu ich sie aber, so glaubt doch den Werken, wenn ihr mir nicht glauben wollt. Dann werdet ihr erkennen und wissen, daß der Vater in mir ist und ich in ihm.**

Manchmal jedoch, wenn das Volk ihn dazu drängte, Wunder zu wirken, nicht aus einer echten Not heraus, um überzeugt zu werden, sondern aus einem trotzigen oder herausfordernden Zweifel, weigerte sich Jesus, auf Befehl Wunder zu wirken:

> **Da kamen die Pharisäer und fingen ein Streitgespräch mit ihm an, wollten ihn auf die Probe stellen und forderten von ihm ein Zeichen vom Himmel. Und er seufzte in seinem Herzen und sagte: „Warum fordert doch dies Geschlecht ein Zeichen? Wahrlich, ich sage euch: Es wird diesem Geschlecht kein Zeichen gegeben werden!" Und er ließ sie stehen.**

In der Fassung des Matthäus (Matthäus 12, 39f) ist ein Hinweis angefügt, der auf die Auferstehung deutet als das einzige Zeichen, das er diesen stolzen Pharisäern geben werde.

GLAUBE UND UNGLAUBE

Es ist bezeichnend, daß die Wunder Jesu die Menschen nicht immer zum Glauben führten. Mehrere Wunder trugen entscheidend dazu bei, einzelne oder Gruppen zu Jesus zu führen. So wird uns z.B. gesagt, daß „seine Jünger an ihn glaubten", nachdem Jesus Wasser in Wein verwandelt hatte. Nachdem er den Sohn des Hauptmanns von Kapernaum geheilt hatte, heißt es, daß der Vater des Jungen „mit seiner ganzen Familie glaubte".

Es gibt jedoch keinen Hinweis, daß diese Wunder eine große Menschenmenge überzeugten. Wir lesen immer wieder von Voreingenommenheit, Mißverständnissen und Opposition, die viele dieser Wunder hervorriefen. Nachdem er einen Mann mit einer abgestorbenen Hand geheilt hatte,

> **gingen die Pharisäer hinaus und hielten eine Beratung über ihn ab, wie sie ihn umbringen könnten.**

Auch das Wunder der Speisung von 5000 Menschen wurde von der Menge mißverstanden:

> **Als Jesus nun merkte, daß sie kommen würden, um ihn mit Gewalt zum König zu machen, zog er sich wieder auf den Berg zurück, er allein.**

Nachdem Jesus einen Gelähmten heilte, rechtfertigt er gegenüber den Juden sein Handeln.

> **Darum trachteten ihm die Juden noch viel mehr nach dem Leben, weil er nicht allein den Sabbat brach, sondern auch behauptete, Gott sei sein Vater, und dadurch sich selbst Gott gleichstellte.**

Die Auferweckung des Lazarus von den Toten führte endgültig den Beschluß herbei, Jesus zu töten:

> **Von dem Tage an stand ihr Beschluß fest, ihn zu töten.**

MÖGL. ANTWORTEN

Wie reagierte das Volk auf den Mann Jesus? Hier sind einige der ersten Reaktionen, wie MARKUS sie aufgezeichnet hat:

Sie entsetzten sich über seine Lehre, denn er lehrte mit Vollmacht...

...so daß sie sich alle entsetzten und Gott priesen und sagten: „So etwas haben wir noch nie gesehen."

...sie sagten: „Er ist von Sinnen."

Sie aber fürchteten sich sehr und sagten zueinander: „Wer ist der? Selbst Wind und Meer sind ihm gehorsam!"

...sie fürchteten sich. Und sie fingen an, Jesus zu bitten, aus ihrem Gebiet fortzugehen.

...viele, die zuhörten, wunderten sich und fragten: „Woher hat er das? Und was ist das für eine Weisheit, die ihm gegeben ist? Und was für mächtige Taten, die durch seine Hände geschehen sind? Ist er nicht der Zimmermann, der Sohn der Maria, und der Bruder des Jakobus und Joses und Judas und Simon? Sind nicht auch seine Schwestern hier bei uns?"

Und sie erschraken über die Maßen und sagten: „Er hat alles gut gemacht; er macht, daß die Tauben hören und die Stummen reden."

In unserer Untersuchung über Jesus müssen wir über diese anfänglichen Reaktionen hinausgehen und uns mit der umfassenderen Frage auseinandersetzen: In welcher Beziehung stand dieser Mann Jesus zu Gott?

Es gibt im Grunde nur vier mögliche Antworten.

Er war ganz menschlich und ganz göttlich. Er war ein wirklicher Mensch; aber zugleich war er Gottes Sohn

Die ersten Jünger konnten ihre Auffassung über Jesus in dieser Form nicht *zu seinen Lebzeiten* ausdrücken. Doch sie sprachen von ihm als Gottes Messias, d. h. Gottes gesalbtem Gesandten, der seine Ziele in der Welt verwirklichen sollte. Sie gebrauchten Begriffe und Titel für ihn, die ein Jude ausschließlich auf den einen wahren Gott anwandte:

PETRUS sagte:

Du bist der Christus!

THOMAS sagte:

Mein Herr und mein Gott!

Die JÜNGER sagten:

Wir haben geglaubt und erkannt, daß du der Heilige Gottes bist.

Darum glauben wir, daß du von Gott ausgegangen bist.

Die Begriffe, die sie *nach* seinem Tod auf ihn anwandten, gingen über diese Ansprüche nicht hinaus. Sie bezeichneten ihn *sowohl* als einen Menschen *als auch* als Gott:

Weil nun die Kinder von Fleisch und Blut sind, hat auch er die gleiche Art angenommen, um durch seinen Tod den zu vernichten, der die Macht über den Tod hat.

Denn wir haben ja nicht einen Hohenpriester, der mit unsern Schwächen kein Mitleid haben könnte, sondern der wie wir in allem versucht worden ist, doch ohne Sünde.

...den Herrn der Herrlichkeit...

...der...Mensch...vom Himmel...

Christus Jesus, obwohl er in göttlicher Gestalt war, hielt er es nicht wie einen Raub fest, Gott gleich zu sein, sondern entäußerte sich selbst und nahm

Die Ereignisse der Evangelien sind verwurzelt an wirklichen Orten zu wirklichen Zeiten. Dies ist Bethlehem, der Schauplatz der Geburt Jesu.

Knechtsgestalt an, wurde den Menschen gleich und durch seine ganze Erscheinung als Mensch erwiesen. Er erniedrigte sich selbst und wurde gehorsam bis zum Tode, ja zum Tode am Kreuz. Darum hat Gott ihn auch erhöht und hat ihm den Namen gegeben, der über alle Namen ist, damit im Namen Jesu sich beugen sollen aller derer Knie, die im Himmel und auf Erden und unter der Erde sind und alle Zungen bekennen sollen, daß Jesus Christus der Herr ist, zur Ehre Gottes, des Vaters.

Aus dieser Überzeugung ergeben sich einige sichere Schlußfolgerungen:

- Wenn Jesus beides ist, Gott und Mensch, kann er für den Menschen eine vollkommene Offenbarung Gottes sein. Er kann Gott angemessen offenbaren, weil er selbst göttlich ist:

Niemand hat Gott je gesehen; der einzige Sohn, der Gott ist und der im Schoß des Vaters ist, der hat ihn uns verkündigt.

Diese Offenbarung geschieht in einer Form, die von den Menschen verstanden werden kann; sie können es durch Hören, Sehen und Fühlen wahrnehmen:

Was von Anfang an war, was wir gehört haben, was wir mit unsern Augen gesehen haben, was wir betrachtet haben und unsre Hände betastet haben, das Wort des Lebens – denn das Leben ist erschienen, und wir haben gesehen und bezeugen und verkündigen euch das Leben, das ewig ist, das beim Vater war und uns erschienen ist –, was wir also gesehen und gehört haben, das verkündigen wir auch euch, damit auch ihr mit uns Gemeinschaft habt...

- Wenn Jesus beides ist, Gott und Mensch, kann er mit dem moralischen Problem des Menschen fertigwerden. Als Mensch lebte er ein Leben im völligen Gehorsam gegenüber dem Vater, und er war bis zu seinem Tod gehorsam.

Sein Leben des Gehorsams kann darum die Umkehr von Adams Ungehorsam sein. Sein völliger Gehorsam hat die Wirkung, die Konsequenzen von Adams Sünde aufzuheben:

... durch einen Menschen ist die Sünde in die Welt gekommen und der Tod durch die Sünde, und so ist der Tod zu allen Menschen durchgedrungen, weil sie alle gesündigt haben ... Aber mit der Gnadengabe verhält sich's nicht wie mit der Sünde. Denn wenn durch die Sünde des einen die vielen gestorben sind, um wieviel mehr ist dann Gottes Gnade und die Gnadengabe des einen Menschen Jesus Christus den vielen überreich zuteil geworden ... Denn wenn wegen der Sünde des einen der Tod geherrscht hat durch den einen, wieviel mehr werden alle, die die Fülle der Gnade und der Gabe zur Gerechtigkeit empfangen, im Leben herrschen durch den einen, Jesus Christus. Wie nun durch die Sünde des einen die Verdammung über alle Menschen gekommen ist, so ist auch durch die Gerechtigkeit des einen für alle Menschen die Rechtfertigung gekommen.

Weil er selbst ganz Gott ist, tut das, was *er* tut, *Gott* durch ihn:

Aber das alles kommt von Gott, der uns durch Christus mit sich selber versöhnt hat ... Denn Gott versöhnte in Christus die Welt mit sich selber und rechnete ihnen ihre Sünden nicht an ...

Weil er ganz Mensch ist, kann er sich vollkommen mit den Menschen und der Last ihrer Sünde identifizieren:

Denn es ist nur *ein* Gott und nur *ein* Mittler zwischen Gott und den Menschen, nämlich der Mensch Christus Jesus, der sich selbst gegeben hat als Lösegeld für alle ...

- Die Tatsache, daß Jesus beides, göttlich und menschlich ist, hat für die gegenwärtige Erfahrung des Christen Bedeutung. Jesus legt im Himmel seine Menschlichkeit nicht ab wie ein Gewand. Darum bedarf es keines weiteren Mittlers (wie Maria oder die Heiligen). Es kann im Himmel niemanden geben, der uns als Menschen besser versteht als Jesus:

Daher mußte er in allem seinen Brüdern gleich werden, damit er barmherzig würde und ein treuer Hoherpriester vor Gott ... Denn weil er selber gelitten hat und versucht worden ist, kann er

denen helfen, die versucht werden.

Denn wir haben ja nicht einen Hohenpriester, der mit unsern Schwächen kein Mitleid haben könnte, sondern der wie wir in allem versucht worden ist, doch ohne Sünde. Darum laßt uns mit Zuversicht vor den Thron der Gnade treten, damit wir Barmherzigkeit empfangen und Gnade finden, wenn wir Hilfe nötig haben.

● Wenn der Christ auf Jesus Christus vertraut als den einen, der Gott und Mensch in eins ist, wird er mit ihm in einer so engen Verbindung vereint, wie sie nur denkbar ist. Es ist keine Verbindung, in der der Glaubende mit Gott verschmolzen wird, sondern eine Verbindung, in der er seine eigene Identität bewahrt und die Liebe erfährt, die zwischen Vater und Sohn besteht. Für eine solche Vereinigung betete Jesus vor seiner Festnahme. Sie ist möglich, weil Jesus völlig eins ist mit Gott *und* mit dem Menschen:

Ich bitte aber nicht nur für sie, sondern auch für die, die durch ihr Wort an mich glauben werden, damit sie alle eins sind. So wie du, Vater, in mir bist und ich in dir, so sollen auch sie in uns sein, damit die Welt glaubt, daß du mich gesandt hast. Und ich habe ihnen die Herrlichkeit gegeben, die du mir gegeben hast, damit sie eins sind, so wie wir eins sind, ich in ihnen und du in mir, damit sie vollkommen eins sind und die Welt erkennt, daß du mich gesandt hast und sie so liebst, wie du mich liebst. Vater, ich will, daß, wo ich bin, auch die bei mir sind, die du mir gegeben hast, damit sie meine Herrlichkeit sehen, die du mir gegeben hast; denn du hast mich geliebt, ehe der Grund der Welt gelegt war. Gerechter Vater, die Welt kennt dich nicht; ich aber kenne dich, und diese haben erkannt, daß du mich gesandt hast. Und ich habe ihnen deinen Namen offenbart und werde ihn offenbaren, damit die Liebe, mit der du mich liebst, in ihnen ist und ich in ihnen.

Er war ein erschaffenes Wesen vom Himmel

Das bedeutet, daß Jesus mehr als nur ein gewöhnlicher Mensch war; aber er war nicht in irgendeinem Sinn Gott. Er war „Sohn Gottes" in dem Sinn, daß er ein übernatürliches Wesen vom Himmel war, aber ein erschaffenes Wesen.

Im Laufe der Geschichte hat sich diese Position verschieden ausgeformt. Dies war z. B. die Lehre des Arius von Alexandrien im 4. Jahrhundert.

In unserer Zeit lehren die ZEUGEN JEHOVAS, daß Jesus ein erschaffener Geist vom Himmel sei.

Damit Jesus sein Volk von seinen Sünden erlösen konnte, war es nötig, daß der Sohn Gottes als menschliches Geschöpf geboren wurde und heranwuchs, um „zum Mann Christus Jesus" zu werden ... Da keiner der Nachkommen Adams sündlos war oder ein gerechtes Leben führte, das er als Erlösungspreis hätte anbieten können, war es für den Sohn Gottes notwendig, seine Existenz als Geist aufzugeben und zu dem so nötigen vollkommenen Menschen zu werden; nicht mehr und nicht weniger. Und so konnte Jesus sterben, nicht als geistiges Geschöpf, sondern als ein vollkommenes menschliches Wesen, denn die Menschheit bedurfte der Erlösung. Aus diesen und anderen Gründen war Jesus nicht der „Gott-Mensch", denn dies wäre mehr als der nötige Preis der Erlösung. Wäre er unsterblicher Gott oder eine unsterbliche Seele gewesen, so hätte er sein Leben nicht dahingeben können. Nach den Aussagen der Schrift war er auf Erden sterblich ...

Der Hauptgrund für das Kommen des Gottessohns auf die Erde bestand darin, der falschen Anschuldigung Satans zu begegnen, daß Gott auf Erden kein Geschöpf haben könne, das seine Rechtschaffenheit bewahren und treu bis zum Tod sein kann, wenn es vom Teufel und von Dämonen verfolgt wird ...

Sie glauben, daß Jesus bei seiner Taufe zum Sohn Gottes berufen wurde:

> **Johannes hörte Gottes Stimme, die Jesus als seinen Sohn verkündigte. Dies bestätigt, daß Gott durch seinen Geist oder eine aktive Kraft Jesus zeugte, kraft derer er der geistige Sohn Gottes wurde, der das Recht zu einem geistigen Leben im Himmel hat. Gott zeugte ihn so, weil Jesu Recht auf ein menschliches Leben von nun an der Erlösung der Menschheit geweiht war...**
>
> **Gottes Weissagung in Psalm 2,7 war auf Jesus bezogen: „Du bist mein Sohn, heute habe ich dich gezeugt." Als Jehova den getauften Jesus zeugte und ihn zum geistigen Sohn Gottes machte, mit dem Recht auf ein Leben in der himmlischen, geistigen Ruhe, wurde Jesus ein „neues Geschöpf".**

Somit wurde er nach seinem Tod am Kreuz unsterblich:

> **Zur richtigen Zeit, als seine Treue bis zum Tod erwiesen war und er die Erlösung von der Sünde geschaffen hatte, wurde der Sohn mit Unsterblichkeit belohnt.**

Diese Antwort gründet sich jedoch auf eine willkürliche Auslegung des Neuen Testaments. Sie bezieht sich auf Verse, in denen von Jesu Abhängigkeit vom Vater und seiner Demut gegenüber dem Vater die Rede ist. Aber sie läßt alle anderen Hinweise außer acht, die auf eine weitaus tiefere Beziehung zwischen Vater und Sohn deuten.

● Die Verse, die diese Interpretation belegen sollen, können nicht das leisten, was ihnen zugemutet wird. Das zeigen die drei folgenden Beispiele.

1. Der Vater ist größer als ich.

Diese Worte müssen im Licht aller anderen Aussagen JESU im *Johannes-Evangelium* gesehen werden, z. B.:

> **Ich und der Vater sind eins.**
>
> **Wer mich sieht, der sieht den Vater! Wie kannst du dann sagen: Zeige uns den Vater? Glaubst du nicht, daß ich im Vater bin und der Vater in mir?**

Diese Worte zeigen, in welcher Weise sich der ewige Sohn selbst vor dem Vater erniedrigte, um das Werk der Offenbarung und Erlösung voranzutreiben. PAULUS schreibt über die Demut und Selbsterniedrigung des Sohnes:

> **... Jesus Christus ... Obwohl er in göttlicher Gestalt war, hielt er es nicht wie einen Raub fest, Gott gleich zu sein, sondern entäußerte sich selbst und nahm Knechtsgestalt an, wurde den Menschen gleich ...**

2. Warum nennst du mich gut? Niemand ist gut als Gott allein.

Jesus gab diese Antwort, als ihn jemand fragte:

> **Guter Meister, was muß ich tun, damit ich das ewige Leben erbe?**

Jesus wollte wahrscheinlich herausfinden, ob seine Worte nur ein Kompliment waren oder ob er erkannt hatte, wer Jesus war. Er hätte auch sagen können: „Wenn du meinst, ich sei nicht mehr als nur ein gewöhnlicher menschlicher Lehrer, warum nennst du mich dann gut?" Ganz gleich, wie diese Worte genau zu interpretieren sind, JESUS stellt seine Person betreffend eine außerordentliche Behauptung auf. Er streitet nicht mit dem Mann, wenn dieser behauptet, alle Gebote gehalten zu haben. Statt dessen weist er ihn darauf hin, was ihm noch fehlt, und fordert ihn auf, ihm nachzufolgen:

> **Es fehlt dir noch eins. Verkaufe alles, was du hast, verteile es an die Armen, so wirst du einen Schatz im Himmel haben, und komm und folge mir nach!**

3. Er ist das Ebenbild des unsichtbaren Gottes, der Erstgeborene vor aller Schöpfung ...

Die folgenden Verse in diesem Abschnitt zeigen, daß der Schreiber *nicht* glaubte, daß Jesus ein erschaffenes Wesen sei. Im Gegenteil: *Alles,* im Himmel und auf Erden, wurde durch ihn geschaffen:

> **Er ist das Ebenbild des unsichtbaren Gottes, der Erstgeborene vor aller Schöpfung. Denn in ihm ist alles geschaffen, was im Himmel und auf Erden ist, das Sichtbare und das Unsichtbare, es seien Throne oder Herrschaften oder Mächte oder Gewalten; alles ist durch ihn und auf ihn hin geschaffen. Und er ist vor allem, und es besteht alles in ihm ...**

C.F.D. MOULE erklärt die beiden möglichen Auslegungen des Wortes „der Erstgeborene":

> **(I) Übersetzen Sie das Wort „Erst-" als ein *Zeit-Metapher*... So übersetzt, kann es sich auf die vorrangige Stellung Christi gegenüber der erschaffenen Welt beziehen: Er wurde geboren (oder, wie man in der Theologie genauer sagen würde, gezeugt, nicht geboren) vor allen anderen erschaffenen Dingen...**
>
> **(II) Nehmen Sie den Begriff „Erstgeborener" nicht als zeitlichen Begriff, sondern im Sinn von *Vorrang* – „der eine", der den Vorrang vor der ganzen Schöpfung hat. Wenn man sich entscheiden müßte, spräche vielleicht mehr für die zweite Version... Aber wahrscheinlich müssen beide Interpretationen verbunden werden: „eher als und mit dem Vorrang vor".**

● Andere Stellen im Neuen Testament weisen diese Interpretation mit Nachdruck zurück. So wußte der Schreiber des Hebräerbriefes, daß einige meinten, Jesus sei ein höheres Wesen, jedoch von Gott erschaffen. Er betont die Kluft, die den Sohn Jesus von allen erschaffenen Engeln im Himmel trennt:

> **Nachdem Gott in früheren Zeiten vielfach und auf verschiedene Weise zu den Vätern geredet hat durch die Propheten, hat er jetzt am Ende dieser Tage zu uns geredet durch den Sohn. Ihn hat Gott zum Erben des Weltalls eingesetzt, wie er auch durch ihn die Welten erschaffen hat. Er ist der Abglanz seiner Herrlichkeit und das Abbild seines Wesens und trägt das Weltall durch sein machtvolles Wort. Er hat die Reinigung von den Sünden vollbracht und sich dann zur Rechten der Majestät in der Höhe gesetzt. Dadurch ist er so hoch über die Engel erhoben worden, wie der Name, den er ererbt hat, höher ist als ihr Name.**

Eine solche Antwort macht aus Jesus einen Mittler, der weniger als Gott ist. In dieser Position vermag er nicht mehr zu tun, als Botschaften von Gott kundzutun, aber er kann nicht vor den heiligen Gott treten mit der Schuld der Menschen. Er kann bis zu einem gewissen Grad für den Menschen eintreten, wenn er ganz Mensch ist. Aber er kann nicht selbst Sünde vergeben. Da Gott selbst von der Sünde betroffen wird und Gottes eigene Gesetze übertreten werden, kann *nur* Gott das Böse und den Ungehorsam vergeben. Wenn Jesus weniger als Gott wäre, könnte er nicht an Gottes Statt handeln und mit den moralischen Problemen der Menschen fertig werden.

Er war ein von Gott gesandter Prophet

Viele Juden sehen in Jesus einen göttlichen Menschen, der seinen Mitmenschen eine wahre Botschaft von Gott übermittelte.

In den ersten Jahrhunderten nach Jesu Tod waren die Juden nicht völlig gegen Jesus eingestellt, obwohl die meisten Juden Jesus nicht als den Messias ansahen. Später äußerten sich jedoch kritischere Stimmen.

HERBERT DANBY schreibt über die jüdischen Traditionen, wie sie im *Talmud* aufgezeichnet sind:

> **Dies ist die Summe dessen, was der Talmud *angeblich* (manchmal zu Recht, meistens zu Unrecht) über den Begründer des Christentums sagt:**
>
> **Ein gewisser Jesus, genannt der Nazarener, oder der Sohn des Stada, oder der Sohn des Pantera, wurde unehelich geboren. Seine Mutter hieß Maria. Sie war Damenfriseuse (das hier gebrauchte Wort ist *M'gadd'la,* ein Wortspiel zum Namen Maria Magdalena). Ihr Ehemann war Pappus, der Sohn des Juda, und ihr Geliebter ein römischer Soldat mit Namen Pantera. Über sie wird gesagt, sie sei eine Nachkommin von Fürsten und Herrschern. Dieser Jesus war in Ägypten, von wo aus er Kenntnis mitbrachte von vielerlei Tricks und Zauberkünsten. Er war nur ein Zauberer und täuschte das Volk Israel und führte es vom rechten Weg; er sündigte und verführte viele zur Sünde. Er verhöhnte die Worte der Gelehrten und wurde ausgeschlossen. Er war behaftet mit Irrlehre. Er nannte sich selbst Gott und sagte, er würde gen Himmel fahren. Man stellte ihn vor Gericht in Lud und klagte ihn an, das Volk in die Irre geführt und Abfall vom Glauben gelehrt zu haben.**

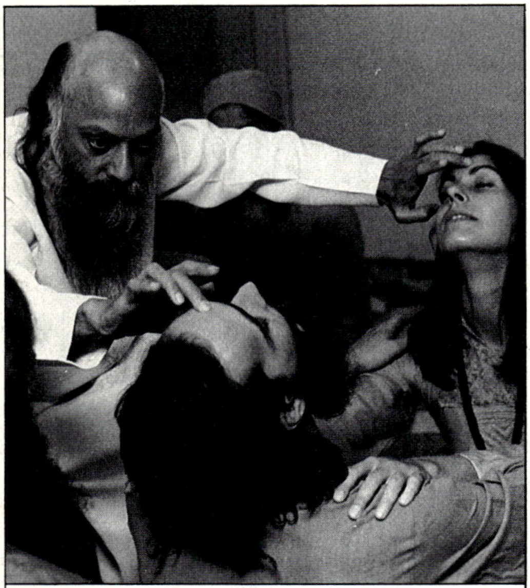

Wenn Jesus nur ein guter Lehrer war, unterschiede er sich nicht von heutigen „Propheten" wie Baghwan Rajneesh.

Zeugen wurden gegen ihn vorgeladen, und eine Lampe wurde so aufgestellt, daß man sein Gesicht sehen, doch er die Zeugen nicht sehen konnte. Er wurde in Lud am Rüsttag des Passafestes hingerichtet, der auf einen Rüsttag eines Sabbats fiel. 40 Tage lang verkündete ein Bote, daß Jesus gesteinigt werden sollte, und man rief Zeugen auf, die für ihn aussagen sollten. Doch niemand meldete sich. So wurde er gesteinigt und gehängt. Unter dem Namen Balaam wurde er von „Pinhas dem Räuber" (wahrscheinlich ein Hinweis auf Pontius Pilatus) getötet. Zu dieser Zeit war er 33 Jahre alt. Er wurde in der Gehenna mit kochendem Schaum bestraft. Er war „nahe dem Königreich" (was immer das auch heißen mag). Er hatte fünf Jünger: Mattai, Naqai, Netser, Buni und Today. Unter dem Namen Balaam wurde er aus der kommenden Welt ausgeschlossen.

ÜBER DIE DOKUMENTE

Da die Evangelien zwar wertvolles Material enthalten, aber in einem polemischen Stil und zu dem Zweck geschrieben wurden, den messianischen Geist und das übermenschliche Wesen Jesu zu belegen, ist es nur schwer, eine objektive Lebensgeschichte darzustellen.

Die folgenden Artikel aus der *Jewish Encyclopedia* geben einen Überblick über die Einstellung vieler Juden des 20. Jahrhunderts zu Jesus.

SEINE GEBURT

Das Übernatürliche im Leben Jesu beschränkt sich nach den Evangelien auf kleinste Dimensionen und besteht vorwiegend aus Begebenheit und Merkmalen, die darauf abzielen, diese Prophetien (aus dem Alten Testament) und die dogmatischen Positionen des Christentums zu belegen. Dies trifft insbesondere auf die Geschichte der Jungfrauengeburt zu, eine Legende, die fast allen volkstümlichen Helden gemeinsam ist, um ihre Überlegenheit gegenüber dem Volk anzuzeigen.

SEIN ANSPRUCH

Die Propheten waren überzeugt von der Wahrheit ihrer Botschaft, und betonten, daß sie das Wort des Herrn verkündeten. Jesus befleißigte sich der gleichen Zuversicht. Doch er betonte seine eigene Autorität, unabhängig von irgendeiner stellvertretenden oder abgeleiteten Autorität aus der Höhe. Obwohl er dies tat, beanspruchte er für sich keine messianische Autorität – jedenfalls nicht öffentlich.

Die treffendste Kennzeichnung der Äußerungen Jesu hinsichtlich seiner Person waren die betonte Autorität, die er für sich behauptete, und der Anspruch, daß geistlicher Friede und Heil in der Anerkennung seiner Leitung gefunden werden. Passagen wie Matthäus 11, 29; 25, 40 und Markus 8, 35 weisen auf die Anmaßung einer Macht, die sicherlich einzigartig ist in der jüdischen Geschichte. Tatsächlich läßt sich ein Großteil der vorhandenen Ablehnung im modernen Judentum darauf zurückführen. Andererseits weist wenig in diesen Äußerungen darauf hin, daß sie vom Sprecher anders gemeint waren, als ein Aufruf zu einer persönlichen Beziehung zu ihm.
Es könnte gut sein, daß er durch seine

Erfahrung herausfand, daß geistlicher Trost oft gespendet wurde durch einfaches, menschliches Vertrauen in seinen guten Willen und seine Vollmacht zur Führung.

Dann ... erhebt sich die Frage, ob Jesus sich selbst in irgendeinem Sinn als Messias oder geistlichen Führer gesehen hat. Es gibt ungewöhnlich wenige Hinweise in den synoptischen Evangelien, die diesen Anspruch belegen. Diese besagen nur, daß der Anspruch gegenüber einigen seiner Jünger erhoben wurde, und zwar mit dem ausdrücklichen Gebot, dies geheimzuhalten. In Jesu öffentlichen Äußerungen gibt es absolut keine Spur dieses Anspruches (ausgenommen vielleicht der Gebrauch des Ausdrucks „Menschensohn"), doch scheint es beinahe so, daß Jesus sich in einigen dieser Worte als die Erfüllung einiger Prophezeiungen gesehen hat, die von Juden seiner Zeit auf den Messias bezogen wurden. In anderen Worten sah Jesus sich selbst als den typischen Menschen und beanspruchte in dieser Hinsicht Autorität und Achtung.

SEINE WUNDER

Es ist schwierig abzuschätzen, wie groß der Wahrheitsgehalt in den Berichten über diese Heilungen ist, die ca. 40 Jahre später aufgezeichnet wurden, doch zweifellos war die Aufregung, die auf den Einfluß Jesu zurückgeht, besonders groß bei teilweiser oder zeitweiser Heilung von Besessenheit. Dies würde den Eindruck bestätigen, den sowohl die Zeugen der Heilungen als auch seine Jünger hatten, daß Jesus über übernatürliche Kräfte verfügte. Er selbst wies gelegentlich die Übertreibungen zurück, zu denen solche Heilungen naturgemäß führten.

Andere Juden haben eine Einstellung, die von wesentlich mehr Sympathie zeugt:

Der bedeutendste Jude, der jemals lebte, einer, der einen größeren Einfluß auf die Menschheit und auf die Zivilisation ausübte als sonst jemand – ob nun innerhalb des Judentums oder darüber hinaus ... Ein Jude, dessen Leben und Charakter von beinahe allen der besten und weisesten Menschen, die von ihm hörten oder von seinen Taten und Worten gelesen haben, als das größte religiöse Vorbild aller Zeiten angesehen wurde.

Gottes Nähe wurde direkt durch Jesus empfunden mit einer Intensität, die durch keinen anderen Menschen übertroffen wurde.

CLAUDE MONTEFIORE

Das vollkommen Neue an der Lehre Jesu war, daß erstmals in Israel ein Lehrer auftrat, der zwar mit dem mosaischen Gesetz übereinstimmte, seine Autorität jedoch nicht aus diesem Gesetz ableitete ... Er berief sich auf eine ihm verliehene Autorität ... Die Juden waren gebunden an die Autorität, die Mose am Sinai übertragen worden war und die sie durch ihr Gehorsamsgelöbnis anerkannt hatten. Sie konnten nicht zu einer neuen Autorität überwechseln, ohne ein Zeichen dafür, daß das Alte ausgelöscht und das Neue begonnen hatte ... Das erste Kommen des Messias galt nicht uns, sondern den Heiden.

SHOLEM ASCH

Es ist nur recht zuzugeben, daß sich die Christen auf eine beschämende Weise gegen die Juden zu verhalten begannen, was die feindselige Einstellung der Juden gegenüber Jesus noch verstärkte. In hohem Maß sind die Christen dafür verantwortlich, daß die Juden kein eindeutiges und klares Bild von Jesus erhalten haben.

Wir sind zu dem Schluß gezwungen, so lange das pharisäische Judentum (und wir müssen uns daran erinnern, daß es als einzige Form des Judentums die Zerstörung Jerusalems überdauerte) –, so lange es persönliche oder beinah persönliche Erinnerungen an unseren Herrn aufzeichnete, waren die überlieferten Berichte nicht so feindlich (wie sie es später wurden). Doch je weiter sich die Juden von der Lebenszeit Jesu entfernten und je abhängiger ihre Kenntnis von späteren Generationen der Christen wurde, umso schlimmer wurde auch die Darstellung Jesu.

HERBERT DANBY

Über den jüdischen *Talmud* schreibt er:

> **Im wesentlichen hatten die Juden bereits mit dem Prozeß begonnen, der so typisch für einen großen Teil der Juden – sogar bis zum heutigen Tag – geworden ist, dem Prozeß, Türen zuzuschlagen und sich gegenüber dem ganzen Thema des Christentums zu verschließen, zu verbarrikadieren und abzuschotten.**
> HERBERT DANBY

Wo die Bereitschaft *da ist,* Türen zu öffnen und die Berichte der Evangelien zu diskutieren, können die nachfolgenden Fragen helfen, mit den Juden über ihre Einstellung zu Jesus ins Gespräch zu kommen:

1. Wie könnten orthodoxe Juden in Palästina Elemente aus heidnischen Legenden einführen, um die Geburt Jesu zu beschreiben, wohl wissend, daß sie damit den fundamentalsten Glaubensgrundsatz leugnen würden, nämlich die Einzigkeit Gottes?

2. Ist es wirklich wahr, daß Jesus niemals eine Autorität beansprucht hat, die ihm vom Vater verliehen war? Wie steht es dann mit seinem Anspruch, „der Sohn" zu sein. Zugegeben, daß er nicht öffentlich beanspruchte, der Messias zu sein; aber machte er nicht viele andere direkte oder indirekte Aussagen, in denen er sich mit Gott selbst identifizierte?

3. Wie konnte ein Jude seine Landsleute auffordern, Trost in einer persönlichen Beziehung zu ihm zu finden, indem er sich einer Sprache bediente, die ihn so eng mit Gott in Verbindung brachte und die den Unterschied zwischen Geschöpf und Schöpfer verwischte?

● Für den Islam ist Jesus einer der großen von Gott gesandten Propheten.

Der *Koran* enthält eigene Berichte über das Leben Jesu, der als „Esa, Sohn der Maria" bekannt ist.

SEINE GEBURT

Er (Gabriel) erwiderte: „Ich bin von deinem Herrn gesandt, dir einen heiligen Sohn zu geben."

Sie aber antwortete: „Wie kann ich einen Sohn bekommen, da mich kein Mann berührt hat und ich auch keine Dirne bin?"

Er erwiderte: „Es wird dennoch so sein; denn dein Herr spricht: ‚Das ist mir ein Leichtes. Wir machen ihn (diesen Sohn) zu einem Wunderzeichen für die Menschen, und er sei ein Beweis unserer Barmherzigkeit. So ist die Sache fest beschlossen.'" So empfing sie...

Und die Engel sprachen: „Maria, Gott hat dich erkoren, gereinigt und bevorzugt vor allen Frauen der ganzen Welt."

SEIN WESEN

Es gibt viele Hinweise auf Jesus, aber trotzdem kann man sich kein Bild von seinem Wesen machen. Der Islam scheint jedoch ebenfalls davon auszugehen, daß Jesus ohne Sünde war. Obwohl er die Sünden aller anderen großen Propheten erwähnt – Adam, Noah, Abraham, Moses und Mohammed –, schreibt er Jesus nirgends eine Sünde zu. Das wird in einer der *Traditionen* deutlich:

Jedes von Adam geborene Kind wird an dem Tag vom Satan berührt, an dem seine Mutter von ihm entbunden wird, mit Ausnahme Marias und ihres Sohnes.

SEIN ANSPRUCH

Das, was Jesus von sich selbst behauptete, wird nicht zitiert. Doch der *Koran* gibt Jesus die folgenden Titel:

„der Messias"
„das Wort Gottes"
„die gesicherte Aussage"
„ein von Gott gesandter Geist"
„der Gesandte Gottes" oder
„der Apostel Gottes"
„der Diener Gottes"
„der Prophet Gottes"

Wahrlich, der Messias Jesus, der Sohn Marias, ist ein Gesandter Allahs, und das Wort, das er Maria niedersandte, eine Erfüllung Allahs und sein Geist.

Diesen Titeln können zwei weitere hinzugefügt werden, die in den *Traditionen* über Jesus enthalten sind. Er wird ein Fürsprecher im Himmel sein. Der *Koran* sagt über Jesus: „Gott nahm ihn zu sich", was bedeutet, daß Jesus jetzt im Himmel ist. Ein weiterer Vers beschreibt Jesus als „würdig dieser Welt und der, die kommen wird".

BEIDAWI, ein maßgeblicher Kommentator, interpretiert diese Worte so:

In dieser Welt als Prophet, in der nächsten als Fürsprecher.

Er wird ein Richter sein.

> **Es besteht kein Zweifel darüber, daß der Sohn Marias, auf dem Segen und Frieden ruhen mögen, als ein gerechter Richter in unsere Mitte herabsteigen wird.**

SEINE WUNDER

Noch als Baby verteidigt Jesus seine Mutter gegen jene, die meinen, sie habe sich unmoralisch verhalten, weil sie ein uneheliches Kind bekommen habe:

> **Sie kam nun mit dem Kind in ihren Armen zu ihrem Volk, welches sagte: „O Maria, du hast eine sonderbare Tat begangen! O Schwester Aarons, dein Vater war wahrlich kein schlechter Mann, und auch deine Mutter war keine Dirne."**
>
> **Da zeigte sie auf das Kind hin, damit es rede; worauf die Leute sagten: „Wie, sollen wir mit einem Kind in der Wiege reden?"**
>
> **Das Kind (Jesus) aber sagte: „Wahrlich, ich bin der Diener Allahs, er gab mir die Schrift und bestimmte mich zum Propheten. Er gab mir seinen Segen, wo ich auch sei, und er befahl mir, das Gebet zu verrichten und Almosen zu geben, solange ich lebe..."**

Das Wunder eines vom Himmel gesandten gedeckten Tisches erinnert an das Wunder von der Speisung der 5000, wie es in den *Evangelien* aufgezeichnet ist:

> **Erinnere dich, als die Apostel sagten: „O Jesus, Sohn der Maria, vermag dein Herr auch einen Tisch uns vom Himmel herabzusenden?"**
>
> **Er antwortete: „Fürchtet nur Gott, wenn ihr wahre Gläubige sein wollt."**
>
> **Sie aber antworteten: „Wir wollen aber davon essen, damit unser Herz sich beruhigt und wir wissen, daß du die Wahrheit uns verkündet hast und wir Zeugnis davon geben können."**
>
> **Darauf sagte Jesus, der Sohn der Maria: „O Gott, Herr, sende uns einen Tisch (mit Speise) vom Himmel, daß dies ein festlicher Tag für uns werde, für den ersten und letzten von uns, als ein Zeichen von dir. Nähre uns, denn du bist der beste Ernährer."**
>
> **Darauf erwiderte Allah: „Ich will euch den Tisch herabsenden, wer aber von euch dann nicht glauben wird, den werde ich bestrafen, wie ich kein anderes Geschöpf in der Welt bestrafen werde."**

Die Zusammenfassung seiner Wunder bezieht sich auf die Geschichte, die auch in einem der apokryphen Evangelien aufgezeichnet ist, wonach Jesus tönerne Vögel zum Leben erweckt:

> **Darauf sagt Allah: „O du Jesus, Sohn der Maria, gedenke meiner Gnade gegen dich und deine Mutter, ich habe dich ausgerüstet durch den heiligen Geist, damit du schon in der Wiege, und auch als du herangewachsen warst, zu den Menschen reden konntest; ich lehrte dich die Schrift und die Weisheit, die Tora und das Evangelium. Du schufst mit meinem Willen die Gestalt eines Vogels aus Ton; du hauchtest in ihn, und mit meinem Willen wurde er ein wirklicher Vogel. Mit meinem Willen heiltest du einen Blindgeborenen und einen Aussätzigen, und mit meinem Willen ließest du Tote aus ihren Gräbern treten. Ich hielt die Kinder Israel ab, Hand an dich zu legen, als du mit deutlichen Beweisen zu ihnen kamst und sie, welche nicht glaubten, sagten: ‚Dies ist alles offenbare Täuschung.' Als ich den Aposteln befahl, daß sie an mich und an meinen Gesandten glauben sollen, da antworteten sie: ‚Wir glauben, bezeuge du es uns, daß wir ganz dir ergeben sind.'"**

Aus den oben zitierten Textstellen wird ersichtlich, daß der *Koran* Jesus eine besondere Stellung zuweist. Diese Stellung wird nicht von den anderen Propheten eingenommen, nicht einmal von Mohammed, von dem es heißt, daß er der letzte und größte aller Propheten sei:

1. Die Geburt Jesu war die wunderbare Geburt durch eine Jungfrau; die Worte der Ankündigung an Maria finden keine Parallele zu irgendwelchen Worten, die an Amina, die Mutter Mohammeds, gerichtet wurden.

2. Jesus wird keine Sünde zugeschrieben; alle anderen fünf großen Propheten müssen Gottes Vergebung suchen.

3. Von den Titeln, die Jesus gegeben werden, werden einige auch für Mohammed gebraucht:

„der Bote Gottes", „der Diener des Herrn", „der Prophet Gottes". Aber die anderen Titel, die Jesus gegeben werden, gelten ausschließlich ihm: „der Messias", „das Wort Gottes", „ein von Gott gesandter Geist". Während Jesus ein Fürsprecher ist, weist Mohammed ausdrücklich das Recht von sich, vor Gott für die Sünder einzutreten. Und während es von Jesus heißt, er sei gen Himmel gefahren, ist Mohammed tot und noch nicht von den Toten auferweckt worden oder im Himmel.

4. Spätere Traditionen schrieben Mohammed Wundertaten zu. Doch nach dem *Koran* wies er beständig darauf hin, keine Wunder wirken zu können. Als man ihn herausforderte zu beweisen, daß er ein von Gott gesandter Prophet sei, verwies er auf den *Koran,* der wohl an sich ein ausreichendes Wunder sei.

Doch warum ist Jesus so einzigartig, wenn Mohammed der größte Prophet und der letzte Botschafter Gottes war?

Und was ist mit all den unbeantworteten Fragen im *Koran?* Warum wird Jesus „der Messias" genannt? Warum seine wunderbare Geburt? Worin genau bestand seine Botschaft, sein Besonderes? Der Jesus des *Koran* bleibt so etwas wie ein Rätsel.

Henri Michaud schreibt in seiner Studie über den Jesus des Koran:

> **Nachdem wir versucht haben, zu verstehen, was der Koran über Jesus sagt, müssen wir unsere islamischen Brüder mit großer Sorge fragen: „Glauben Sie das tatsächlich über Jesus?" Wenn es eine unzweideutige Antwort auf diese Frage gibt, kann ein friedlicher Dialog begonnen werden.**

● Daß der *Koran* die christliche Auffassung von Jesus zurückweist, gründet sich in gewisser Weise auf ein Mißverständnis.

Möglicherweise bezog sich die Dreieinigkeit, die Mohammed ablehnte, auf eine Dreieinigkeit, bestehend aus Vater, Jesus und Maria:

> **Und wenn Allah einst Jesus fragen wird: „O Jesus, Sohn der Maria, hast du je zu den Menschen gesagt: ‚Nehmt, außer Allah, noch mich und meine Mutter zu Göttern an'?"**

Die Beziehung zwischen Vater und Sohn wird als eine rein physische Beziehung angesehen:

> **Der Schöpfer der Himmel und der Erde, wie sollte er einen Sohn haben, da er ja keine Genossin hat! Allah hat kein Kind gezeugt, und neben ihm ist auch kein anderer Gott.**

Der Christ weist diese Vorstellung ebenso energisch zurück wie der Moslem.

● Es ist jedoch möglich, daß wir letzten Endes von den Einzelheiten des Jesubildes im *Koran* und in den Evangelien weggehen und über grundsätzliche Fragen nachdenken müssen.

Die ersten Nachfolger Jesu waren genauso fest davon überzeugt wie jeder Moslem, daß es nur einen Gott gibt. Das war ihr grundlegendes Glaubensbekenntnis, davon gingen sie aus. Durch ihren Kontakt mit Jesus über einen Zeitraum von drei Jahren wurden sie jedoch allmählich aufgerufen, durch das, was sie sahen, hörten und erlebten, ihr Verständnis von der Einheit Gottes zu überdenken. Sie wiesen diese Vorstellung nicht zurück; sie formulierten lediglich ihre Vorstellung von „Einheit" neu im Licht der unausweichlichen Hinweise, denen sie sich gegenübersahen. Wenn man nicht bereit ist, die Möglichkeit in Betracht zu ziehen, die eigene Auffassung neu zu überdenken, was die Einheit Gottes angeht, nämlich im Licht des Zeugnisses Jesu, dann muß sich die Diskussion mit recht grundsätzlichen Fragen auseinandersetzen, die sich aus dem islamischen Gottesverständnis ergeben.

Er war ein Mensch und nichts anderes

1. Das heißt, Jesus war lediglich ein Mensch. Er war nicht göttlich in dem Sinn, daß er das Wesen eines übernatürlichen Gottes in sich trug. Er war kein im Himmel erschaffenes Wesen. Er war möglicherweise eine recht ungewöhnliche Person, und er kann uns vielleicht helfen, den Sinn des Lebens zu finden. Doch er war in keiner Hinsicht mehr als alle anderen Menschen auch.

Hugh Schonfield erklärt den christlichen Glauben als das Ergebnis ... eines

> **Eindringens einer heidnischen Beurteilung seines Werts in Begriffen der Göttlichkeit im frühen Christentum.**

Trotzdem gelingt es ihm, in der Person Jesu eine tiefere Bedeutung zu sehen:

> **Wir finden in ihm sowohl das Symbol des Martyriums und der Sehnsucht des**

Jesus wurde beschrieben als „Symbol für Martyrium und die Sehnsucht des Menschen". Dies würde ihn auf eine Stufe mit dem 1980 ermordeten John Lennon stellen.

Menschen, und darum müssen wir an ihm festhalten als die Verkörperung einer Zusicherung, daß unser Leben Sinn und Zweck hat.

PAUL VAN BUREN interpretiert das Leben Jesu durch den Gedanken der „Freiheit":

> **Jesus von Nazaret war ein außergewöhnliches Individuum. Seine charakteristischen Merkmale scheinen seine Anhänger so beeindruckt zu haben, daß er als ein bemerkenswert freier Mann in den Berichten von Gleichnissen, Sprüchen oder Begebenheiten herausragt und auch durch die Art und Weise, in der die Urgemeinde von ihm sprach . . .**
>
> **Er folgte den religiösen Sitten seines Volks. Doch er nahm sich auch die Freiheit, sie zu mißachten. Die Wundergeschichten stellen ihn sogar mythologisch als jemanden dar, der frei ist von den Begrenzungen durch die Naturgewalten.**
>
> **Man nannte ihn Rabbi, Lehrer, doch das, was er lehrte, übertraf seinen Titel . . . Er sprach und handelte mit der Autorität einer einzigartigen Freiheit.**
>
> **Der Inhalt seiner Lehre offenbart die gleiche Freiheit . . . Den vielleicht radikalsten Ausdruck dieser Freiheit finden wir in einer Begebenheit, in der Jesus einem kranken Mann seine Sünden vergab und dann sein Recht, dies zu tun, veranschaulichte . . . Seine Freiheit zeigt sich schließlich darin, daß er keine Forderungen für sich selbst stellte. Er scheint so frei von jeglichem Bedürfnis nach Anerkennung und Statusdenken gewesen zu sein, daß er allen Versuchen durch andere, die ihm einen Status verleihen wollten, widerstehen konnte . . .**
>
> **Wenn wir jedoch Jesus durch seine Freiheit kennzeichnen, müssen wir den positiven Charakter dieser Freiheit betonen. Er war frei von Sorge und der Notwendigkeit, seine eigene Identität zu finden; doch er war vor allem frei für seinen Nächsten . . . Er hatte die Freiheit, mit seinem Nächsten zu leiden, mit ihm Mitleid zu haben, ganz gleich, wer dieser Nächste auch sein mochte.**
>
> **Wir haben die charakteristischen Merkmale Jesu in dieses eine Konzept zusammengefaßt, Freiheit . . .**

2. Eine weitere Version dieser Antwort liegt darin zu sagen, daß er ein ganz gewöhnlicher Mensch war; er stand persönlich in keiner Beziehung zu einem übernatürlichen Gott, denn solch einen Gott gibt es nicht. Wenn wir jedoch den Begriff „Gott" neu definieren, können wir in Jesus eine Offenbarung der wahren Bedeutung von „Gott" sehen.

Was die frühen Christen in Jesus sahen, implizit, wenn nicht sogar explizit, war ein vollkommenes Vorbild des gött-

lichen Wesens, soweit man dies dem Menschen vermitteln konnte. Darüber hinaus war dieses göttliche Wesen jedem einzelnen angeboren, denn Jesus war der typische Mensch, der Archetypus des Menschen, so, wie der Mensch sein könnte, wenn er zu dem werden würde, was er in seinem tiefsten Innern eigentlich ist: oder, wie ein Hindu es ausdrückte, wenn er sein größeres Ich erkennen würde.

F. C. HAPPOLD

FRÜHE CHRISTLICHE GLAUBENSAUSSAGEN

Beide Antworten müssen versuchen, auf folgende Frage eine befriedigende Antwort zu geben:

Wodurch gelangten die frühen Christen zu der Überzeugung, daß Jesus mehr war als nur ein gewöhnlicher Mensch?

● Wenn die Evangelien im wesentlichen einen zuverlässigen Bericht über Jesu Leben liefern, was tun Sie mit den Aussagen Jesu über seinen Anspruch? Es gibt nur zwei mögliche Antworten.

1. Entweder *täuschte* er sich oder er *war irregeleitet* über seine eigene Identität. Sein Anspruch war falsch, doch er wußte es nicht. Darum war er, um es behutsam auszudrücken, geistig gestört oder völlig verrückt.

2. Oder er *täuschte* und *verführte* andere bewußt und vorsätzlich. Sein Anspruch war falsch, und er war sich dessen bewußt; aber er sprach und handelte so, daß die Menschen an seine Lehre und an das, wofür er sich einsetzte, glaubten. Darum war er im besten Fall ein Lehrer mit Idealen, der sich skrupelloser Methoden bediente, oder schlimmer, ein ausgekochter Gauner.

● Wenn die Evangelien keinen zuverlässigen Bericht über das Leben Jesu liefern, welche Erklärung gibt es dann für diese verzerrte Darstellung? Das erste Evangelium wurde dreißig oder vierzig Jahre nach Jesu Tod geschrieben. Der Prozeß der Verzerrung müßte bereits vor dieser Zeit begonnen haben. Es gibt drei mögliche Antworten:

1. Entweder die Jünger und/oder die Schreiber wurden *getäuscht* und *verführt;* sie selbst verstanden Jesus vollkommen falsch und gaben ihre mißverständliche Darstellung an andere weiter.

ABER: Sollen wir uns vorstellen, daß Jesus drei Jahre mit seinen Jüngern verlebte und es zuließ, daß sie ihn so völlig mißverstanden?

Wie können wir dieses Mißverständnis erklären im Licht des jüdischen Glaubens an den einen Gott? Die ersten Jünger waren allesamt Juden, die in Palästina lebten. Ist es wahrscheinlich, daß sie aus Jesus einen Halbgott machen würden?

2. Oder die Jünger und/oder die Schreiber *täuschten* und *verführten* ihre Leser vorsätzlich; möglicherweise aus den besten Motiven heraus. Obwohl sie wußten, daß Jesus nur ein gewöhnlicher Mensch war, stellten sie ihn so dar, daß er mehr war als nur ein Mensch, um andere von der Bedeutung seiner Botschaft zu überzeugen.

ABER: Wie konnte eine Religion, die sich auf eine Lüge gründete, oder vielleicht nur auf eine „wohlmeinende" Täuschung, sich so für Vertrauenswürdigkeit und Aufrichtigkeit einsetzen?

Welcher Grund könnte dahinter stehen? Für die Juden war es sehr schwer, ein neues Verständnis von der Einzigkeit Gottes zu akzeptieren. Und Nichtjuden waren mit Sicherheit nicht so leicht bereit, die Behauptungen über die Einzigartigkeit Jesu hinzunehmen.

3. Oder die Jünger und/oder die Schreiber waren nicht verführt und verführten auch nicht andere. *Wir* lassen uns irreführen, wenn wir die Evangelien als einen getreuen Bericht dessen lesen, was Jesus sagte und tat. Die Evangelien berichten über die innere *Erfahrung* und den *Glauben* der ersten Jünger und können nicht als zuverlässiges Zeugnis der hinter diesem Glauben stehenden *Ereignisse* angesehen werden.

ABER: Wenn wir uns gegenüber dem, was den Glauben der Jünger hervorrief, als Agnostiker geben, so hört Glaube an den historischen Jesus auf und wird zum Glauben an den Glauben der ersten Jünger. Warum sind wir dann nicht agnostisch sowohl im Hinblick auf den *Glauben* der Jünger als auch die *Ereignisse?*

GRUNDSATZFRAGEN

Früher oder später müssen wir uns den Grundsatzfragen zuwenden und nicht bei Einzelheiten der Interpretation stehen bleiben. Eine der Grundsatzfragen, die bei Antworten dieser Art auftauchen, besteht darin, daß ein „Gott-Mensch" unvorstellbar und unglaubwürdig ist.

HUGH SCHONFIELD untersucht das Leben Jesu ohne jede Befangenheit oder jedes Vorurteil. Seine Einleitung zu dem Buch *The Passover Plot* beginnt er mit dem Hinweis, unbefangen und vorurteilsfrei an diese Aufgabe heranzugehen:

Die meisten Bücher über ihn (Jesus) sind erbaulicher, apologetischer oder polemischer Natur. Mein Buch soll dies nicht sein. Ich wollte alle belastenden

> **Vorurteile abschütteln, damit sich Jesus mir aus seiner eigenen Zeit heraus erklären kann.**

Doch schon auf der nächsten Seite heißt es:

> **Die traditionelle Schilderung reicht längst nicht mehr aus; sie ist zu verwirrend und widerspricht anscheinend den Grundsätzen unserer irdischen Existenz. Der Gott-Mensch des Christentums wird in zunehmendem Maß unglaubwürdig, doch es ist nicht leicht, mit Jahrhunderten autoritativer Lehre und andächtigem Glauben zu brechen. So bleibt tief in unserem Unterbewußtsein eingebettet ein starkes Empfinden für das Übernatürliche, das wir aus lange zurückliegenden Jahrhunderten übernommen haben.**

Schonfield geht davon aus, daß man die christliche Auslegung des Lebens Jesu getrost ausschließen kann, da sie keine zufriedenstellenden Antworten mehr zu bieten hat und in zunehmendem Maß unglaubwürdig erscheint.

Selbst als Historiker kann er nicht vorbehaltlos an die Untersuchung herangehen. In diesem Fall behauptet er, daß die Christen Jesus zu Gott gemacht haben; darum kann kein Zeugnis des Neuen Testaments anerkannt werden.

Paul van Buren weist darauf hin, daß er von der Voraussetzung eines „säkularen Menschen" ausgeht. Seine Interpretation wird von Methoden der linguistischen Analyse bestimmt:

> **Wie kann ein Christ, der selbst säkular ist, seinen Glauben auf säkulare Art und Weise verstehen? ... Man erhält eine Antwort, indem man analysiert, was ein Mensch meint, wenn er sich der Sprache des Glaubens bedient und das früheste christliche Bekenntnis wiederholt: „Jesus ist der Herr."**
>
> **Es stellt sich die Frage, ob sich ein Christ von einem „Ungläubigen" durch eine andere Logik oder Denkweise unterscheidet ... Bei dieser Untersuchung wollen wir davon ausgehen, daß „Christsein" nicht ausschließt, daß ein Mensch in der säkularen Welt lebt. Diese Annahme wird bei unserem Bemühen eine wichtige Rolle spielen, die christliche Überzeugung zu verstehen, daß „Jesus der Herr" ist.**

Er läßt die Auffassung gelten, daß Jesus in seiner Freiheit nicht einzigartig ist:

> **Nachdem wir von ihm als einem außergewöhnlich befreiten einzelnen gesprochen haben, sollten wir darauf hinweisen, daß wir dies auch von anderen Menschen sagen könnten.**

F. C. Happold beginnt mit seinem Verständnis der Bedeutung des Begriffs „Gott", das sich von dem christlichen Verständnis unterscheidet. Er geht davon aus, daß alle Religionen grundsätzlich die gleiche Vision von „Gott" und „Mensch" haben, obgleich sie verschiedene Worte oder Symbole verwenden.

> **Ewige und wesensmäßige Einheit von Gott-Mensch: das sahen jene Männer, das wollten sie zum Ausdruck bringen, obgleich dies auf Grund ihrer überlieferten Gottesvorstellung Widersprüche einschloß. Indem sie dies taten, brachten sie die höchste Bedeutung der christlichen Offenbarung zum Ausdruck. Denn die Menschwerdung Jesu Christi war nicht nur eine Offenbarung des Göttlichen, sondern auch eine Offenbarung des Menschlichen.**
>
> **Obwohl sie es verschieden ausdrükken – je nach ihren unterschiedlichen theologischen oder philosophischen Überzeugungen –, so sind sich doch die Mystiker aller Religionen einig, wenn sie die dem Menschen innewohnende Göttlichkeit des realen Ichs herausstellen. Dieses innere göttliche Wesen ist jedoch verborgen. Es existiert auf der Stufe menschlichen Lebens als eine Möglichkeit. Um Wirklichkeit zu werden, muß in der Seele eine „göttliche Geburt" stattfinden, damit sich der Mensch zu einer höheren Bewußtseinsstufe entwickeln kann. Im Christentum stellt man sich unter dieser göttlichen Geburt die Geburt Jesu Christi vor, des ewigen Sohns, des Logos (Wort) Gottes, im Mittelpunkt der Seele.**

Wenn wir mit diesen Voraussetzungen an die Evangelien herangehen, wird kein noch so genaues Studium derselben uns veranlassen, unsere Auffassung zu ändern. Unser Ausgangspunkt selbst muß überprüft und verändert werden.

WELCHE BEDEUTUNG HATTE DER TOD JESU?

DIE ZEUGNISSE

Was Jesus über seinen Tod dachte

Als Jesus nach Jerusalem ging, wußte er, daß er sterben würde. Bei drei verschiedenen Gelegenheiten erklärte er seinen Jüngern, was mit ihm geschehen würde:

> **Sie waren aber auf dem Wege hinauf nach Jerusalem, und Jesus ging ihnen voran; die Leute waren erstaunt; die ihm aber nachfolgten, fürchteten sich. Und er nahm abermals die Zwölf zu sich und sagte ihnen, was ihm widerfahren würde: „Siehe, wir gehen hinauf nach Jerusalem, und der Menschensohn wird den Hohenpriestern und Schriftgelehrten ausgeliefert werden, und sie werden ihn zum Tode verurteilen und den Heiden ausliefern. Die werden ihn verspotten und anspucken und geißeln und töten, und nach drei Tagen wird er auferstehen."**

Jesus machte keine näheren Angaben, warum er sterben würde. Doch er gab bestimmte wichtige Hinweise über die Bedeutung seines Todes.

● Er identifizierte sich mit dem leidenden Gottesknecht, den der Prophet Jesaja beschrieben hatte. Seine Voraussagen des Leidens erinnern an die Beschreibung der Leiden des Knechtes. Vergleiche z. B. Markus 8, 31: „Der Menschensohn muß viel leiden und ... verworfen werden und getötet werden ..." mit Jesaja 53, 3.8: „Er war der Allerverachtetste und Unwerteste ... Er ist aus Angst und Gericht hinweggenommen ..." sowie Markus 10, 45: „Der Menschensohn ist nicht gekommen, um sich dienen zu lassen, sondern um zu dienen und sein Leben zu geben als Lösegeld für viele" mit Jesaja 43, 3f: „Ich habe Ägypten für dich als Lösegeld gegeben ... Ich gebe Menschen an deiner Statt und Völker für dein Leben."

● Jesus sah seinen Tod als Teil der guten Nachricht an, die in aller Welt ausgebreitet werden sollte. Bei einem Besuch in Betanien kurz vor seinem Tod salbte eine Frau Jesus mit kostbarer Salbe, und es wurde Kritik laut wegen dieser vermeintlichen Verschwendung:

> **Jesus aber sagte: „Laßt sie in Ruhe! Was macht ihr's der Frau so schwer? Sie hat ein gutes Werk an mir getan. Sie hat getan, was sie konnte; sie hat meinen Leib im voraus für mein Begräbnis gesalbt. Wahrlich, ich sage euch: Wo das Evangelium in aller Welt gepredigt wird, da wird man auch sagen, was sie jetzt getan hat, ihr zum Gedenken."**

● Er brachte die Bedeutung seines Todes in Verbindung mit dem Passafest. Als er das Passa kurz vor seiner Gefangennahme feierte – im Gedenken an die Befreiung Israels aus Ägypten –, verlieh er bestimmten Teilen des Mahls eine neue Bedeutung:

> **Und als sie aßen, nahm Jesus das Brot, dankte und brach's und gab's ihnen und sprach: „Nehmt; das ist mein Leib." Und er nahm den Kelch, dankte und gab ihnen den; und sie tranken alle daraus. Und er sprach zu ihnen: „Das ist mein Blut des Bundes, das für viele vergossen wird. Wahrlich, ich sage euch, daß ich nicht mehr von der Frucht des Weinstocks trinken werde bis zu dem Tag, an dem ich von neuem davon trinken werde im Reich Gottes."**

● Jesus stellte seinen Tod in einen Zusammenhang mit Gottes Urteil über die Sünde des Menschen. Für ihn war sein bevorstehendes Leiden und sein Tod ein „Kelch", den ihm der Vater reichte:

> **Und er ging ein wenig weiter, warf sich nieder und betete: „Mein Vater, wenn es möglich ist, gehe dieser Kelch an mir vorüber; doch nicht wie ich will, sondern wie du willst!"**

> **Noch ein zweites Mal ging er hin und betete: „Mein Vater, wenn es nicht möglich ist, daß dieser Kelch an mir vorübergeht, ohne daß ich ihn trinke, dann geschehe dein Wille!"**

Dies erinnert an viele Worte im Alten Testament, in denen vom Kelch des Zorns Gottes die Rede ist:

> **Denn der Herr hat einen Becher in der Hand, mit starkem Wein voll eingeschenkt. Er schenkt daraus ein, und die Gottlosen auf Erden müssen alle trinken und sogar die Hefe schlürfen.**

> **Denn so sprach zu mir der Herr, der Gott Israels: „Nimm diesen Becher mit dem Wein meines Zorns aus meiner Hand und laß daraus trinken alle Völker, zu denen ich dich sende, daß sie trinken, taumeln und toll werden vor dem Schwert, das ich unter sie schicken will.**

> **Werde wach, werde wach, steh auf, Jerusalem, die du getrunken hast von der Hand des Herrn den Kelch seines Grimmes! Den Taumelkelch hast du ausgetrunken, den Becher geleert.**

Als er seinen Tod erwartete, fürchtete er sich deshalb nicht vor den körperlichen Qualen. Er war zu der Überzeugung gelangt, daß Gott *ihm* – und nicht „den Bösen dieser Welt" – den Kelch seines Zorns reichte. Es war ein Kelch, den *er* trinken mußte. Auch wußte er, was seine Landsleute über einen solchen Kreuzestod dachten, denn er wußte aus dem alttestamentlichen Gesetz, daß ein Gekreuzigter als jemand galt, der unter dem Fluch Gottes stand:

> **Wenn jemand eine Sünde getan hat, die des Todes würdig ist, und wird getötet und man hängt ihn an ein Holz, so soll sein Leichnam nicht über Nacht an dem Holz bleiben, sondern du sollst ihn am selben Tage begraben – denn ein Aufgehängter ist verflucht bei Gott.**

Die Umstände seines Todes

Die letzte Lebenswoche Jesu wird in allen vier Evangelien mit weit größerer Ausführlichkeit geschildert als sonst irgendeine andere Periode seines Lebens. Dies weist darauf hin, daß die Schreiber den Ereignissen, die schließlich zu seinem Tod führten, große Bedeutung beimaßen.

● Er ging freiwillig in den Tod. Jesu Worte und Handlungen forderten den Widerstand der religiösen Führer bereits in einem frühen Stadium seines öffentlichen Wirkens heraus. Und als Jesus seine letzte Reises nach Jerusalem antrat wußte er, daß er sterben würde.

Ihm muß bekannt gewesen sein, was es bedeutete, von Römern gegeißelt und hingerichtet zu

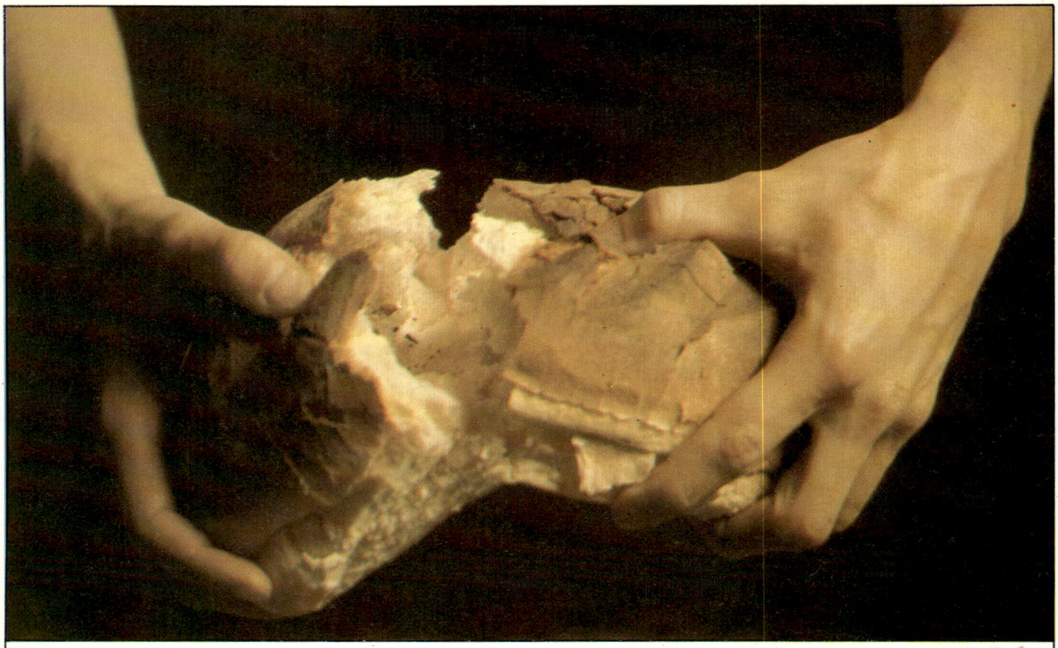

In der Nacht bevor Jesus starb, nahm er das Brot, brach es und sprach: „Das ist mein Leib, für euch gegeben."

werden. Sie benutzten eine Peitsche mit Lederriemen, in die man kleine Metallstückchen oder Knochen geknotet hatte. Manchmal starben die Opfer schon während der Geißelung. Die Kreuzigung sah so aus: Die beiden Hände wurden an die Querbalken genagelt, wobei das Opfer noch am Boden lag; dann wurde der Querbalken an Seilen hochgezogen und am senkrechten Kreuzesstamm befestigt. Danach wurden die Füße an eben diesem Balken festgenagelt. Das Opfer starb selten innerhalb der ersten 36 Stunden, aber seinem Leiden konnte jederzeit ein Ende bereitet werden, indem seine Beine mit einem Hammer gebrochen wurden, was in kurzer Zeit zum Erstickungstod führte.

Noch kurz vor seiner Festnahme war sich Jesus bewußt, daß er dieser Art des Todes ausweichen konnte, wenn er wollte. Er nahm nicht an, daß er in einer Falle gefangen war, aus der es keinen Ausweg gab.

Und sie kamen zu einem Stück Land, das Getsemani hieß... Und er nahm Petrus, Jakobus und Johannes mit sich, und es ergriff ihn Angst und Furcht, und er sagte zu ihnen: „Meine Seele ist betrübt bis an den Tod..." Und er ging ein wenig weiter, warf sich auf die Erde und betete, daß, wenn es möglich wäre, die Stunde an ihm vorüberginge, und sagte: „Abba, mein Vater, alles ist dir möglich; nimm diesen Kelch von mir; doch nicht, was ich will, sondern was du willst!"

Als Petrus kämpfen will, um Jesus zu verteidigen:

Jesus sagte zu Petrus: „Steck dein Schwert in die Scheide! Soll ich den Kelch nicht trinken, den mir mein Vater gegeben hat?"

● Jesus hatte nichts getan, was die Todesstrafe gerechtfertigt hätte. Die jüdischen Führer wußten, daß ihre eigene Anklage der Gotteslästerung nach römischem Gesetz nichts bedeutete. Darum übergaben sie ihn dem römischen Statthalter Pilatus und beschuldigten ihn des Hochverrats. Sie behaupteten, er habe sich „König der Juden" genannt und stelle darum eine Bedrohung für die Herrschaft des Kaisers dar:

Und Pilatus fragte ihn: „Bist du der König der Juden?" Er aber antwortete

ihm: „Du sagst es." ... Pilatus aber fragte sie noch einmal: „Was wollt ihr? Was soll ich mit dem machen, den ihr den König der Juden nennt?" Da schrien sie zurück: „Kreuzige ihn!" Pilatus aber sagte zu ihnen: „Was hat er denn Böses getan?" Aber sie schrien noch viel mehr: „Kreuzige ihn!" Da wollte Pilatus das Volk zufriedenstellen; er gab ihnen Barabbas frei und ließ Jesus geißeln und übergab ihn, daß er gekreuzigt werden sollte.

Pilatus versuchte dreimal, das Todesurteil zu umgehen, zu dem die jüdischen Führer ihn bewegen wollten:

1. Er versuchte, die Verantwortung auf den schwachen König Herodes abzuschieben.

2. Er machte das Angebot, Jesus lediglich auspeitschen zu lassen und ihn dann freizulassen.

3. Und schließlich bot er an, Jesus als eine Geste der Gefälligkeit aus Anlaß des Passafestes freizulassen.

Doch die jüdischen Führer und das Volk waren damit nicht einverstanden, und schließlich unterschrieb Pilatus das Todesurteil, nur um ihre Forderungen zu erfüllen und einen Aufstand zu vermeiden.

Mindestens vier Menschen wußten, daß Jesus nichts getan hatte, worauf die Todesstrafe stand.

PILATUS:

Ich finde keine Schuld an ihm.

HERODES:

Er hat nichts getan, was den Tod verdient hätte.

EINER DER VERBRECHER, die mit Jesus gekreuzigt wurden:

Uns trifft sie zwar mit Recht, denn wir empfangen, was unsre Taten verdienen; dieser aber hat nichts Unrechtes getan.

DER RÖMISCHE HAUPTMANN, der seine Hinrichtung überwachte:

Dieser ist wirklich ein gerechter Mensch gewesen!

● Die letzten Worte Jesu wurden festgehalten.

Seine Haltung gegenüber jenen, die ihn töteten, war ein Ausdruck der göttlichen Bereitschaft zum Vergeben.

**Und als sie an die Stätte kamen, die Schädelstätte heißt, kreuzigten sie ihn dort und die Verbrecher mit ihm, einen zur Rechten und einen zur Linken.
Jesus aber sagte: „Vater, vergib ihnen; denn sie wissen nicht, was sie tun!"**

Er sorgte dafür, daß sich einer seiner Jünger um seine Mutter kümmerte:

Als nun Jesus seine Mutter sah und bei ihr den Jünger, den er lieb hatte, sagte er zu seiner Mutter: „Siehe, das ist dein Sohn!" Danach sagte er zu dem Jünger: „Siehe, das ist deine Mutter!"

Einer der Verbrecher, die zusammen mit Jesus gekreuzigt wurden, fing an, ihn zu verspotten, änderte jedoch später seine Meinung. Jesus versicherte ihm, daß er noch am selben Tag mit ihm im Paradiese sein werde:

**Und er sagte: „Jesus, denke an mich, wenn du in dein Reich kommst!"
Und Jesus sprach zu ihm: „Wahrlich, ich sage dir: Heute wirst du mit mir im Paradies sein."**

Er fühlte sich von Gott verlassen; doch es war mehr als nur ein Gefühl – es war Wirklichkeit, denn in seinem Tod erfuhr er die völlige Trennung von Gott:

Und in der neunten Stunde rief Jesus laut: „Eloi, Eloi, lama sabachtani?" das heißt: Mein Gott, mein Gott, warum hast du mich verlassen?

Seine letzten Worte drücken seine Überzeugung aus, daß durch all seine Qualen und sein Leiden etwas erreicht war. Er wußte nicht nur, daß sein Leben zu Ende ging; er wußte auch, daß er etwas vollbracht hatte, was von bleibender Bedeutung war:

Und Jesus rief laut: „Vater, ich befehle meinen Geist in deine Hände!"

Danach, als Jesus wußte, daß schon alles vollbracht war, sagte er, damit die Schrift erfüllt würde: „Mich dürstet." Da stand ein Gefäß voll Essig. Sie aber tränkten einen Schwamm mit Essig, steckten ihn auf ein Ysoprohr und hielten es ihm an den Mund. Als nun Jesus den Essig genommen hatte, sprach er: „Es ist vollbracht!" und neigte das Haupt und verschied.

MÖGL. ANTWORTEN

Sein Tod bewirkte etwas – er trug unsere Sünden

Das bedeutet, Jesus trug die Schuld und die Folgen menschlicher Sünde. Er starb an unserer Stelle und erlitt, was wir auf Grund unserer Rebellion gegen unseren Schöpfer verdienten. Sein Tod kann mit der Schuld unserer Vergangenheit fertig werden und uns heute mit Gott versöhnen. Wir können uns freuen, von der Macht der Sünde in unserem Leben freizuwerden und zunehmend teilzuhaben an all den anderen positiven Auswirkungen seines Todes.

Fast jeder Schreiber im Neuen Testament erklärt, *wie* der Tod Jesu etwas bewirkte. Sie gehen davon aus, daß Jesu Tod mit den Sünden der Menschen fertig wird:

JOHANNES berichtet, wie Johannes der Täufer Jesus beschreibt:

> **Siehe, das ist Gottes Lamm, das *die Sünde* der Welt *trägt!***
>
> **... Jesus Christus, der gerecht ist. Er ist die *Versöhnung für unsre Sünden,* doch nicht nur für unsre, sondern auch für die der ganzen Welt.**

LUKAS zitiert einige der letzten Worte Jesu, ehe er in die unsichtbare Welt Gottes aufgenommen wurde:

> **So steht's geschrieben, daß Christus leiden wird und am dritten Tage von den Toten auferstehen; und daß in seinem Namen Buße zur *Vergebung der Sünden* gepredigt wird unter allen Völkern ...**

PETRUS:

> **Der *unsre Sünde* mit seinem Leibe ans Holz *hinaufgetragen* hat ...**
>
> **Christus hat ein für allemal zur *Sühne für die Sünde* gelitten, der Gerechte für die Ungerechten, um euch zu Gott zu führen.**

PAULUS:

> **Daß Christus gestorben ist für *unsre Sünden.***

DER VERFASSER DES HEBRÄERBRIEFS:

Er hat die *Reinigung von den Sünden vollbracht.*

● Diese Antwort gibt einen Sinn auf dem alttestamentlichen Hintergrund.

Sie nimmt sowohl den *persönlichen* Aspekt der Beziehung zwischen Gott und Mensch ernst als auch den Aspekt des *Gesetzes.* Durch das Kreuz gibt es Vergebung für das, was der Mensch Gott persönlich angetan hat, und dafür, daß er seine Gesetze mißachtet hat:

Und er hat euch mit ihm lebendig gemacht, die ihr tot wart in euren Sünden und in der Unbeschnittenheit eures selbstsüchtigen Wesens. Er hat uns alle Sünden vergeben; er hat unsern Schuldbrief getilgt, der mit seinen Forderungen gegen uns stand, und hat ihn weggeschafft und an das Kreuz geheftet.

Sie wird sowohl Gottes *Zorn* gerecht als auch seiner *Liebe* zum Sünder. Es ist Gottes Liebe, die seinen Zorn mit all seinen Konsequenzen abwendet:

Gott aber erweist seine Liebe zu uns darin, daß Christus für uns gestorben ist, als wir noch Sünder waren. Um wieviel mehr werden wir durch ihn vor dem Zorngericht bewahrt werden, nachdem wir jetzt durch sein Blut gerecht geworden sind!

Darin besteht die Liebe: nicht, daß wir Gott geliebt haben, sondern daß er uns geliebt hat und seinen Sohn gesandt hat zur Versöhnung für unsre Sünden.

Der Begriff Versöhnung vermittelt die Vorstellung der Aufhebung des Zorns Gottes.

Sie paßt zusammen mit der Beziehung, die das Alte Testament zwischen *Sünde* und *Tod* sieht.

Denn mit seinem Sterben ist er der Sünde ein für allemal gestorben; sein Leben aber lebt er Gott.

Denn der Lohn der Sünde ist der Tod; die Gabe Gottes aber ist das ewige Leben in Christus Jesus, unserm Herrn.

Sie erklärt, wie das System der Opfer nun erfüllt ist, von denen es hieß, sie „tragen Sünde".

Jesus Christus aber hat ein einziges

Opfer für die Sünden dargebracht und hat sich für immer zur Rechten Gottes gesetzt und wartet so lange, bis seine Feinde zum Schemel seiner Füße gemacht werden. Denn mit *einem* Opfer hat er für immer die vollendet, die geheiligt werden sollen ... Wo aber die Sünden vergeben sind, gibt es kein Opfer mehr.

Sie erklärt, in welchem Sinn Jesus unter Gottes *Fluch* stehen konnte, als er am Kreuz hing:

Christus aber hat uns von dem Fluch des Gesetzes erlöst, als er für uns zum Fluch wurde; denn es steht geschrieben: Verflucht ist jeder, der am Holz hängt.

● Diese Interpretation wird vielen Motiven gerecht, die die Schreiber des Neuen Testaments gebrauchten, um das zu beschreiben, was Jesus durch seinen Tod erreichte. Sie zeigt auch auf, in welcher Beziehung diese verschiedenen Vorstellungen stehen, denn sie liefert das fehlende Glied, das sie verbindet.

Das Motiv der *Rechtfertigung* stammt aus dem juristischen Bereich und bedeutet einfach „Freispruch". Wenn Jesus die Strafe Gottes für die Sünde der Menschen trug, dann werden die Menschen von Gott völlig freigesprochen, wenn sie an Jesus glauben und für sich das, was er durch seinen Tod errungen hat, akzeptieren. Das Urteil lautet für sie nicht länger „schuldig", und sie können sich jetzt ohne Furcht oder Scham an der Gemeinschaft mit Gott erfreuen.

Da wir nun durch den Glauben gerecht geworden sind, haben wir Frieden mit Gott durch unsern Herrn Jesus Christus ... Gott aber erweist seine Liebe zu uns darin, daß Christus für uns gestorben ist, als wir noch Sünder waren.

Das Motiv des *Loskaufs* oder *Lösegelds* geht zurück auf die alttestamentliche Vorstellung des Loskaufs durch einen nahen Verwandten und erinnert an den Sklavenmarkt, wo ein Mensch durch Zahlung einer bestimmten Summe freigekauft werden konnte. Diese Vorstellung betont, daß die Vergebung, die Gott auf Grund des Todes Jesu anbietet, ihn etwas gekostet hat. Es handelt sich nicht um ein billiges Angebot der Vergebung. Sie macht deutlich, daß – wenn es die Menschen schon etwas kostet, einander zu vergeben – die Kosten für Gott unendlich größer sind.

Ihr wißt, daß ihr nicht mit vergänglichem Silber oder Gold losgekauft worden seid aus eurem nichtigen Leben, das ihr wie die Väter führtet, sondern mit dem kostbaren Blut Christi ...

Das Motiv des *Siegs* betont, daß durch Jesu Tod ein entscheidender Sieg über die Sünde und den Tod und über die übernatürlichen Mächte des Bösen errungen wurde, die hinter der Rebellion des Menschen gegenüber Gott stehen. Durch diesen Sieg hat er die Menschen befreit, die Gefangene von Sünde, Tod und Teufel waren. Wenn Jesus die Sünde der Menschen durch seinen Kreuzestod getragen hat, dann haben wir die Erklärung, *warum* und *wie* Jesus den Sieg über den Bösen erringen konnte.

Er hat euch mit ihm lebendig gemacht, die ihr tot wart in euren Sünden und in der Unbeschnittenheit eures selbstsüchtigen Wesens. Er hat uns alle Sünden vergeben; er hat unsern Schuldbrief getilgt, der mit seinen Forderungen gegen uns stand, und hat ihn weggeschafft und an das Kreuz geheftet. Er hat die Mächte und Gewaltigen entwaffnet und sie öffentlich zur Schau gestellt und hat über sie triumphiert in Christus.

Das Motiv der *Versöhnung* betont, daß der Mensch seine Beziehung zu Gott abgebrochen hat und daß Gott die Rebellion des Menschen nicht einfach ignorieren und so tun kann, als sei nichts geschehen. Wenn wir begreifen, daß Jesus an unserer Statt am Kreuz starb, so bedeutet dies, daß Gott selbst die Initiative ergriffen hat, um die Menschen wieder zurück in die Gemeinschaft mit sich selbst zu bringen.

Gott aber erweist seine Liebe zu uns darin, daß Christus für uns gestorben ist, als wir noch Sünder waren ... Denn wenn wir mit Gott versöhnt worden sind durch den Tod seines Sohnes, als wir noch Feinde waren, um wieviel mehr werden wir gerettet werden durch sein Leben, nachdem wir nun versöhnt sind. Aber nicht nur das, sondern wir rühmen uns auch Gottes durch unsern Herrn Jesus Christus, durch den wir jetzt die Versöhnung empfangen haben.

Das Bild der *Errettung* wird im Alten Testament bei vielen Gelegenheiten gebraucht, wo das Volk

Israel aus verzweifelten Situationen befreit oder gerettet wurde. Wenn wir uns Jesu Tod als Mittel gegen die Sünde vorstellen, betont „Errettung" die Vollkommenheit der Befreiung von den Konsequenzen und der Macht der Sünde, die durch Jesu Tod nun allen zur Verfügung steht. Wenn Christus am Kreuz die Sünde getragen hat, so ist dies das Mittel, durch welches die Rettung bewirkt wurde.

Um wieviel mehr werden wir durch ihn vor dem Zorngericht gerettet werden, nachdem wir jetzt durch sein Blut gerecht geworden sind!

● Die Antwort bildet den Ausgangspunkt, von dem aus wir erfahren können, was der Tod Jesu in der Erfahrung jedes einzelnen Christen bedeuten muß. Daß Jesus die Sünde der Menschen trug, als er am Kreuz starb, ist der grundlegende Ausgangspunkt für alles weitere, was wir sagen:

Die Art und Weise, in der Jesus auf unverdiente Beschimpfungen und Leiden reagierte, ist ein Beispiel, dem der Christ folgen soll:

... hat ... Christus für euch gelitten und euch ein Vorbild hinterlassen, damit ihr seinen Fußtapfen folgen sollt; er, der keine Sünde getan hat und in dessen Munde kein Betrug war: der nicht mit Schmähungen antwortete, als er geschmäht wurde, der nicht drohte, als er litt, sondern es dem anheimstellte, der gerecht richtet.

Freut euch, daß ihr mit Christus leidet, damit ihr auch zur Zeit der Offenbarung seiner Herrlichkeit jubeln und euch freuen könnt.

Die Art und Weise, in der Jesus bereit war, auf persönliche Interessen zu verzichten, und für andere ans Kreuz ging, zeigt dem Christen, daß er bereit sein muß, sich vor den Augen der Welt mit Jesus zu identifizieren und die gleiche Behandlung zu erfahren wie er:

Wer mir folgen will, der verleugne sich selbst und nehme Tag für Tag sein Kreuz auf sich und folge mir nach ... Wer sich aber meiner und meiner Worte schämt, dessen wird sich der Menschensohn auch schämen, wenn er kommen wird in seiner Herrlichkeit und in der des Vaters und der heiligen Engel.

PAULUS sehnte sich danach, sich völlig mit Jesus zu identifizieren; er möchte seine Gerechtigkeit empfangen, seine Leiden teilen und wie Jesus sich bis zum Tod selbst verleugnen:

Aber was mir Gewinn war, das habe ich um Christi willen für Schaden geachtet. Ja, ich achte es noch alles für Schaden gegenüber der überschwenglichen Erkenntnis Christi Jesu, meines Herrn. Um seinetwillen ist mir das alles ein Schaden geworden, und ich achte es für Dreck, damit ich Christus gewinne und bei ihm gefunden werde, damit ich nicht meine eigene Gerechtigkeit habe, die aus dem Gesetz kommt, sondern die, die durch den Glauben an Christus geschenkt wird, nämlich die Gerechtigkeit, die von Gott kommt, auf Grund des Glaubens. Ich möchte ihn ja erkennen und die Kraft seiner Auferstehung und die Gemeinschaft seiner Leiden und so seinem Tode gleichgestaltet werden.

Die Bereitschaft Jesu zum Tod, als er ans Kreuz ging, ist die dringlichste Bitte, daß auch wir unserem Egoismus sterben, um für ihn zu leben:

Denn dazu drängt uns die Liebe Christi. Wir sind ja überzeugt: Wenn einer für alle gestorben ist, so sind sie alle gestorben. Und er ist darum für alle gestorben, damit die Lebenden hinfort nicht für sich selbst leben, sondern für den, der für sie gestorben und auferstanden ist.

Die Art und Weise, in der Jesus bereitwillig in den Tod ging, einen Tod, wie er dem übelsten Kriminellen zugedacht war, ist ein gewaltiger Anstoß, Demut zu erlernen:

Seid untereinander so gesinnt, wie es der Gemeinschaft mit Christus Jesus entspricht: Obwohl er in göttlicher Gestalt war, hielt er es nicht wie einen Raub fest, Gott gleich zu sein, sondern entäußerte sich selbst und nahm Knechtsgestalt an, wurde den Menschen gleich und durch seine ganze Erscheinung als Mensch erwiesen. Er erniedrigte sich selbst und wurde gehorsam bis zum Tode, ja zum Tode am Kreuz.

Jesu Tod für alle Menschen muß unsere Haltung gegenüber anderen beeinflussen, wenn wir darüber nachdenken, was sie in Gottes Augen wert

Paulus schrieb: „Durch den Tod Christi sind wir befreit, das heißt, unsere Sünden sind vergeben."

sind. Wir dürfen einen anderen Menschen nicht geringschätzen, denn er ist

> **. . . der Bruder, für den doch Christus gestorben ist.**

Wenn ein Christ an Christi Leiden Anteil hat, erfährt er auch die Unterstützung und den Trost Christi. Und diese Erfahrung kann wiederum anderen Christen Trost schenken:

> **Gelobt sei Gott, der Vater unsres Herrn Jesus Christus, der Vater der Barmherzigkeit und Gott allen Trostes, der uns tröstet in aller unserer Bedrängnis, damit auch wir die trösten können, die in irgendeiner Bedrängnis sind, mit dem Trost, mit dem wir selber von Gott getröstet werden. Denn wie die Leiden Christi reichlich über uns kommen, so werden wir auch reichlich getröstet durch Christus. Werden wir aber bedrängt, so geschieht es euch zu Trost und Heil. Werden wir getröstet, so geschieht es zu eurem Trost, der sich darin wirksam erweist, daß ihr mit Geduld dieselben Leiden ertragt, die auch wir leiden. Und unsre Hoffnung für euch steht fest, weil wir wissen: wie ihr an den Leiden teilhabt, so werdet ihr auch am Trost teilhaben.**

WIE KANN DER TOD EINES MANNES DIE SÜNDEN DER GANZEN MENSCHHEIT AUFHEBEN?

Diese Frage hat drei Aspekte:

● Wie kann der Tod eines Menschen eine solche Wirkung für alle Menschen haben?

Die Antwort muß in der Person ruhen, die gestorben ist. Der Tod eines gewöhnlichen Menschen hätte keine solche Wirkung für alle Menschen gehabt. Doch wenn es sich um den ewigen Gottessohn handelt, so ist sein Tod einzigartig und hat einzigartige Auswirkungen. Denn wenn Jesus der ewige Sohn Gottes war, dann tat das, was er tat, eigentlich Gott. Wir dürfen uns Jesus nicht nur als neutrale dritte Partei vorstellen, die zwischen Gott und Mensch steht. PAULUS schreibt:

> **Gott versöhnte in Christus die Welt mit sich selber und rechnete ihnen ihre Sünden nicht an . . .**

Das biblische Verständnis von der Solidarität der Menschheit hilft uns bei der Erklärung weiter, wie das Handeln Jesu alle Menschen betreffen kann. Adam gilt als der erste Mensch und als das „Haupt" der Menschheit. Von all seinen Nachkommen heißt es, daß sie „in Adam" sind und daß sie sein sündiges menschliches Wesen geerbt haben. Jesus wird andererseits als der „zweite Adam" angesehen, der die Folgen von Adams Ungehorsam rückgängig macht. Darum sind alle, die jetzt an Christus glauben, nicht länger „in Adam" und zur Verurteilung verdammt, sondern „in Christus" und können sich an einer neuen Beziehung mit Gott erfreuen. So wie der Ungehorsam des einen Menschen Adam die ganze Menschheit betraf, so wirkt sich der Gehorsam des einen Menschen Jesus auf all jene aus, die ihm vertrauen. PAULUS sagt dies so:

...durch einen Menschen ist die Sünde in die Welt gekommen und der Tod durch die Sünde, und so ist der Tod zu allen Menschen durchgedrungen, weil sie alle gesündigt haben... Aber mit der Gnadengabe verhält sich's nicht wie mit der Sünde. Denn wenn durch die Sünde des einen die vielen gestorben sind, um wieviel mehr ist dann Gottes Gnade und die Gnadengabe des einen Menschen Jesus Christus den vielen überreich zuteil geworden. Und mit der Gabe verhält es sich nicht so wie mit dem, was durch die Sünde des einen geschehen ist. Denn von dem einen ausgehend hat das Urteil zur Verdammung geführt, die Gnadengabe aber zur Rechtfertigung von vielen Sünden. Denn wenn wegen der Sünde des einen der Tod geherrscht hat durch den einen, wieviel mehr werden alle, die die Fülle der Gnade und der Gabe zur Gerechtigkeit empfangen, im Leben herrschen durch den einen, Jesus Christus.

● Wie können Leiden und Tod Sünde beseitigen?

Die Antwort auf die zweite Frage hängt ebenfalls ab von der Identität des Mannes, der gelitten hat und gestorben ist. Es war nicht die Intensität des Leidens, die mit der Sünde fertig werden konnte, sondern die Qualität und sein Wert. Es ging nicht darum, wie sehr jemand litt, sondern darum, wer litt, und daß der Tod in der Bibel in so enger Verbindung mit der Sünde steht.

Darüber hinaus dürfen Leiden und Tod Jesu nicht von seinem gesamten Leben getrennt werden. Die Sünde kam durch Adams Ungehorsam in diese Welt, und somit konnten die Folgen dieses Ungehorsams nur durch Gehorsam aufgehoben werden, der sich durch ein ganzes Leben wie ein roter Faden zog. Insoweit ist die Bereitschaft Jesu, ans Kreuz zu gehen, als Höhepunkt seines Lebens anzusehen, das vollkommen Gott gehorsam war. PAULUS schreibt:

Wie nun durch die Sünde des einen die Verdammung über alle Menschen gekommen ist, so ist auch durch die Gerechtigkeit des einen für alle Menschen die Rechtfertigung gekommen, die zum Leben führt. Denn wie durch den Ungehorsam des einen Menschen die vielen zu Sündern geworden sind, so werden auch durch den Gehorsam des einen die vielen zu Gerechten.

● Wie kann sein Tod heute mit meinen Sünden fertig werden?

Wir dürfen den Tod Jesu nicht als etwas ansehen, das sich nur auf die Vergangenheit bezieht. Die Schreiber des Neuen Testaments sprechen davon, daß Jesus etwas vollbracht hat, als er am Kreuz starb. Doch der Nutzen des von ihm Erreichten wird nicht automatisch auf uns übertragen. Wir müssen ihn durch einen bewußten und freiwilligen Glaubensakt empfangen. Daß Jesus vor so vielen Jahren starb, hat kaum Bedeutung; wichtig ist, daß er zu einer bestimmten Zeit in der Geschichte gestorben ist und daß sein Tod ein für allemal die Erlösung brachte.

Nun aber, am Ende der Weltzeit, ist er ein für allemal erschienen, um durch sein eigenes Opfer die Sünde aufzuheben.

Jesus Christus aber hat ein einziges Opfer für die Sünden dargebracht und hat sich für immer zur Rechten Gottes gesetzt. Denn mit einem Opfer hat er für immer die vollendet, die geheiligt werden sollen.

Was Jesus in der Vergangenheit vollbrachte, muß sich jeder Mensch in seinem eigenen Leben zu eigen machen. Nur durch den Glauben an und das Vertrauen auf Jesus wird die Verbindung hergestellt zwischen seinem Tod und seiner Auferstehung in der Vergangenheit und unserer Erfahrung in der Gegenwart. PAULUS schreibt:

Da wir nun durch den Glauben gerecht geworden sind, haben wir Frieden mit Gott durch unsern Herrn Jesus Christus; durch ihn haben wir im Glauben auch den Zugang zu dieser Gnade, in der wir stehen, und rühmen uns der Hoffnung der zukünftigen Herrlichkeit, die Gott geben wird.

Er starb als ein Vorbild – sein Tod zeigt uns etwas über Gott und den Menschen

Die Bedeutung von Jesu Tod ist hauptsächlich darin zu sehen, was er gelehrt hat und welchen Einfluß dies auf uns hat. Sein Tod ist ein Vorbild von Opferbereitschaft, von Gewaltverzicht angesichts des Bösen und der Ungerechtigkeit und von geduldigem Ertragen unverdienten Leidens. Seine Einstellung und sein Verhalten angesichts des Todes zeigen uns etwas von der Liebe Gottes und geben uns ein Beispiel, dem wir folgen können, wenn wir selbst leiden müssen.

Aus dieser Sicht ist es unwichtig ob Jesus tatsächlich etwas zu jener Zeit erreichte, als er am Kreuz starb; sein Tod bewirkt nur etwas, wenn er für mich hier und heute etwas bedeutet. In seinem Leben verkündete er Gottes Bereitschaft, Sünden zu vergeben; sein Tod ist lediglich eine weitere Demonstration der Liebe Gottes. Denn er zeigt uns, wozu Jesus bereit war, um uns für Gott zurückzugewinnen. Sein Tod ist auch eine Demonstration des sündhaften Wesens des Menschen, denn er offenbart den Stolz und die Selbstsucht des Menschen. Das Böse zeigt sein wahres Gesicht, wenn es dem heiligen Gottessohn gegenübersteht.

Darum lautet die Botschaft von Jesu Tod: „Dies ist Gottes Wesen – schau dir an, wieweit Gottes Liebe für uns zu gehen bereit ist. Und dann betrachte des Menschen Wesen – so, wie es von Natur aus ist." Wenn wir darum den gekreuzigten Christus betrachten, so sollte uns dies dazu bewegen, uns ihm zuzuwenden in Reue und Glauben. Wir sollten zu Gott kommen und ihn um Vergebung bitten und an ihn als den einen glauben, der uns zeigt, daß wir von Gott angenommen sind.

J.W.C. Wand beschreibt, was Theologen die „exemplarische Theorie" der Sühne genannt haben:

> **Es handelt sich dabei um die Auffassung, daß wir in das Ebenbild Jesu verwandelt werden. Sein Beispiel ist so wunderbar, so überwältigend, daß es die Macht hat, jeden umzuwandeln, der dies ernsthaft in Erwägung zieht und der dazu bereit ist. „Wir müssen das Höchste lieben, wenn wir es erkennen, und dadurch, daß wir es ausleben, werden wir verändert.**
>
> **Das typische Beispiel dieser göttlichen Umwandlung ist die Geschichte vom bußfertigen Dieb am Kreuz. Inmitten seines Leidens war er offensichtlich so durch die Geduld und Ruhe jener Person bewegt worden, die zwischen ihm und seinem Gott lästernden Kollegen hing, daß er an den gekreuzigten Messias zu glauben begann und ihn bat, er möge ihn mit in sein Reich nehmen. Der Unterschied zwischen den beiden Verbrechern hat die Vorstellungskraft der Christen durch die Jahrhunderte beflügelt, und die Verwandlung des bußfertigen Diebes wird stets als Zeichen dessen angesehen, was Jesu Beispiel zu tun vermag.**

David Edwards schreibt:

> **Der Schöpfer des Universums war bereit, alles Leid auf sich zu nehmen, damit die Nägel, die das menschliche Leben, dessen Gestalt er annahm, harpunierten und blutig zerschmetterten, auch unsere zerstreuten Gedanken festnageln und unser Gewissen wachstoßen.**

● Diese Antwort enthält einige wichtige Hinweise auf die erste Antwort: „Sein Tod bewirkte etwas – er trug unsere Sünden", doch viele wichtige Fragen bleiben unbeantwortet. So z. B. die Frage, wie und warum Jesu Tod am Kreuz die Liebe Gottes sichtbar machen kann? Man könnte ebensogut darin nicht Gottes Liebe sehen, sondern seine Grausamkeit, Gefühllosigkeit und Schwäche. Denn wie konnte Gott der Vater untätig zusehen, wie Gott der Sohn zu Tode gequält wurde? Wenn ein Mensch danebensteht und nichts unternimmt, während seine Frau zu Tode geprügelt wird, so beweist dies weder Liebe zu seiner Frau noch zu sonst irgend jemanden.

Das Problem kann darum wie folgt beschrieben werden: Wie kann der Tod Jesu Gottes Liebe zeigen, es sei denn, dieser Tod würde tatsächlich etwas bewirken? Wenn eine Frau in einem Fluß zu ertrinken droht und ein Mann unter beträchtlichem Risiko hineinspringt, um sie zu retten, so bringt er dadurch eindeutig seine Sorge um ihr Leben zum Ausdruck. Wenn es ihm nicht gelingt, sie zu retten, hilft die bloße Demonstration seiner Sorge absolut nichts. Der Tod Jesu zeigt eindeutig seine Opferbereitschaft, seine Demut und seinen Mut. Und all dies vermag Menschen zu Mitleid und zur Buße zu bewegen. Doch wie können wir vom Kreuz als einer Demonstration der Liebe Gottes sprechen, wenn wir keine Erklärung dafür geben können, wie und warum es Menschen aus ihrem hoffnungslosen Zustand errettet?

● Diese Antwort hat denen nichts zu sagen, die nicht im geringsten durch die Vorstellung berührt werden, daß Jesus einen grausamen Tod gestorben ist. Wenn das Bild des langsam zu Tode gequälten Jesu ihnen nichts zu sagen hat oder sie nicht berührt, so mögen sie vielleicht sagen: „Es läßt mich kalt." „Ich verstehe nicht, was das mit mir zu tun hat oder mit sonst irgend jemandem." Einer solchen Antwort könnte man vorwerfen, daß der Tod Jesu als etwas rein Emotionales angesehen wird. Wenn dem so ist, dann ist es das gute Recht des Skeptikers, das auch auszusprechen: „Warum appellieren Sie so an mein Gefühl? Natürlich hat dieser Tod etwas Abstoßendes und Empörendes an sich. Aber was bedeutet das? Selbst wenn er Gottes Sohn ist, warum sollte mich sein Tod eher zur Buße führen als das Sterben anderer unschuldiger Menschen, die auf noch schrecklichere Art und Weise ums Leben kamen?"

● Immer dann, wenn die Schreiber des Neuen Testaments vom Kreuz als einer Demonstration der göttlichen Liebe sprechen, geben sie auch einen Hinweis darauf, warum dies so ist. Sie sprechen von Christi Tod als Gottes Weg, Sünde zu beseitigen und die Folgen der Sünde aufzuheben.

So sehr hat Gott die Welt geliebt, daß er seinen einzigen Sohn dahingab, damit alle, die an ihn glauben, nicht verlorengehen, sondern das ewige Leben haben.

Gott ist Liebe. Daran ist die Liebe Gottes zu uns offenbar geworden, daß Gott seinen einzigen Sohn in die Welt gesandt hat, damit wir durch ihn leben sollen. Darin besteht die Liebe: nicht, daß wir Gott geliebt haben, sondern daß er uns geliebt hat und seinen Sohn gesandt hat zur Versöhnung für unsre Sünden.

Gott aber erweist seine Liebe zu uns darin, daß Christus für uns gestorben ist, als wir noch Sünder waren. Um wieviel mehr werden wir durch ihn vor

Das Neue Testament lehrt, daß Jesus sich aus Liebe selbst für die Welt hingegeben hat.

dem Zorngericht bewahrt werden, nachdem wir jetzt durch sein Blut gerecht geworden sind!

PETRUS spricht vom Leiden und Tod Jesu, an dem sich Christen ein Beispiel nehmen können. Obwohl er dies als Aspekt von Christi Tod sieht, so ist es für ihn nicht die einzige Bedeutung. Denn im gleichen Absatz spricht er über Jesu Tod als Gottes Weg, mit der Sünde fertig zu werden.

Denn was ist das für ein Ruhm, wenn ihr eurer Verfehlungen wegen geschlagen werdet und es geduldig ertragt? Aber wenn ihr wegen eurer guten Taten leidet und es ertragt, das ist Gnade bei Gott. Denn dazu seid ihr berufen; hat doch auch Christus für euch gelitten und euch ein Vorbild hinterlassen, damit ihr seinen Fußtapfen folgen sollt; er, der keine Sünde getan hat und in dessen Munde kein Betrug war; der nicht mit Schmähungen antwortete, als er geschmäht wurde, der nicht drohte, als er litt, sondern es dem anheimstellte, der gerecht richtet; der unsre Sünde mit seinem Leibe ans Holz hinaufgetragen hat, damit wir, wenn wir für die Sünde gestorben sind, für die Gerechtigkeit leben. Durch seine Wunden seid ihr geheilt worden...

● Die Schwierigkeit kann darin liegen, daß sich diese Antwort auf die Voraussetzung gründet, daß das Grundproblem des Menschen in seiner Unwissenheit über sich selbst und über Gott beruht und in seinem mangelnden Empfinden für Gott und Christus. Was wir darum brauchen, ist nicht jemand, der mit unserer Schuld fertig wird, sondern jemand, der uns die Wahrheit zeigt und der unsere verhärteten Herzen zum Schmelzen bringt. Diese Einstellung unterscheidet sich in einigen wichtigen Aspekten von der biblischen Einstellung, daß das wichtigste Problem des Menschen darin besteht, daß seine Schuld vor dem heiligen Gott beiseite geräumt wird.

Für viele kann eine solche Antwort der Ausgangspunkt für einen echten christlichen Glauben sein. Doch ist sie keine ausreichende Antwort, denn sie läßt viele Fragen unbeantwortet. Wenn wir noch einen Schritt weitergehen und glauben, daß Jesus als derjenige gestorben ist, der unsere Sünden trug, dann haben wir eine angemessene Antwort auf diese Fragen.

Das Kreuz ist nur ein Symbol – jede Deutung ist „mythologisch"

Das bedeutet, daß Jesus eigentlich nichts erreichte, als er am Kreuz starb. Wir müssen das Kreuz von unserem persönlichen Standpunkt aus betrachten und es als ein Symbol dessen ansehen, was der menschlichen Erfahrung oder uns als einzelnem entspricht.

RUDOLPH BULTMANN legt die ganze Betonung darauf, was das Kreuz in der Erfahrung des einzelnen bedeuten muß:

An das Kreuz Christi glauben, heißt nicht, auf einen mythischen Vorgang blicken, der sich außerhalb unser und unserer Welt vollzogen hat, auf ein objektiv anschaubares Ereignis, das Gott als uns zugute geschehen anrechnet; sondern an das Kreuz glauben, heißt, das Kreuz Christi als das eigene übernehmen, heißt, sich mit Christus kreuzigen lassen... es ist nicht ein Ereignis der Vergangenheit, auf das man zurückblickt; sondern es ist das *eschatologische Ereignis* in der Zeit und jenseits der Zeit, sofern es, in seiner

Nicht mehr als ein Schmuckstück kann das Symbol des Kreuzes sein.

Bedeutsamkeit verstanden und d. h. für den Glauben, *stets Gegenwart* ist ...

***Christi Kreuz und Leiden sind also Gegenwart* ... Dieses ist in seiner geschichtlichen Bedeutsamkeit das Gericht über die Welt, das befreiende Gericht über den Menschen ... Das historische Ereignis des Kreuzes hat in der ihm eigenen Bedeutsamkeit eine neue geschichtliche Situation geschaffen; die Verkündigung des Kreuzes als des Heilsereignisses fragt den Hörer, ob er sich diese Bedeutung aneignen, ob er sich mit Christus kreuzigen lassen will ...**

Für uns ist diese Verbundenheit nicht reproduzierbar, und nicht aus ihr kann sich neu die Bedeutung des Kreuzes erschließen; für uns ist es als Ereignis der Vergangenheit kein Ereignis des eigenen Lebens mehr ...

Kreuz und Auferstehung sind eine Einheit, indem sie zusammen das eine „kosmische" Ereignis sind, durch das die Welt gerichtet und die Möglichkeit echten Lebens beschafft worden ist.

Nach Bultmann ist die Sprache des *Neuen Testaments* über Jesus, der für unsere Sünden starb, eine mythologische Sprache. Was wir darum tun müssen, ist, sie in existentiale Sprache zu übersetzen, die dem modernen Menschen etwas zu sagen hat. Ein solches Predigen des Kreuzes wird eine Herausforderung an die existentielle Entscheidung, und wenn wir auf diese Herausforderung in angemessener Weise reagieren, dann erlangen wir ein tiefes Verständnis von uns selbst und von der mißlichen Lage des Menschen, und wir können anfangen, uns an authentischer Existenz zu erfreuen.

DIETRICH BONHOEFFER sieht das Kreuz als ein Zeichen des „Leidens Gottes im Leben der Welt" und dessen, daß Gott in der Welt ohnmächtig wird, um uns zu helfen.

Der Gott, der uns in der Welt leben läßt ohne die Arbeitshypothese Gott, ist der Gott, vor dem wir dauernd stehen. Vor und mit Gott leben wir ohne Gott.

Gott läßt sich aus der Welt herausdrängen ans Kreuz, Gott ist ohnmächtig und schwach in der Welt und gerade und nur so ist er bei uns und hilft uns. Es ist Matthäus 8, 17 ganz deutlich, daß Christus nicht hilft kraft seiner Allmacht, sondern kraft seiner Schwachheit, seines Leidens! Hier liegt der entscheidende Unterschied zu allen Religionen. Die Religiosität des Menschen weist ihn in seiner Not an die Macht Gottes in der Welt, Gott ist der *Deus ex machina.* Die Bibel weist den Menschen an die Ohnmacht und das Leiden Gottes; nur der leidende Gott kann helfen.

PAUL VAN BUREN interpretiert den Tod Jesu nach seinem Verständnis von existentialer „Freiheit":

Was kann es bedeuten, wenn man sagt: „Er *starb* für unsere Sünden"? Die Betonung liegt auf seinem Tod, doch wir müssen uns daran erinnern, daß die Theologie und auch das Neue Testament vom „Kreuz" oder vom Tod Jesu als einer Konsequenz seines Lebens sprechen. „Das Kreuz" und andere Hinweise auf den Tod Jesu wurden einfache Methoden, von seiner ganzen Geschichte zu sprechen, so wie sein Ende seinen Jüngern auch hinterher in seinem ganzen Leben vorgezeichnet schien. Da sein Leben anderen gegenüber Solidarität entgegenbrachte, Mitleid, Barmherzigkeit gegenüber ihren Schwächen und Fehlern, überrascht es nicht, daß man von seinem Tod als einem Tod „für uns" sprach, weil er die Folge seiner freien Entscheidung war, sich mit den Menschen auf diese Weise zu identifizieren. Sein Tod ... wurde als das Maß der Freiheit betrachtet, zu dem er andere Menschen befreite. Der Mensch, für den die Geschichte Jesu und die Befreiung seiner Jünger durch ihn zu Ostern eine einsichtige Situation von höchster Wichtigkeit darstellen, wird sagen: „Er starb für mich, damit mir Vergebung und Freiheit geschenkt werden können." Wenn es im Neuen Testament heißt, daß er nicht nur für „unsere" Sünden starb, „sondern auch für die Sünden der ganzen Welt", so spiegelt sich darin die Tatsache wider, daß Jesus für alle Menschen frei war, für jene, die ihn anerkannten und für jene, die es nicht taten. Es verdeutlicht eine Perspektive, durch die alle Menschen, nicht nur Gläubige, gesehen werden.

DAVID EDWARDS schreibt:

> **Das Kreuz ist nicht nur darum das christliche Symbol, weil es das Ende des öffentlichen Wirkens Jesu von Nazaret kennzeichnete, sondern auch darum, weil es für die Wahrheit einer kontinuierlichen Erfahrung steht.**

Als Beispiele dieser Wahrheiten der Erfahrung erwähnt er „unvermeidliches Leiden", „die üble Bestechlichkeit unserer Ideale", „das schwere Leiden des unschuldigen einzelnen".

NIKOS KAZANTZAKIS beschreibt in seinem Roman *Griechische Passion* das Leben in einem Dorf, das sich auf die Aufführung eines Passionsspiels vorbereitet. Die Ereignisse des Jahres zeigen sich als eine sonderbare Neuaufführung der Ereignisse, die zum Tode Jesu führten, und am Ende wird die Christusgestalt, Manolios, getötet.

> **Er (Papst Fotis) streckte seine Hand aus und strich behutsam über Manolios' Gesicht.**
>
> **„Lieber Manolios, du hast dein Leben umsonst gegeben", murmelte er vor sich hin. „Sie haben dich getötet, weil du unsere Sünden auf dich genommen hast; du schriest: ‚Ich war es, der raubte, ich war es, der tötete und die Dinge in Brand steckte; ich und niemand anders!' damit sich der Rest von uns in Frieden in diesem Land niederlassen konnte. Doch umsonst, Manolios, umsonst wird dein Opfer gewesen sein..."**
>
> **Papst Fotis lauschte dem Klang der Glocke, die fröhlich ertönte und das Kommen Christi auf diese Erde ankündigte, um sie zu erlösen... Er schüttelte den Kopf und seufzte tief. „Umsonst, mein Christus, umsonst", murmelte er. „Zweitausend Jahre sind vergangen, und die Menschen kreuzigen dich noch immer. Wann wirst du geboren werden, mein Christus, und nicht mehr gekreuzigt, sondern unter uns bis in alle Ewigkeit leben?"**

THOMAS MANN schreibt über diesen Roman:

> **Der Roman *Griechische Passion* ist zweifelsohne ein Werk von hohem künstlerischen Wert, geschaffen von einer sanften und festen Hand und mit starker, dynamischer Kraft entwickelt. Ich habe insbesondere das poetische Feingefühl bewundert bei der Formulierung der tiefsinnigen und dennoch unmißverständlichen Anspielungen auf die christliche Passionsgeschichte. Sie geben dem Buch seinen mythologischen Hintergrund, der ein so wesentliches Element in der epischen Form heute ist.**

● Diese Antwort entspricht kaum der gesamten Lehre des Neuen Testaments. Für die Schreiber des Neuen Testaments war es nicht nur ein Ereignis, das etwas in der Vergangenheit bewirkte *oder* eine Wahrheit gegenwärtiger Erfahrung. Vielmehr war es beides. Der Tod Jesu bedeutete ihnen etwas in ihrer gegenwärtigen Erfahrung, weil er für sie bereits etwas bewirkt hatte.

● Gibt es ein Kriterium zur Deutung von Symbolen? Für einige ist es gerade ihre Mehrdeutigkeit, die sie für die religiöse Sprache empfiehlt:

> **Überprüft man das religiöse Symbol, so wird deutlich, daß es eine doppelsinnige Qualität hat. Es handelt sich um einen bestimmten Ausdruck, der bei verschiedenen Menschen unterschiedliche Vorstellungen hervorruft. Der Mensch reagiert auf religiöse Symbole unterschiedlich, und zwar nach seiner individuellen geistigen und psychologischen Veranlagung. Die Symbole deuten auf etwas hin, das mit dem Verstand nicht definierbar ist und somit nicht vollkommen verstandesmäßig beschrieben oder erfaßt werden kann. Sie machen das Unsichtbare, Ideale und Transzendente wahrnehmbar und verleihen ihm eine Art von Objektivität, wodurch sie besser verständlich werden.**

F. C. HAPPOLD

Wenn wir das Kreuz auf diese Weise betrachten, sagen wir im Grunde: „Wenn dir das Kreuz etwas bedeutet und es für mich eine andere Bedeutung hat, ist das nicht tragisch – denn Wahrheit ist undefinierbar und kann nicht recht mit Worten beschrieben werden. So etwas wie ‚die wahre Interpretation' von Jesu Tod gibt es nicht; jede Interpretation kann wahr sein, wenn sie es für mich ist."

● Jene, die die Überzeugung über die Wahrheit, auf die sich diese Antwort gründet, nicht teilen oder verstehen, reagieren auf die Sprache der Symbolik mit Gleichgültigkeit oder Ungeduld:

Es ist mir nie gelungen, dem Symbolismus irgend etwas abzugewinnen. Ein Symbol ist für mich ein Zeichen für etwas anderes. Entweder weiß der Symbolist, was das andere ist – und in diesem Fall kann ich nicht begreifen, warum er mir nicht geradeheraus sagen will, was es ist, statt durch Symbole unverständlich darauf hinzuweisen – oder er weiß es nicht. Wenn er selbst nicht weiß, wofür diese Symbole stehen, kann er von seinem Leser nicht erwarten, daß dieser es für sich selbst herausfindet. Ich vermute, daß er es gewöhnlich selbst nicht weiß und sein Symbolismus lediglich dazu dient, seine verworrenen Gedanken zu verbergen.
C. E. M. JOAD

- Wenn wir den Tod Jesu am Kreuz lediglich als Symbol ansehen, dann können wir nicht gleichzeitig sagen, er sei einzigartig. Warum sollten wir dem Tod anderer bedeutender Männer wie Sokrates oder Gandhi nicht die gleiche Bedeutung zukommen lassen?
- Wenn die Erlösung nicht zu einer bestimmten Zeit an einem bestimmten Ort in der Geschichte stattfand, ist die christliche Botschaft nicht länger eine „gute Nachricht" darüber, was Gott für den Menschen *getan hat.* Wenn das Erlösungswerk Christi aus der Geschichte herausgelöst wird und unabhängig von der Geschichte dasteht, verändert dies das Wesen des christlichen Glaubens.

J. GRESHAM MACHEN umreißt die Alternativen so:

Wenn das Erlösungswerk Christi sich nur darauf beschränken würde, was es heute für jeden Christen tut, gäbe es so etwas wie ein christliches Evangelium nicht – nämlich den Bericht eines Geschehens, das dem Leben ein neues Gesicht gegeben hat. Was uns dann noch bliebe, wäre lediglich Mystizismus, und Mystizismus ist etwas völlig anderes als Christentum ...

Wenn die Religion von der Geschichte abgelöst wird, gibt es so etwas wie ein Evangelium nicht. Denn „Evangelium" bedeutet „gute Nachricht", Neuigkeiten und Informationen über etwas, das geschehen ist. Ein von der Geschichte unabhängiges Evangelium ist ein Widerspruch in sich selbst.

Sein Tod am Kreuz widerlegt jeden Anspruch, daß er der Messias war

Die *Jewish Encyclopedia* faßt die Antwort des Judentums wie folgt zu sammen:

„Mein Gott, mein Gott ..." woraus ersichtlich wurde, daß selbst sein entschlossener Geist von der Qual entmutigt worden war. Diese letzten Worte waren in all ihrer Bedeutung an sich eine Widerlegung der übertriebenen Behauptungen, die seine Jünger nach seinem Tod für ihn vorbrachten. Gerade die Form seiner Strafe wird solche Behauptungen in den Augen der Juden widerlegen. Kein Messias, den die Juden anerkennen könnten, hätte auf diese Weise sterben können; „denn ein Aufgehängter ist verflucht bei Gott" (5. Mose 21, 23), ist „eine Beleidigung Gottes" (Targum, Rashi).

... eine unmögliche Glaubensvorstellung ... durch die die Souveränität und schlechthinnige Jenseitigkeit Gottes Schaden erleidet, ja die Welt zerstört wird ... und aus dem gleichen Glaubenspathos heraus heißt es in einem freilich späten homiletischen Midrasch: „Menschenmund ist es nicht erlaubt, zu sagen: ‚Der Heilige, gepriesen sei er, habe einen Sohn.' Wenn Gott es vor Schmerz schon nicht mit ansehen konnte, daß Abraham seinen Sohn schlachtete ... hätte er seinen Sohn wohl töten lassen, ohne die ganze Welt zu zerstören?
HANS JOACHIM SCHOEPS

Dies war wahrscheinlich auch die Reaktion des Petrus, als er protestierte, nachdem er hörte, daß Jesus leiden und sterben sollte:

Gott bewahre dich, Herr! Das widerfahre dir nur nicht!

Die Evangelien machen deutlich, daß sich *Jesus* selbst dieser Denkweise voll und ganz bewußt war. Er muß den Reiz dieses Gedankens stark empfunden haben, doch er wies ihn zurück, weil dies eine rein menschliche Reaktion war, die nicht im Einklang stand mit dem, was Gott vorhatte. Darum antwortete er Petrus streng:

> **Weg mit dir, Satan! Du bringst mich in Versuchung; denn du meinst nicht, was göttlich, sondern was menschlich ist.**

Als Jesus erkannte, welche Art des Todes vor ihm lag, wußte er, daß es für ihn möglich war, Gott um Errettung zu bitten; doch diesen Gedanken wies er konsequent von sich:

> **Jetzt ist meine Seele betrübt. Und was soll ich sagen? Vater, hilf mir aus dieser Stunde. Doch dazu bin ich in diese Stunde gekommen ...**

Als Petrus Jesus verteidigen wollte, hielt er ihn zurück und erklärte, warum er die Anwendung von Gewalt zu seiner Verteidigung ablehnte:

> **Da sagte Jesus zu ihm: „Stecke dein Schwert an seinen Platz! Denn wer das Schwert nimmt, der soll durchs Schwert umkommen. Oder meinst du, ich könnte meinen Vater nicht bitten und er würde mir nicht sogleich mehr als zwölf Legionen Engel schicken? Wie würde aber dann die Schrift erfüllt, daß es so geschehen muß?"**

Nach seiner Auferstehung erklärte Jesus seinen Jüngern, daß es für ihn *notwendig* war, auf diese Weise zu leiden:

> **„Wie seid ihr doch so unverständig und wie ist euer Herz so träge, allem zu glauben, was die Propheten gesagt haben! Mußte nicht Christus das alles erleiden und in seine Herrlichkeit eingehen?" Und er fing bei Mose an und allen Propheten und legte ihnen aus, was in der ganzen Schrift über ihn gesagt war.**
>
> **Da öffnete er ihnen das Verständnis, so daß sie die Schrift verstanden, und sprach zu ihnen: „So steht's geschrieben, daß Christus leiden wird und am dritten Tage von den Toten auferstehen; und daß in seinem Namen Buße zur Vergebung der Sünden gepredigt wird unter allen Völkern ..."**

Die vielen Worte aus dem Alten Testament, mit denen Jesus die Notwendigkeit seines Leidens und Sterbens erklärte, müssen für die Schreiber des Neuen Testaments die Hauptquelle des Verständnisses gewesen sein.

Jesus starb nicht am Kreuz

Der *Koran* wird im allgemeinen von Moslems so ausgelegt, daß sie den Gedanken zurückweisen, Jesus sei gekreuzigt worden:

> **Weil sie nicht (an Jesum) geglaubt und wider Maria große Lästerungen ausgestoßen haben, darum haben wir sie verflucht. Auch weil sie gesagt haben: „Wir haben den Messias, den Jesus, Sohn Marias, den Gesandten Allahs, getötet." Sie haben ihn aber nicht getötet und nicht gekreuzigt, sondern einen anderen, der ihm ähnlich war.**
>
> **In der Tat sind die verschiedenen Ansichten hierin nur Zweifel, weil sie keine bestimmte Kenntnis haben, sondern nur vorgefaßten Vermutungen folgen. Sie haben ihn aber nicht wirklich getötet, sondern Allah hat ihn zu sich erhoben; denn Allah ist allmächtig und allweise.**

Wir müssen uns darüber im klaren sein, was genau der *Koran* verneint und was nicht:

- Er verneint nicht, daß die Menschen Jesus töten wollten.
- Er verneint nicht, daß Jesus bereit war, zu leiden und zu sterben.
- Er verneint, daß Jesus schließlich am Kreuz starb.

Kenneth Cragg beleuchtet den Hintergrund dieses Glaubens und die traditionelle Interpretation des Islams:

> **Der Kontext der hier behandelten Kontroverse und des Streits spiegelt möglicherweise gewisse doketische Tendenzen des frühen häretischen Christentums wider, die, vorwiegend aus metaphysischen Gründen, bezweifelten, daß der Messias tatsächlich ein Leidender sein könne. Die Einstellung des Islams zeigt viele dieser Zweifel auf, was wohl auf die Geschichte zurückzuführen ist ...**
>
> **Die herrschende Meinung ist, daß an einem unbestimmten Punkt im Verlauf der letzten Ereignisse um die Festnahme, die Verhandlung und das Urteil eine andere Person ihn ersetzte und Jesus selbst gen Himmel fuhr, von**

wo aus er unverletzt und ungekreuzigt seinen Jüngern persönlich erschien und ihnen den Auftrag erteilte, seine Lehre in alle Welt hinauszutragen. Das Evangelium, das sie somit predigen sollten, war nur ein sittliches Gesetz und bestand nicht etwa in der guten Nachricht einer siegreichen, erlösenden Begegnung mit Sünde und Tod. Inzwischen trug der an seiner Stelle Leidende die ganze Last der historischen Kreuzigung, nachdem man ihn verurteilt hatte, *als wäre er tatsächlich Christus.*

Für den Moslem ist es undenkbar, daß Gott es zulassen könnte, daß sein Prophet einen so schmachvollen Tod erleiden mußte. Wenn ein Mensch von Gott als Prophet gesandt worden ist, so hat er Gottes Autorität hinter sich und bringt den Menschen Gott nahe. Ist es dann vorstellbar, daß Gott es zulassen könnte, daß sein Bote eine solche Demütigung und Ablehnung erfährt? Gewiß würde Gott eingreifen, um seinem Vertreter ein solch entwürdigendes Schicksal zu ersparen.

In den Augen der Moslems ist der Tod Jesu von Gottes Standpunkt aus völlig unnötig. Darum muß der Christ soweit wie möglich zu erklären versuchen, warum es nötig war, daß Jesus leiden mußte. Wenn der Moslem die Gründe für Jesu Tod verstehen kann, dann ist er vielleicht eher bereit, die Tatsache seines Todes zu akzeptieren.

● Vergebung schließt immer Leiden ein. Das Wesen der Vergebung besteht darin, daß man das Unrecht oder die Beleidigung hinnimmt, ohne zurückzuschlagen, ohne es dem anderen heimzuzahlen. Man trägt das Unrecht mit all seinen Konsequenzen. Wenn dies für zwischenmenschliche Beziehungen zutrifft, dann, so würde der Christ argumentieren, trifft das auch bei der göttlichen Vergebung zu. Wenn Gott den Menschen ihre Übeltaten vergibt, die sie ihm zugefügt haben, dann trägt er selbst die persönliche Beleidigung, und in gewisser Weise auch die Konsequenzen. Der Moslem hingegen vertritt die Auffassung, daß Gottes Vergebung wenig Ähnlichkeit hat mit der zwischenmenschlichen Vergebung und eher einem Freispruch gleichkommt, wie ihn ein allmächtiger Herrscher seinen Untertanen zuspricht.

● Wenn wir sagen können, daß „Christus ... ein für allemal zur Sühne für die Sünde gelitten hat ... um euch zu Gott zu führen", dann können wir gewiß sein, daß uns vergeben wurde, wenn wir unsere Sünden bekannt haben. Die Gewißheit der Vergebung gründet sich auf das, was Jesus bereits durch seinen Tod vollbracht hat. Nach islamischem Verständnis ist Vergebung völlig abhängig von unserer Buße und von Gottes Gnade und davon, was am Tag des Jüngsten Gerichts geschieht, wenn unsere guten Werke gegen unsere schlechten Werke aufgerechnet werden. Das bedeutet, daß wir uns hier und heute der Vergebung Gottes nicht sicher sein können oder nicht wissen, ob er uns auch tatsächlich angenommen hat.

● Wenn Jesus nicht gestorben ist, dann hörte seine Identifikation mit dem Menschen an der Stelle auf, vor der die Menschen am meisten Angst haben. Wenn Jesus nicht gestorben ist, dann konnte er auf keinen Fall den Tod besiegen und überwinden. Ohne Tod kann es auch keine Auferstehung geben. Doch der Schreiber des HEBRÄERBRIEFS sagt ausdrücklich, daß Jesus durch seinen eigenen Tod die Macht des Todes überwunden hat:

Weil nun die Kinder von Fleisch und Blut sind, hat auch er die gleiche Art angenommen, um durch seinen Tod den zu vernichten, der die Macht über den Tod hat, das ist der Teufel, und um die zu erlösen, die durch Todesfurcht ihr Leben lang Sklaven sein mußten.

Sein Tod hat keine besondere Bedeutung

Diese Antwort wird in unterschiedlicher Form gegeben.

● Jesus starb als Märtyrer; sein Tod war nicht einzigartig. Nach dieser Auffassung besteht der Sinn des Todes Christi lediglich darin, uns zu zeigen, wie weit er für seine Sache zu gehen bereit war. Er war bereit, einen grausamen Tod zu erdulden, statt das aufzugeben, für das er stand. Ebenso wie Menschen für soziale und politische Überzeugungen ihr Leben ließen, so starb auch Jesus als Märtyrer für seine Sache. Seine Bereitschaft, einen solchen Tod zu erdulden, zeigt, wie aufrichtig er an seine Botschaft glaubte und wie ihm daran gelegen war, daß andere von seiner Botschaft erfuhren.

ABER: Was war das eigentlich für eine Sache, für die Jesus zu sterben bereit war? Starb er lediglich, um dem Ideal eines selbstlosen Lebens oder

der Vorstellung von der Brüderlichkeit aller Menschen zu entsprechen? Starb er nur, um andere zu überzeugen, daß es eine gute Sache sei, seinen Nächsten zu lieben?

Aus den Evangelien geht hervor, daß die Juden nichts an der moralischen Lehre Jesu auszusetzen hatten, sondern an seinen Behauptungen über sich selbst und seine Beziehung zu Gott, dem Vater. Wenn Jesus nur als ein Märtyrer gestorben wäre, der sich für die Liebe einsetzte, ist es schwer zu verstehen, wie das Kreuz jemals als „gute Nachricht" angesehen werden konnte.

Die Auffassung, daß Jesus lediglich als Märtyrer starb, läßt somit eine Vielzahl von Zeugnissen außer acht, was Jesus über seinen Tod dachte und wie ihn seine Jünger verstanden.

Auch andere Antworten, die von Christen gegeben wurden, fallen in diese Kategorie, denn sie spielen die einzigartige Bedeutung seines Todes herunter oder leugnen sie.

● Die Menschwerdung (d. h. der Sohn Gottes wird Mensch in der Person Jesu Christi), und nicht der Tod Christi, ist das Herzstück der christlichen Botschaft. Daß Gott Mensch wurde und so lebte, wie er lebte, offenbart das göttliche Wesen. Er brauchte nicht am Kreuz zu sterben; seine Menschwerdung und sein Leben sind eine ausreichende Offenbarung des göttlichen Wesens.

ABER: Es ist schwierig, diese Antwort mit der Lehre des ganzen Neuen Testaments in Einklang zu bringen. Das Kernstück – in den Evangelien und den Briefen – bilden die Kreuzigung und Auferstehung Jesu.

Diese Antwort gründet sich gelegentlich auf die Ansicht, daß die materielle Welt in irgendeiner Form mit Sünde infiziert sei und der Erlösung bedürfe. Doch dies widerspricht der biblischen Lehre über die Welt.

● Nicht die Tatsache, daß Jesus sein Leben gab, war der wichtige Faktor, um für die Menschen Erlösung zu bewirken, sondern daß er dem Vater im Himmel sein auferstandenes Leben darbrachte. Wir werden errettet in dem Maße, in dem wir wie Christus unser Leben dem Vater darbringen.

ABER: Im Neuen Testament finden wir keinen Hinweis darauf, daß Jesus im Himmel weiterhin Opfer bringt. Im Gegenteil betont es die Endgültigkeit und Vollkommenheit des Opfers Jesu.

Jesus Christus aber hat ein einziges Opfer für die Sünden dargebracht und hat sich für immer zur Rechten Gottes gesetzt und wartet so lange, bis seine Feinde zum Schemel seiner Füße gemacht werden. Denn mit einem Opfer hat er für immer die vollendet, die geheiligt werden sollen.

Die Vorstellung, daß Jesus sein auferstandenes Leben dem Vater darbrachte, gründet sich auf den alttestamentlichen Gedanken, daß es beim Opfer auf die Darbringung des Bluts der Opfertiere ankam. Doch die Art und Weise, in der das Wort „Blut" überall in der Bibel verwendet wird, deutet darauf hin, daß es nicht so sehr das Gott angebotene Leben betrifft, sondern das Leben, das im Tod hingegeben wird. Das Angebot des Lebens kann die Schuld nicht beseitigen; dies ist nur möglich, wenn Leben in den Tod gegeben wird, und dies ist die äußerste Folge der Sünde.

● Es ist nicht der Tod Jesu an sich, der die Menschen erlöst, sondern seine „Buße" an unserer Statt. Jesus spürte unsere Sünden so, *als seien* sie seine eigenen, und er konnte deshalb dafür an unserer Statt Buße tun. Die mitfühlende oder stellvertretende Buße Christi und ihre Auswirkung für die Menschen machen es Gott darum möglich, den Menschen zu vergeben.

ABER: Wie sehr sich Jesus auch mit unserem Zustand identifizierte, muß man dennoch fragen, wie es denn möglich sein kann, daß er für Sünden Buße tat, die er nicht begangen hatte?

Nach dieser Auffassung ist unsere Vergebung und Errettung von unserer eigenen Buße und unserem Glauben abhängig. Unsere Buße und unser Glaube werden zu der Voraussetzung, auf Grund derer uns Gott vergeben kann. Auf diese Weise verdienen wir sozusagen die Erlösung durch Buße und Glauben. Aber die Schreiber des Neuen Testaments sprechen davon, was Gott bereits durch den Tod Jesu getan hat; und sie laden uns ein, auf Grund dessen umzukehren und zu glauben. Auf diese Weise sind unsere Buße und unser Glaube eine Antwort auf das, was Gott getan hat.

PETRUS schreibt:

Ihr wißt, daß ihr nicht mit vergänglichem Silber oder Gold erlöst seid aus eurem nichtigen Leben, das ihr wie die Väter führtet, sondern mit dem kostbaren Blut Christi, dem Blut eines unschuldigen und unbefleckten Lammes ... Durch ihn seid ihr zum Glauben an Gott gekommen, der ihn von den Toten auferweckt und ihm die Herrlichkeit gegeben hat, damit ihr an Gott glauben und auf ihn hoffen könnt.

IST JESUS VON DEN TOTEN AUFERSTANDEN?

Wir fragen hier nach einem historischen Ereignis. Ist Jesu von den Toten auferstanden oder nicht? Hat sich die Auferstehung tatsächlich ereignet?

DIE ZEUGNISSE

Die Berichte vom leeren Grab

JESU TOD
Jesus wurde am Freitag etwa gegen 9 Uhr vormittags ans Kreuz genagelt. Viele waren zugegen, als er etwa gegen 15 Uhr starb (Markus 15, 21-37). Johannes (19, 31-37) berichtet, daß ein römischer Soldat Jesus „mit dem Speer in seine Seite stieß, und sogleich kamen Blut und Wasser heraus."

SEINE GRABLEGUNG
Kurz nach seinem Tod erhielt Josef von Arimatäa, ein ehrbarer jüdischer Ratsherr, vom römischen Statthalter Pilatus die Erlaubnis, den Leichnam Jesu vom Kreuz zu nehmen. Er und Nikodemus, ebenfalls ein Mitglied des jüdischen Synedriums hüllten ihn in eine Leinwand und legten ihn in das leere Grab des Josef, das in einen Felsen gehauen war und sich in einem Garten in der Nähe der Kreuzigungsstätte befand. Die Frauen, die Jesus gefolgt waren, schauten zu (Markus 15, 40-47; Johannes 19, 38-42).

DIE WACHEN
Am nächsten Tag gingen die Hohenpriester und Pharisäer zu Pilatus und baten ihn, das Grab bewachen zu lassen, falls die Jünger den Leichnam stehlen wollten. Das Grab wurde versiegelt und bewacht (Matthäus 27, 62-66).

DIE FRAUEN AM GRAB
Am frühen Sonntag morgen kamen einige Frauen zum Grab und brachten Salben und Spezereien mit, um den Leichnam Jesu zu salben. Sie entdeckten, daß der Stein weggewälzt worden war. Als sie in das Grab hineingingen, sahen sie zwei Engel, die erklärten, daß Jesus von den Toten auferstanden sei und daß er ihnen in Galiläa wiederbegegnen würde (Markus 16, 1-8; Lukas 24, 1-10).

DIE JÜNGER AM GRAB
Die Frauen liefen in die Stadt zurück, um den Jüngern die Nachricht mitzuteilen, und Petrus und Johannes eilten zum Grab, um es mit eigenen Augen zu sehen. Sie sahen „die Binden liegen, aber das Tuch, das Jesus um den Kopf gehabt hatte, nicht bei den Binden, sondern zusammengewickelt an einer Stelle für sich" (Johannes 20, 1-10).

Die Berichte von den Erscheinungen des auferstandenen Jesus

● Maria aus Magdala kehrte zusammen mit Petrus und Johannes zum Grab zurück und blieb dort, nachdem die beiden wieder gegangen waren. Sie bückte sich, um noch einmal in das Grab zu schauen und wandte sich, nachdem sie mit den beiden Engeln gesprochen hatte, um und sah Jesus, obwohl sie ihn nicht sogleich erkannte. Er sagte, sie solle ihn nicht berühren, und trug ihr eine Botschaft für die Jünger auf (Johannes 20, 11-18).

● Am selben Tag, als zwei der Jünger sich auf dem Weg in das Dorf Emmaus befanden, das zwei Wegstunden von Jerusalem entfernt liegt, „kam Jesus selbst dazu und ging mit ihnen. Aber ihre Augen waren gehindert, ihn zu erkennen." Sie unterhielten sich mit ihm über alles, was geschehen war, und luden ihn zu sich ein. Während er bei Tisch das Brot brach, „wurden ihre Augen geöffnet, und sie erkannten ihn, und er verschwand vor ihnen." Sofort kehrten sie nach Jerusalem zurück und berichteten es den anderen Jüngern (Lukas 24, 13-35).

● Als sie zu den Jüngern zurückkehrten, hörten sie, daß Jesus dem Petrus erschienen sei, und sie berichteten, wie Jesus ihnen auf der Straße nach Emmaus erschienen war (Lukas 24, 34f).

● Während sie noch darüber sprachen, „trat er selbst, Jesus, mitten unter sie . . . Sie erschraken aber und fürchteten sich und meinten, einen Geist zu sehen. Und er sagte zu ihnen: ‚Was seid ihr so erschrocken, und warum kommen solche Gedanken in euer Herz. Seht meine Hände und meine Füße, ich bin's selber. Faßt mich an und seht; denn ein Geist hat kein Fleisch und keine Knochen, wie ihr seht, daß ich sie habe.'" Sie waren noch nicht überzeugt und, um ihnen ein weiteres Zeichen zu geben, nahm er ein Stück Fisch und aß es vor ihren Augen (Lukas 24, 36-43).

● Am darauffolgenden Sonntag erschien er ihnen erneut. Thomas war in der Woche zuvor nicht dabeigewesen und zweifelte noch daran, was ihm die anderen erzählten. Doch nun war auch er unter ihnen. „Da kam Jesus und trat mitten unter sie, obwohl die Türen verschlossen waren." Er lud Thomas ein, seine Hände und seine Seite zu berühren (Johannes 20, 24-29).

● Kurze Zeit darauf erschien er den Jüngern am See Gennesaret, wo er viel Zeit in den drei Jahren mit ihnen zugebracht hatte. Er hatte ein Feuer am See vorbereitet und frühstückte mit ihnen (Johannes 21, 1-14).

● Er erschien ihnen bei einer anderen Gelegenheit auf einem Berg in Galiläa und gab ihnen den Auftrag: „Darum geht hin und macht alle Völker zu Jüngern" (Matthäus 28, 19).

● Während dieser Zeit „erschien er mehr als fünfhundert Brüdern auf einmal ... danach dem Jakobus, danach allen Aposteln" (1. Korinther 15, 3-8; Paulus schrieb um das Jahr 54 oder 55 n. Chr.).

● Die Jünger sahen Jesus zum letzten Mal auf dem Ölberg in der Nähe von Jerusalem, ungefähr 40 Tage nach der Auferstehung (Apostelgeschichte 1, 6-11).

Hier die Zusammenfassung des LUKAS über die Zeit nach Jesu Auferstehung:

Ihnen zeigte er sich auch nach seinem Leiden durch viele Beweise als der Lebendige; vierzig Tage lang ließ er sich unter ihnen sehen und redete mit ihnen vom Reich Gottes.

Die Existenz der christlichen Gemeinde

Der Verfasser der Apostelgeschichte beschreibt den Ursprung und die Ausbreitung der christlichen Gemeinde. Nach seinem Bericht ist das Christentum auch wegen des Zeugnisses von der Auferstehung eine von Judentum getrennte Religion geworden.

DIE VERÄNDERUNG DER JÜNGER

Als Jesus nachts im Garten Getsemani festgenommen wurde, ließen ihn seine Jünger im Stich und flohen. Petrus folgte ihm in sicherem Abstand, als man Jesus zum Verhör führte, und verleugnete ihn dreimal. Offensichtlich schämte oder fürchtete er sich zu sehr, mit Jesus identifiziert zu werden, da man diesen wie einen Verbrecher behandelte. Nach der öffentlichen Hinrichtung Jesu versteckten sich die Jünger eine gewisse Zeit hinter verschlossenen Türen in Jerusalem, da sie sich noch immer vor den jüdischen Führern fürchteten

Sieben Wochen nach dem Tod Jesu machten die Jünger jedoch eine gewaltige Veränderung durch. Sie schämten sich nicht mehr, mit Jesus identifiziert zu werden, sondern sprachen mutig in aller Öffentlichkeit von ihm. Als sie dadurch mit den jüdischen Führern in offenen Konflikt gerieten, waren sie bereit, sich einsperren und auspeitschen zu lassen, statt Jesus zu verleugnen oder sich still zu verhalten (Apostelgeschichte 2-4).

DIE TRENNUNG DES CHRISTENTUMS VOM JUDENTUM

Als die Jünger anfingen, zu Pfingsten mutig in aller Öffentlichkeit von Jesus zu sprechen, betonten sie besonders die Auferstehung und ihre Bedeutung. Sie hörten nie auf, sich als Juden zu verstehen, doch auf Grund ihrer beständigen Lehre der Botschaft von Jesus Christus und seiner Auferstehung fühlten sich die jüdischen Führer veranlaßt, sie zu verfolgen (Apostelgeschichte 4, 1-22).

Das gleiche wiederholte sich im Leben des Paulus, der als frommer Jude erzogen worden war und eine gründliche Ausbildung in der Schule der Pharisäer erhalten hatte. Er nahm aktiv an Christenverfolgungen teil, doch etwa um das Jahr 31 oder 32 n. Chr. wurde er selbst Christ, und seine Predigten über Jesus und die Auferstehung brachten ihm schon bald Schwierigkeiten mit den jüdischen Führern ein.

LUKAS, der Autor der Apostelgeschichte, schrieb für einen Römer mit Namen Theophilus, der wahrscheinlich wissen wollte, wie das Christentum entstanden war, inwieweit es sich vom Judentum unterschied und warum Paulus in Rom vor Gericht gestellt worden war. Lukas beschreibt darum bis ins Detail, wie es dazu kam, daß Paulus in Rom gefangen war, und er veranschaulicht dadurch, wie es schließlich zum Bruch zwischen Christentum und Judentum kam.

Er berichtet uns, daß Paulus und seine Botschaft vielerorts auf den Widerstand der Juden stieß, die ihn häufig verfolgten. Schließlich schmiedeten einige von ihnen ein Komplott, um ihn zu ermorden. Sie wollten ihn gerade bei Unruhen im Tempelbereich in Jerusalem töten, als er von einem römischen Hauptmann gerettet wurde. Die römischen Behörden veranlaßten, daß er vor den jüdischen Hohenrat geführt wurde, denselben Hohenrat, der Jesus etwa 25 Jahre zuvor verurteilt und hingerichtet hatte. Im Verlaufe dieser Gerichtsverhandlung sagt Paulus:

Ich werde wegen der Hoffnung und wegen der Auferstehung der Toten angeklagt.

Was er ihnen im Grunde sagte, war: „Jene unter euch, die Pharisäer sind, glauben an eine zukünftige Auferstehung; und die Saduzzäer unter euch sagen, eine Auferstehung sei unmöglich. Wir Christen glauben an eine zukünftige Auferstehung, und wir glauben auch, daß Jesus bereits von den Toten auferstanden ist. Es geht bei dieser Verhandlung somit im Grunde nur darum, ob dies geschehen konnte oder nicht. Wurde Jesus von den Toten auferweckt oder nicht?"

Lukas ging es darum, daß seine Leser verstanden, daß es der Glaube an Jesu Auferstehung war, der das Christentum vom Judentum trennte, und daß Paulus wegen dieses Glaubens verhaftet wurde (Apostelgeschichte 21, 27f.31).

LUKAS berichtet auch, daß Paulus Neugier und Spott bei den Philosophen in Athen hervorgerufen hatte, weil er auf der Auferstehung bestand:

Einige fragten: „Was will dieser Schwätzer sagen?" Andere aber: „Es sieht so aus, als wolle er fremde Götter verkündigen." Er hatte ihnen nämlich das Evangelium von Jesus und von der Auferstehung verkündigt ... Als sie von der Auferstehung der Toten hörten, begannen die einen zu spotten; die andern aber sagten: „Wir wollen dich darüber noch einmal hören."

Da es sich hier um eine historische Frage handelt (ist Jesus von den Toten auferstanden oder nicht?), müssen wir uns mit den oben angeführten Zeugnissen in gleicher Weise auseinandersetzen, wie wir dies bei anderen historischen Fragen tun würden.

Doch da wir uns hier mit etwas Einzigartigem beschäftigen, ist es wichtig, daß wir uns über unsere persönliche Einstellung im klaren sind. Unser Vorverständnis wird bei der Beurteilung dessen eine wichtige Rolle spielen, was wir für historisch möglich oder unmöglich halten. Wenn wir also an diese Frage herangehen und bereits *vorher entschieden haben,* daß Wunder *nicht* geschehen können, werden uns noch so viele Belege nicht eines anderen überzeugen. Wenn wir andererseits bereit sind zu glauben, daß es einen Gott gibt, der Wunder in der Welt, die er geschaffen hat, wirken kann, dann werden wir möglicherweise überzeugt – vorausgesetzt natürlich, die Zeugnisse sind überzeugend.

MÖGL. ANTWORTEN

Wir können verhältnismäßig sicher sein, daß Jesus von den Toten auferstand

Wenn wir diese Antwort geben, dann müssen wir uns als nächstes fragen, was die Auferstehung bedeutet. Wenn dieses Ereignis keine Bedeutung hat, lohnt es sich nicht, die Frage weiter zu verfolgen. Dann könnten wir ebensogut zu dem Schluß kommen, daß sie nicht geschehen ist.

Hier einige Schlußfolgerungen, welche die frühen Christen aus der Auferstehung zogen:

● Sie erweist Jesu Identität. All das, was Jesus zu sein beanspruchte, wird durch die Auferstehung bestätigt.

Darum sagt PETRUS der Menschenmenge in Jerusalem zu Pfingsten:

> **Diesen Jesus hat Gott auferweckt; dafür sind wir alle Zeugen. So soll nun das ganze Haus Israel gewiß sein, daß Gott diesen Jesus, den ihr gekreuzigt habt, zum Herrn und Christus gemacht hat.**

● Sie bestätigt das Werk Jesu und zeigt, daß sein Tod etwas erreicht hat. Wäre er nicht von den Toten auferstanden, so wäre sein Tod ein Zeichen dafür, daß seine Mission ein Mißerfolg war. Die folgenden Worte sollen zeigen, wie der auferstandene Jesus selbst die Bedeutung seines Todes interpretierte:

> **Das sind meine Worte, die ich zu euch gesagt habe, als ich noch bei euch war: „Es muß alles erfüllt werden, was von mir im Gesetz des Mose, in den Propheten und in den Psalmen geschrieben steht..." So steht's geschrieben, daß Christus leiden wird und am dritten Tage von den Toten auferstehen; und daß in seinem Namen Buße zur Vergebung der Sünden gepredigt wird unter allen Völkern.**

● Sie macht Jesus zum vollkommenen Mittler, der uns in die Gemeinschaft mit dem Vater bringt. Der auferstandene Christus gibt uns das Recht, voller Mut und Zuversicht zum Vater zu kommen.

> **Denn durch ihn (Jesus) haben wir alle beide in *einem* Geist den Zugang zum Vater.**

> **Daher kann er auch die für immer retten, die durch ihn zu Gott kommen; denn er lebt für immer und bittet für sie.**

● Sie kann etwas für unsere tägliche Erfahrung bedeuten. Für den Christen ist die Auferstehung nicht nur ein Ereignis der Vergangenheit, sie wirkt sich auch auf das Heute aus.

Der Mensch, der sein Vertrauen auf Jesus Christus setzt, wird mit ihm vereint; und diese Vereinigung bietet wirkliche Befreiung von Sünde und eine Möglichkeit, heute das neue Leben zu erfahren, das aus dem auferstandenen Leben Christi selbst fließt. Wenn wir „in Christus" sind und bereit sind, unserem eigenen Ich zu sterben, wie er es tat, dann kommen uns alle Wirkungen seines Todes und seiner Auferstehung zugute.

> **Wir sind also mit ihm begraben durch die Taufe in den Tod, damit – wie Christus durch die Herrlichkeit des Vaters von den Toten auferweckt worden ist – auch wir in einem neuen Leben wandeln. Denn wenn wir mit dem Abbild seines Todes zusammengewachsen sind, dann werden wir es auch mit dem seiner Auferstehung sein. Wir wissen ja, daß unser alter Mensch mit ihm gekreuzigt worden ist, damit der Leib, der von der Sünde beherrscht ist, vernichtet würde, so daß wir der Sünde nicht mehr dienen. Denn wer gestorben ist, der ist von der Sünde frei geworden. Sind wir aber mit Christus gestorben, so glauben wir, daß wir auch mit ihm leben werden, und wissen, daß Christus, von den Toten erweckt, nicht mehr stirbt; der Tod kann nicht mehr über ihn herrschen. Denn mit seinem Sterben ist er der Sünde ein für allemal gestorben; sein Leben aber lebt er Gott. Ebenso sollt auch ihr überzeugt sein, daß ihr der Sünde gestorben seid und für Gott lebt in Christus Jesus!**

> **Ja, ich achte es noch alles für Schaden gegenüber der überschwenglichen Erkenntnis Christi Jesu, meines Herrn. Um seinetwillen ist mir das alles ein**

Schaden geworden, und ich achte es für Dreck, damit ich Christus gewinne ... Ich möchte ja ihn erkennen und die Kraft seiner Auferstehung und die Gemeinschaft seiner Leiden und so seinem Tode gleichgestaltet werden, damit ich zur Auferstehung von den Toten gelange.

Denn keiner von uns lebt für sich selbst, und keiner stirbt für sich selbst. Leben wir, so leben wir dem Herrn; sterben wir, so sterben wir dem Herrn. Darum, ob wir nun leben oder sterben, gehören wir dem Herrn. Denn dazu ist Christus gestorben und wieder lebendig geworden, daß er über Tote und Lebende Herr sei.

Die Kraft, durch welche Gott Jesus von den Toten auferweckte, steht noch immer zur Verfügung. In verzweifelten Situationen darf der Christ die Zuversicht haben, daß Gott noch immer auf die gleiche dynamische Weise zu wirken vermag. PAULUS weist eindeutig darauf hin, daß diese Zuversicht nicht nur ein Wunschdenken ist:

Denn wir wollen euch, liebe Brüder, nicht in Unkenntnis lassen über die Bedrängnis, die uns in der Provinz Asien widerfahren ist, wo wir über die Maßen beschwert waren und über unsere Kraft, so daß wir bereits am Leben verzagten und es bei uns selbst für beschlossen hielten, daß wir sterben müßten. Das geschah aber, damit wir unser Vertrauen nicht auf uns selbst setzen sollten, sondern auf Gott, der die Toten auferweckt, der uns auch aus solcher Todesnot errettet hat und erretten wird. Auf ihn hoffen wir, daß er uns auch in Zukunft erretten wird.

Es ist unwahrscheinlich, daß Jesus von den Toten auferstand

Das bedeutet, es ist nicht unmöglich, daß etwas Außergewöhnliches geschah, aber die Zeugnisse sind nicht überzeugend. Es gibt andere, weitaus einleuchtendere Erklärungen als die, welche in den Evangelien aufgezeichnet sind.

Die *Jewish Encyclopedia* weist darauf hin, daß der Glaube an die Auferstehung

... zurückzuführen ist auf zwei psychische Kräfte, die sich nie zuvor auf so eindrucksvolle Weise zeigten: (1) die große Persönlichkeit Jesu, die sich so den einfachen Menschen in Galiläa einprägte, daß sie selbst nach seinem Tod zu einer lebendigen Kraft wurde; und (2) der Transzendentalismus oder die Jenseitsgerichtetheit, in der jene Buße tuenden frommen Männer und Frauen aus dem einfachen Volk in ihrem Streben nach einem göttlichen Wandel lebten. In einer Atmosphäre solch vollkommener Naivität erschien das Wunder der Auferstehung ebenso natürlich wie die Wunder der Krankenheilung.

HUGH SCHONFIELD hat seine Theorie in seinem Buch *The Passover Plot* dargelegt. Er behauptet, daß Jesus insgeheim mit einigen Freunden (nicht aber mit seinen Jüngern) plante, daß er vor seinem Sterben vom Kreuz genommen würde, so daß man ihn später wiederbeleben konnte. Sie sollten aber den Eindruck vermitteln, daß er tatsächlich tot gewesen war. Im Eifer des Gefechts mißglückte jedoch der Plan; obwohl er nicht völlig tot war, als man ihn vom Kreuz nahm, starb er wenig später und konnte nicht wiederbelebt werden. Trotz dieses mißglückten Plans sieht SCHONFIELD eine wichtige Bedeutung in diesen Ereignissen:

Er hatte im Glauben seine körperliche Wiederbelebung geplant und das, was er erwartete, war durch Umstände vereitelt worden, die völlig außerhalb seiner Kontrolle lagen. Und dennoch war sein Glaube ungebrochen, als er in den Schlaf sank, und durch eine außergewöhnliche Kette von Ereignissen – die teilweise auf sein eigenes Planen zurückzuführen sind – erwies er sich als gerechtfertigt. In einer Art und Weise, in der er es nicht vorhergesehen hatte, kam für ihn die Auferstehung ... Immer, wenn die Menschheit danach strebt, die Herrschaft von Rechtschaffenheit und Frieden zu bringen, ist die unsterbliche Gegenwart von Jesus, dem Messias, bei Ihnen.

Nach der Kreuzigung wurde Jesu Leichnam in ein Felsengrab wie dieses in Betfage gelegt. Am darauffolgenden Sonntag wurde das Grab leer gefunden, und der schwere Stein war von der Tür gewälzt.

Viele von denen, die behaupten, die Geschichte sei höchst unwahrscheinlich, machen sich nicht die Mühe, eine detaillierte Alternative auszuarbeiten. Einige jedoch tun es in dem Bewußtsein, daß es sich um eine vorläufige Alternative handeln kann.

> **Wir behaupten mit unserer Rekonstruktion nirgends, daß sie das darstellt, was tatsächlich geschehen ist, aber daß sie auf Grund der vorliegenden Zeugnisse der Wahrheit sehr nahe kommen kann...**
>
> **Selbstverständlich können wir nicht sagen, daß dies des Rätsels Lösung ist (hinsichtlich der angeblichen Erscheinungen Jesu nach seinem Tod)... Es gibt noch andere Theorien, wie z. B. die, daß der betreffende Mann (d. h. der Mann, der mit Jesus den Passaplan ausarbeitete), wenn es ihn gab, ein Medium war und daß Jesus durch seine Auferstehung in das andere Reich im spiritualistischen Sinn von den Toten in das Leben nach dem Tod auferstand und durch ihn sprach, wodurch man ihn erkannte... Uns wird einfach zu wenig gesagt, und dieses wenige wurde schnell zu legendär und zu widersprüchlich, um daraus eine gesicherte Schlußfolgerung zu ziehen. Die hier vertretene Ansicht scheint nicht in die Bedürfnisse zu passen und stimmt mit dem überein, was im Passakomplott gezeigt wurde. Der Plan Jesu, seine erwartete Wiederbelebung, schuf das Geheimnis des leeren Grabes.**
>
> HUGH SCHONFIELD

Wenn wir diese Auffassung vertreten, müssen wir überzeugende Antworten auf Fragen wie diese geben:

WIE SOLLEN WIR DEN BERICHT VOM LEEREN GRAB ERKLÄREN?

Im folgenden die Theorien, die vorgeschlagen wurden:

● **Jesus war nicht wirklich tot.** Nach dieser Theorie war Jesus nicht wirklich tot, als er vom Kreuz genommen wurde. Kurze Zeit, nachdem man ihn in das kühle Grab gelegt hatte, erholte er sich und gelangte aus dem Grab.

ABER: Nachdem man ihn gegeißelt und sechs Stunden ans Kreuz gehängt hatte, hätte Jesus dringend ärztlicher Behandlung bedurft. Ist es wahrscheinlich, daß ein Mensch in einem solchen Zustand (mit seinem durch die Geißelung, die häufig zum Tod führte, zerschundenen Rücken, mit wunden Händen und Füßen und einer Schnittwunde an der Seite) den Menschen erscheinen konnte, die ihn sehr gut kannten *und* den Eindruck erwecken, daß er von den Toten auferstanden sei?

Uns wird gesagt, daß der Leichnam Jesu in lange Leinwandstücke gehüllt und eingesalbt worden war. Er hätte sich von diesen Grabeskleidern befreien und den schweren Stein beiseite rollen müssen, von dem mehrere Frauen meinten, sie könnten ihn nicht bewegen, und er mußte ungesehen an den Wachen vorbei.

Wenn er zu diesem Zeitpunkt nicht gestorben ist, was ist dann mit ihm geschehen? Wie ist er schließlich gestorben?

● **Die Frauen gingen zum falschen Grab.** Es wird behauptet, daß die Frauen im schwachen Licht des frühen Morgens zu einem anderen Grab gingen, das leer war.

ABER: Es heißt, daß die Frauen zusahen, wie Josef und Nikodemus den Leichnam am Freitag abend vom Kreuz nahmen und in das Grab legten.

Die Jünger kamen zum Grab, nachdem sie den Bericht der Frauen vernommen hatten; sollen wir davon ausgehen, daß sie alle irregeführt waren und nichts unternahmen, um es nachzuprüfen?

Als Josef von Arimatäa von Gerüchten über die Auferstehung hörte, hätte er sich nicht persönlich überzeugt, zumal er den Leichnam in sein eigenes Grab gelegt hatte?

Und was ist mit der detaillierten Beschreibung darüber, wie die Grabeskleider lagen? Müssen wir davon ausgehen, daß dies erfunden ist?

● **Der Leichnam kann gestohlen worden sein.**

ABER: Wer hätte ihn stehlen sollen und aus welchem Grund?

Vielleicht die römischen Behörden oder die Wachen? Doch welchen Grund hätten sie dafür haben können? Es war ja in ihrem eigenen Interesse, daß die Affäre Jesu beendet war.

Es könnten die jüdischen Führer gewesen sein; doch die Frage stellt sich erneut: Aus welchem Grund? Wenn sie wußten (wie uns Matthäus berichtet), daß Jesus vorhergesagt hatte, daß er von den Toten auferstehen würde, dann würde ihnen sehr daran gelegen sein, daß der Körper *nicht* aus dem Grab verschwand, falls die Jünger später behaupten sollten, er sei auferstanden. In der Tat berichtet Matthäus ja, daß es die jüdischen Führer waren, die die Römer um Bewachung des Grabes ersucht hatten.

Es könnte eine unbekannte Person oder Gruppe sein; aber aus welchem Grund? Wäre der Körper Jesu von jemandem gestohlen worden, der nicht sein Jünger war, hätte er dann nicht den Leichnam in dem Augenblick vorzeigen können, in dem die Christen die Auferstehung predigten? Wenn er den Leichnam nicht vorzeigen konnte, hätte er dann nicht zumindest vortreten und genügend Beweise anführen können, die viele Menschen überzeugt hätten, daß es für das, was die Jünger berichteten, eine vollkommen natürliche Erklärung gab? Oder müssen wir uns auf den Vorschlag stützen, daß eine unbekannte Person dahintersteckt, die kein besonderes Motiv hatte, die niemandem etwas davon sagte und kurz darauf mit dem Leichnam Jerusalem verließ? Niemand kann leugnen, daß dies eine mögliche Erklärung ist; doch ist sie wahrscheinlich?

Es hätten die Jünger oder einige Freunde Jesu sein können (z. B. Josef von Arimatäa); doch aus welchem möglichen Grund? Und steht dies im Einklang mit dem Bericht, in dem wir hören, daß die Jünger absolut nichts erwarteten? Würden sie sich selbst nicht gefährden und von den jüdischen Führern die gleiche Behandlung erfahren, die Jesus zuteil geworden war? Und wenn einer oder mehrere von Jesu Freunden den Körper gestohlen hatten, wie hätten sie es dann vor den anderen verbergen können? Wenn jene, die ihn gestohlen hatten, für den Rest ihres Lebens Christen blieben, dann würde sich ihr ganzer Glaube auf eine Lüge gründen. Sie müßten auch sagen, daß die anderen Jünger außerordentlich leichtgläubig waren, die Geschichte der Auferstehung zu glauben, ohne selbst die Fakten zu überprüfen, und dennoch bereit zu sein, für diese unglaubliche Geschichte zu sterben.

● **Die Geschichte ist ausgeschmückt.** Nach dieser Theorie ist möglicherweise etwas Übernatürliches geschehen, und die Geschichte beruht eventuell auf gewissen Tatsachen. Doch nicht alle Einzelheiten sind glaubwürdig, da sie an irgendeiner Stelle weiterentwickelt worden ist.

ABER: Wie sollen wir entscheiden, was Fakten sind und was Fiktion ist? Nach welchen Kriterien können wir entscheiden, was wirklich geschehen ist und was später hinzugefügt wurde? Die meisten vorgeschlagenen Regeln sind sehr subjektiv, und die Trennungslinie ist sehr dünn. Natürlich wird der Skeptiker sagen: „Warum ziehen Sie die Linie hier? Wenn Sie soviel ablehnen, warum hören Sie dann gerade an dieser Stelle auf und lehnen nicht noch mehr ab?"

Zwischen dem Tod Jesu und dem ersten schriftlich fixierten Bericht, in dem die Auferstehung erwähnt wird, liegen nur wenige Jahre. So wurde der 1. Korintherbrief von Paulus etwa 24 Jahre nach dem Ereignis geschrieben; und er beruft sich dabei auf eine alte Tradition.

Es ist nur natürlich anzunehmen, daß die Jünger und Anhänger Jesu zum Grab gingen, um die Gerüchte selbst zu überprüfen. Und je mehr Augenzeugen es gab, desto größer ist die Gewißheit, daß einzelne sie nicht ergänzen.

Die Geschichte wurde nicht durch eine Vielzahl von Menschen zwischen den ursprünglichen Augenzeugen und den Schreibern weitergegeben. Es ist kein fairer Vergleich zu sagen: „Schauen Sie sich doch an, wie sehr eine Geschichte entstellt wird, wenn sie von einem zum anderen weitergegeben wird. Wenn sie dann die zwanzigste Person erreicht hat, ist sie vollkommen anders."

Als die ersten Berichte schriftlich fixiert wurden, lebten viele der ursprünglichen Augenzeugen noch. Es wäre ihnen ein Leichtes gewesen, die Einzelheiten der Geschichte zu bestätigen oder sie anzuzweifeln und ihr keinen Glauben zu schenken. So betonte Lukas, die Informationen direkt von Augenzeugen erhalten zu haben (Lukas 1, 2).

● **Die ganze Geschichte ist erfunden.** So etwas ist nie geschehen, sagen manche. Der Leichnam blieb im Grab, und die ersten Jünger wußten es. Doch im Laufe der Zeit begannen sie und/oder andere Christen, ihren Glauben an Jesus in Form einer Geschichte auszudrücken, die Ereignisse beschrieb. Die Geschichte sollte kein historischer Bericht darüber sein, was geschehen war, sondern lediglich als eine Form angesehen werden, ihren Glauben an Jesus auszudrücken. Einige würden sagen, daß die Geschichten absichtlich und bewußt erfunden wurden, um andere von der Identität Jesu zu überzeugen. Andere sagen, daß an dem, was sie taten, nichts Unehrliches war und daß es ihnen ganz natürlich erschienen sei, ihren persönlichen Glauben und ihre Erfahrung auf diese Weise zum Ausdruck zu bringen.

ABER: Wenn es kein Ereignis gab, das die Jünger zum Glauben an Jesu Sieg über den Tod brachte, wie kam es, daß sie überhaupt daran glaubten? Wenn es der Glaube der ersten Christen war, der die Geschichte vom leeren Grab hervorbrachte, was verursachte diesen Glauben?

Man kann sich einen Menschen vorstellen, der einen Mythos entwickelt, um eine Lehre zu vermitteln oder das Vorstellungsvermögen anderer anzuregen; doch warum solch eine Geschichte (selbst, wenn es aus den besten Motiven heraus geschieht)? Warum sie als nüchterne Tatsache darstellen statt als reine Phantasie?

Wenn die Jünger die Geschichte aus den edelsten Motiven heraus erfunden haben, würden sie wirklich bereit sein, sie anderen als Faktum weiterzugeben, wenn sie wußten, daß gerade dies zu Spott, Verfolgung und Leiden führen würde?

Wenn die frühen Christen, die die Geschichte vom leeren Grab erzählten, sie lediglich als Mythos verstanden und weiter nichts, warum sollte irgend jemandem daran gelegen sein, diese Botschaft zu bekämpfen?

Und wie steht es mit der Ehrlichkeit? Wann ist eine Lüge keine Lüge? An irgendeinem Punkt in diesem Prozeß gäbe es zweifelsohne viele Christen (Anhänger des einen, der behauptete, „die Wahrheit" zu sein), die nur allzugut wußten, daß die Geschichte vom leeren Grab nicht der Wahrheit entsprach, die sie aber dennoch weitererzählten, was andere dazu veranlaßte zu glauben, daß etwas Objektives tatsächlich geschehen sei.

WIE SOLLEN WIR DIE BERICHTE ÜBER DIE ERSCHEINUNGEN DES AUFERSTANDENEN JESUS ERKLÄREN?

● **Halluzination.** Es war eigentlich niemand da; die Jünger erlebten nur irgendeine Halluzination.

ABER: Obwohl Menschen Halluzinationen erleben können, ist dies bei einer Gruppe von Menschen mit unterschiedlicher Persönlichkeit kaum möglich. Man hat noch nie von 500 Personen gehört, die die gleiche Halluzination zur selben Zeit hatten.

Diese Erfahrungen sollen in einem Zeitraum von sieben Wochen stattgefunden haben und beschränken sich nicht auf einen Tag; und sie traten an verschiedenen Orten und zu verschiedenen Tageszeiten auf.

Halluzinationen äußern sich oft in der Form, daß man Dinge sieht, die man gerne sehen möchte. Doch es gibt keinen Hinweis darauf, daß die Jünger diese Erscheinungen erwarteten.

● **Übertreibung.** Es war schon etwas vorhanden, doch die Einzelheiten wurden aufgebauscht.

ABER: Wie bereits gesagt, wie sollen wir uns entscheiden, was tatsächlich passiert ist? Wie sollen wir das, was angeblich hinzugefügt wurde, von den eigentlichen Berichten trennen?

● **In Wirklichkeit ist nichts geschehen.** Es ist rein objektiv gesehen absolut nichts geschehen; die Jünger sahen entweder Visionen, die ihnen Gott zuteil werden ließ, oder sie hatten Erfahrungen, die völlig subjektiver Natur waren. Allmählich brachten sie diese Erfahrungen und ihren neuen Glauben über Jesus in Form von Geschichten zum Ausdruck, wonach sie den auferstandenen Jesus gesehen, gehört und berührt hatten. Sie waren sich des anhaltenden Einflusses seiner Persönlichkeit und seiner Lehre so bewußt, daß sie dies in Form von „Mythen" auszudrücken begannen – d. h. die Geschichten wurden so geschildert, als handele es sich dabei um wirkliche Ereignisse in der realen Welt, wohingegen sie doch eigentlich nur den persönlichen Glauben über Jesus ausdrücken sollten.

ABER: Auch hier ergeben sich die gleichen Probleme wie zuvor.

● **Die Berichte sind sachlich und zuverlässig.** Die Dokumente geben uns insgesamt einen Bericht darüber, was die Jünger tatsächlich bezeugten, was sie mit ihren Augen sahen, mit ihren Ohren vernahmen und mit ihren Händen berührten. Die Berichte sind nicht umfassend; sie erzählen uns z. B. nicht, wie der auferstandene Christus gekleidet war. Aber sie sind detailliert genug, um die Vorstellung auszuschließen, daß die Erscheinungen lediglich innere, subjektive Erfahrungen waren oder daß die Jünger irgendeine Art von Geist vor sich sahen.

WIE SOLLEN WIR UNS DIE EXISTENZ DER CHRISTLICHEN GEMEINDE ERKLÄREN?

Wenn wir den Zeugnissen des Neuen Testaments über den Ursprung der christlichen Gemeinde nur halbwegs glauben, müssen wir uns fragen, wie sie entstand.

● Wie sollen wir uns die Veränderung dieser kleinen Gruppe verängstigter Jünger erklären?

● Wie sollen wir uns die Trennung zwischen Christentum und Judentum erklären?

Nach den Evangelien und der Apostelgeschichte war es die Auferstehung, die die Jünger veränderte. Auf Grund ihrer Überzeugung vom auferstandenen Christus hatten sie den Mut, ihre bis dahin ängstliche Haltung abzulegen und der Welt die gute Nachricht von seinem Tod und seiner Auferstehung mitzuteilen. Aus den Berichten

Die Auferweckung Jesu veränderte seine entmutigten Jünger völlig. Mutig standen sie gegen eine oftmals feindliche Welt. Die Anbetung des römischen Kaisers wurde in diesem Tempel in Ephesus gepflegt, der für Kaiser Hadrian erbaut wurde. Ephesus selbst war ein Beispiel der prachtvollen und mächtigen damaligen hellenistischen Kultur.

geht hervor, daß sie nie mit einer solch heftigen Opposition und solchem Leiden hätten rechnen müssen, wenn sie sich damit begnügt hätten, von Jesus nur als einem guten Menschen, einem Propheten oder einem Lehrer zu sprechen. Die Juden hätten niemals einen Grund dafür gehabt, Christen zu verfolgen, und die Christen wären wahrscheinlich eine kleine Splittergruppe innerhalb des Judentums geblieben. In diesem Fall wäre das Christentum niemals zu einer gesonderten Religion geworden.

Es ist unmöglich, daß Jesus von den Toten auferstand

Das heißt, es ist unvorstellbar, daß irgendein menschliches Wesen vom Tod auferweckt werden kann. Angesichts all dessen, was die Wissenschaft über das Wirken des Universums entdeckt hat, ist es unmöglich, daß ein Toter zum Leben erweckt werden kann.

Der Philosoph David Hume ist bekannt für die Art, in der er dieses Argument formulierte, das seitdem auf verschiedene Weise von anderen verwendet worden ist. Seine Aussagen lassen sich wie folgt zusammenfassen:

1. Die Einheitlichkeit natürlicher Ursachen innerhalb eines geschlossenen Systems ist eine feststehende Tatsache.

2. Kein Zeugnis irgendeines Wunders hat jemals hinreichend überzeugt.

3. Darum können wir nicht hoffen, jemals beweisen zu können, daß irgendein Wunder tatsächlich stattgefunden hat.

> **Ein Wunder ist eine Verletzung der Naturgesetze; und da eine feste, unabänderliche Erfahrung diese Gesetze geschaffen hat, liegt der Beweis gegen ein Wunder in der Natur der Sache... Es ist ein Wunder, wenn ein Toter wieder ins Leben zurückkehrt; denn so etwas ist zu keiner Zeit in keinem Land dieser Erde jemals beobachtet worden. Es muß darum eine übereinstimmende Erfahrung gegen jedes Wunder geben, sonst würde ein Wunder diese Bezeichnung nicht verdienen. Und da eine einheitliche Erfahrung dem Beweis gleichkommt, gibt es hier einen direkten und ausreichenden Beweis dafür, daß es Wunder nicht geben kann; ein solcher Beweis wird auch dadurch nicht zunichte gemacht oder das Wunder glaubwürdig, daß man einen entgegengesetzten, besseren Beweis anführt.**
>
> **Die einfache Konsequenz ist die... daß kein Zeugnis ausreicht, um ein Wunder zu schaffen, es sei denn, das Zeugnis wäre so beschaffen, daß seine Unwahrheit einem Wunder eher entsprechen würde als die Tatsache, die es zu untermauern beabsichtigt... Wenn mir jemand erzählt, er habe einen Toten gesehen, der ins Leben zurückgekehrt sei, mache ich mir sofort meine eigenen Gedanken darüber. Ist so etwas möglich? Geht es dieser Person möglicherweise darum zu täuschen? Ist sie vielleicht selbst einer Täuschung zum Opfer gefallen, oder ist das, was sie sagt, wirklich geschehen? Ich wäge das eine Wunder gegen das andere ab; und dann entscheide ich mich für das, was mir als wahrscheinlicher erscheint, und lehne das größere Wunder ab.**

Nachdem er sich mit bestimmten Wundern aus anderen Bereichen beschäftigt, ohne jedoch im einzelnen auf die Auferstehung einzugehen, kommt er zu dem folgenden Ergebnis:

> **Insgesamt gesehen erscheint es mir darum, daß kein Zeugnis für irgendein Wunder jemals auf eine Wahrscheinlichkeit hindeutete, viel weniger auf einen Beweis; und selbst, wenn es auf einen Beweis hinauslaufen würde, so könnte man ihm einen anderen Beweis entgegenhalten... Wir können es als eine Maxime aufstellen, daß kein menschliches Zeugnis in der Lage ist, ein Wunder zu beweisen und es als gerechtfertigte Grundlage irgendeiner Religion anzusehen.**

Es hat wenig Sinn, einen Skeptiker wie Hume aufzufordern, die Berichte von der Auferstehung im Neuen Testament zu prüfen, wenn er an die Frage herangeht und sich bereits von vornherein entschieden hat, daß es Wunder nicht gibt. Ganz gleich, wie viele Beweise man zur Verfügung hätte, sie werden ihn wohl kaum überzeugen.

Wir wollen uns darum an dieser Stelle mit den Voraussetzungen des Skeptikers und seinem Weltbild beschäftigen: Stimmt es mit sich selbst überein? Stimmt es überein mit der Welt? (Siehe: *Zehn wichtige Denker: David Hume.*)

„Wir wissen nicht, ob Jesus von den Toten auferstand oder nicht – und es ist auch unwichtig"

Das heißt, es ist unmöglich, Gewißheit darüber zu erlangen, ob die Auferstehung tatsächlich stattgefunden hat oder nicht. Doch wie dem auch sei, es ist unwichtig. Der Glaube an Jesus Christus ist nicht abhängig von den Ergebnissen historischer Untersuchung. Denn es handelt sich um einen persönlichen Glauben, den die Fragen danach, was eigentlich geschehen ist, nicht berühren.

Wer so denkt, der wird trotz aller Unsicherheit entweder:

1. die Auferstehung durch einen bewußten Glaubensakt akzeptieren, weil er weiß, daß sie mit dem Verstand nicht erfaßbar ist; oder:

2. er wird die Auferstehung als Symbol oder Mythos betrachten; oder:

3. er gibt sich damit zufrieden zu erfahren, was „Auferstehung" für ihn persönlich bedeutet.

> **Das Osterereignis als die Auferstehung Christi ist kein historisches Ereignis; als historisches Ereignis ist nur *der Osterglaube der ersten Jünger* faßbar. Der Historiker kann seine Entstehung bis zu einem gewissen Grade begreiflich machen durch Reflexion auf die ehemalige persönliche Verbundenheit der Jünger mit Jesus; für ihn reduziert sich das Osterereignis auf ihre visionären Erlebnisse. Der christliche Osterglaube ist an der historischen Frage nicht interessiert; für ihn bedeutet das historische Ereignis der Entstehung des Osterglaubens wie für die ersten Jünger die Selbstbekundung des Auferstandenen, die Tat Gottes, in der sich das Heilsgeschehen des Kreuzes vollendet.**
> RUDOLPH BULTMANN

HARVEY COX ist bereit, die Voraussetzungen der historischen Wissenschaft anzuerkennen, die besagen, daß es sich beim Universum um ein System handelt, in dem es keine göttliche Intervention geben kann. Auf Grund dieser Prämisse räumt er ein, daß die Auferstehung folglich nicht möglich gewesen sein könne. Er glaubt jedoch, daß der christliche Glaube, trotz dieses Widerspruchs, fortbestehen könne:

> **Wir werden den Rest unseres Lebens wohl mit der Vorstellung leben müssen, daß Christus in irgendeiner Weise unter uns lebt, und auch mit dem nagenden Zweifel, daß dies nicht wirklich möglich ist. Wenn wir dieser Zweideutigkeit entkommen wollen, suchen wir nach einer Vollkommenheit, die es in diesem Leben nicht gibt.**
>
> **Ich persönlich glaube nicht, daß wir eine *persönliche* Erfahrung des tiefen Geheimnisses ... (der Auferstehung) haben werden, bevor wir bereit sind, unser Leben mit dem jener Menschen unserer Zeit zu identifizieren, die arm, verachtet, verspottet, krank und schwach sind. Dann, meine ich, und nur dann, haben wir jene Erfahrung, die die Grundlage dafür bildet, daß wir über die Realität der Auferstehung sprechen können.**

> **Als Historiker und als Menschen, die die Sprache richtig zu gebrauchen wissen, sollten wir besser nicht vom Ostergeschehen als einer „Tatsache" sprechen, zumindest nicht im gebräuchlichen Sinn dieses Wortes. Wir können etwas über die Situation vor Ostern sagen und anderes über die Folgen des Ostergeschehens. Doch die Auferstehung selbst bietet sich nicht als etwas an, von dem man als „Tatsache" sprechen kann, denn sie läßt sich nicht beschreiben. Wir können sagen, daß Jesus starb und begraben wurde und daß seine Jünger darüber entmutigt und enttäuscht waren. So sah es vor Ostern aus ... Auf der anderen Seite des Ostergeschehens können wir sagen, daß die Jünger zu neuen Menschen wurden. Offensichtlich erlebten sie etwas von der Freiheit Jesu, denn nun waren aus ihnen Männer geworden,**

die dem Tod ohne Furcht begegnen konnten. Was immer es auch gewesen sein mag, das dazwischen lag und diesen Wandel bewirkte, entzieht sich unserer historischen Untersuchung. Die Zeugnisse sind nicht schlüssig. Alles, was wir sagen können, ist, daß irgend etwas geschehen ist.
PAUL VAN BUREN

Das Wichtige an einem Mythos oder einer Fiktion ist die Richtung, in die sie uns führen. Und für mich ist der christliche Mythos von der Auferstehung wichtig, weil er die Vision der Möglichkeit darstellt, eine Welt zu schaffen, in der die Liebe das Höchste ist.

Es ist gut möglich ... daß die Idee von der Auferstehung sehr wohl Ausdruck der höchsten Errungenschaften der Technologie sein könnte.
JOHN WREN-LEWIS

Wenn wir zu diesem Schluß kommen, werden uns wohl auch historische Belege kaum zu einer anderen Einstellung veranlassen. Solange wir davon ausgehen, daß historische Ereignisse für den Glauben ohne Bedeutung sind, dürfen wir uns nicht mit Berichten vom leeren Grab usw. beschäftigen, sondern mit unserem Verständnis von Wahrheit und Glauben.

RUDOLPH BULTMANN äußert sich unmißverständlich über seine Vorstellungen von der Bedeutung des Glaubens:

Die Auferstehung Jesu kann nicht ein beglaubigendes Mirakel sein, **auf das hin der Fragende nun sicher an Christus glauben kann. Nicht nur deshalb, weil sie als mythisches Ereignis – die Rückkehr eines Gestorbenen in das Leben der diesseitigen Welt (darum handelt es sich ja ...) – unglaubhaft ist; nicht nur, weil die Auferstehung auch durch noch so viele Zeugen nicht als objektives Faktum festgestellt werden kann, so daß nun daraufhin ohne Bedenken geglaubt werden könnte und der Glaube seine sichere Garantie hätte. Vielmehr ist die** ***Auferstehung selbst Gegenstand des Glaubens;*** **und man kann nicht einen Glauben (den an die Heilsbedeutung des Kreuzes) durch einen anderen Glauben (den an die Auferstehung) sichern. Die Auferstehung Christi ist aber Gegenstand des Glaubens, weil sie viel mehr besagt als die Rückkehr eines Toten in das diesseitige Leben, weil sie ein** ***eschatologisches Ereignis*** **ist. Und eben deshalb kann sie nicht beglaubigendes Mirakel sein ...**

Die Auferstehung ist also kein mythisches Ereignis, das die Bedeutung des Kreuzes glaubhaft machen könnte; sondern sie wird ebenso geglaubt wie die Bedeutung des Kreuzes. Ja, ***der Auferstehungsglaube ist nichts anderes als der Glaube an das Kreuz als Heilsereignis,*** **an das Kreuz als Kreuz Christi ...**

Der eigentliche Sinn des Mythos ist nicht der, ein objektives Weltbild zu geben; vielmehr spricht sich in ihm aus, wie sich der Mensch selbst in seiner Welt versteht; der Mythos will nicht kosmologisch, sondern anthropologisch – besser: existential interpretiert werden.

Diese Vorstellungen gehen in gewisser Weise auf Kierkegaards Glaubensverständnis zurück, und wir sollten noch einmal das Kapitel aufschlagen, das sich mit dem Existentialismus beschäftigt, um zu sehen, welche Schlußfolgerungen sich auf Grund dieses existentialistischen Glaubensverständnisses ergibt.

TEIL 7

SEHEN UND GLAUBEN

Darum habe ich geredet in Unverstand,
Dinge, die zu wunderbar für mich,
die ich nicht begriff.
Höre doch, und ich will reden;
ich will dich fragen, und du lehre mich!
Vom Hörensagen hatte ich von dir gehört;
nun aber hat mein Auge dich *gesehen.*
HIOB

Herr, öffne ihm die Augen, daß er *sehe!*
ELISA

THOMAS antwortete ihm:
„Mein Herr und mein Gott!"
Jesus sprach zu ihm:
„Weil du mich *gesehen* hast, Thomas,
darum *glaubst* du. Selig sind,
die nicht sehen und doch *glauben!*

Das Wort wurde Fleisch und wohnte unter
uns, und wir *sahen* seine Herrlichkeit,
die Herrlichkeit des einzigen Sohnes,
die vom Vater kommt, voller Gnade
und Wahrheit.

Wir schreiben euch über das Wort des
Lebens, was von Anfang an war,
was wir gehört haben, was wir mit unseren
eigenen Augen *gesehen* haben, was
wir *betrachtet* haben und unsere Hände
betastet haben.
JOHANNES

Wir *sehen* jetzt nur undeutlich wie in einem
trüben Spiegel; dann aber von Angesicht
zu Angesicht.
PAULUS

Für Hiob bedeutete Sehen, die Welt aus einem anderen Blickwinkel heraus zu betrachten und das Handeln des allmächtigen und liebenden Gottes zu erkennen, der weiß, was er tut.

Für Elisa bedeutete Sehen eine reale Erfahrung mit der unsichtbaren Welt, die ihn umgab, und zwar in einer solchen Intensität, daß er darum betete, sein junger Diener möge es in gleicher Weise sehen.

Für Thomas bedeutete Sehen, seine Augen direkt auf den auferstandenen Jesus richten und ihn berühren, damit sein Zeugnis für alle Zeiten jenen weiterhelfen würde, die den auferstandenen Leib Jesu nie sehen könnten.

Für Johannes bedeutete Sehen das Betrachten des Wesens des unsichtbaren Gottes, der vollkommen Gott und vollkommen Mensch war und sich im Leben eines Menschen offenbart.

Für Paulus bedeutete Sehen ein Erfassen all dessen, was Gott durch Jesus vollbrachte, und die Erkenntnis, daß dies nur ein Vorgeschmack dafür war, was er eines Tages im Himmel sehen und erkennen würde.

WOHIN HAT UNS UNSERE UNTERSUCHUNG GEFÜHRT?

● Wir wollten zu Beginn sicherstellen, daß wir die gleiche Sprache sprechen. Anstatt über Gott und über Jesus zu reden, begannen wir bei uns selbst und bei unseren Fragen, unserer Hoffnung und Angst. (Teil 1)

● Dann untersuchten wir, welche Antworten Christen auf diese Fragen geben. Wir wollten herausfinden, ob das Christentum für unser Leben, wie wir es zu leben haben, relevant ist. (Teil 2)

● Wir versuchten, die Voraussetzungen zu verstehen, auf die sich diese Antworten gründen: Wie fühlt sich jemand, der sich als zu Gottes Ebenbild erschaffenes Geschöpf versteht, der in einem von Gott erschaffenen Universum lebt, der die Wahrheit, die Gott offenbart hat, erforscht und ihn „Vater" nennt. (Teil 3)

● Dies führte uns zu der Frage, ob dieser Glaube einem Wahrheitserweis standhält, wie er zu unserem Denken im 20. Jahrhundert gehört. (Teil 4)

● Nun wandten wir uns anderen Weltanschauungen zu. Wenn wir uns nicht im Irrgarten widerstreitender Religionen und Philosophien verloren haben, so hat die Betrachtung anderer Weltanschauungen möglicherweise dazu beigetragen, unser Verständnis der christlichen Sicht der Welt zu schärfen. Andererseits hat es möglicherweise die Hoffnung geweckt, daß andere Weltanschauungen befriedigendere Antworten auf unsere grundlegenden Fragen anzubieten haben! Oder es hat unsere Bereitschaft erhöht, an den christlichen Glauben erneut mit einer etwas offeneren Einstellung heranzugehen. (Teil 5)

● Während wir unsere Aufmerksamkeit auf Jesus von Nazaret richteten, versuchten wir, das Problem seiner Identität zu lösen: Wer war er? Wer ist er? Wir bemühten uns um ein Verständnis der Bedeutung seines Todes und befaßten uns mit einer Frage von historischer Bedeutung, auf die sich der christliche Glaube gründet: Ist die Auferstehung ein historisches Ereignis oder nicht? (Teil 6)

An diesem Punkt können wir den christlichen Glauben *nicht* nur vage anerkennen oder bewundern, denn die christliche Sicht der Welt ist kein Kunstwerk, das es zu bewundern gilt.

Wir können auch *nicht* bestimmte christliche Vorstellungen herauspicken, denn es handelt sich beim christlichen Glauben nicht um Waren eines Supermarkts, die man nach seinem persönlichen Geschmack auswählen kann.

Während der gesamten Untersuchung wurde uns möglicherweise das Gefühl vermittelt, daß *wir* die Situation unter Kontrolle haben, und das sollte auch so sein. *Wir* haben uns entschieden, was wir lesen und was wir auslassen; *wir* haben die Fragen formuliert und die Antworten als mehr oder weniger überzeugend empfunden. *Wir* haben darüber nachgedacht, was man mit alledem anfangen kann, weil *wir* den *christlichen Glauben* „auf den Prüfstand" gestellt haben.

Früher oder später sollten wir jedoch erkennen, daß, *wenn* der christliche Glaube wahr ist, *wir* es letztlich sind – Sie und ich – die „auf dem Prüfstand" stehen. Gott gibt uns jede Ermutigung, Fragen zu stellen („Rufe mich an, so will ich dir antworten", Jeremia 33, 3), sich mit ihm auseinanderzusetzen („So kommt denn und laßt uns miteinander rechten", Jesaja 1, 18) und Beweise zu fordern („Lege deinen Finger hierher und sieh meine Hände an", Johannes 20, 27). Doch irgendwann wendet sich das Blatt, und *Gott* beginnt *uns* zu fragen: „Gürte deine Lenden wie ein Mann! Ich will dich fragen, lehre mich! Wo warst du, als ich die Erde gründete? . . ." (Hiob 38, 3f).

Darum kommen wir an einen Punkt wo sich die Wege trennen.

Wenn wir völlig uninteressiert sind am christlichen Glauben, stehen wir dennoch weiterhin den menschlichen Fragen gegenüber, die unseren Ausgangspunkt bildeten. Wir können Gott und Christus aus unserem Denken verbannen, doch wenn uns das Leben irgend etwas bedeutet, können wir diese Gedanken wohl kaum beseitigen, da einige von ihnen, ob uns dies nun gefällt oder nicht, Fragen von Leben und Tod sind.

Wenn wir festgestellt haben, daß wir den christlichen Glauben nicht verstehen, müssen wir uns selbst gegenüber ehrlich sein und uns fragen, woran es liegt, daß uns bestimmte Aspekte unverständlich sind. Vielleicht sind wir überwältigt von einigen Glaubensgrundsätzen, die uns zu kompliziert erscheinen. Doch das sollte uns nicht abhalten, mit irgendeinem kleinen Bereich zu beginnen, an dem wir einen Hoffnungsschimmer sehen – wie z. B. der Vorstellung von Gott als liebendem Schöpfer oder der Gestalt Jesu von Nazaret. Viele Christen haben erfahren, daß ihnen ein Licht aufging, als sie *einen* bestimmten Aspekt des Evangeliums zu begreifen begannen, z. B. die Bedeutung von Jesu Tod oder Auferstehung.

Oftmals ist es jedoch so, daß wir nicht verstehen, weil wir nicht verstehen wollen. Vielleicht sind wir ganz zufrieden mit unserem jetzigen Glauben und können der Möglichkeit nicht ins Auge sehen, unser Denken und unseren Lebenswandel zu ändern. Jesus betonte die Rolle des Willens, als er sagte: „Wenn jemand dessen Willen tun *will, wird ihm klar werden,* ob diese Lehre von Gott ist oder ob ich aus mir selbst rede" (Johannes 7, 17).

Wenn wir die christliche Sicht der Welt zurückweisen, sollten wir zumindest die Alternative prüfen, die wir für unser Leben gewählt haben, und herauszufinden versuchen, wie sie sich in der Praxis auswirkt und welche Antworten sie auf unsere Fragen gibt. Wenn wir an irgendeinem Punkt ankommen, an dem wir von unserer Religion oder Philosophie enttäuscht sind, können wir eine andere wählen, obwohl es keine unendliche Zahl möglicher Weltanschauungen gibt. Die wichtigsten Wahlmöglichkeiten sind bereits genannt und untersucht worden, und jede neue Vorstellung ist meist nur eine Variation des alten Themas. Wenn es uns noch immer darum geht, die Wahrheit zu finden, dann müssen wir „den einfachen, aber wichtigen Test der Fakten" anwenden, um herauszufinden, ob unser Glaube wahr ist."

Wenn wir am Ende feststellen, daß wir uns geirrt haben und daß die Bibel recht hat, dann gilt, je weiter wir uns von der biblischen Sicht der Welt entfernen, desto weiter entfernen wir uns von der realen Welt. Möglicherweise meinen wir, daß wir „sehen" können, daß wir wissen, wer wir sind und wohin wir gehen. Aber die Beschreibung, die die Bibel über unseren Zustand gibt, ist wenig schmeichelhaft. PAULUS sagt:

Obwohl sie Gott kannten, haben sie ihn nicht als Gott gepriesen oder ihm gedankt, sondern haben ihre Gedanken dem Nichtigen zugewandt, und ihr unverständiges Herz ist verfinstert worden. Während sie sich für weise hielten, sind sie zu Narren geworden ... Sie, die Gottes Wahrheit in Lüge verkehrt und das Geschöpf verehrt und angebetet haben statt des Schöpfers ...

An anderer Stelle spricht er von

den Heiden in ihren nichtigen Gedanken. Ihr Verstand ist verfinstert ...

Diese offenen Worte sind entweder ein Ausdruck von unverzeihlicher Überheblichkeit, oder sie sind eine zutreffende Beschreibung von Menschen, die meinen, sie könnten sehen, obwohl sie sich im Dunkeln befinden.

Wenn der christliche Glaube wahr ist, weisen Sie ihn nicht zurück. Sie werden keine Entschuldigung haben, wenn Sie vor Gott stehen, der uns unser Leben mit unserem Verstand und unserem

Körper geschenkt hat. Ganz abgesehen von all dem, was er uns in Jesus Christus offenbart hat, hat er uns wichtige Hinweise über sich selbst in der Natur und in unserer eigenen menschlichen Erfahrung gegeben. Wir werden keine Entschuldigung haben, keine nochmalige Gelegenheit, und es wird kein Berufungsgericht geben, wenn das Urteil gegen uns gefällt wird.

Doch was geschieht, wenn wir uns zum christlichen Glauben hingezogen fühlen? Was geschieht, wenn uns zumindest einige Aspekte einleuchten? Was bedeutet es, die christliche Sicht der Welt zu begreifen, sie zu vertreten und zu glauben? Jesus erzählt zwei Gleichnisse, die die verschiedenen Wege illustrieren, auf denen Menschen zum Glauben kommen:

> **Mit dem Himmelreich ist es wie mit einem Schatz, der im Acker verborgen war und den ein Mann fand und verbarg; und in der Freude darüber geht er hin und verkauft alles, was er hat, und kauft den Acker.**
>
> **Wiederum ist es mit dem Himmelreich wie mit einem Kaufmann, der gute Perlen suchte, und als er eine kostbare Perle fand, ging er hin und verkaufte alles, was er hatte, und kaufte sie.**

Der erste Mann, der über den im Feld versteckten Schatz hinwegstolperte, gleicht dem Menschen, der über den christlichen Glauben hinweggeht. Er hat nichts gesucht. Ihn quälen keine Fragen, keine Zweifel, und er ist auch nicht verzweifelt oder unzufrieden. Doch sobald er das Evangelium findet, ist er bereit, alles aufzugeben, und er hält sich an die Wahrheit, die er gefunden hat.

Der zweite Mann, der nach kostbaren Perlen Ausschau hält, gleicht einem Suchenden. Er ist unzufrieden mit seinem gegenwärtigen Glauben; darum denkt er nach, liest viel und diskutiert. Wenn er schließlich erkennt, worum es im Evangelium geht, ist er bereit, jedes Opfer zu bringen, um sich an der Schönheit und dem Wunder dessen zu erfreuen, was er in Christus gefunden hat.

Der Prozeß, zum Glauben zu finden, schließt zwei grundsätzliche Schritte ein: Umkehr und Glaube. Umkehr bedeutet erkennen, daß unsere bisherige Weltanschauung in gewisser Weise falsch gewesen ist, und bereit sein, unsere Auffassung zu ändern. Es bedeutet auch, unseren moralischen Zustand vor Gott einzugestehen. Glaube bedeutet, *glauben, daß* bestimmte Dinge wahr sind; daß es einen persönlichen, unendlichen Gott gibt, zu dem Jesus in einer besonderen Beziehung stand, und daß er uns darum Gott nahebringen kann; es bedeutet glauben, daß Jesus den Tod besiegte und jetzt lebt...; es bedeutet auch, *glauben an,* unserem Schöpfer vertrauen, uns ihm ausliefern und Jesus als dem einen vertrauen, der mit unserer Schuld und unserem Versagen fertig wird. Unser Leben kommt dann in eine Beziehung, in der wir Gott als Vater kennenlernen und das Recht erwerben, seine Gegenwart durch Jesus Christus, den ewigen Sohn, zu erfahren. Und wenn wir durch Umkehr und Glauben diese Beziehung eingehen, dann wachsen wir durch unsere tägliche Erfahrung von Umkehr und Glauben zu geistlicher Reife.

Für einige kann die Erfahrung der Hinwendung zu Gott in einem Augenblick geschehen; bei anderen ist sie ein langsamer Prozeß, der Tage, Wochen oder Jahre dauern kann.

Für einige ist sie etwas, das sie *tun;* ganz bewußt und nach reiflichem Überlegen sagen sie Gott: „Ich glaube, daß diese Dinge wahr sind. Mir tut leid, was ich falsch gemacht habe ... Und ich vertraue dir und deinem Sohn Jesus..." Für andere ist es etwas, daß *ihnen* sozusagen widerfährt, ohne daß sie einen bestimmten Schritt unternehmen. Nicht so, daß sie gezwungen wären, etwas gegen ihren Willen zu tun, sondern vielmehr, daß – nach allem Überlegen oder inneren Kämpfen – etwas, oder vielmehr jemand, von außen das Ruder übernimmt.

Für AUGUSTINUS geschah dies in einem Garten in Rom, nachdem er an einem Punkt der Verzweiflung über sein bisheriges Leben und seine Unfähigkeit, die Wahrheit zu finden, angekommen war:

> **Jetzt aber, da meine grabende Selbstschau aus dem geheimen Grunde mein ganzes Elend hervorgebracht und dem Herzen zum Anblick gehäuft hatte, erhob sich der schwere Sturm, der einen schweren Regen von Tränen brachte ... (meine Sünden), ich fühlte es, hielten mich noch auf. Ich stieß meinen Jammer laut hinaus: „Wie lange noch, wie lange dieses ‚Morgen, ja morgen'? Warum nicht heute? Warum nicht in dieser Stunde das Ende meiner Schmach?"**
>
> **So sprach ich und weinte in der bittersten Zerknirschung meines Herzens. Da auf einmal höre ich aus**

dem Nachbarhaus die Stimme eines Knaben oder Mädchens im Singsang wiederholen: „Nimm es, lies es, nimm es, lies es!" Augenblicklich machte ich andere Miene, gespannt besann ich mich, ob unter Kindern bei irgendeinem Spiel so ein Leierliedchen üblich wäre, aber ich entsann mich nicht, das irgendwo gehört zu haben. Ich hemmte die Gewalt der Tränen und stand vom Boden auf: ich wußte keine andere Deutung, als daß mir Gott befehle, das Buch zu öffnen und die Stelle zu lesen, auf die zuerst ich träfe...

Ich ergriff es, schlug es auf und las still für mich den Abschnitt, auf den zuerst mein Auge fiel: „Nicht in Schmausereien und Trinkgelagen, nicht in Schlafkammern und Unzucht, nicht in Zank und Neid, vielmehr ziehet an den Herrn Jesus Christus und pfleget nicht des Fleisches in seinen Lüsten." Weiter wollte ich nicht lesen, und weiter war es auch nicht nötig. Denn kaum war dieser Satz zu Ende, strömte mir Gewißheit als ein Licht ins kummervolle Herz, daß alle Nacht des Zweifelns hin und her verschwand.

Im Leben des C.S. LEWIS gab es wenigstens zwei entscheidende Stufen bei seiner Glaubensreise. Zuerst wandte er sich von seiner bisherigen Weltanschauung ab (die sich auf Hegels Idealismus gründete) und begann, an einen persönlichen Gott zu glauben. (Siehe Teil 2: *Wahrheit*) Die zweite Stufe folgte etwas später, als er an Jesus Christus, den Sohn Gottes, zu glauben begann:

Ich weiß sehr gut, wann, aber kaum, wie ich den letzten Schritt tat. An einem sonnigen Morgen wurde ich nach Whipsnade gefahren. Als wir abfuhren, glaubte ich nicht, daß Jesus Christus Gottes Sohn ist, und als wir den Zoo erreichten, glaubte ich es. Aber ich hatte während der ganzen Fahrt nicht nachgedacht, noch war ich in starker Erregung gewesen. Emotionell ist vielleicht das Wort, das wir am wenigsten auf die meisten wichtigen Ereignisse anwenden können. Es war mehr, wie wenn ein Mensch, der nach langem Schlaf noch im Bett liegt, merkt, daß er wach ist.

Jeder kann die Wahrheit des Evangeliums finden und auf seine Weise erleben – ob er eines Tages darüber stolpert oder sich aufmacht, nach ihr zu suchen.

Der Mensch, der sie findet und daran glaubt, wird schon bald sagen können – wie der Blinde, dem Jesus sein Augenlicht zurückschenkte:

Eins aber weiß ich: daß ich blind war und nun sehen kann.

PERSONENREGISTER

QUELLENNACHWEIS

TEIL 1

Seite 13
Jacob Bronowski, *The Identity of Man,* Penguin 1967, S. 14f.7–9
Thomas Mann, *I Believe,* S. 88

14
Aldous Huxley, *Brave New World Revisited,* Chatto and Windus 1966, S. 164.156
Colin Wilson, *The Outsider,* Pan 1967, S. 71f

15
Prediger 7, 23–25
Leo Tolstoj, „Memoirs of a Madman"; in: Colin Wilson, *The Outsider,* Pan 1967, S. 164
Somerset Maugham, *The Summing Up,* Penguin 1963, S. 181f
Adam Schaff, *A Philosophy of Man,* Lawrence and Wishart, London 1963, S. 34
Martin Esslin, *The Theatre of the Absurd,* Penguin 1968, S. 389

17
Marcel Proust, in: Michael Harrington, *The Accidental Century,* S. 154
Arthur Koestler, „What the Modern World is Doing to the Soul of Man"; essay in: *The Challenge of Our Time,* Percival, Marshall, London 1948, S. 15–17

18
Edmund Leach, in: *The Listener,* 7. Dezember 1967
Albert Camus, *Der Mensch in der Revolte,* Rowohlt 1969, S. 53.20f
Jean-Paul Sartre, *Ist der Existentialismus ein Humanismus?,* Europa 1947, S. 63.24f
Jean-Paul Sartre, „Saint-Genet"; in: *Sartre, A Collection of Critical Essays,* hg. v. Edith Kern, Prentice Hall 1962, S. 87
Alvin Toffler, *Future Shock,* Bantam Books 1970

20
C. E. M. Joad, *Is Christianity True?* Eyre and Spottiswoode 1943, S. 97
C. E. M. Joad, *The Book of Joad,* Faber and Faber 1944, S. 213
Bertrand Russell, *The Problems of Philosophy,* Home University Library 1967, S. 9f
Paul Hazard, *The European Mind 1680–1715,* S. 8f

21
Michael Polanyi, *Knowing and Being,* Routledge 1969, S. 41
John Russell Taylor, *Anger and After,* S. 287

22
Bertrand Russell, *The Impact of Science on Society,* Allan and Unwin 1952, S. 114
Thomas Mann, *„Der Zauberberg"; in: Das erzählerische Werk 2,* Fischer 1975, S. 757
Mutter Teresa, in: Malcolm Muggeridge, *Something Beautiful for God,* Collins Fontana 1972, S. 73f
William Goldman, *Marathon Man,* Pan 1975, S. 80
Robert Alley, *Last Tango in Paris. A novel based on the film,* 1973, S. 41

23
Edward Albee, *Wer hat Angst vor Virginia Woolf?* Fischer 1982, S. 93f

26
Psalm 22, 2f
Aldous Huxley, *Do What You Will,* Watts and Co. 1937, S. 189
Eugene Ionesco, *„L'orsque j'écris . . ."*; in: Martin Esslin, *The Theatre of the Absurd,* Penguin 1968, S. 132
Adam Schaff, *A Philosophy of Man,* Lawrence and Wishart 1963, S. 35

28
Prediger 3, 18–22
James Packer, *I Want to Be a Christian,* Kingsway Publications 1978, S. 47f
Adam Schaff, *A Philosophy of Man,* S. 34

29
Raymond Chandler, *The Big Sleep,* 1939
Woody Allen, „Death (a play)"; in: *Without Feathers,* 1972

30
P.T. Forsyth, in: David Bebbington, *Patterns in History,* Inter-Varsity Press 1979, S. 5
W.E. Hocking, „Tentative Outlook for the State and Church"; in: *This is My Philosophy,* hg. v. W. Burnett, Allen and Unwin 1958, S. 304f
Aldous Huxley, *Do What You Will,* Watts and Co. 1937, S. 180
Bertrand Russell, in: Ved Mehta, *Fly and Fly-Bottle,* Penguin 1965, S. 41

31
Alvin Toffler, *Future Shock,* Bantam Books 1971, S. 2.446.447
Michael Harrington, *The Accidental Century,* Penguin 1965, S. 11
Franz Fanon, *The Wretched of the Earth,* Penguin 1967, S. 251–255

33
Alvin Toffler, *Future Shock,* Bantam Books 1971, S. 449f
Peter L. Berger, *A Rumour of Angels,* Pelican 1971, S. 59
Hal Lindsey, *Satan kämpft um diese Welt,* Schulte 1973, S. 29f

35
Habakuk 1, 2–4.12f
Prediger 4, 1–3
Martin Luther King Jr., *Why we can't wait,* 1964

36
Albert Camus, *Der Mythos von Sisyphos,* Rowohlt 1967, S. 60
Albert Camus, *Der Mensch in der Revolte,* Rowohlt 1969, S. 245f

TEIL 2

Seite 41
Lukas 12, 6f
Psalm 139, 13–16
Hiob 7, 17–21
Lesslie Newbigin, *Honest Religion for Secular Man,* SCM Press 1966, S. 62

43
Prediger 3, 12f; 5, 17–19; 12, 13f
2. Mose 6, 6f
Epheser 1, 3–10

44
James Packer, *I Want to Be a Christian,* Kingsway Publications 1978, S. 147
Augustinus, *Bekenntnisse* I, 1

45
1. Petrus 1, 15f
2. Mose 20, 3–17
Jesaja 61, 8
Maleachi 3, 5
Matthäus 5, 27f; 22, 37–40

46
Epheser 5, 15.17
Justin der Märtyrer, 1. Apologie
James Packer, *I Want to Be a Christian,* S. 239f
J.N.D. Anderson, „Issues of Life and Death", in: *London Lectures in Contemporary Christianity,* Hodder and Stoughton 1978, S. 31–34

49
Johannes 1, 18
5. Mose 29, 28
1. Korinther 13, 12; 2, 12f
Micha 6, 8
Lactantius, *On the Anger of God,* Lactantius II

50
Lactantius, *Divine Institutes,* Lactantius V

51
Arthur Eddington, *Science and Religion,* Friends Home Service Committee 1931, S. 16
Donald MacKay, *The Clockwork Image. A Christian perspective on science,* Inter-Varsity Press 1974, S. 95

52
R. Hookyaas, *Religion and the Rise of Science,* Scottish Academic Press 1972, S. 161
C.S. Lewis, *Überrascht von Freude,* Brockhaus 1968, S. 188f.191f

53
1. Johannes 4, 7–12
Hoheslied 4, 1–7
1. Mose 2, 24

54
Epheser 5, 21–28
Walter Trobisch, *Ich liebte ein Mädchen,* Vandenhoeck und Ruprecht 1968, S. 22
Jack Clemo, *The Invading Gospel,* 1958
James Packer, *I Want to Be a Christian,* S. 221

56
1. Mose 1, 31; 3, 16.17–19

57
Hiob 42, 2–6
Lukas 4, 18f; 11, 20–22; 13, 15f

58
Lukas 9, 1f; 12, 4f
Jesaja 53, 4–9
Offenbarung 21, 1–4
Michel Quoist, *Prayers of Life,* Gill 1965, S. 66

60
C.S. Lewis, *Über den Schmerz,* Kösel 1978, S. 109f
Mutter Teresa, in: Malcolm Muggeridge, *Something Beautiful for God,* Collins Fontana 1972, S. 119

61
Dietrich Bonhoeffer, *Widerstand und Ergebung,* Mohn 1980, S. 22

62
Prediger 3, 19–22
Prediger 11, 9–12, 7

63
2. Timotheus 1, 10
1. Petrus 1, 3–5

64
Hebräer 2, 14f
1. Korinther 15, 51–55
James Packer, *I Want to Be a Christian,* Kingsway Publications 1978, S. 71f
Festo Kivengere, *Ich liebe Idi Amin,* Hänssler 1978, S. 23f

66
Lukas 21, 8–12.25–28
David Bebbington, *Patterns in History,* Inter-Varsity Press 1979, S. 169

67
Herman Dooyerweerd, *In the Twilight of Western Thought,* 1960, S. 111

68
1. Samuel 28, 8.11–15
5. Mose 18, 10–12
Kolosser 2, 15
Epheser 1, 18–21

69
Os Guinness, *The Dust of Death,* Inter-Varsity Press 1973
Hal Lindsey, *Satan kämpft um diese Welt,* Schulte 1973, S. 12ff

70
Markus 7, 20–23,
Psalm 96, 11–13
Jesaja 42, 1–6

71
James Packer, *I Want to Be a Christian,* Kingsway Publications 1978, S. 30f
C.E.M. Joad, *The Recovery of Belief,* Faber and Faber 1952, S. 63
Stephen Neill, „The Wrath of God and the Peace of God"; in: Max Warren, *Interpreting the Cross,* SCM Press 1966, S. 22f

TEIL 3

Seite 77
2. Mose 3, 14f
Jesaja 55, 8f

78
Psalm 135, 5f
Hosea 11, 8
Jesaja 57, 15
Psalm 25, 14
Jesaja 43, 10
Psalm 90, 2
Jeremia 23, 23f
Psalm 139, 1f
Jesaja 46, 9
Hiob 23, 13f

79
Habakuk 1, 12
1. Mose 1, 1
Psalm 148, 3–5
Psalm 33, 6–9

80
Hebräer 11, 3
Jesaja 40, 28–31
Psalm 140, 1f.14.20
Psalm 147, 8f
Nehemia 9, 6

81
Jeremia 31, 3
Hesekiel 33, 11
Jesaja 55, 6f
Klagelieder 3, 22f
Hosea 11, 1–4
Johannes 3, 16
Römer 5, 8
Johannes 5, 20
Johannes 17, 24
Habakuk 1, 13
Psalm 5, 5

82
Jeremia 9, 22f
1. Mose 17, 1
3. Mose 19, 2
Psalm 11, 7
5. Mose 13, 5f
Psalm 7, 10.12
Jeremia 5, 7–9
Jeremia 5, 26–29
2. Mose 34, 6f
Jesaja 54, 7f

83
Römer 5, 8f
1. Johannes 4, 10
5. Mose 6, 4f
Jesaja 45, 5f.22f
Matthäus 11, 27

84
Johannes 17, 5
Johannes 15, 26
Apostelgeschichte 1, 8
Apostelgeschichte 2, 1–4
Galater 5, 22f
Epheser 3, 14–17
Psalm 95, 6
Psalm 5, 8
Psalm 9, 2f
Psalm 84, 2f
Psalm 18, 2
Psalm 28, 7

85
1. Mose 1, 26f
1. Mose 5, 1–3

86
1. Mose 1, 31

87
1. Mose 2, 16f
Römer 5, 12
1. Johannes 3, 4
Römer 1, 18–21
Römer 2, 1–3
Römer 3, 9.23

88
Jesaja 65, 1–3.6f
Epheser 2, 3
2. Thessalonicher 1, 9
Jesaja 1, 18
Römer 5, 6–11
Johannes 1, 12f
Epheser 5, 1f

90
1. Mose 1, 1–4

92
Psalm 104, 10–15
1. Mose 8, 22
Psalm 104, 5–9
Jeremia 51, 15f
1. Mose 3, 17–19

93
Römer 8, 19–23
2. Petrus 3, 10–12
Psalm 104, 1–3
Matthäus 6, 25–30
1. Mose 1, 27–30

94
Psalm 19, 2–5
Hiob 26, 8f.14
Römer 1, 18–20

95
Römer 2, 1.14f

96
Matthäus 11, 27
Johannes 14, 6–10
Johannes 1, 17f
Hebräer 1, 1f
Johannes 14, 26
Johannes 16, 12f
1. Korinther 2, 12f
Matthäus 5, 17–19

97
Johannes 10, 34–36
Johannes 5, 39
Markus 12, 35f
Matthäus 19, 3–5
Lukas 24, 44
2. Mose 33, 11
Amos 3, 7
2. Mose 24, 3f
Jeremia 1, 9–11
Jeremia 36, 4

98
1. Mose 15, 5–8
1. Mose 15, 13.16
2. Mose 4, 1f
2. Mose 4, 5.8f
2. Mose 7, 17
2. Mose 8, 6.18
5. Mose 4, 9–13

99
1. Könige 18, 21.23f
1. Könige 18, 36–39

100
5. Mose 18, 21f
Jesaja 41, 20
Jesaja 48, 3–5
Hesekiel 6, 7
Johannes 6, 68f
Johannes 2, 11
Johannes 20, 26–28

101
Apostelgeschichte 2, 22f.32.36
1. Korinther 15, 3–8
Lukas 1, 1–4

102
Jeremia 5, 7–9

104
Hosea 11, 8f
B.B. Warfield, „Modern Theories of the Atonement"; in: *The Person and Work of Christ,* Presbyterian and Reformed Publishing Co. 1950, S. 386
1. Mose 2, 16f

105
Römer 5, 12
Römer 6, 23
Jakobus 1, 15
Lukas 15, 20–24
3. Mose 10, 17

106
3. Mose 16, 21f
Jesaja 53, 4–6
Römer 7, 18–25

TEIL 4

Seite 111
Pieter Geyl, *Napoleon: For and Against,* Penguin 1965, S. 15–18

113
C.S. Lewis, *Überrascht von Freude,* Brockhaus 1968, S. 188
Frank Morison, *Who Moved the Stone?* Faber S. 11f
N.P. Williams (and W. Sanday), *Form and Content in the Christian Tradition,* 1916; in: A.R. Vidler, *Twentieth Century Defenders of the Faith,* SCM Press 1965, S. 90
Ronald Gregor Smith, *Secular Christianity,* Collins 1966, S. 103

114
Paul van Buren, *The Secular Meaning of the Gospel,* Penguin, S. 132f
Eduard Schweizer, *Jesus Christus,* Siebenstern 1972, S. 51–53
T.W. Fowle, *Nineteenth Century Opinion,* hg. v. Michael Goodwin, Pelican 1951, S. 117

116
J.S. Bezzant, in: *Objections to Christian Belief,* Constable 1963, S. 90f

117
Alasdair MacIntyre, *Difficulties in Christian Belief,* SCM Press 1959, S. 31
Bertrand Russell, *Human Knowledge: Its Scope and Limitations,* Allen and Unwin 1948, S. 448.148

118
C.E.M. Joad, *The Recovery of Belief,* Faber and Faber 1952, S. 13f.16.46

119
Jacob Bronowski, *Science and Human Values,* Penguin 1964, S. 33f.38–40.66.72

122
Richard Wurmbrand, *Gefoltert für Christus,* Stephanus Edition 1981, S. 23f

123
Jacob Bronowski, *Science and Human Values,* Penguin 1964, S. 49.52f.57

125
C.F. von Weizsäcker, *Die Tragweite der Wissenschaft I: Schöpfung und Weltentstehung,* Hirzel 1964, S. 179f
Donald MacKay, *Science and Christian Faith Today,* CPAS, S. 18f.20

126
Derek Kidner, *Genesis,* Tyndale Press 1967, S. 30
1. Mose 1, 1
1. Mose 1, 21

127
1. Mose 1, 27
1. Mose 1, 20
1. Mose 2, 7
James Packer, *I Want to Be a Christian,* Kingsway Publications 1978, S. 32f
1. Mose 2, 4
1. Mose 5, 1
1. Mose 6, 9
1. Mose 10, 1

128
Matthäus 19, 3–5
Lukas 3, 23–38
Römer 5, 12.15–19

129
W.R. Thompson, *Introduction to the Origin of the Species,* Everyman Library Nr. 811, 1956
Julian Huxley, *Essays of a Humanist,* Penguin 1966
W.R. Thompson, *Introduction to the Origin of the Species*

130
D.S.M. Watson, in:
C.E.M. Joad, *Recovery of Belief,* Faber and Faber 1952
John Stott, in: *The Church of England Newspaper,* 7. Juni 1968

131
W.R. Thompson, *Introduction to the Origin of the Species*
John Habgood, *Religion and Science,* Mills and Boon 1964, S. 69f

132
Julian Huxley, *Essays of a Humanist,* S. 24f
Teilhard de Chardin, *Phenomenon of Man,* Collins Fontana 1965, S. 241
Thomas Altizer, *Radical Theology and the Death of God,* Penguin 1968, S. 131

TEIL 5

Seite 136
Francis Schaeffer, *Gott ist keine Illusion,* Brockhaus 1972, S. 70.28

139
Robert Brow, *Religion, Origins and Ideas,* Tyndale Press 1966, S. 10f

140–142
John Mbiti, *African Religions and Philosophy,* Heinemann 1969, S. 29.35.38.56f.213f.99.165.209.38. 214f.169f

143
Robert Brow, *Religions, Origins and Ideas,* S. 37.13f
Professor Zaehner, *Foolishness to the Greeks;* in: H.D. Lewis and R.L. Slater, *The Study of Religions,* Penguin 1969, S. 145
K.M. Sen, *Hinduism,* Penguin 1969, S. 19
Christmas Humphreys, *Buddhism,* Penguin 1967, S. 157.85

144
Wilfred Cantwell-Smith, *The Faith of Other Men,* Mentor 1965, S. 25f
Radhakrishnan, *The Hindu View of Life,* Allen and Unwin 1960, S. 48f.51
Rabindranath Tagore, *Fruit Gathering,* Macmillan 1922, S. 82f

145
Christmas Humphreys, *Buddhism,* S. 128
Jacob Bronowski, *Science and Human Values,* Penguin 1964, S. 50
C.E.M. Joad, *Recovery of Belief,* Faber and Faber 1952, S. 174

Radhakrishnan, *The Hindu View of Life,* Allan and Unwin 1960, S. 55.56

146
D.T. Suzuki, *Mysticism, Christian and Buddhist,* Collier Books, New York 1962, S. 58
Radhakrishnan, in: *Buddhism* von Christmas Humphreys, Penguin 1967, S. 122
Francis Schaeffer, *Gott ist keine Illusion,* Brockhaus 1972, S. 112
Radhakrishnan, *The Hindu View of Life,* S. 20
Radhakrishnan, *The Hindu View of Life,* S. 28
K.M. Sen, *Hinduism,* Penguin 1969, S. 37

148
Wilfred Cantwell-Smith, *Questions of Religious Truth,* S. 74
Christmas Humphreys, *Buddhism,* Penguin 1967, S. 79f
Arnold Toynbee, in: Ved Mehta, *Fly and Fly-Bottle,* Penguin 1965, S. 124
Wilfred Cantwell-Smith, *Questions of Religious Truth,* S. 74

149
Arthur Koestler, *The Ghost in the Machine,* Hutchinson 1967, S. 262
G.T. Manley; in: *The World's Religions,* hg. v. J.N.D. Anderson, S. 65
Lesslie Newbigin, *Honest Religion for Secular Man,* SCM Press, 1966, S. 27

150
Radhakrishnan, *The Hindu View of Life,* S. 88
Christmas Humphreys, *Buddhism,* S. 123

151
Roy A. Stewart, *Rabbinic Theology,* Oliver and Boyd 1961, S. 20
Isidore Epstein, *Judaism,* Epworth Press 1939, S. 80; in: J.N.D. Anderson, *The World's Religions,* IVF 1965, S. 32
J.H. Hertz, *The Pentateuch and the Haftorahs;* in: J.N.D. Anderson, S. 32.523f
Roy A. Stewart, *Rabbinic Theology,* S. 173f
Herbert Danby, *The Jew and Christianity,* Sheldon Press 1927, S. 83–85

154
Koran, Goldmann 1959, Sure 2, 256; 59, 23–25
Koran, Sure 38, 72–77; 2, 31
Basic Principles of Islam. Introduction, Minaret House, Croydon

155
H.A.R. Gibb, *Mohammedanism,* Oxford University Press 1964, S. 70
C.C. Adams, *Islam and Modernism in Egypt. A Study of the Modern Reform Movement Inaugurated by Mohammad Abduh,* OUP 1933, S. 147
Al-Junayd, in: S.M. Zwemer, *A Moslem Seeker After God (Al-Ghazzali),* Revell 1920, S. 182
Reynold Nicholson, *The Mystics of Islam,* Beirut 1966, S. 21f.22f
Koran, Sure 19, 94–96; 28, 89

156
Koran, Sure 81, 28–30
R.A. Nicholson, *The Mystics of Islam,* Beirut 1966, S. 167f
W. Cantwell-Smith, *Questions of Religious Truth,* Gollancz 1967, S. 48f
Koran, Sure 29, 51f
Sure 2, 3–5.24f
Sure 13, 28f
Sure 42, 36
Sure 3, 4f

157
Koran, Sure 46, 8–11
Sure 7, 204f
Sure 3, 8f

159
J.N.D. Anderson, *The World's Religions,* IVF 1965, S. 85
Koran, Sure 59, 24
Beidawi; in: S. Zwemer, *The Moslem Doctrine of God,* American Tract Society 1905, S. 58f
Algazel; in: S. Zwemer, *The Moslem Doctrine of God,* S. 55f
Ahmad Galwash, *The Religion of Islam 2,* The Supreme Council for Islamic Affairs, Kairo 1966, S. 341f
Koran, Sure 51, 57

160
Koran, Sure 76, 5–15.22f
Mohammed Abduh; in: C.C. Adams, *Islam and Modernism in Egypt, S. 153*
Koran, Sure 13, 12; 4, 80

161
Thomas von Aquin, *Summa Theologica,* Band 1, Pustet 1934, 1. Frage, 1. Artikel

162
René Descartes, *Abhandlung über die Methode,* Reclam 1971, S. 18f
Hannah Arend, *The Human Condition,* University of Chicago 1969, S. 252

163
John Locke, *An Essay Concerning Human Understanding,* 2, 9, 1; in: Willey, *The Seventeenth Century Background,* S. 259; John Locke, 4, 1, 1; 4, 18, 2
John Locke, in: Willey, *The Eighteenth Century Background,* S. 32
John Locke, *An Essay Concerning Human Understanding,* 4, 19, 4
G.R. Cragg, *The Church and the Age of Reason (1648–1789),* Pelican 1960, S. 75
Paul Hazard, *The European Mind 1680–1715,* S. 278.282f

164
David Hume, *Treatise of Human Nature,* 1, 2, 6, in: Basil Willey, *The Eighteenth Century Background,* S. 113
David Hume, *Treatise of Human Nature,* 1, 3, 12
David Hume, *An Abstract of a Treatise of Human Nature;* in: Bronowski/Mazlish, *Western Intellectual Tradition,* Penguin 1963, S. 528
David Hume, *Treatise of Human Nature,* 1, 4, 2; 1, 4, 7; 1, 5, 1

165
Kathleen Knott, *Objections to Humanism,* Penguin 1967, S. 62
Paul Hazard, *The European Mind in the Eighteenth Century,* S. 82
Colin Wilson, *The Outsider,* Pan 1967, S. 23f

166
Rousseau; in: Norman Hampson, *The Enlightenment,* Penguin 1968, S. 195
Basil Willey, *The Eighteenth Century Background,* Chatto and Windus 1946, S. 107
Jacob Bronowski/Bruce Mazlish, *The Western Intellectual Tradition,* Penguin 1963, S. 330
Norman Hampson, *The Enlightenment,* Penguin 1968, S. 186f

167
Kant; in: Reardon, *Religious Thought in the Nineteenth Century,* CUP 1946, Einleitung zum Kapitel über Kant

168
Hegel, in *The Philosophy of Religion Bd. 2,* hg. v. N. Smart, SCM Press, S. 327
Hegel, *The Phenomenology of the Mind,* Allen and Unwin, 1931
Leopold Senghor, in: *African Socialism,* Praeger 1964, S. 41.123

169
Blaise Pascal, *Pensées,* Harvill Press 1962, S. 163
Bronowski/Mazlish, *The Western Intellectual Tradition,* S. 276.278
S. Kierkegaard, *Journals* (1854); in: H. Diem, *Kierkegaard's Theology of Existence,* Oliver and Boyd 1959, S. 202

S. Kierkegaard, *Journals,* Fontana 1958, S. 44

170
S. Kierkegaard, in: Diem, *Kierkegaard's Theology of Existence,* S. 49
S. Kierkegaard, *Philosophical Fragments,* Oxford and New York 1936, S. 87
Titelseite von S. Kierkegaard, *Philosophical Fragments,* Princeton 1957
S. Kierkegaard, *Concluding Unscientific Postscript,* Princeton 1944, S. 500.503
S. Kierkegaard, in: Diem, *Kierkegaard's Theology of Existence,* S. 49
S. Kierkegaard, *Philosophical Fragments,* S. 358f
S. Kierkegaard, *Journals,* hg. v. A. Dru, S. 185f
S. Kierkegaard, *The Last Years. Journals 1853–1855,* hg. v. Ronald Gregor Smith, Collins 1965, S. 99f
Herbert Read, Review of the above, in: *The Listener*
H. J. Blackham, *Six Existential Thinkers,* Routledge and Kegan Paul 1965, S. 4

171
T. F. Torrance, *Karl Barth,* S. 143, 49

172
T. F. Torrance, *Karl Barth,* S. 44f
Karl Barth, *The Doctrine of the Word of God, Church Dogmatics* I/1, S. 31
T. F. Torrance, *Karl Barth,* S. 164
K. Marx/F. Engels, *Manifest der Kommunistischen Partei,* Reclam 1969, S. 23.60
Karl Marx, *„Zur Kritik der Hegelschen Rechtsphilosophie",* in: Marx/Engels, *Studienausgabe I,* Fischer 1966, S. 17

173
Sigmund Freud, *Neue Folge der Vorlesungen zur Einführung in die Psychoanalyse,* Fischer 1978, S. 136

174
Leslie Paul, *Alternatives to Christian Belief*
Colin Wilson, *Religion and the Rebel,* Gollancz 1957, S. 177
M. A. Jeeves, *Psychology and Christianity. The view both ways,* IVP 1976
C. E. M. Joad, *The Book of Joad,* Faber and Faber 1944, S. 103
Maurice Friedman, *To Deny Our Nothingness,* Gollancz 1967, S. 223f

175
Christopher Dawson, „Christianity and the New Age", in: *Essays in Order,* 1931; in: Basil Willey, *The Seventeenth Century Background*
Arthur Koestler, *The Sleepwalkers,* Penguin 1968, S. 540

176
Albert Camus, *Der Mensch in der Revolte,* Rowohlt 1969, S. 45
Ernst Cassirer, *An Essay on Man,* Yale University Press 1963, S. 21f
Jacob Bronowski, *The Identity of Man,* Penguin 1967, S. 8.2–4
Ernst Cassirer, *An Essay on Man,* S. 13f

177
Dietrich Bonhoeffer, *Widerstand und Ergebung,* Mohn 1980, S. 158f.176f

179
H. Denzinger, *Enchiridion Symbolorum* (Documents of the First Vatican Council); in: C. Brown, *Philosophy and the Christian Faith,* Tyndale Press 1969, S. 163
Cardinal J. C. Heenan, *Our Faith,* Nelson 1956, S. 82f
Francis Bacon, *Novum Organum,* 1, 65; in: Basil Willey, *The Seventeenth Century Background,* S. 32
Thomas Browne, *Religio medici,* 1, 9; 1, 48; in: Willey, *The Seventeenth Century Background,* S. 59
Basil Willey, *The Seventeenth Century Background,* S. 33f

180
Lord Herbert of Cherbury, *De la Vérité,* S. 51f; in: Willey, *The Seventeenth Century Background,* S. 114
Jacob Bronowski, *Science and Human Values,* S. 44
In: Willey, *The Seventeenth Century Background,* S. 118–120
Essay, „What is Dogma?" in: A. R. Vidler, *Twentieth Century Defenders of the Faith,* SCM Press 1965, S. 51–53

181
Fedor M. Dostojewskij, *Die Brüder Karamasoff,* Fischer 1971, S. 288f.295f
H. J. Blackham, *Objections to Humanism,* Penguin 1963, S. 28

182
George Harrison, Interview in: *Melody Maker,* 16. Dezember 1967
Emil Brunner, *Dogmatik II: Die christliche Lehre von Schöpfung und Erlösung,* Zwingli 1950, S. 284
„Don't Crush the Little Faith I Have"; anonymer Artikel in: *Eternity,* 1965

183
Voltaire, Brief von 1741, in: Collin Brown, *Philosophy and the Christian Faith,* IVF 1969, S. 85
Joseph Joubert, *Les Cahiers de Joseph Joubert;* in: Paul Hazard, *European Thought in the Eighteenth Century,* S. 288
Basil Willey, *The Seventeenth Century Background,* Penguin 1967, S. 106f

184
R. Hookyaas, *Religion and the Rise of Modern Science,* Scottish Academic Press 1972, S. 7–9.12f
Basil Willey, *The Seventeenth Century Background,* S. 35.37–39

185
Carl Becker, *The Heavenly City of the Eighteenth Century Philosophers;* in: H. J. Blackham, *Objections to Humanism,* Penguin 1967, S. 10
Paul Hazard, *The European Mind 1680–1715,* S. 295f
John Locke, *On Civil Government,* Buch II, Kapitel 11; in: Paul Hazard, *The European Mind 1680–1715,* S. 325
Diderot; in: Hampson, *The Enlightenment,* Penguin 1968, S. 95f

186
Ernst Cassirer, *The Renaissance Philosophy of Man,* University of Chicago Press 1949, S. 10f
Paul Hazard, *The European Mind 1680–1715,* S. 159f.499–502

187
D. F. Strauss, *Life of Jesus,* Bd. 1, 1846, S. 71 (zwei Zitate)
Paul Hazard, *The European Mind 1680–1715,* S. 139.274

188
A. J. Ayer, Essay in: *What I Believe,* Allen and Unwin 1966, S. 14
Arthur Adamov, *L'Aveu;* in: Martin Esslin, *The Theatre of the Absurd,* Penguin 1968, S. 90
Thomas Hardy; in: Florence Emily Hardy, *The Life of Thomas Hardy,* Macmillan 1962, S. 224
Nietzsche; in: Colin Wilson, *The Outsider,* S. 133
Friedrich Nietzsche, *Die fröhliche Wissenschaft,* Goldmann, S. 120f

189
Friedrich Nietzsche, *Werke XV. Der Wille zur Macht,* Naumann 1901, S. 483f
Friedrich Nietzsche, *Die fröhliche Wissenschaft,* Goldmann, S. 195f

Albert Camus, *Der Mensch in der Revolte,* Rowohlt 1969, S. 57f
H.J. Blackham, *Six Existentialist Thinkers,* S. 41

190
Colin Wilson, *The Outsider,* S. 119
Michael Harrington, *The Accidental Century,* Penguin 1965, S. 115
Jean-Paul Sartre, *Ist der Existentialismus ein Humanismus?* Europa 1947, S. 22f
Jean-Paul Sartre, *Die Wörter,* Rowohlt 1965, S. 75–79.194

192
T.H. Huxley, *Collected Essays 5;* in: *Encyclopedia of Religion and Ethics,* hg. v. James Hastings, T. and T. Clark, Edinburgh 1908, S. 214f
Charles Darwin, *Life and Letters of Charles Darwin,* Bd. 3, John Murray 1888, S. 312f
Charles Darwin, *Life and Letters,* S. 313

193
Charles Darwin, Letter to D. Hooker 1870; *More Letters,* Bd. 1, S. 85
Charles Darwin, *Autobiography,* Dover Pubns., Kapitel 3
Charles Darwin, *The Descent of Man*
Charles Darwin, *Autobiography,* Kapitel 2f
Albert Einstein, in: *What I Believe,* Allen and Unwin 1966, S. 27
Aldous Huxley, *Do What You Will* (Essays), Watts and Co. 1937, S. 218f
Barbara Wooton, in: *What I Believe,* S. 205
Somerset Maugham, *The Summing Up,* Penguin 1963, S. 179
A.J. Ayer, in: *What I Believe,* S. 14
H.J. Blackham, *Objections to Humanism,* Penguin 1963, S. 13
Albert Camus, *Cahiers du Sud,* April 1943; in: *Camus, A Collection of Critical Essays,* hg. v. Germaine Brée, Prentice Hall 1965, S. 70
Jean-Paul Sartre, *Der Ekel,* Rowohlt 1965, S. 20

194
Martin Esslin, *The Theatre of the Absurd,* Penguin 1968, S. 22f
Martin Esslin, *The Theatre of the Absurd,* S. 85
Eugene Ionesco; in: M. Esslin, *The Theatre of the Absurd,* S. 23
Time, 26. April 1968
Harold Pinter, Programme Note for Royal Court Production of *The Room* and *The Dumb Waiter;* in: John Russell Taylor, *Anger and After,* Penguin 1963, S. 300f
G.J. Warnock, *English Philosophy since 1900;* in: Leslie Paul, *Alternatives to Christian Belief,* Hodder and Stoughton 1967, S. 139
Leslie Paul, *Alternatives to Christian Belief,* S. 150f

195
Donald Kalish, „What (If Anything) to Expect from Today's Philosophers", *Time,* 7. Januar 1966, S. 20; in: Leslie Paul, *Alternatives to Christian Belief,* Hodder 1967, S. 159
Jacob Bronowski, *Science and Human Values,* Penguin 1964, S. 36f
J. Wren-Lewis, *Fact, Faith and Fantasy,* Collins 1964, S. 24
Douglas Spanner; in: *The Church of England Newspaper,* 31. März 1967
C.S. Lewis, *Wunder: möglich – wahrscheinlich – undenkbar?* Brunnen 1980, S. 126

196
Baron von Hugel, in: Michael de la Bedoyère, *Baron von Hugel,* Dent 1951, S. 291
F.C. Happold, *Religious Faith and Twentieth Century Man,* Penguin 1966, S. 172
Christmas Humphreys, *Buddhism,* Penguin, S. 180.185f

197
David Knowles, *What is Mysticism?* Burns and Oates 1967
The Cloud of Unknowing, Penguin 1971, S. 55.57f
Simone Weill, Artikel in: *Theology*
Lin Yutang, Essay in: *I Believe,* Allen and Unwin 1965, S. 83
Aldous Huxley, *Ends and Means,* Chatto and Windus 1937, S. 286

198
Aldous Huxley, *Ends and Means,* S. 289f
Aldous Huxley, *Ends and Means,* S. 290f
Aldous Huxley, *Doors of Perception and Heaven and Hell,* Penguin 1969, S. 23–25
Aldous Huxley; in: Laura Archera Huxley, *This Timeless Moment. A Personal View of Aldous Huxley,* Ballantine Books, New York 1971, S. 249–251

199
F.C. Happold, *Religious Faith and Twentieth Century Man,* Penguin 1966, S. 106
H.R. Rookmaaker, *Modern Art and the Death of a Culture,* IVP 1970, S. 202
The Beatles Illustrated Lyrics, Macdonald 1969
Brian Wilson; in: *Rock and other Four Letter Words,* Bantam 1968
Tom Wolfe, *The Electric Kool-Aid Acid Test,* Bantam 1971

200
F.C. Happold, *Religious Faith and Twentieth Century Man,* S. 124.68
Nicholas of Cusa, *The Vision of God;* in: Happold, *Religious Faith and Twentieth Century Man,* S. 45
Dionysius the Areopagite, *The Mystical Theology,* Shrine of Wisdom Press; in: Happold, *Religious Faith and Twentieth Century Man,* S. 112
F.C. Happold, *Religious Faith and Twentieth Century Man,* S. 51

201
F.C. Happold, *Religious Faith and Twentieth Century Man,* S. 51f.149.152

202
K.M. Sen, *Hinduism,* Penguin 1969, S. 53
Bhagavadgita, 10. Gesang, Reclam, S. 66ff
H.D. Lewis, *The Study of Religions,* Penguin 1966, S. 56
Paul Hazard, *The European Mind 1680–1715,* S. 170f

203
Paul Tillich, *Biblical Religion and the Search for Ultimate Reality,* Univ. of Chicago Press
Paul Tillich, *Systematische Theologie I,* Evangelisches Verlagswerk 1956, S. 239
Paul Tillich, *The Shaking of the Foundations,* Penguin 1962, S. 63f
Teilhard de Chardin, *The Phenomenon of Man,* Collins Fontana 1966, S. 322.338

204
John Robinson, *Honest to God,* SCM Press 1963, S. 7
John Robinson, *Exploration into God,* SCM Press 1967, S. 36.39.41
Julian Huxley, *Essays of a Humanist,* S. 223
John Robinson, *Exploration into God,* S. 23.33f.127.15
John Robinson, *Exploration into God,* S. 58
John Robinson, *Honest to God,* S. 53
John Robinson, *Exploration into God,* S. 134.72

205
Peter Dumitriu, *Incognito;* in: *Exploration into God,* S. 89

Julian Huxley, *Essays of a Humanist,* Penguin 1964, S. 225f
Barbara Wooton; in: *What I Believe,* Allen and Unwin 1966, S. 205f
Alasdair MacIntyre, „God and the Theologians"; in: *The Honest to God Debate,* hg. v. David L. Edwards, SCM Press 1963, S. 215f

206
Alasdair MacIntyre, in: *The Listener,* 15. Februar 1968
Alasdair MacIntyre, „God and the Theologians"; in: *The Honest to God Debate,* S. 220
Lenin, *Left-Wing Communism,* Central Books, 1975
Norman Hampson, *The Enlightenment,* Penguin 1968, S. 124.127

207
Dostojevskij; in: Michael Harrington, *The Accidental Century,* S. 123
Leslie Paul, *Alternatives to Christian Belief,* Hodder 1967, S. 60.66

208
Richard Crossman, *The God That Failed. Six Studies in Communism,* Hamish Hamilton 1950, S. 9f
André Gide, *The God that Failed,* S. 198
George Orwell, *1984,* Ullstein 1976, S. 197f
Ignazio Silone, *The God that Failed,* S. 109
Nikita Struve, *Christians in Contemporary Russia,* Collins 1967, S. 288
Adam Schaff, *A Philosophy of Man,* Lawrence and Wishart, London 1963, S. 60

209
Arthur Koestler, *Darkness at Noon,* Jonathan Cape 1940, S. 253f
E. L. Allen, *Existentialism from Within;* in: Brown, *Philosophy and the Christian Faith,* S. 181f
Karl Heim, in: Alec Vidler, *The Church in an Age of Revolution,* Penguin 1961, S. 211
Jean-Paul Sartre, *Ist der Existentialismus ein Humanismus?* Europa 1947, S. 66f.13f.16

210
H.J. Blackham, *Six Existentialist Thinkers,* S. 151f
Jean-Paul Sartre, *Der Ekel,* Rowohlt 1965, S. 178
Albert Camus, in: *Camus, A Collection of Critical Essays,* hg. v. Germaine Bree, Prentice-Hall 1965, S. 116
Albert Camus, *Der Mensch in der Revolte,* Rowohlt 1969, S. 9f
Albert Camus, *Der Fremde,* Rowohlt 1961, S. 113f

211
Jean-Paul Sartre, *Der Ekel,* Rowohlt 1965, S. 92.120.130f.133–135.85.167.85f
Martin Esslin, *The Theatre of the Absurd,* S. 51

212
Albert Camus, *Der Mensch in der Revolte,* Rowohlt 1969, S. 13
Albert Camus, in: *L'Eté,* zitiert in: *Albert Camus and the Literature of Revolt,* John Cruickshank, Oxford University Press, 1960
Maurice Friedman, *The Problematic Rebel,* Univ. of Chicago Press 1970
André Malraux, „The Walnut Trees of Altenberg"; in: Maurice Friedman, *To Deny Our Nothingness,* Gollancz 1967
Arthur Adamov, *L'Aveu;* in: Martin Esslin, *The Theatre of the Absurd,* S. 89f
Albert Camus, *Der Mensch in der Revolte,* Rowohlt 1969, S. 21.238
Jean-Paul Sartre, *Ist der Existentialismus ein Humanismus?* Europa 1947, S. 23f

213
Jean-Paul Sartre, *Ist der Existentialismus ein Humanismus?* Europa 1947, S. 24.24f
Jean-Paul Sartre; in: Sartre, *A Collection of Critical Essays,* S. 167
Jean-Paul Sartre, *Ist der Existentialismus ein Humanismus?* Europa 1947, S. 53f

214
Colin Wilson, *The Outsider,* S. 39
John D. Wild; in: Sartre, *A Collection of Critical Essays,* S. 145
Jean-Paul Sartre, *Ist der Existentialismus ein Humanismus?* Europa 1947, S. 30.20f
Adam Schaff, *A Philosophy of Man,* S. 24.26
Albert Camus, „Noces"; in: Camus, *A Collection of Critical Essays,* S. 66
Albert Camus, *Der Fremde,* Rowohlt 1961, S. 44f

215
Jean-Paul Sartre, *Der Ekel,* Rowohlt 1965, S. 119
Martin Esslin, *The Theatre of the Absurd,* S. 69
Albert Camus, „Actuelles"; in: Camus, *Collected Essays,* S. 56
Albert Camus, *Der Mensch in der Revolte,* Rowohlt 1969, S. 245

216
Albert Camus, *Die Pest,* Karl Rauch 1949, S. 123f.251
Albert Camus, *Die Pest,* Karl Rauch 1949, S. 200.295f

217
Jean-Paul Sartre, *Words,* Penguin 1967, S. 157
The Glossary of Humanism, unter Humanism
H.J. Blackham, *Humanism,* Penguin 1968, S. 13.19
Edmund Leach; in *The Listener,* 16. November 1967
Lord Willis; in: *An Inquiry into Humanism,* BBC 1966, S. 21
Geoffrey Scott, *The Architecture of Humanism;* in: *Objections to Humanism,* S. 8

218
A.J. Ayer; in: *An Inquiry into Humanism,* S. 2
H.J. Blackham, *Objections to Humanism,* S. 11
Julian Huxley, „The Humanist Frame", in: *Essays of a Humanist,* S. 77.107
Pearl Buck, in: *I Believe,* Allen and Unwin 1965, S. 24f
E.M. Forster, in: *I Believe,* S. 50
Fred Hoyle, *The Nature of the Universe,* Penguin 1960, S. 120f
Julian Huxley, *Essays of a Humanist,* S. 89

219
H.J. Blackham, *Humanism,* S. 116
Colin Wilson, *Beyond the Outsider,* Baker 1965, S. 62.165
John Wren-Lewis, *Fact, Faith and Fantasy,* Collins Fontana 1964, S. 44
Somerset Maugham, *The Summing Up,* Penguin 1963, S. 181f
Fred Hoyle, *The Nature of the Universe,* Penguin 1960, S. 122
Colin Wilson, *The Outsider,* Pan 1967, S. 38

220
Nikos Kazantzakis; in: Helen Kazantzakis, *A Biography based on His Letters,* Simon and Shuster 1970
Francis Bacon; in: John Russell, *Francis Bacon,* Methuen 1965; in: H. Rookmaaker, *Modern Art and the Death of a Culture,* IVP 1970, S. 174

Allen Ginsberg; in: Steve Turner, „Some Notes from the Underground", *Voice* Magazin, IVF 1972, S. 6
T.S. Eliot; aus: „Fragment of an Agon"; in: *The Complete Poems and Plays of T.S. Eliot,* Faber and Faber, 1969
Somerset Maugham, *The Summing Up,* Penguin 1963, S. 203
C.E.M. Joad, *Is Christianity True?* S. IXf

221
Julian Huxley, *Essays of a Humanist,* S. 91f
H.J. Blackham, *Humanism,* S. 58f
J.S. Mill, *Autobiography,* 1873

222
H.J. Blackham, *Objections to Humanism,* S. 15–18
Alvin Toffler, *Future Shock,* Bantam Books 1970
Jacob Bronowski, *Science and Human Values,* Penguin 1964, S. 66.77.80.68

223
Jacob Bronowski, *Science and Human Values,* S. 70.75.63.8
Arthur Koestler, „What the Modern World is Doing to the Soul of Man", Essay in: *The Challenge of Our Time,* Percival, Marshall, London 1948, S. 15
Arthur Koestler, *The Ghost in the Machine,* Hutchinson 1967, S. 153f

224
Arthur Koestler, *The Sleepwalkers,* Penguin, S. 552.553
Fred Hoyle, *The Nature of the Universe,* Penguin 1960
Das Humanistische Manifest II; in: *The Humanist,* September/Oktober 1973
John Updike, „Pigeon Feathers"; in: *Pigeon Feathers and Other Stories,* Fawcett, USA, 1959
Tom Stoppard, *Rosencrantz and Guildenstern are Dead,* 1967, S. 89
H.W. van Loon; in: *I Believe,* Allen and Unwin 1965, S. 153f
H.J. Blackham, *Humanist,* Penguin 1968, S. 116

225
Julian Huxley, *Essays of a Humanist,* S. 130.117.252
Arthur Koestler, *The Ghost in the Machine,* Hutchinson 1967, S. 267.336.335.335f
D.R. Davies, *On to Orthodoxy,* 1939, S. 61

226
Bertrand Russell, „A Free Man's Worship"; in: *Why I am Not a Christian,* Simon and Shuster 1966, S. 107.115f
Bertrand Russell, *Has Man a Father?* Penguin 1961, S. 126f

TEIL 6

Seite 231
E.L. Sukenik; in: Berndt Gustafson, *New Testament Studies,* 1956, S. 65f
Edikt des Claudius; in: *The New Testament Background, Selected Documents,* hg. v. C.K. Barrett, SPCK 1961, S. 15

232
Josephus, *Jüdische Altertümer* 18, 63f
Josephus; Professor Shlomo Pines, in: *Journal of Israeli Academy of Science and Humanities,* 1973; zitiert in: Peter-Allen Frost, *Church of England Newspaper,* August 1973
Josephus, *Jüdische Altertümer* 20, 201
Plinius, *Briefe* 10, 97

233
Tacitus, *Annalen* 15, 44
Sueton; zitiert bei: W.G. Kümmel, *Einleitung in das Neue Testament,* Quelle&Meyer 1970, S. 178
Babylonischer Talmud, Sanhedrin 43a Baraita

234
Papias; in: Eusebius von Caesarea, *Kirchengeschichte* 3, 39
Lukas 1, 1–4

236
Kindheitsevangelium des Thomas; in: Hennecke/Schneemelcher, *Neutestamentliche Apokryphen I,* Mohr 1959, S. 295f
Zitiert in: Dean Farrar, *Life of Christ*
Roderic Dunkerley, *Beyond the Gospels,* Penguin 1957, S. 97

237
Matthäus 1, 18–21.24f
Lukas 1, 26–35

238
Johannes 8, 41
Galater 4, 4
Lukas 2, 18f.51
Markus 6, 2f
Galater 1, 19

239
Markus 6, 32–34
Markus 10, 13–16
Markus 1, 40–42
Lukas 7, 12–15

240
Lukas 15, 1f
Markus 7, 6.8f
Matthäus 23, 13.16f.25.28
Markus 11, 15–17
Johannes 5, 30
Johannes 6, 38
Lukas 22, 24–27
Johannes 13, 3–5.12–15

241
Markus 7, 37
Johannes 8, 46
1. Petrus 2, 22f
1. Johannes 1, 8; 3, 5
Markus 13, 32
Matthäus 11, 27
Matthäus 12, 50
Matthäus 16, 27
Johannes 10, 30
Johannes 5, 22f
Johannes 14, 6f
Markus 1, 15
Markus 10, 45
Markus 14, 24
Markus 14, 61f
Lukas 4, 17.21
Lukas 24, 44.46

242
Johannes 5, 39
Johannes 5, 46
Markus 2, 5–10
Johannes 5, 21
Johannes 11, 25
Matthäus 5, 21f
Markus 13, 31
Johannes 18, 37
Matthäus 25, 31f
Johannes 5, 22f
Matthäus 11, 28f
Lukas 14, 26
Johannes 7, 37
Johannes 6, 29

Johannes 14, 1
Markus 3, 11f

243
Markus 8, 29f
Markus 11, 27–33

244
Markus 8, 29–31
Markus 9, 9f
Matthäus 26, 63–65
Matthäus 20, 29f.33f
Markus 8, 1f

245
Matthäus 15, 31
Markus 2, 8–12
Matthäus 11, 2–5
Johannes 10, 37f
Markus 8, 11–13
Matthäus 12, 14
Johannes 6, 15
Johannes 5, 18
Johannes 11, 53

246
Markus 1, 22
Markus 2, 12
Markus 3, 21
Markus 4, 41
Markus 5, 15.17
Markus 6, 2f
Markus 7, 37
Markus 8, 29
Johannes 20, 28
Johannes 6, 69
Johannes 16, 30
Hebräer 2, 14
Hebräer 4, 15
Jakobus 2, 1
1. Korinther 15, 47
Philipper 2, 6–11

248
Johannes 1, 18
1. Johannes 1, 1–3
Römer 5, 12.15–19
2. Korinther 5, 18f
1. Timotheus 2, 5f
Hebräer 2, 17f

249
Hebräer 4, 15f
Johannes 17, 20–26
The Truth Shall Make You Free, Wachtturm-Gesellschaft, S. 248–250

250
Johannes 14, 28
Johannes 10, 30
Johannes 14, 9f
Philipper 2, 5–7
Lukas 18, 19
Lukas 18, 18
Lukas 18, 22
Kolosser 1, 15
Kolosser 1, 15–17

251
C.F.D. Moule, *Colossians and Philemon,* Cambridge New Testament Commentary, CUP 1957, S. 64
Hebräer 1, 1–4
Herbert Danby, *The Jew and Christianity,* Sheldon Press 1927, S. 8f

252
The Jewish Encyclopedia, Bd. VII, S. 161.163

253
The Jewish Encyclopedia, Bd. VII, S. 163f.162
Claude Montefiore; in: Herbert Danby, *The Jew and Christianity,* S. 79
Sholem Asch, *My Personal Faith,* Routledge 1942, S. 106f

254
Herbert Danby, *The Jew and Christianity,* S. 23
Koran, Sure 19, 20–23
Sure 3, 43
Zitiert in: M. Goldsack, *Christ in Islam,* Christian Literature Society of India 1905, S. 32
Koran, Sure 4, 172
Zitiert in: M. Goldsack, *Christ in Islam,* S. 25.41

255
Koran, Sure 19, 28–32
Sure 5, 113–116
Sure 5, 111f

256
Henri Michaud, *Jésu selon le Coran,* S. 10; in: Geoffrey Parrinder, *Jesus in the Qur'an,* Faber 1965, S. 166
Koran, Sure 5, 117
Sure 6, 102
Sure 23, 92
Hugh Schonfield, *The Passover Plot,* Hutchinson 1965, S. 10f
Paul van Buren, *The Secular Meaning of the Gospel,* Penguin, S. 126f

257
F.C. Happold, *Religious Faith and Twentieth Century Man,* Penguin 1966, S. 150

258
Hugh Schonfield, *The Passover Plot,* S. 9f

259
Paul van Buren, *The Secular Meaning of the Gospel,* S. 16.30
F.C. Happold, *Religious Faith and Twentieth Century Man,* S. 145.124.52f

260
Markus 10, 32–34

261
Markus 14, 6.8f
Markus 14, 22–25
Matthäus 26, 39.42
Psalm 75, 9
Jeremia 25, 15f
Jesaja 51, 17
5. Mose 21, 22f

262
Markus 14, 32–36
Johannes 18, 11
Markus 15, 2.12–15

263
Johannes 18, 38
Lukas 23, 15
Lukas 23, 41
Lukas 23, 47
Lukas 23, 33f
Johannes 19, 26f
Lukas 23, 42f
Markus 15, 34
Lukas 23, 46
Johannes 19, 28–30

264
Johannes 1, 29
1. Johannes 2, 1f
Lukas 24, 46f
1. Petrus 2, 24
1. Petrus 3, 18
1. Korinther 15, 3
Hebräer 1, 3
Kolosser 2, 13f
Römer 5, 8f
1. Johannes 4, 10
Römer 6, 10
Römer 6, 23
Hebräer 10, 12–14

265
Galater 3, 13
Römer 5, 1.8
1. Petrus 1, 18f
Kolosser 2, 13–15
Römer 5, 8.10f

266
Römer 5, 9
1. Petrus 2, 21–23
1. Petrus 4, 13
Lukas 9, 23.26
Philipper 3, 7–10
2. Korinther 5, 14f
Philipper 2, 5–8

267
1. Korinther 8, 11
2. Korinther 1, 3–7
2. Korinther 5, 19

268
Römer 5, 12.15–17
Römer 5, 18f
Hebräer 9, 26
Hebräer 10, 12.14

Römer 5, 1f

269
J.W.C. Wand, *The Atonement,* SPCK 1963, S. 12
David Edwards, *God's Cross in Our World,* SCM Press 1963, S. 41

270
Johannes 3, 16
1. Johannes 4, 8–10
Römer 5, 8f

271
1. Petrus 2, 20–24
Rudolph Bultmann, *„Neues Testament und Mythologie"*; in: *Kerygma und Mythos I,* hg. v. von H.-W. Bartsch, Herbert Reich Verlag 1948, S. 46–48

272
Dietrich Bonhoeffer, *Widerstand und Ergebung,* Mohn 1980, S. 178
Paul van Buren, *The Secular Meaning of the Gospel,* S. 154f

273
David Edwards, *God's Cross in Our World,* SCM Press 1963, S. 37ff
Nikos Kazantzakis, *Christ Recrucified,* Faber 1968, S. 466f
Thomas Mann; zitiert auf dem Umschlag von: Kazantzakis, *Christ Recrucified*
F.C. Happold, *Religious Faith and Twentieth Century Man,* S. 172

274
C.E.M. Joad, *Is Christianity True?* Eyre and Spottiswoode 1943, S. 72f
J. Gresham Machen, *Christianity and Liberalism,* Victory Press 1923, S. 120f
The Jewish Encyclopedia Bd. VII, S. 167
Hans Joachim Schoeps, *Jüdisch-christliches Religionsgespräch in neunzehn Jahrhunderten,* Atharva 1949, S. 31
Matthäus 16, 22

275
Matthäus 16, 23
Johannes 12, 27
Matthäus 26, 52–54
Lukas 24, 25–27.45–47
Koran, Sure 4, 157–159
Kenneth Cragg; in: M. Kamel Hussein, *City of Wrong,* Djambatan (Amsterdam) 1959, S. Xf

276
Hebräer 2, 14f

277
Hebräer 10, 12–14
1. Petrus 1, 18f.21

279
Apostelgeschichte 1, 3

280
Apostelgeschichte 23, 6
Apostelgeschichte 17, 18.32

281
Apostelgeschichte 2, 32.36
Lukas 24, 44–47
Epheser 2, 18
Hebräer 7, 25
Römer 6, 4–11
Philipper 3, 8–11

282
Römer 14, 7–9
2. Korinther 1, 8–10
The Jewish Encyclopedia Bd. IV, S. 51
Hugh Schonfield, *The Passover Plot,* S. 7

284
Hugh Schonfield, *The Passover Plot,* S. 172.180

288
David Hume, *An Enquiry Concerning Human Understanding,* Section X, Of Miracles, Collins Fontana, S. 210–213.222f

289
Rudolph Bultmann, *„Neues Testament und Mythologie"*; in: *Kerygma und Mythos I,* S. 51
Harvey Cox, „A Dialogue on Christ's Resurrection"; in: *Christianity Today* 12. April 1968, S. 9
Paul van Buren, *The Secular Meaning of the Gospel,* S. 132f
John Wren-Lewis, *I Believe,* Allan and Unwin, S. 236
John Wren-Lewis, „Does Science Destroy Belief?" in: *Fact, Faith and Fantasy,* Collins Fontana 1964, S. 43

290
Rudolph Bultmann, *„Neues Testament und Mythologie"*; in: *Kerygma und Mythos I,* S. 49f.23

TEIL 7

Seite 296
Römer 1, 21f.25
Epheser 4, 17f

297
Matthäus 13, 44–46
Augustinus, *Bekenntnisse* VIII, 12

299
C.S. Lewis, *Überrascht von Freude,* Brockhaus 1968, S. 189
Johannes 9, 25

Illustrationen von John Thirsk

Die Fotos in diesem Buch wurden gestellt von Rex Features Ltd, London.

Weitere Fotos wurden mit Genehmigung der folgenden Fotografen und Agenturen abgedruckt:

Barnaby's Picture Library: Seite 115. The Bristish Museum: Seite 236. John Chapman: Seite 79. Crusade Magazine: Seite 71. E.A.V. Ebsworth: Seite 120. Faber and Faber/Angus McBean: Seite 220. Fritz Fankhauser: Seiten 135.141.147.148.160.270. Sonia Halliday Photographs/Sonia Halliday: Seite 283. Lion Publishing/David Alexander: Seiten 139.247.287; Jon Willcocks: Umschlag; Seiten 63.83.89.161.172.199.223.262.298. Wulf Metz: Seite 150. John Rylands Library: Seite 235. Stephen Travis: Seiten 109.116.